Michael Thomas
Deutschland, England
über alles

Michael Thomas

Deutschland, England über alles

Rückkehr als
Besatzungsoffizier

Vorwort
Marion Gräfin Dönhoff

im
Siedler Verlag

Elizabeth
Gina, Julian, Sebastian
und künftigen Enkeln

Inhalt

Vorwort von Marion Gräfin Dönhoff	7
In England	11
Mit den Polen im Feld	36
Brabanter Winter, Frühjahrsoffensive und Kapitulation	60
Berliner Kindheit	87
Besatzungsoffizier	118
Die alten Freunde (1933–1939)	188
Control Commission	226
Anmerkungen	270
Nachwort	276

Vorwort

Wenn es einen für dieses Land und unsere Zeit exemplarischen Lebenslauf gibt, dann ist es ohne Zweifel der von Michael Thomas. Man möchte meinen, daß es in der Tat keinen zweiten Deutschen gibt, der von den goldenen zwanziger Jahren bis zu Konrad Adenauer und darüber hinaus alle Höhen und Tiefen dieser Jahrzehnte intensiv miterlebt und entscheidende Teile davon persönlich mitgestaltet hat.
»Keinen zweiten Deutschen...« Ist er, der in Berlin sein Abitur machte, der mit der polnischen Division in den Krieg zog, der als englischer Besatzungsoffizier nach Deutschland zurückkam, der bemüht war, den Engländern Deutschland näher zu bringen und den Deutschen englische Gesinnung zu vermitteln – ist er nun eigentlich Deutscher oder Engländer?
Offenbar hat er selber sich nie als Emigrant gesehen. Er schreibt: »Ich bin nie emigriert und habe noch heute eine Abneigung gegen dieses Wort. Knapp eine Woche vor Kriegsausbruch kam ich mehr oder weniger zufällig nach England und wurde dort von den Ereignissen überrollt. Bei der Invasion wollte ich nicht abseits stehen, und so meldete ich mich zur Armee, nicht als Engländer, sondern als ›Privatverbündeter‹ im Kampf gegen die Nazis.« Ein stolzes Wort – ganz schön arrogant, wird mancher Leser denken.
Aber wahrscheinlich konnte er nur so den Kummer ertragen, ausgeschlossen zu sein aus einem sehr geliebten Land, dessen Bürgerschaft aufzukündigen ihm wohl als Verrat erschienen wäre. Als er nach fünfeinhalb Jahren in englischer Uniform erstmalig bei Cleve die deutsche Grenze wieder überschritt, erfüllten ihn sehr gemischte Gefühle. An seine Schwester schrieb er: »Ich muß mich viel schämen in dieser Zeit: Wenn die Deutschen sich schlecht benehmen, wenn die Juden sich schlecht benehmen und wenn die Engländer sich schlecht benehmen.« Diese leicht hingeworfene Bemerkung umreißt die Spannungen, die sein Leben bestimmen.
Michael Thomas hieß eigentlich Ulrich Hollaender; er änderte seinen Namen, weil, falls er in Gefangenschaft käme, seine Mutter, die in Berlin geblieben war, nicht in Schwierigkeiten geraten sollte. Sein Vater, einer jener Berliner Juden, die – voll assimiliert – nie auf den Gedanken gekommen wären, etwas anderes als Deutscher zu sein, war Schriftsteller, Direktor der Reinhardt-Bühnen und Kritiker. In der ein wenig bohèmen Atmosphäre dieses links-intellektuellen Hauses entwickelte der Sohn sich zu einem konservativen Patrioten preußischer Prägung. In seinem jungen Leben spielten all diejenigen eine Rolle,

die damals geistig bewegte Menschen anzogen: Stefan George ebenso wie Ernst Jünger. Alle Künstler und Schriftsteller jener legendären zwanziger Jahre waren in dieser oder jener Weise mit dem elterlichen Hause verbunden und streiften auch das Leben von Ulrich Hollaender: Elisabeth Bergner, Emil Jannings, Fritzi Massary, Max Pallenberg, Käthe Dorsch und, als enger Freund des Vaters, Gerhart Hauptmann.

Er habe, so meint der 1915 Geborene, einen »Hauch« der Goldenen Zwanziger durchs Schlüsselloch miterlebt. Durchs Schlüsselloch, denn er war ja noch ein Kind, aber ein sehr frühreifes: Mit 14 Jahren las er täglich mehrere Zeitungen, wobei ihn das Politische viel mehr interessierte als die kulturellen Dinge oder Rezensionen, die daheim eine so große Rolle spielten. Michael Thomas besitzt noch heute ein »Stammbuch« aus jener Zeit, in das der Dramatiker Ernst Toller, der Autor vieler Komödien, Franz Molnar, der Chefredakteur des »Berliner Tageblatts«, Theodor Wolff, und Carl Zuckmayer lustige Widmungen geschrieben haben.

Das Reizvolle an der Autobiographie von Michael Thomas ist die Intensität, mit der er alle Stadien seines Lebens durchlebt, besinnungslos mutig, emphatisch in seinen Freundschaften. Überraschend die Geschicklichkeit, mit der er sich aus unheilvollen Situationen herausmanövriert, beeindruckend die Prägnanz des Urteils, mit der er Offiziere und Politiker charakterisiert: »Eines der größten Probleme für Alan Brooke (den Chef des britischen Generalstabs) war die ständige Auseinandersetzung mit den Amerikanern über die Strategie an sämtlichen Fronten. Die Amerikaner waren von ihrer Bürgerkriegs-Doktrin – Kriegführung der breiten Front, Angriff allenthalben und jederzeit – wie besessen, während das strategische Denken der Engländer an der Napoleonischen Maxime der ›concentration des forces‹ geschult war.«

Höchst interessant auch die Schilderung des *Foreign Office*: »Der Grundton ist konservativ, als Labour-Mann hat man es wahrscheinlich nicht ganz leicht. Auch herrscht ein unterschwelliger, allerdings nicht sehr virulenter Antisemitismus; einem jüdischen *Foreign Office*-Mitglied bin ich jedenfalls nie begegnet. Das Verhalten untereinander ist auch zwischen höchsten Vorgesetzten und jüngsten Untergebenen kameradschaftlich, locker, möglichst humorvoll, und dennoch wird Respekt großgeschrieben. Der Botschafter hat Anspruch auf den Titel ›Exzellenz‹, und die Untergebenen sprechen von ihm nur als von ›H. E.‹ (His Excellency), eine Mischung aus Nonchalance und Ehrfurcht.«

Michael Thomas war der erste englische Offizier, der Konrad Adenauer besuchte, nachdem dieser von einem zornigen britischen General abgesetzt worden war. Trotz mehrfacher Ermahnungen habe Adenauer, statt sich der Trümmerbeseitigung anzunehmen, seine Zeit mit »politischen Intrigen« verbracht – so der Vorwurf. Aus diesem Besuch entwickelte sich für die nächsten Jahre eine verhältnismäßig vertrauensvolle Beziehung von Adenauer zu dem jungen englischen Offizier, die sich auch in einer Reihe von Briefen niedergeschlagen hat.

Dennoch schreibt Thomas: »Bei aller Hochachtung und Sympathie für den kühlen Adenauer und ungeachtet der Tatsache, daß ich dessen politischer Richtung näherstand, habe ich mich für Schumacher schon beim ersten Treffen persönlich mehr erwärmt, als ich es für Adenauer je vermochte.«

Seine Beschreibung vom ersten Treffen mit Schumacher, dem Führer der Opposition: »Da saß er, einarmig, mit ausgezehrtem Gesicht, hoher Stirn, durchdringenden, leuchtenden, ein wenig flackernden Augen, gespannt, nervös, wie lauernd, wer da wohl kommen würde, auf dem Sprung, bereit zum Angriff oder zur Verteidigung seiner Überzeugungen. Ich verstand das Feuer, das in diesem Mann loderte. Ich verstand seinen glühenden Nationalismus. Ich verstand nach seinen zehn Jahren im KZ seine Besessenheit, die Macht zu erlangen und die Geschicke des Landes nach seinen Vorstellungen zu lenken.«

Diese erste Zeit der Besatzung ist für Michael Thomas sicherlich die wichtigste seines Lebens gewesen, denn damals war er, der Deutschland und die Deutschen so gut kannte wie kein anderer und der beiden Nationen gegenüber die gleiche Loyalität empfand, für die Besatzungsmacht ganz unentbehrlich. General Templer – er war stellvertretender Generalstabschef des Militärgouverneurs und regierte praktisch die britische Zone – hatte sehr schnell erkannt, wie nützlich Captain Thomas für ihn sein könnte und machte ihn zu seinem persönlichen Verbindungsoffizier mit dem Recht zum unmittelbaren Vortrag. Sein Auftrag: In der britischen Zone herumzureisen, herauszufinden, was vor sich geht, mit den Führungskräften zu sprechen und General Templer zu berichten.

Das war natürlich eine Aufgabe nach dem Herzen des Deutschen in englischer Uniform. Bald kannte er alle zukünftigen Landesfürsten und sorgte dafür, daß sie sich treffen und untereinander abstimmen konnten, was die Besatzungsmacht verboten hatte, weil sie sich die Koordinierung vorbehalten wollte.

Sein Urteil nach der ersten Zusammenkunft: »Ganz allgemein beeindruckte mich zunächst ihr Niveau, ihre offenbare Kompetenz und ihre persönliche Würde. Nach allzuviel Unterwürfigkeit und Liebedienerei war dies ein befreiendes Gefühl. Am schnellsten fand ich Kontakt zu Hinrich Wilhelm Kopf« (dem späteren Ministerpräsidenten von Niedersachsen). Viele interessante Charakterisierungen der Politiker, die damals eine Rolle spielten, finden sich in dieser Biographie – Namen, die der heutigen Generation nicht mehr viel sagen: Rudolf

Petersen, Jakob Kaiser, Ernst Lemmer, Theodor Steltzer und Robert Lehr, Otto Grotewohl...

Wer sich für die Anfänge der Bundesrepublik interessiert, von der Kapitulation über die Luftbrücke, die Währungsreform und die Bizone bis zur Gründung des neuen deutschen Staates, der findet die wichtigsten Zusammenhänge in dieser Autobiographie, die eine Geschichtsquelle eigener Art darstellt.

Marion Gräfin Dönhoff

In England

29. August 1939. Die Entscheidung war gefallen. Ich war von Paris aus nicht nach Deutschland zurückgekehrt, sondern hatte die Fähre Ostende – Dover genommen. In Paris hatte ich auf eine englische Arbeitserlaubnis gewartet, mir aber gleichzeitig ein belgisches Visum beschafft, um mir die Option offenzuhalten, vielleicht doch nach Deutschland zurückzufahren. Nun hatte meine Schwester dringlich in Paris angerufen und mich gebeten, ihre Kinder, die in einem belgischen Heim die Sommerferien verbrachten, nach England zu bringen.

Es war ein Gottesurteil: Die Option war weg. Wie oft in meinem Leben, wenn es um schicksalhafte Dinge ging, wurde mir die Entscheidung abgenommen, von jemand anderem getroffen, oder war auf andere Weise unausweichlich geworden. »Sie wollen hier einreisen«, sagte der Einwanderungsbeamte ungläubig und blätterte in meinem Paß. Sechs Länder hatte ich in den vergangenen zwölf Monaten besucht, sechzehn Grenzen überschritten: Das machte sich nicht gut. »Glauben Sie denn nicht, daß es Krieg gibt?«, fügte er hinzu. Damit würde ich keineswegs rechnen, auch diese Krise würde vorübergehen – eine, wie sich später herausstellen sollte, sehr törichte Antwort.

Drei Tage nach meiner Ankunft, am 1. September, überfielen die Nazis Polen. Zwei Tage später, am 3. 9., war das britisch-französische Ultimatum abgelaufen. Erregt saß ich vor dem Radio. Für immer hat sich mir der mit getragenem Ernst gesprochene Satz des britischen Premierministers Chamberlain eingeprägt: »Since eleven o'clock this morning this country is at war.«

Das politische Frankreich war mir weitgehend von den Nazis unterwandert erschienen. Ein großer Teil der Journalisten war ganz offensichtlich von Goebbels gekauft. Der Widerstandswille schien mir schwach, die Undurchdringlichkeit der Maginot-Linie ein verhängnisvolles Trugbild. Als Ende August die französische Mobilmachung begann und den an den Litfaßsäulen angeschlagenen Einberufungen zu entnehmen war, daß die Soldaten ihr eigenes Unterzeug und ihre eigenen Schuhe mitzubringen hätten, stellte sich einem unwillkürlich die Frage, welchen Kampfwert eine solche Armee wohl haben mochte?

Mit dem Bild des politischen und moralischen Verfalls von Frankreich war ich tief pessimistisch in England gelandet. Hier war ich sofort überwältigt von der Entschlossenheit, die ich auf Schritt und Tritt empfand. Sechs Wochen nach meiner Ankunft schrieb ich an einen Freund in Holland: »Zwischen Frankreich und diesem Land liegt nicht nur der Ärmelkanal, sondern eine Welt. Gegen den Zauber von Paris steht die Ausstrahlung der Macht eines Weltreichs. Die Menschen sind reserviert, aber viel freundlicher als in Deutschland oder Frankreich, die Umgangsformen sind angenehm. Das Leben in der City geht trotz des Kriegsausbruchs seinen gewohnten Gang. ›Business as usual‹ lautet die Parole, und Disziplin wird ganz groß geschrieben. Die jungen Leute eilen zu den Fahnen, nicht begeistert, aber von der Notwendigkeit überzeugt und entschlossen, ›to do their bit‹ ... Dieses Land strahlt eine machtvolle Verteidigungsbereitschaft aus, Stärke des Geistes und des Willens dokumentieren sich allenthalben, und Hitler wird es ziemlich unmöglich sein – selbst nach einem Zusammenbruch Frankreichs –, dieses Land zu erobern.«

Zu Beginn des Krieges befanden sich etwa siebzigtausend »Feindausländer« in England. Es mußte entschieden werden, wie sie zu behandeln seien. So setzte das Home Office Tribunale ein, vor denen jeder zu erscheinen hatte. Es gab drei Kategorien:
A) Feind-Ausländer. Wurde sofort interniert.
B) Anti-Nazi, aber mit einem gewissen Fragezeichen hinsichtlich der Zuverlässigkeit.
C) »Refugee from nazi oppression«, also »friendly enemy alien«.

Bis zur Entscheidung war man in seiner Bewegungsfreiheit eingeschränkt und abends einer Ausgangssperre unterworfen. Die Tribunale waren weitgehend mit Richtern und Anwälten besetzt, die Verfahren fair und vernünftig. Noch dazu mußte es schnell gehen, denn es waren ja Zehntausende von Fällen zu behandeln. Das Aktenmaterial des Inselreichs schien recht gut vorbereitet. Mein Fall lag nicht besonders günstig; ich war kein Jude, hatte kein »J« im Paß. Wie sollte ich nachweisen, Kategorie C, »Flüchtling vor der Naziunterdrückung« zu sein? Glücklicherweise hatte ich einen Vetter, der seit vielen Jahren in England lebte, als Anwalt tätig war und schon vor dem Kriege die britische Staatsangehörigkeit erworben hatte. Dieser konnte vor dem Tribunal für mich plädieren. Zu seinem Erstaunen wurde er mit meiner Aussage bei der Einreise nach England konfrontiert, derzufolge ich nicht an einen Krieg geglaubt hätte. Dennoch wurde ich in die Kategorie C eingereiht: »freundlicher Feind-Ausländer«.

Die Engländer waren ruhig, ernst, gefaßt und – ingrimmig. Der Schock des Kriegsausbruchs hatte aber keineswegs zum Deutschenhaß geführt, und man unterschied von Anfang an zwischen Deutschen und Nazis. Nur bei den Emigranten herrschte ungeheure Erregung. Sie waren der Naziherrschaft gerade entkommen, waren glücklich, Zuflucht gefunden zu haben, und plötzlich drehte sich für sie alles um die eine Frage: Sollte Hitler der Sprung über den Kanal glücken? Und sollte sie hier das Schicksal doch noch ereilen? Sie hatten zum großen Teil in Deutschland miterlebt, mit welcher Dynamik

Hitler aus der kleinen Reichswehr die Riesenmaschinerie der Wehrmacht geformt hatte. Die Art und Weise, wie die Engländer darangingen, das Land in Verteidigungsbereitschaft zu setzen, erschien den Emigranten dagegen dilettantisch. Die Aufstellung der sogenannten »Home Guard«, einer Heimwehr aus alten Männern, für die gar keine Waffen vorhanden waren und die statt dessen Sensen bekamen, quittierten sie allenfalls mit Kopfschütteln. Von der militärischen Macht Hitler-Deutschlands und der Ohnmacht Großbritanniens glaubten sie eine sehr viel klarere Vorstellung zu haben als die Engländer. Infolge dessen begannen die Emigranten in dem Maße, in dem sich die militärische Lage verschlechterte, die Konsulate der überseeischen Länder zu belagern, um sich von der bedrohten Insel zu retten. Die Engländer hatten für diese nervöse Hektik nur ein mitleidiges Lächeln übrig, ja Verachtung: einmal, weil sie sich den »Continentals« grundsätzlich überlegen fühlen, zum anderen, weil sie sich nicht in die Lage der »Refugees« versetzen, vor allem aber, weil sie sich eine Niederlage gar nicht vorstellen konnten.

In ihrer Lagebeurteilung aber hatten – wie man heute weiß – die Emigranten recht: Tatsächlich war bis zu Churchills Ernennung am 10. Mai 1940, sieht man von den freilich atemberaubenden Produktionserfolgen der Rüstungsindustrie seit der Kriegserklärung einmal ab, militärisch so gut wie nichts geschehen. Im Juni 1940 schrieb der spätere Chef des Reichsgeneralstabes, Sir Alan Brooke: »Je mehr ich von den Zuständen zu Hause sehe, desto bestürzter bin ich, was eigentlich in diesem Land seit Kriegsbeginn vorgegangen ist. Das ist nun zehn Monate her, und trotzdem ist der Mangel an ausgebildeten Soldaten und Ausrüstung erschreckend. Es gibt Massen von Männern in Uniform, aber die meisten sind nicht ausgebildet. Warum? Dafür habe ich nach zehn Monaten Krieg keine Erklärung. Das Entsetzliche ist, daß ich überzeugt bin, wir haben nur noch wenige Wochen, bevor der ›Boche‹ angreift.« Und Montgomery sagt in seinen Memoiren: »Im September 1939 war die britische Armee vollkommen unfähig, auf dem europäischen Kontinent einen Krieg erster Ordnung zu führen... Zu unserer Schande muß gesagt werden, daß wir in diesen modernsten Krieg unsere Armee mit einer gänzlich unzulänglichen Bewaffnung und Ausrüstung geschickt haben, und die Katastrophen, die uns im Felde ereilten, als die Kämpfe 1940 begannen, sind allein unsere eigene Schuld.«

Schwester und Schwager, die seit 1937 in England lebten und die mich nun aufnahmen, wohnten in einem hübschen Backsteinhäuschen mit freiem Blick über die »Heath«, die unbebaute Wiese in Golders Green. Es lag fast eine Viertelstunde von U-Bahn und Bus entfernt. Wie viele winterliche Abende habe ich diese Wiese in vollkommener Dunkelheit und bei eisigem Wind überquert! Merkwürdigerweise wohnten alle Emigranten entweder in Hampstead oder in Golders Green. Der Bus dorthin, die Linie zwei, hieß daher im Volksmund »Palästina-Expreß«, und wenn er am Swiss Cottage hielt, dann soll der Schaffner auch schon mal gerufen haben: »Schweizer Häuschen, alles aussteigen!«

Mein Schwager Joseph Jolles, ehemals Prokurist bei Siemens, hatte ein kleines Büro in der Lombard Street in der City, von wo aus er die Interessen der New York Hanseatic Corporation wahrnahm. Diese – eine Gründung der Gebrüder Grünebaum, einstmals Inhaber des Bankhauses Simon Hirschland in Essen, aus dem übrigens auch das Bankhaus Trinkaus hervorgegangen ist – hatte sich schnell zu einem großen, bedeutenden Handels- und Finanzunternehmen entwickelt. Ihr Europa-Geschäft ging mit Kriegsausbruch natürlich zurück, und so war das Haus in Golders Green nicht zu halten. Wir alle zogen daher sehr bald in ein vorstädtisches Boarding House in Highgate um, das von Mrs. Ponsford geleitet wurde, einer schönen, aufrechten Beamtenwitwe mit klaren blauen Augen, gütig, hilfsbereit und den Refugees zugetan. Das Leben in einer Familienpension mit allen Sparsamkeiten und Ärmlichkeiten hinsichtlich Unterbringung und Verpflegung machte das Emigrantendasein nur noch trister. Zu meiner Schwester und ihrem Mann entwickelte sich ein enges Verhältnis, und mein Neffe Andreas, nur sieben Jahre jünger als ich, Sohn meiner Schwester aus erster Ehe mit dem Schauspieler Fritz Rasp, wurde ein naher Freund. Zusammen mit Erd Wallace, dem Sohn des ehemaligen Vorstands der Hirsch Kupferwerke, Wallach, blieben wir während des ganzen Krieges ein »Dreigestirn«.

Ich selbst hatte von meinem portionsweise und mühsam aus Deutschland herausgeschmuggelten Geld noch circa 250 Pfund übrig, eine für mich unter den damaligen Verhältnissen große Summe, mit der ich jedoch sorgfältig haushalten mußte. Tatenlos, aber voller Tatendrang saß ich zu Hause. Jeder Besuch, jede Fahrt in die Stadt kostete Geld. Auch kannte ich ja kaum jemanden. Abgesehen von den selbstverständlichen Verbindungen zu deutschen Flüchtlingen hatte ich einige wenige Empfehlungen an englische Akademiker und an ein paar Geschäftsleute. Aber einen Job zu bekommen, war so gut wie aussichtslos. England war eine andere Welt, die Engländer blieben ein fremdes Volk. Ist es an sich schon nicht leicht, Zugang zu ihnen zu finden, so war es damals für einen »Feind-Ausländer«, bei allem Wohlwollen, doch ziemlich unmöglich, die Barriere zu überwinden. Man mußte viel lernen, um Mentalität und Formen zu verstehen: Wann man den Vornamen gebrauchen konnte, ja mußte; ob man Milch und Zucker zuerst oder zuletzt in die Teetasse tat; daß man als Gast kein Kaminholz nachlegen durfte; daß man ein Thema nicht zu Ende diskutieren durfte, wenn der Gesprächspartner den Gegenstand gewechselt hatte, daß man überhaupt nicht insistieren durfte. Wenn einem gesagt wurde:»Besuchen Sie mich mal wieder«, so hieß das eigentlich, daß der andere keinen Wert auf weiteren Kontakt legte. Hatte er ernsthaft diesen Wunsch, dann sagte er: »Kommen Sie Mittwoch nächster Woche um 17 Uhr zu mir« oder »Rufen Sie mich Montag an«.

Der Zugereiste empfindet das als Heuchelei, aber es sind Verkehrsformen, die das Leben in vielem einfacher gestalten. Besonders typisch die Geschichte eines deutschen Jungen in einer englischen Schule: Nachdem er beim Weitspringen an der Reihe gewesen war, verließ er den Sportplatz. Da rief ihn der Direktor und belehrte ihn: »Das geht so nicht. Du mußt Dich auch für das interessieren, was Deine Kameraden tun. Und wenn Du Dich nicht dafür interessierst, mußt Du zumindest so tun. Alles andere ist unhöflich, und man wird es Dir ankreiden.«

Unter den Emigranten gab es viele liebenswerte und auch bedeutende Leute. Manche hatten meine Eltern noch gekannt, und da war ich dann wieder »der Sohn von Felix Hollaender«. Auch traf ich unerwartet eigene Freunde: Dorothee Carlebach und Peter Berg aus der Tanzstunde, Peter Koch aus der Schule, vor allem aber Wawa, meine russische Freundin. Viele Emigranten ließen ihre Trauer und Enttäuschung nicht die Nazis, sondern das gesamte ehemalige Vaterland entgelten. Sie wollten nichts mehr von Deutschland wissen, Deutsch am liebsten nicht mehr sprechen. Wie sehr sie von ihm geprägt, wie sehr sie mit ihm verbunden waren, sie verrannten sich in oft lächerliche Haltungen. Ehepaare, die auf Englisch nicht viel mehr als radebrechen konnten, bestanden darauf, mit entsetzlichem Akzent untereinander Englisch zu reden, was die Jüngeren belustigt »Emigranto« nannten. Viele hatten etwas Geld mitgebracht, manche hatten sogar Arbeit, aber die Mehrheit fristete ein kümmerliches Dasein.

Sehr eindrucksvoll war der Einsatz der englischen Hilfsorganisationen, besonders der Quäker, die alles daran setzten, die materielle und seelische Not zu lindern. Dergleichen ist wohl nur in einem angelsächsischen Land möglich. Merkwürdig war die Neigung mancher Angehörigen der Oberklasse, für die jüdischen Emigranten aus Deutschland etwas zu tun. Viele von ihnen waren eigentlich anti-deutsch und anti-semitisch, hatten aber dennoch ihre »pet foreigners«, ihre Lieblingsausländer, die für sie eben anders waren als die anderen.

Ich erinnere mich noch gut, in welcher Zerrissenheit ich die ersten Septembertage durchlebte oder wie ich vor dem Radio heulte, als die Nachricht über die Versenkung der »Royal Oak« in Scapa Flow am 14. Oktober durchgegeben wurde: stolz auf die Glanzleistung von Kapitänleutnant Prien, verzweifelt über den Schlag gegen die englische Flotte. Meine Verbundenheit mit Deutschland trug mir bei den Emigranten natürlich wenig Sympathie ein.

So hatte ich gerade das Buch von Hermann Rauschning »Revolution des Nihilismus« gelesen und berichtete auf einer Zusammenkunft meist jüdischer Emigranten, welch tiefen Eindruck es mir gemacht hätte. Einer der Anwesenden fuhr mich an, wie ich dazu käme, mich so positiv über das Buch eines Nazis zu äußern. Ich wußte, daß dieser Herr zunächst nach Italien emigriert war und sich dort sehr für Mussolini begeistert hatte: Verlegen gab er das nun zu. Dann meinte ich wütend: »Auch Rauschning hatte sich, von den Konservativen herkommend, für Hitler begeistert. Als er aber den wahren Charakter Hitlers und des Nazitums erkannte, hat er Position, Karriere, Vermögen und Besitz aufgegeben, um bei Nacht und Nebel nach Kanada zu fliehen: eine freie und mutige Entscheidung. Sie aber, verehrter Herr, haben Ihren Antifaschismus erst entdeckt, als Mussolini auf die antisemitische Linie einschwenkte.«

Die Frustration der Untätigkeit war unerträglich, und es drängte mich um so mehr, einen Beitrag zu leisten. In dieser Stimmungslage bedeutete es eine gewisse Erleichterung, ähnlich denkende Deutsche kennenzulernen. Da waren zum Beispiel der spätere Goethe-Biograph Richard Friedenthal, Willi Eichler, später im Vorstand der SPD, oder das Ehepaar Schütz. Wilhelm Wolfgang Schütz, nach dem Kriege Korrespondent der »Neuen Zürcher Zeitung« und lange Vorsitzender des »Kuratoriums Unteilbares Deutschland«, hatte mit seiner Frau Barbara einen Kreis um sich versammelt, für den sie nach dem Muster der de-Gaulle-Franzosen u. a. Anerkennung als offizielle deutsche Opposition und Sendemöglichkeiten an der BBC erstrebten. Ein anderer bemerkenswerter Mann war Hans Reinholz. Er hatte den konservativen Kreisen um Schleicher und Papen und dem »Herrenklub« nahegestanden und war für sie als Journalist tätig gewesen. Um seiner jüdischen Freundin Gerda Mathias willen war er ohne einen Pfennig emigriert. Nun arbeitete er als John Reynolds für den von Sefton Delmer hervorragend geleiteten schwarzen deutschen Sender.

Auch in vernünftigen Kreisen war man der Überzeugung, daß Deutschland stets der Unruhestifter in Europa gewesen sei und daß ihm nach dem Kriege die Möglichkeit zu neuen Aggressionen ein für allemal genommen werden müsse. Unermüdlich versuchte ich, solchen Vorurteilen entgegenzuwirken: Jahrhunderte lang seien die Angriffskriege nicht von Deutschland, sondern von Frankreich ausgegangen, der deutsche Expansionsdrang sei noch keine hundert Jahre alt. Wenn es richtig sei, daß die Geschichte der Völker sich bis zum gewissen Grade nach biologischen Gesetzen entwickele, dann sei von einer Nation, die ihre Kraft verströmt habe, keine Aggression mehr zu befürchten. So habe sich Frankreich von der Verschwendung seines Blutes, seiner physischen und geistigen Reserven durch Napoleon nie wieder erholt. Schon der Erste Weltkrieg hätte Deutschland tiefe Wunden geschlagen, und seine Überforderung durch Hitler würde zum selben Erschöpfungszustand führen. Nach dem zu erwartenden Endsieg der Alliierten dürfte also - so versuchte ich meine Gegner zu überzeugen - von Deutschland kriegerisch nichts mehr zu befürchten sein.

Gleich nach Chamberlains Rede am 3. September war ich aus dem Haus gelaufen, um zu schauen, ob der deutsche Luftangriff schon begonnen hätte. Ganz so schnell, wie ich mir dachte, ging das glücklicherweise nicht. Die deutsche Armee und Luftwaffe waren mit dem Polen-Feldzug voll beschäftigt. Also wartete man in England und Frankreich, wohin die Briten ihr Expeditionskorps entsandt hatten, den ganzen Herbst und Winter über auf einen deutschen Angriff. Es geschah nichts, und in England sprach man nach Beendigung des »Blitzkriegs« schon vom »phoney war«, vom Scheinkrieg. Lediglich zur See wurde England angegriffen; da aber hagelte es Enttäuschungen und Niederlagen. Auf allen Meeren wurden britische Schiffe versenkt, führten deutsche Flotteneinheiten die Briten an der Nase herum. Endlich, am 13. Dezember, gab es einen kleinen Lichtblick für die Engländer: Das deutsche Panzerschiff »Admiral Graf Spee« wurde vor der La-Plata-Mündung gestellt und schwer getroffen; es versenkte sich daraufhin im Hafen von Montevideo selbst. Die Jagd hatte mehrere Tage gedauert, während das ganze Land nach den neuesten Nachrichten fieberte, die dem Volk in dramatischen Rundfunkreden des Marineministers Winston Churchill übermittelt wurden. Churchills Reden prägten sich jedermann tief ein, und Britannien fand seinen Nationalstolz in Churchills wahrscheinlich absichtlicher Verballhornung spanischer Namen bestätigt; »Montevidddeo« klingt mir noch heute im Ohr.

Der »phoney war« hatte nun schon ein halbes Jahr gedauert. Im April aber spitzte sich die Situation plötzlich zu. Während die Engländer immer noch auf die deutsche Offensive gegen Frankreich warteten, besetzte Hitler in einem Handstreich Norwegen und Dänemark. Die Briten versuchten, Norwegen zu Hilfe zu kommen, wurden aber in einem miserabel organisierten Feldzug geschlagen. Vor Narvik errang die Royal Navy zwar einen kleinen Seesieg, eroberte die Stadt und konnte sie bis Anfang Juni halten, das aber war nicht gerade sehr eindrucksvoll.

Norwegen brachte für die Emigranten in England unmittelbare Folgen mit sich: Die Deutschen hatten nämlich den norwegischen Nationalsozialisten Quisling als Regierungschef eingesetzt - sein Name wurde zum Synonym für »Fünfte Kolonne« und Landesverrat -, und die Engländer wurden dadurch nun selber nervös. War ein ähnlicher Verrat im eigenen Land denkbar? Wie viele Spione mochten wohl unter den Tausenden von Emigranten eingeschleust worden sein? Man hatte zwar ein paar der englischen Faschisten um Sir Oswald Mosley eingesperrt, jetzt aber wurden mit einem Schlag alle Ausländer verhaftet, die von den Tribunalen in die Kategorie B eingestuft worden waren. Zu ihnen gehörten auch die Schützens. Mir fiel es zu, ihre verlassene Wohnung aufzuräumen und ihre Habe sicherzustellen. Nun begann sich auch der Kreis aufzulösen, in dem so viele aus dem Ghetto der Emigranten Zuflucht gefunden hatten. Von jetzt ab gab es überhaupt keine Wirkungsmöglichkeiten mehr. Die Vorstellung, bei einer Invasion Englands der SS in einem Internierungslager auf dem Präsentierteller dargeboten zu werden, war erschreckend. So überwand ich alle Hemmungen und meldete mich zur Armee, um im schlimmsten Falle wenigstens mit der Waffe in der Hand den Nazi-Armeen, wenn sie denn kommen sollten, entgegentreten zu können.

Die Internierungsaktion war eigentlich Ausdruck einer gewissen Panik. So erhob sich ein Aufschrei der liberalen Engländer, allen voran der Bischof von Chichester. Mit größter Bewunderung mußte es einen erfüllen, wenn man sah, wie das englische Volk in seiner bedrohten Situation die Prinzipien von Humanität, Gerechtigkeit und Freiheit aufrechterhielt, welchen Raum der Protest gegen die Internierungen in den Medien einnahm, wie viele führende Engländer persönlich dagegen ankämpften. Die Regierung ließ sich davon jedoch nicht beeindrucken, und mir wurde klar, daß eines Tages auch die Kategorie C an die Reihe käme – also auch ich, wenn ich nicht vorher einberufen würde.

Das Debakel von Norwegen führte am 10. Mai zum Sturz von Chamberlain, dem Exponenten des »Appeasement«, der Beschwichtigungspolitik der dreißiger Jahre. Nach Jahrzehnten des Wartens hatte nun endlich der Außenseiter Churchill seine Chance und wurde Prime Minister einer großen Koalition. »Endlich«, soll er gesagt haben, »endlich Nummer Eins, endlich niemanden über mir, allein Entscheidungen treffen, allein die Verantwortung tragen können.« Das Land atmete auf, als es die Stimme dieses personifizierten »John Bull« hörte: »I have nothing to offer but blood, toil, tears and sweat (Ich habe nichts anzubieten als Blut, Mühsal, Tränen und Schweiß)«, und später: »Wir werden bis ans Ende gehen. Wir werden in Frankreich kämpfen, wir werden auf den Meeren und Ozeanen kämpfen, wir werden mit wachsender Zuversicht und wachsender Stärke in der Luft kämpfen. Wir werden unsere Insel verteidigen, koste es, was es wolle. Wir werden an den Stränden kämpfen, wir werden in den Landungsgebieten kämpfen. Wir werden in den Feldern und auf den Straßen kämpfen, wir werden auf den Hügeln kämpfen, wir werden uns niemals ergeben.« Einmalig seine Sprachgewalt: die Pausen, das Stocken an unerwarteten Stellen, der leichte Sprachfehler bei s und z, die er als sch aussprach –

all das prägte sich unmittelbar ein und ließ ihn geradezu liebenswert erscheinen.

Am 10. Mai, dem Tag von Churchills Ernennung, hatte Hitlers Angriff im Westen begonnen. Mit wachsendem Entsetzen verfolgte das Land, wie er in zehn Tagen Holland und Belgien und in sechs Wochen Frankreich überrannte. Die britische Expeditionsarmee unter Lord Gort bestand aus zwei Korps im Norden – das eine befehligt von dem genialen General Alan Brooke, wozu auch die Division unter Montgomery gehörte – und zwei Korps südlich der Seine, im ganzen fast 400 000 Mann.

Es war das Verdienst des sonst glanzlosen General Gort, bereits nach zehn Tagen, am 21. Mai, erkannt zu haben, daß alles nur noch darauf ankam, die britischen Truppen, notfalls auch ohne ihre Waffen, nach England hinüberzuretten. Es gelang ihm, das gesamte Expeditionsheer im Raum Dünkirchen zusammenzuziehen. Als die Briten von allen Seiten eingeschlossen waren, ließ Hitler seine Panzerdivisionen plötzlich anhalten. Die Gründe waren lange umstritten; nach neuesten Forschungen lagen keine politischen, sondern rein militärische Überlegungen zugrunde: Göring hatte sich stark gemacht, die Evakuierung der eingekesselten Massen mit Hilfe seiner Luftwaffe zu verhindern. Als sich dies als unmöglich erwies und Hitler nach drei Tagen den Stoppbefehl wieder aufhob, war es zu spät. Am 26./27. Mai mobilisierte das britische Seefahrervolk alles, was überhaupt schwimmen und sich fortbewegen konnte, um die Truppen zu verladen. Noch das kleinste Motorboot war Tag und Nacht im Einsatz.

Über die Hälfte der britischen Expeditionsarmee, 230 000 Mann, und 120 000 Franzosen erreichten bei verschwindenden Verlusten – allerdings unter Zurücklassung ihrer gesamten Ausrüstung – bis zum 4. Juni England. Nur südlich der Seine standen noch zwei Divisionen, und Churchill entsandte zwei weitere, um die Franzosen nicht im Stich zu lassen. Während der Evakuierung war General Brooke nach England zurückbeordert worden, weil man gerade ihn unter keinen Umständen verlieren wollte, und Montgomery hatte den Befehl des Korps übernommen. Bereits acht Tage später wurde Brooke der Befehl über die restlichen britischen Streitkräfte in der Bretagne übertragen, insgesamt vier Divisionen. Kaum nach Frankreich zurückgekehrt, teilte ihm der neue französische Oberbefehlshaber, General Weygand, mit, daß die gesamte französische Armee in Auflösung begriffen sei. In einem historischen Telefongespräch gelang es Brooke, Churchill zu überzeugen, daß wenigstens die englischen Truppen gerettet werden müßten. Bis zum Waffenstillstand, um den Marschall Pétain am 17. Juni einkam, evakuierte Brooke über Cherbourg noch einmal 150 000 Engländer und 47 000 Franzosen.

Hitler hatte Frankreich in dreiundvierzig Tagen niedergeworfen, aber dank seiner katastrophalen Fehlentscheidung vor Dünkirchen war über eine halbe Million Mann entkommen. Ohne sie hätte England seine Armee kaum wieder aufbauen können. Aber nahezu die gesamte Ausrüstung der britischen Armee war verloren; was in England an Waffen vorhanden war, reichte gerade zur Ausrüstung von zwei Divisionen. Dennoch fiel das Land in einen Glückstaumel und münzte die Katastrophe in einen Sieg um. Die Straßen waren überfüllt, wildfremde Menschen umarmten sich, über alle Lautsprecher wurde die Rede des leicht stotternden Königs Georg VI. übertragen. Atemlos hörte man der gemessenen und doch so bewegenden Ansprache zu. Sie endete mit den Worten: »Let us go forward to that task as one man, a smile on our lips and our heads held high, and with God's help we shall not fail.«

Die Stimmung des Volkes – »Nun erst recht« – fand ihren treffenden Ausdruck in einer Karikatur des genialen David Low: John Bull steht auf den Klippen von Dover und ruft: »Thank God, we are now alone« (also ohne die lästigen und unzuverlässigen Alliierten). Die zurückgekehrten Soldaten verherrlichte man als Helden; von einer vernichtenden Niederlage wollte man nichts wissen. Montgomery regte sich darüber auf: »Es fehlte das Gefühl der Dringlichkeit, und Churchill mußte es der Nation beibringen, in Worten, die tönten und donnerten wie Psalme.« »Kriege«, so meinte der Premier lakonisch, »werden nicht durch Evakuierung gewonnen.«

Die notwendige Regenerierung der Armee, die ja eine vernichtende Niederlage erlitten hatte, war ein langsamer Prozeß. Vor allem mußte sie von den verknöcherten Offizieren befreit werden, eine Aufgabe, der sich mit ungeheurer Verve General Brooke unterzog, den Churchill bald zum Oberbefehlshaber der Heimatarmee berief. Seine Aufgabe wurde erleichtert durch die Karikaturisten, die den »Colonel Blimp« erfanden, jene Witzfigur eines an sich liebenswerten, aber vollkommen unnützen Offiziers aus einer anderen Zeit.

Das Bewußtsein, in einem Krieg auf Leben und Tod zu stehen, wurde dem Volk immer wieder aufs neue eingehämmert, und bald bekam man bei dem geringsten Anspruch, den man stellte, die stereotype Antwort zu hören: »Don't you know, there is a war on?« Und wenn man sich über irgend etwas wunderte, dann hieß es: »This is a free country.«

Am Donnerstag, dem 27. Juni 1940, ziemlich genau drei Wochen nach Dünkirchen, wurde ich rüde aus dem Schlaf gerüttelt. Vor meinem Bett standen zwei Polizisten, um mich abzuholen. In Erwartung der Internierung war mein Handkoffer mit den nötigsten Dingen schon gepackt, wie es fünf Jahre später, nach unserem Einmarsch in Deutschland, bei jenen Deutschen sein sollte, die mit ihrer Verhaftung rechneten. Jetzt schnallte ich noch eine Decke auf den Koffer, möglicherweise mein einziges Bettzeug für die nächsten Tage. Während ich mich anzog, hatte Mrs. Ponsford, hilfsbereit wie immer, ein kräftiges Frühstück bereitet, aber die Beamten ließen mir keine Zeit. Unter unfreundlichem Drängen wurde ich wie ein Krimineller in die auch in England übliche »Grüne Minna« verladen, einem ungewissen Ziel entgegen.

Am nächsten Morgen wurde ich mit vielen anderen Emigranten in ein Auffanglager auf dem Rennplatz Kempton Park transportiert. Dort wurden wir von den Grenadier Guards in Empfang genommen. Sie waren kurz zuvor aus Dünkirchen evakuiert worden. Da sie in Frankreich keine Gefangenen gemacht hatten, vielmehr beinahe selbst in Gefangenschaft geraten wären, empfanden sie die ihrer Obhut anvertrauten Refugees offensichtlich als willkommenen Ersatz: der Ton war barsch, wie ich in diesen Tagen nach Hause schrieb, preußisch, etwas sehr preußisch. Als erstes wurden uns alle Wertsachen abgenommen. Auch mein geliebtes »Tausendzünder«-Feuerzeug wurde ich los. Bei der Entlassung sollte man alles zurückbekommen, das aber blieb ein schönes Märchen. Dann kam das Verhör durch einen Offizier. Er nahm mein handgeschriebenes Exemplar von Stefan Georges »Stern des Bundes«, das ich immer bei mir führte, und blätterte darin herum, offensichtlich hatte er die Absicht, auch dies zu beschlagnahmen. Da blickte ich ihm so trotzig in die Augen wie seinerzeit dem Gestapo-Kommissar in der Prinz-Albrecht-Straße in Berlin und erklärte, dies sei mein »Gebetbuch«, das dürfe er mir nicht wegnehmen. Mit starkem englischem Akzent, aber des Deutschen offenbar mächtig, las er dann eine Zeile laut vor: »Der trunkne Herr des Herbstes sprach mir so.« Dann klappte er das Heft zu und reichte es mir zurück.

Die Unterkünfte waren miserabel, und wir bekamen scheußliches Essen; auch gab es so wenig, daß man, wenn man nicht als Essensträger eingeteilt war, mitunter leer ausging. Am Montag, dem 1. Juli, wurden wir nach Huyton bei Liverpool verlegt. Auf dem Marsch hagelte es Kolbenstöße. Der Lagerkommandant, ein Oberst, stand bei unserem Einzug am Tor und bemerkte befremdet: »Ich wußte gar nicht, daß es unter den Nazis so viele Juden gibt.« Das war der Kenntnisstand und in etwa das Niveau, mit dem wir es zunächst zu tun hatten.

Wir wurden in Zelten untergebracht, die auf schlammigem Boden standen. Das Essen war etwas reichlicher als in Kempton Park, allerdings noch immer ziemlich ungenießbar. In einer Kantine konnte man auf eigene Kosten seine Diät ergänzen. So löste ich ab und zu einen Scheck von meinem sorgfältig gehüteten Konto bei der Central Hanover Bank ein, bei deren Berliner Niederlassung schon mein Vater ein Konto gehabt hatte und der ich bis heute treu geblieben bin.

Die Vorbereitungen für unsere Internierung waren offenbar völlig überhastet getroffen worden; es gab weder genügend Strohmatratzen noch genügend Decken. In den nächsten Tagen wählten wir unsere Repräsentanten, die uns der britischen Lagerführung gegenüber vertreten sollten. Dort war man aber sehr reserviert, denn wir galten in ihren Augen als Verräter; die Nazis im selben Camp wurden bevorzugt behandelt.

Unter den Internierten fiel mir besonders ein hochgewachsener Mann auf, der etwas älter als ich war; er hieß Erwin Schüller und war der Neffe des bekannten Sektionschefs Schüller im österreichischen Auswärtigen Amt und Sohn des Vorstands der Kreditanstalt in Wien. Er hatte eine unnachahmlich herrische Art, mit dem Wachpersonal umzugehen. So mußten wir zehn Meter Abstand vom Stacheldrahtzaun halten, was von den Wachttürmen aus streng kontrolliert wurde. Schüller und ich, die inzwischen zum Komitee der Gefangenen gehörten, wollten uns ungestört unterhalten. So gingen wir einfach in den verbotenen Streifen, und Schüller herrschte den diensthabenden Soldaten in seinem Türmchen barsch an: »We don't want to be disturbed; see to that!« Der Arme nahm Haltung an und erwiderte, wie er auf Befehle zu erwidern gewohnt war: »Yes, Sir.«

Nach einiger Zeit wurden wir in den inzwischen evakuierten Häusern einer an das Lager grenzenden Arbeitersiedlung untergebracht. Sie wurde in den Stacheldrahtbereich einbezogen. Ein neuer Lagerkommandant verschaffte uns allerlei Annehmlichkeiten: Zeitungen, Postmöglichkeiten, Vorträge, Kabarett, Musik- und Theaterabende. Auch wurden – unter Bewachung – Spaziergänge außerhalb des Lagers erlaubt, wovon ich jedoch keinen Gebrauch machte, weil ich keinen Stacheldrahtkomplex hatte. Zwei Dinge beschäftigten und erregten uns vor allem anderen: die militärische Lage auf dem Kontinent und die in Aussicht genommenen Verschiffungen aller Internierten nach Kanada und Australien. Den Engländern lag daran, uns loszuwerden; so versprachen sie, daß man, wenn man sich freiwillig melde, gemeinsam mit seiner Ehefrau verschifft werden würde. Viele von uns gingen darauf ein, die Zusage wurde nie erfüllt. Der erste Transport ging bereits am 10. Juli ab. Ich hatte mich entschlossen, unter allen Umständen in England zu bleiben; so schrieb ich der Lagerleitung, daß ich mich jeder Verschiffung verweigern würde und daß man mich mit Gewalt vom Platz schaffen müßte. Sicherheitshalber versteckte ich mich beim Appell an den Latrinen. So entging ich vielleicht dem Schicksal der Internierten, die auf der »Arandora Star« nach Australien verschifft wurden. Auf dem Wege dorthin wurde das Schiff von einem deutschen U-Boot torpediert: Während in den unteren Decks die zusammengepferchten Internierten ertranken, wurden fast alle Bewacher gerettet, ein Vorfall, der Jahre später ein gerichtliches Nachspiel für die verantwortlichen Wachmannschaften gehabt hat.

Eines Tages sollten einige von uns in ein anderes Lager verlegt werden; merkwürdigerweise ausnahmslos orthodoxe Juden. Da der Transport aber für einen Samstag vorgesehen war, weigerten sie sich entschieden, gegen das Sabbatgebot zu verstoßen. Irgendein Talmudist kam am Ende auf einen Ausweg. Erlaubt sei jede Reise von einem Grundstück, daß einem selbst gehöre, auf ein anderes Grundstück, das ebenfalls eigener Besitz war. So erwarben dann die Orthodoxen am Donnerstag vor der Reise sowohl das Lager Huyton als auch das Bestimmungslager für jeweils einen Penny. Für so etwas hatte der Lagerkommandant den nötigen Humor.

Am 13. August setzte Hitlers Luftwaffe zu ihrem Schlag gegen die Royal Air Force an: Die »Battle of Britain« hatte begonnen, es war der Auftakt zur Invasion. Würde es den Deutschen gelingen, die Air Force niederzuringen, dann stand einer Invasion nur noch die Flotte entgegen. Alle waren sich darüber im klaren, daß es ums Ganze ging. Die Ziele der Luftwaffe waren die Radarstationen, die »Augen« der Air Force, ihre Flughäfen und die Hangars. In den folgenden Wochen tobte ein verzweifelter Kampf. Vom Lager aus konnten wir mitunter die deutschen Bomber und ihre Begleitjäger sehen, ein paarmal sahen wir Luftkämpfe. Das Radio meldete Tag für Tag die Zahl der abgeschossenen deutschen Flugzeuge und auch die der eigenen Verluste; jeden Morgen stürzten wir uns auf die Zeitungen, um alles noch einmal genau nachzulesen. Aber den Zahlen wollte man keinen rechten Glauben schenken. Wie sich später zeigte, stimmten die Behauptungen beider Seiten nicht, teils, weil es wirklich schwierig war, die Verluste der anderen Seite genau festzustellen, teils, weil Propaganda ein Mittel des Kampfes war. Den deutschen Wehrmachtsberichten zufolge waren sehr viel mehr englische Jäger abgeschossen worden, als die Air Force jemals besessen hat. Die englische Flugzeugproduktion lief bereits auf so hohen Touren, daß die Verluste ständig ausgeglichen werden konnten; das eigentliche Problem war die beschränkte Zahl der ausgebildeten Piloten. Sie waren in ständigem Einsatz, und ungeheure Anstrengungen wurden unternommen zur Rettung derer, die über dem Ärmelkanal hatten abspringen müssen.

Dann kam England ein entscheidender Fehler zu Hilfe: Statt mit der erfolgreichen Taktik fortzufahren und den Angriff weiterhin auf die Flughäfen und Radarstationen zu konzentrieren, verzettelte die deutsche Luftwaffe plötzlich ihre Kräfte durch Angriffe auf britische Flugzeugfabriken. Das verschaffte der britischen Luftwaffe die notwendige Atempause. Anfang September wechselte Göring erneut die Taktik und begann mit einer Luftoffensive gegen London. Ohne Unterlaß, bei Tag und bei Nacht, fand jenes Flächenbombardement statt, das die Engländer kurz den »Blitz« nannten. Aber der Glaube, auf diese Weise die Moral der Zivilbevölkerung brechen zu können, erwies sich ebenso als Fehlspekulation wie später der gleiche Versuch seitens der Alliierten.

Diese Bombenangriffe ab 1943 waren übrigens in England heftig umstritten; einmal, weil man aus eigener Erfahrung wußte, daß sie sinnlos sind, zum anderen aus moralischen Gründen. Man war nicht glücklich bei dem Gedanken, daß die Engländer den Deutschen in eigener Münze heimzahlten. Als Deutschland schon besiegt war, wurden sinnloserweise noch Potsdam und Dresden zerstört. In allen Diskussionen setzte sich der Befehlshaber der Bomberflotte, Luftmarschall Harris, durch. Es ist bezeichnend für die Engländer, daß »Bomber-Harris«, wie er genannt wurde, der einzige hohe militärische Führer gewesen ist, der nach dem Kriege nicht in den Adelsstand erhoben wurde; verbittert ging er in Pension, denn die Verantwortung trug ja ebenso die Regierung, allen voran Churchill selbst.

Inzwischen liefen unaufhörlich Bemühungen um meine Entlassung. Vor allem meine Freundin Margaret Cowell hatte alle Hebel in Bewegung gesetzt. Tatsächlich wurde ich aufgrund meiner freiwilligen Meldung vom Juni am 30. August gemustert. Über die zwischenzeitliche Behandlung im Internierungslager war ich allerdings so empört, daß ich gar nicht mehr zu meiner ursprünglichen Meldung stehen wollte, aber es gab kein Zurück. Ich sehe mich noch, wie ich mit einigen Mitinternierten am Lagerzaun stehe; grimmig sagte ich: »Also gut. Aber dann werde ich diesen Krieg als Major beenden.« Unter den gegebenen Umständen war das eine absurde Vorstellung, und so gab es schallendes Gelächter.

Am 19. September wurde ich einberufen und nach Ilfracombe in Devon eskortiert. Es war herrliches Wetter, und das Zeltlager befand sich in einer schönen Hügellandschaft mit dem Blick aufs Meer. Ich wurde eingekleidet und zur 88. Pionier-Kompanie abgestellt. Nur geriet ich recht eigentlich von einem Stacheldrahtgehege ins andere. Die 88. Kompanie war Teil der britischen Expeditionsarmee in Frankreich gewesen; die etwa hundertfünfzig Mann betrachteten sich als »alte Kämpfer« und sahen auf alle Neulinge herab. Es waren Leute eines Schlages, wie ich ihm vorher nie begegnet war. Sie entstammten überwiegend den ehemals österreichischen Ostprovinzen, und wir nannten sie nur die »Überwiener«, weil sie über Wien in den Westen gekommen waren. Diese ganze Umgebung war fremdartig und schwer erträglich. Mit vierundzwanzig Männern war man in einer Wellblechbaracke zusammengepfercht; viele von ihnen waren über vierzig, hatten merkwürdige Sitten und Gebräuche. Die ganze Unterkunft roch nach rohen Zwiebeln und Knoblauch; zu allem Überfluß hatte ich noch einen Bettnässer in der Doppelkoje über mir. Es war die Hölle.

Die Kompanie wurde von einem total verknöcherten englischen

Major namens Woodcock befehligt, der in uns eine Art von Kriegsgefangenen sah. Er war bei der »Indian Army« gewesen und behandelte uns wie Kulis. Er wurde unterstützt von einem fähigen, aber versoffenen Kompaniefeldwebel, Sergeant-Major Bennisson, und einer Reihe von Offizieren und Sergeanten, deren Versetzung in die Ausländerkompanie eines Pionierkorps gewiß nicht für besondere Wertschätzung durch ihre vorgesetzten Behörden sprach. Bei allem Ärger über Bennisson und seinen Sadismus hatte ich eine gewisse Achtung vor diesem Mann. Er war intelligent, urteilsfähig, nervenstark und hatte drastischen Witz. Viele von uns, denen das Leben in der Kompanie unerträglich war, meldeten sich bei jeder Gelegenheit zu gewissen Sondereinheiten, die allen britischen Soldaten offenstanden, uns aber nur auf dem Papier. Da waren also vor der Schreibstube zwanzig Männer aufgereiht, die für eine Einheit der Luftwaffe volontiert hatten. Bennisson warf einen Blick auf diese eher intellektuellen Typen und sagte: »So, you want to join the Air Force – thank God, we have a Navy!« Ich habe oft gedacht, daß Bennisson bei den Nazis wahrscheinlich hoch aufgestiegen wäre. Und mit Schrecken wurde mir klar: Sprengt man einmal den Rahmen einer demokratischen Rechtsordnung, beseitigt man die Hemmungen, die Sitte, Moral und Religion auferlegen, und bläut man den willig Gehorchenden ein, daß alle befohlenen Scheußlichkeiten dem Wohl des Vaterlands dienen, dann entwickeln sich solche Typen in allen Armeen der Welt zu jenen Schergen, die das Regime Hitlers hervorbrachte.

Wenige Tage nach meinem Eintritt wurde die Kompanie ins Londoner Eastend, das Hafenviertel, verlegt. Wir wurden in einer Schule kaserniert, in der wir schutzlos den nächtlichen Bombenangriffen ausgesetzt waren, die meistens pünktlich um neunzehn Uhr begannen und die ganze Nacht über währten. Da das Eastend eines der Hauptzielgebiete der Deutschen war, befanden wir uns in keiner gemütlichen Situation. Merkwürdigerweise gewöhnte man sich daran, daß die Bomben ringsum einschlugen. Am folgenden Morgen mußten wir die Trümmer in jenen zerstörten Elendsquartieren aufräumen, die man schon in heilem Zustand nicht gern betreten haben würde. Man wühlte in verbranntem und unverbranntem Dreck. Der Ruß durchdrang die Kleidung und schwärzte den Körper. Immerhin war täglich in einer der umliegenden Badeanstalten eine »bath parade« organisiert. Die Wannen starrten vor Dreck. Voller Ekel säuberte ich sie erst einmal notdürftig, bevor ich mich auch nur duschte. Dennoch war das eine solche Erleichterung, daß ich mich sowohl morgens als auch abends in die entsprechende Schlange schlich, um zweimal in den Genuß dieser Wohltat zu kommen.

Die Einheit war einer drakonischen Disziplin unterworfen. Selten genug hatte man abends Ausgang; wer dann aber nicht um Punkt zweiundzwanzig Uhr zurück war, bekam die härtesten Strafen. Einmal hatte ich in der Nähe von Picadilly Circus mit einer Freundin zu Abend gegessen, als nach einigen Tagen Ruhe ein Luftangriff begann, so daß alle Verkehrsmittel ausfielen. Mitten durch den Bombenhagel, vorbei an frischen Trichtern und brennenden Häusern, rannte ich im Dauerlauf die zehn Kilometer von Picadilly zur Mile End Road, wo ich eine Minute vor zehn eintraf. So groß war die Furcht vor dem verrückten Major, der den Bombenangriff nicht als Entschuldigung akzeptiert haben würde. Die Deutschen griffen inzwischen am Tage nur noch selten an; die Verluste waren zu hoch gewesen. So konzentrierten sie sich auf das Nachtbombardement, wo sie durch die britischen Jagdflieger weniger gefährdet waren. Die Menschen gewöhnten sich aber auch daran. Überall wurden Luftschutzbunker eingerichtet, und alle Londoner U-Bahn-Stationen wurden bei Anbruch der Dunkelheit zu Lagerstätten. Dabei verkehrten die Züge weiter, die Ein- oder Aussteigenden stiegen einfach über die Schlafenden. Nach einigen Wochen wurden wir zu Waldarbeiten nach Chepstow verlegt, was ein paradiesischer Gegensatz war.

Von kanadischen Holzfällern lernte ich mit der Axt umzugehen, aber dann durften wir »bloody foreigners« nur sägen und Holz stapeln. Das dauerte einen Monat, dann wurden wir in immer andere Ortschaften von Süd-Wales verlegt mit Namen wie Mumbles, Llanelly, Tenby. Aus Llanvaches schrieb ich meiner Schwester im Januar 1941: »Wir vegetieren – ich kann nicht sagen wir leben – teilweise in Holz-, teilweise in Blechhütten. Es gibt kein elektrisches Licht. Die Pumpe draußen ist häufig eingefroren. Der Boden ist überschwemmt; man kann ihn nicht schlammig nennen, es ist reiner Sumpf. Man muß dreihundert Meter laufen, um zu den Latrinen zu gelangen. Dort angekommen, kehrt man sofort wieder um, so ekelhaft sind sie. Ich mußte schon am ersten Tag ins Lazarett. Die Grippe schien bald vorüber, aber ich mußte wegen eines Ischias-Anfalls noch bleiben. Das Hospital ist ebenfalls eine Erfindung des Teufels, ich versuche alles von der komischen Seite zu nehmen, aber das ist ziemlich schwierig. Du kannst im Sterben liegen, aber die einzige ärztliche Betreuung besteht darin, fünfundzwanzigmal am Tage nach dem Namen gefragt zu werden und ihn dann buchstabieren zu müssen. Es gibt keine ärztliche Untersuchung, die Krankenschwestern sind mittelalterliche Drachen, die einen ständig anschreien als ob man Verbrechen begangen hätte. Heute morgen machte ein hoher Offizier die Runde (gestern kam überhaupt kein Arzt), wir mußten alle aufstehen und neben unseren Betten Haltung annehmen, die Krankentafel in der Hand. Auf meiner stand ›Mandelentzündung‹, was ich nie gehabt habe. Grippe ist eine ansteckende Krankheit und müßte dem Hauptquartier gemeldet werden, also macht man es sich einfach. Drei Betten weiter liegt ein Mann mit fortgeschrittener Tuberkulose, der die ganze Zeit spuckt. Ein gräßlicher Gedanke, denn die Eßbestecke werden nicht sehr sorgfältig abgewaschen.«

Kurz nachdem ich diesen Brief geschrieben hatte, bekam ich plötzlich hohes Fieber, und es stellte sich heraus, daß es die Masern waren. Jetzt wurde ich in eine Isolierstation gebracht, und wieder gab es keine ärztliche Betreuung, dafür einen unappetitlichen Krankenpfleger, der uns nachstellte. Von hier ging es am nächsten Tag in einem als »Ambulanz« umfunktionierten, ungefederten kleinen Lastwagen stundenlang über holperige Straßen in ein großes Schloß, das als Isolierkrankenhaus diente. Die ärztliche Betreuung war ein wenig besser, das Essen so ungenießbar, daß ich nach einigen Tagen zum Skelett abgemagert war. Wunderlicherweise klangen trotz allem die Masern bald ab, und nach einer Woche konnte ich zu meiner Einheit zurückkehren, die inzwischen zu den verschiedensten Arbeiten eingesetzt worden war, sei es zum Barackenbau, sei es bei der Errichtung von Stacheldrahtzäunen oder Panzersperren.

Eines Tages stieß ein Dutzend Fremdenlegionäre zu uns. Sie gehörten zu einer französischen Einheit, die nach der Invasion Norwegens von Narvik aus nach England evakuiert worden war. Hier hatte man nichts mit ihnen anzufangen gewußt, und so waren sie zu den anderen Ausländern gesteckt worden. Es waren wilde Gesellen verschiedener Nationalitäten, vor denen sich sogar unsere Offiziere und Unteroffiziere fürchteten. Eines ihrer Kunststücke bestand darin, ihre Gewehre so in die Luft zu werfen, daß sie sich mehrmals überschlugen und doch schußbereit wieder aufgefangen wurden. Ich kam glänzend mit diesen Landsknechten aus, und so empfand ich es als Auszeichnung, als sie erklärten, ich hätte in der Fremdenlegion einer der ihren sein können.

Den 20. Juni 1942, den Tag der Einnahme von Tobruk durch Rommel, verbrachte ich im Arrestraum der Kompanie mit der sinnvollen Aufgabe, Spatenspitzen blank zu putzen. Ich hätte beim Appell gegrinst; vergeblich hatte ich mich verteidigt, lediglich ein freundliches Gesicht gemacht zu haben. Vom neuen Geist, der die reorganisierte Armee durchdringen sollte, war zumindest bei uns noch nicht viel zu spüren. Wie konnte eine Armee mit solchem Zopf den Krieg gewinnen? Zu sinnloser Tätigkeit verdammt, machte ich von jeder Möglichkeit Gebrauch, mich freiwillig zu etwas anderem zu melden: zur Marine-Infanterie, zu den Fallschirmjägern, zum Special Air Service, aber nie wurde etwas daraus.

Schließlich wurde ich zum Offizier vorgeschlagen (nie zum Gefreiten oder Unteroffizier, dazu war ich dem Kompaniefeldwebel zu fein), und eines Tages erhielt ich einen Marschbefehl nach Oxford, wo mich in einem Hinterzimmer des All Souls Collegs ein Captain Vesey erwartete. Offensichtlich gehörte er dem MI 5 (Intelligence) an, jedenfalls prüfte er mich auf Herz und Nieren, sowohl was Vergangenheit als auch was Gesinnung anlangte. Was ich nach dem Kriege machen wolle, fragte er. Die deutsch-englische Zusammenarbeit sei mein Anliegen, meinte ich – auf dem Höhepunkt des deutschen Bombenhagels! Ob ich Engländer werden wolle? Nein. Warum nicht? Weil ich lieber ein erstklassiger Ausländer bleiben als ein zweitklassiger Engländer werden wolle. Nach dieser diplomatischen Meisterleistung glaubte ich, meine Chancen, Offizier zu werden, verspielt zu haben. Aber im Gegenteil. Der Captain, im Zivilberuf wahrscheinlich Universitätslehrer, wußte eine solche Antwort offenbar zu schätzen.

Im September 1942 kam die erlösende Nachricht, daß ich mich bei dem WOSB (War Office Selection Board) einzufinden hätte. Dort mußte ich mich vier Tage lang einem sorgfältigen Test unterziehen. Ich erinnere mich einer Prüfungsfrage noch genau: »Nehmen Sie diese zwölf Mann, bilden Sie daraus ein Quadrat sowie ein Dreieck der halben Fläche des Quadrats und stellen Sie die Leute des Dreiecks zu den Leuten des Quadrats so auf, daß, wenn der Befehl rechts- oder linksum gegeben wird, die Männer des Dreiecks die Männer des Quadrats im rechten Winkel anschauen. Sie können diese Aufgabe selbst erfüllen oder einen anderen damit betrauen. Die Zeit wird gestoppt, der Ablauf beginnt – los!« Der Text der Aufgabe war so schnell heruntergerasselt worden, daß ich das Englisch zunächst nicht verstanden hatte. Ich bat also im Hinblick auf meine Sprachschwierigkeit um Wiederholung. Dann klappte es, außer daß ich irrtümlich annahm, der Befehl rechtsum oder linksum sollte nur den Männern des Dreiecks gegeben werden. Anscheinend war ich einer der wenigen, die der Lösung nahegekommen waren. Bei der nächsten Aufgabe wurden Schilder hochgehalten, auf denen ein Wort zu lesen war. Man hatte nur zehn Sekunden Zeit, seine Reaktion aufzuschreiben. Auf einer Tafel stand »Invasion«. Jahrelang hatte dieses Wort das Trauma einer deutschen Landung bezeichnet. Jetzt begann man langsam von der Invasion des Kontinents zu sprechen. Mir war sofort klar, daß die Psychologen aus der Antwort schließen wollten, ob man defensiv oder offensiv dachte. Dann wurde das Wort »home« gezeigt. Diesmal fiel mir gar nichts ein, ich schrieb lediglich »nice«. In der Pause fragte mich ein sehr sympathischer Offiziersbewerber: »Was hast Du denn geantwortet?«, und ich sagte verlegen: »nice«. Er hatte den Militär-Psychologen durchschaut und geschrieben: »Worth fighting for«. Zwei Jahre später habe ich ihn völlig erschöpft als Zugführer in Frankreich wiedergetroffen.

Bei der Prüfung des Allgemeinwissens wurde ein anderer Kandidat gefragt: »Who commands the British Army in North Africa?« Es war die Zeit der ständigen englischen Niederlagen. Der Prüfling, Absolvent einer der englischen Eliteschulen, antwortete kühl: »Colonel-General Rommel.« Natürlich wurden alle gefragt, warum sie Offiziere werden wollten, worauf die konventionelle Antwort lautete, weil man als solcher einen größeren Beitrag zum Siege leisten könne. Einer aus Eton sagte wegwerfend: »Ach, eigentlich weil ich es satt habe, dritter Klasse zu fahren.« Man stelle sich solche Antworten in der deutschen Armee vor!

Bereits am 13. Oktober 1942, nach über zwei Jahren im Pionierkorps, wurde ich zum OCTU (Officer Cadet Training Unit), dem Offizierskurs, einberufen. Während der Ausbildung erhielt ich die befreiende Nachricht, daß ich nicht zum Pionierkorps müsse: General Hibbert, der Mann meiner Freundin Susan, hatte mich für seine Infanterie-Division Nr. 55 vorgesehen. Er ließ mich zu sich nach Oxford kommen. Es gäbe da noch ein Problem: Meine Sicherheitsüberprüfung als Offiziersanwärter sei seinerzeit zwar positiv abgeschlossen worden, aber das sei für das Pionierkorps gewesen. Nun sollte ich der kämpfenden Truppe zugeteilt werden, und deshalb habe sich der Geheimdienst noch einmal eingeschaltet. Ich hätte erklärt, als deutscher Patriot gegen Hitler kämpfen zu wollen; angenommen also, die deutschen Generäle würden Hitler stürzen und den Krieg fortführen – könnte man mir dann noch britische Truppen an der Front anvertrauen? Eine intelligente Frage. Ich dachte kurz nach: »Dieser Krieg ist von Hitler begonnen worden; solange Krieg geführt wird, bleibt er ein Hitler-Krieg. Ich werde weiterkämpfen.« Diese Antwort befriedigte sowohl den General als auch den Geheimdienst. Als Unterleutnant des 2. Bataillons des »Loyal North Lancashire«-Regiments der 55. Infanterie-Division trat ich am 26. Februar 1943 meinen Dienst an.

Die »Loyals« waren in der Nähe von Portsmouth stationiert. Vom Dasein als »Other Rank« in einer Arbeitsformation für Ausländer hinüber ins Offizierskasino eines renommierten Linien-Infanterieregiments. Es war eine neue Welt; aber auch sie hatte ihre Schattenseiten. Der Kommandeur, Oberstleutnant Gidlow-Jackson, war ein Berufsoffizier, nicht dumm, aber kommißköpfig; zudem war er sehr klassenbewußt und bei seinen Offizieren unbeliebt. Nun bekam er diesen komischen deutschen Vogel von seinem Divisionskommandeur oktroyiert. Ersichtlich machte er nur notgedrungen gute Miene zum bösen Spiel; die Kameraden waren reizend. Nur am ersten Tag machte ich einen faux pas, indem ich harmlos das Thema Pferde anschnitt, welches tunlichst zu vermeiden war; der Oberst pflegte sich darüber in endlosen Tiraden zu ergehen. Wie in allen Armeen war der Ton kameradschaftlich und pseudo-herzlich, dem Kommandeur gegenüber aber sehr formell. Man selber wird mit Vornamen angeredet, er immer mit »Sir«, keiner der Offiziere raucht, bevor er seine

Zigarette angezündet hat, niemand steht auf, bevor er die Tafel aufhebt. Im Dienst gibt es als Anrede nur die Rangbezeichnung, die Unterleutnante und Leutnante sind »Mister«. Wenn keine Mannschaften dabei sind und dicke Luft herrscht, ist es nur der Nachname. Der Kommandeur ist gefürchtet.

Gleich in den ersten Tagen mußte ich zu einer medizinischen Untersuchung für zwei Tage ins Lazarett. Dort hatte eine sehr attraktive Krankenschwester Dienst. Am Abend wurde ich entlassen, mußte meinen Dienst aber erst am folgenden Tage antreten. Anne hatte auch dienstfrei. So nahmen wir uns zwei Zimmer in einem Hotel in Portsmouth. Kaum war ich bei ihr drüben, als es heftig an der Tür klopfte: Militärpolizei. An der Rezeption habe sich ein Deutscher eingetragen, dies sei aber militärisches Sperrgebiet. Ich müsse sofort einem Verhör unterzogen werden. Ich fuhr die Leute wütend an: Ich sei britischer Offizier. Dann gab ich meinen Wehrpaß: Second Lieutenant Hollaender. Staatsangehörigkeit: German. Ob sie meinten, ich wäre Offizier geworden, wenn das nicht alles in Ordnung wäre? Oder ob sie glaubten, ein Spion würde seine Staatsangehörigkeit angeben? Verlegene Entschuldigung. Aber der Abend war ruiniert.

Der Dienst brachte sehr bald ein Problem mit sich: In der Arbeitskompanie hatte ich ja nie eine Infanterie-Ausbildung gehabt. Nun sollte ich aber meine Soldaten ausbilden. Einigermaßen hilflos stand ich vor meinen Leuten mit dem »Instructor's Handbook of Battle Drill« und sagte: »Look here Chaps, I don't know it, you don't know it, let us learn it together.« Eines Morgens kam der Kommandeur, um meine Arbeit zu inspizieren. Offensichtlich war er von meiner Lehrmethode nicht beeindruckt. Zehn Tage später wurde ich zu einer sogenannten »Battle School« entsandt. Der Geist dieser Kampfschule wurde in der Begrüßung der Kursteilnehmer deutlich: »Diese Institution ist dazu da, Euch zu stählen und abzuhärten, um Euch eine größere Chance zu verschaffen, an der Front zu überleben. Dementsprechend ist die Ausbildung wirklichkeitsnah. Das Kriegsministerium erlaubt uns eine Unfall- und Todesquote von elf Prozent. Nur wenn wir sie überschreiten, wird eine Untersuchung eingeleitet.« Das war natürlich Unsinn, machte aber den nötigen Eindruck. Es war, als wolle man das, was die Deutschen in Jahren des Aufbaus geleistet hatten, in Wochen nachholen. Drei Wochen lang fand der Dienst nur im Laufschritt statt. Die physischen Anforderungen gingen bis an den Rand der Erschöpfung. Beim Robben wurden wir mit scharfer Munition dicht über unseren Stahlhelmen beschossen. Beim Sturmangriff im sumpfigen Gelände löste der Ausbildungsoffizier auf dem Kontrollturm wenige Meter vor den Stellungen Dynamitladungen aus. Um ein wirklichkeitsnahes Gefühl zu vermitteln, wurde man plötzlich mit Tierblut besprizt. Zwischen solchen Übungen gab es theoretischen Unterricht, bei dem man um keinen Preis einschlafen durfte. Ich nahm alle Kraft zusammen, um nicht zu versagen und meinen Protektor, General Hibbert, nicht zu blamieren.

Nach drei Wochen wurden wir zur Verkündigung der Kursergebnisse zusammengerufen. Die Namen derer, die bestanden hatten, wurden verlesen; meiner war nicht dabei. Nach einer Pause hob der Kursleiter wieder an: »Ganz besonders hervorzuheben sind die Leistungen von Second Lieutenant Butterworth und Second Lieutenant Hollaender. Es freut mich daher, bekanntgeben zu können, daß diese beiden Offiziere für einen weiteren Kurs als Instrukteure übernommen werden.« Einerseits fiel mir ein Stein vom Herzen, andererseits bedeutete das, den ganzen Leidensweg noch einmal durchmessen zu müssen.

Fast alle Männer meines Bataillons stammten aus Bolton, North Lancashire, und es war mir schier unmöglich, ihren Dialekt zu verstehen. So mußte anfangs mein Sergeant Livingstone, ein Berufssoldat, jedes Wort übersetzen. Meine eigene Herkunft hatte ich nicht verschwiegen, und bald fand ich heraus, daß ich den Spitznamen »The Prussian Baron« erhalten hatte. Einmal protzten in einer Kneipe Soldaten eines anderen Bataillons damit, daß sie tschechische Freiwillige unter sich hätten; meine Leute antworteten stolz: »But we have a Jerry commanding us.«

Ein einziges Mal machte mir meine Nationalität Schwierigkeiten: Ich hatte einen neuen Zug übernommen, als ein Korporal zu mir kam und mich bat, ihn in einen anderen Zug zu versetzen; er habe einen Bruder bei der Air Force verloren und sähe sich außerstande, unter dem Befehl eines Deutschen zu dienen. »Selbstverständlich sind Sie ab morgen früh im Nachbarzug«, sagte ich, »aber Sie können einmal darüber nachdenken, daß zu einem Zeitpunkt, als Ihr Bruder Hitler vielleicht noch bewundert hat, ich bereits in der deutschen Opposition mein Leben riskierte.« Stillschweigen. »Daran habe ich nicht gedacht, Sir. Darf ich bitten, in Ihrem Zug zu bleiben?« Ich war bewegt. Der Mann wurde mein bester Unteroffizier.

Im übrigen waren die Leute, zumindest hier in der Linien-Infanterie, von erschreckend niedrigem Niveau. Zwar hatten sie eine kollektive Intelligenz und auch Humor, individuell aber waren sie eher unterdurchschnittlich intelligent. Die selbständige Initiative wurde wie im deutschen Heer gepredigt, zu denken war daran aber kaum. Die Leute waren mutig bis zur Todesverachtung, was sie für die Verteidigung prädestinierte. Beim Angriff mangelte es ihnen an Phantasie und Kombinationsgabe.

In den nächsten Jahren lief meine Erfahrung auf den vielleicht etwas pauschalen Schluß hinaus, daß der deutsche Soldat bis hinauf zum Korpskommandeur dem englischen operativ überlegen war, während bei den höheren Dienstgraden, bei denen gesunder Menschenverstand und politischer Instinkt eine Rolle spielen, die Qualitäten der Briten die der entsprechenden deutschen Chargen übertrafen. In menschlicher Hinsicht waren diese achtzehn- bis fünfundzwanzigjährigen Jungens rührend. Einmal hörte ich bei einem abendlichen Rundgang durchs Lager einen ungewöhnlichen Lärm aus einer der Barakken. Ich kam gerade im rechten Augenblick. Mehrere der Soldaten hielten einen blondgelockten jungen Iren fest und suchten ihm ein Messer zu entreißen. »Murphy«, brüllte ich, »was, zum Teufel, soll das?« Die anderen traten zurück, Murphy ließ das Messer fallen. »Sir«, sagte er, »die behaupten, bei uns in Irland grenze das Schlafzimmer an den Stall, und die Hühner würden auf unseren Betten herumspringen.« – »Aber, Murphy«, meinte ich, »das ist doch bloß Quatsch, die sollen Dir den Buckel runterrutschen.« – »Nein«, sagte er verzweifelt, »es stimmt ja, was sie sagen.«

Eines Tages lud mich der General zum Mittagessen in das Hauptquartier der Division. Es war in einem schloßartigen Landsitz aufgeschlagen, an denen England so reich ist. Etwas verlegen nahm ich an der Tafel mit dem Divisionsstab Platz. Nach dem Essen machte mir der General die vertrauliche Mitteilung, daß er in Ungnade gefallen sei – wie ich später hörte, weil er seinen Vorgesetzten in einem Manöver geschlagen hatte. Seine Elitedivision würde niemals zum Einsatz kommen, sie würde vielmehr ausgehöhlt und in alle Winde verstreut werden. Recht deprimiert kehrte ich zum Bataillon zurück. Dort sprach sich das alles bald herum, und in dem Maße, in dem der Stern meines Protektors sank, verminderte sich auch die unfreiwillige Rücksichtnahme auf den von ihm geförderten Ausländer.

Das Bataillon wurde nach Nordirland verlegt, wo ich mich bald mit dem stellvertretenden Kommandeur anlegte, einem Major Robin Boyle, einem mageren, hohlwangigen, nervösen Mann mit flackerigen Augen. Wir waren uns sofort unsympathisch. Während einer Nachtübung half ich meinen Soldaten beim Ausladen von Munition. Major Boyle nahm mich beiseite und herrschte mich an: »Ein Offizier trägt keine Munition.« Das waren die Figuren, die für die englischen Niederlagen verantwortlich waren. Eines Tages fand ich heraus, daß er bei meinen Obergefreiten und Unteroffizieren mitunter angebliche Versäumnisse – wie zum Beispiel schlechte Rasur – monierte und sie dann vor die Wahl stellte, ihren »Streifen« zu verlieren oder sich in seinem Zimmer einer Züchtigung mit dem Ledergürtel zu unterziehen. Gegen den Rat meines Kompaniechefs und meiner Kameraden erstattete ich Anzeige, aber der Korpsgeist siegte, der Leidtragende blieb ich.

Auch mit dem Kompaniefeldwebel Sergeant-Major Castree, einem irischen Berufssoldaten, bekam ich Ärger. Die Feldwebel spielen in der britischen Armee eine noch größere Rolle als in Deutschland der

»Spieß«. Sie sind im Gegensatz zu den Chargen darunter nicht »NCO's« (Non Commissioned Officers), sondern »Warrant Officers«; es gibt sogar einen »Regimental Sergeant Major«, also einen Bataillonsfeldwebel, der höchste, nahezu offiziersgleiche Rang. Er hat das Recht, »Subalterns«, also Unterleutnants und Leutnants, zum Drill zu bestellen und sie vor den Augen der Mannschaften beim Exerzieren zu schleifen. Castree hatte mir die Ausführung eines Befehls verweigert, und mir kam es nun darauf an, mich durchzusetzen. So machte ich Meldung. Das Unerhörte geschah: Der Kompaniefeldwebel mußte barhaupt vor dem Kompaniechef erscheinen und erhielt einen Verweis; aber für mich war das ein Pyrrhussieg.

Am 18. Januar 1944 wurde ich als Ausbildungsoffizier in das Infanterie-Trainingslager Carlisle »versetzt«. Ich war über meine Abschiebung in jeder Hinsicht unglücklich, dennoch war sie ein »blessing in disguise«, eine Fügung des Schicksals, deren Segen man zunächst nicht erkennt. Wäre ich bei meinem Bataillon geblieben, wäre ich wohl kaum zum Einsatz gegen Deutschland gekommen.

Carlisle ist eine hübsche kleine Stadt, am Flüßchen Tyne gelegen, der Grenze zwischen Cumberland und Schottland. Hier hatten die Römer einst ihren Limes errichtet, der in Teilen noch heute vorhanden ist. Das Gebiet ist hügelig, mitunter sogar bergig, der wunderschöne Lake District mit seinen steilen Kuppelbergen ziemlich nah.

Ein ideales Trainingsgebiet also für die Infanterie. Das große Ausbildungslager von Carlisle – Nr. 18 ITC (Infantry Training Center) – versorgte mehrere Regimenter mit dem Nachschub von Rekruten. Die meisten Offiziere in diesem weltabgeschiedenen Fleck waren heilfroh über diesen Druckposten: erstens mußten sie nicht mehr den harten Dienst bei ihren Regimentern leisten und zweitens war die Aussicht, an die Front geschickt zu werden, recht gering. Was mich anlangte, so warf ich mich erst einmal mit großer Energie auf die Ausbildung der mir anvertrauten Rekruten.

Bei aller Kritik an manchen zopfigen Traditionen der britischen Armee hatte ich gelernt, viele ihrer Grundsätze zu bewundern, auch belebte mich der neue Geist, soweit er bei den Formationen schon angelangt war. Als oberstes Prinzip hatte ich in der Feldschule gelernt, daß die Leute moralisch und physisch fit gemacht werden müßten, um ihre Überlebenschancen im Kampf zu erhöhen. Das erfordert eine ganze Reihe von Voraussetzungen, die in Maximen festgelegt sind. Da ist zunächst die unnachahmliche Definition des Begriffs Disziplin: »instant and cheerful obedience«. Dieses »cheerful«, »freudiger« Gehorsam, ist eben etwas ganz anderes als »Kadavergehorsam«. Eine weitere Maxime: »Familiarity breeds contempt«: Mangel an Abstand beziehungsweise Anbiederung führt zur Verachtung. Und: »Erfolge sind immer die Deiner Untergebenen, Fehler und Mißerfolge stets die Deinen«. Nicht zuletzt das persönliche Wohl der Leute, ihre Gesundheit, ihre Unterbringung, ihre Verpflegung: Wer sich darum Tag und Nacht kümmert, darf auch manches verlangen.

Die Rekruten waren allerdings noch primitiver als die Soldaten meines Bataillons, die ja schon einen gewissen Schliff hinter sich gehabt hatten. Die Körperpflege stellte ein um so größeres Problem dar, als die Ausstattung der britischen Truppe unglaublich rückständig war. Wir hatten jeder nur drei Satz Wäsche; drei Hemden, drei Unterhosen, drei Paar Socken, keine Schlafanzüge, keine Bettwäsche und nur selten gereinigte Decken. Einen Satz Wäsche trug man Tag und Nacht, der andere war in der Wäsche, der dritte in Reserve. Unter diesen Umständen kann man sich gar keine Vorstellung von dem Gestank in den Baracken machen. Nach Märschen mußte ich als Offizier jedesmal eine Fußinspektion abhalten. Die absolvierte ich zum Vergnügen meiner Leute mit vorgehaltenem Taschentuch. Zwar war es ein Verbrechen, sich nicht jeden Morgen zu rasieren; wer meinte, eine abendliche Rasur würde am Morgen passieren, hatte sich geirrt. Aber Waschen war weniger wichtig. Man tat es mit aufgekrempelten Hemdsärmeln, ein bißchen im Gesicht und um den Hals herum; das war alles.

Einmal in der Woche gab es den sogenannten Duschappell, um den sich jedoch viele zu drücken versuchten. Mit dem für das Duschen zuständigen Unteroffizier hatte ich ein Sonderarrangement getroffen, das es meinem Zug erlaubte, zweimal wöchentlich zu duschen. Ich mußte das persönlich überwachen, damit sie auch wirklich unter die Brausen gingen. Manche versuchten, durch Anfeuchten ihrer Handtücher vorzutäuschen, daß sie bereits geduscht hätten. Da ich inzwischen ohnehin als Preuße abgestempelt war, führte ich auch noch eine Zahnparade ein. Einer meiner Leute hatte total gelbe Zähne. Als ich ihn anherrschte: »Mann, wann haben Sie sich zuletzt die Zähne geputzt?«, kam die brave Antwort: »Vor vierzehn Tagen, Sir.« Bei einem anderen, der so aus dem Mund roch, daß man unwillkürlich einen Meter zurücktrat: »Haben Sie keine Zahnbürste?« »Doch, Sir.« »Was, zum Teufel, machen Sie denn damit?« »Gewehr reinigen, Sir!«

Die Post nach Hause unterlag meiner Zensur. Da die Leute sowieso wußten, daß ich dadurch ihre Probleme kannte, fragten sie ihren »Jerry« um Rat und befolgten ihn fast immer. Teilweise diktierte ich ihnen ihre Briefe, besonders die an die Mädchen und Frauen.

Ein besonderes Kapitel waren die obligaten Gewaltmärsche. Mir kam es darauf an, möglichst überhaupt keine Ausfälle zu haben. Der körperliche Zustand von vielen dieser Jungens aus Proletarierfamilien war kläglich, so daß schon bei den ersten Märschen gewöhnlich mehrere einfach schlappmachten. Oft schien mir das eher psychisch als physisch begründet zu sein, und daher versuchte ich, das Problem auch so anzugehen. Wenn einer meiner Leute ausfiel, verteilte ich sein Gepäck und seine Waffen an die Kräftigeren und übernahm Teile der Ausrüstung auch selbst. Dann führte ich die Schlappmacher im Dauerlauf von hinten an der ganzen Truppe vorbei an die Spitze, natürlich begleitet von höhnischen Zurufen. Die Spötter stutzte ich zurecht: »Wollt Ihr wohl die Schnauze halten! Die Jungs sind nicht so kräftig wie Ihr, aber sie werden Euch noch schlagen.« Das gab den Schlappmachern Auftrieb, sie blieben an der Tête, und bald hatte ich keine Ausfälle mehr. Unser Rekord unter Waffen und Gepäck waren siebzehn Kilometer in einer Stunde und fünfzig Minuten. Häufig setzte ich Nachtübungen an, wo dann die Leute unvermutet aus dem Schlaf gerissen wurden und in wenigen Minuten marschbereit sein mußten.

Sehr wichtig war mir die Anerziehung schneller Reaktionen, etwa auf Luftangriffe. Ein Pfiff galt als Signal für Tieffliegerangriffe. Mitunter pfiff ich, wenn wir gerade an einer Pfütze oder an Kuhfladen vorbeimarschierten; die Leute mußten daran gewöhnt werden, sich in Gefahr nicht zu ekeln. Bald begriffen sie, daß das keine Schikane war.

Von Carlisle aus wurden die Leute entweder zurück zu ihren Bataillonen in England geschickt oder direkt an die Front auf den verschiedenen Kriegsschauplätzen: Manche von ihnen haben noch jahrelang an mich geschrieben, von den Fronten und sogar aus der Kriegsgefangenschaft. Besonders gerührt hat mich ein Brief von Corporal Cox aus Burma, der mich im August 1944 erreichte: »Alle von uns sind in dasselbe Bataillon gekommen, wir elf vom A-Platoon sogar in dieselbe Kompanie. Drei Wochen sind wir jetzt im Einsatz. Es ist heiß, das Essen ist schlecht, aber die Stimmung ist gut, und die Offiziere sind o. k. Von unserer Gruppe sind nur noch wir elf da. Zwanzig sind vermißt, verwundet oder tot. Wir haben Sie verflucht, wenn Sie uns geschliffen haben, aber wir waren auch stolz, im A-Platoon zu sein. Daß wir jetzt überleben, das verdanken wir Ihrer Ausbildung. Sagen Sie das den Leuten, die Sie jetzt im Moment zwiebeln, daß das seinen Sinn hat. Ihr getreuer Cox und alle anderen vom A-Platoon.«

Während dieser Zeit als Bataillonsoffizier und Ausbilder habe ich selber sehr viel gelernt. Die Verantwortung, Menschen zu führen, und auch die Lösung administrativer Aufgaben sind für mein späteres Leben wichtige Erfahrungen gewesen.

Mit den Polen im Feld

Am 6. Juni 1944 landeten die Alliierten in der Normandie; der Sturm auf die »Festung Europa« hatte begonnen. Hitler war überall auf dem Rückzug: Nordafrika war zurückerobert, der Feldzug in Italien ging zügig voran, die Russen drangen auf breiter Front vor, und im Pazifik verstärkte sich der amerikanische Druck auf die Japaner. Ich aber saß noch immer an der schottischen Grenze. Während meine Rekruten an die Front gehen durften, mußte ich zu Hause bleiben. So richtete ich ein Gesuch an den sogenannten »Military Secretary«, eine für Offiziere zuständige Beschwerdeinstanz außerhalb der Hierarchie, ähnlich dem späteren deutschen Wehrbeauftragten. Man schickte ziemlich rasch einen Major zum Gespräch nach Carlisle. Der verstand nicht, wie ein Mann deutscher Staatsangehörigkeit Oberleutnant der britischen Armee sein konnte...

Obwohl ich über den Ausgang der Befragung einigermaßen skeptisch war, habe ich in diesen Tagen dennoch – in Erwartung meiner Entsendung an die Front – meinen Namen geändert. Wäre ich lebendig oder tot in deutsche Hände geraten, hätte das für meine in Berlin lebende Mutter unabsehbare Folgen haben können. Nach dem Kriege wollte ich meinen alten Namen wieder annehmen: Ulrich Hollaender. Deshalb wählte ich einen neutralen Namen, einen im wahrsten Sinne des Wortes »nom de guerre«. 1945 stellte sich freilich heraus, daß es leichter war, meine alten Freunde mit meinem neuen Namen als meine neuen Freunde mit meinem alten vertraut zu machen, eine Entscheidung, die ich heute bedauere. – Fast hatte ich die Hoffnung aufgegeben. Endlich, am 13. August 1944, hielt ich die Antwort in Form eines Marschbefehls in Händen: sofortige Einschiffung nach Frankreich! Einige Tage mußte ich noch im Nachschublager Aldershot warten; dann kam am 17. August die Verladung.

Es war herrliches, heißes Wetter, die Luft flimmerte, die See war spiegelglatt. In der Ferne zeichneten sich der flache, weiße Strand und die satten, grünen Wiesen der Normandie ab, davor die halbkreisförmigen Umrisse eines »Gooseberry Harbour«. Das waren künstliche Häfen, geschaffen durch Versenken von zementbeladenen Pontons in unmittelbarer Küstennähe – eine geniale Idee, zu deren Realisierung sich Churchill entschlossen hatte. So hatten auch bei bewegter See die Sturmboote gefahrlos anlegen können. Der alliierte Brückenkopf war inzwischen so ausgebaut und gesichert worden, daß der Nachschub nicht mehr mit Landungsbooten zu erfolgen brauchte; jetzt wurden gewöhnliche Truppentransporter eingesetzt. Unserer ging vor Arromanches auf Reede; in gewöhnlichen kleinen Booten wurden wir an Land gesetzt. Alles war hervorragend organisiert: bei der Einschiffung, auf dem Transport, im Hafen, bei der Landung – überall klare Anweisungen per Lautsprecher, und dennoch lag selbst in der sachlichen Routine etwas Dramatisches. Natürlich hatten wir alle Herzklopfen, die Gefahr rückte schließlich immer näher. Als Offizier fiel es einem leichter, die Furcht zu verbergen. Die Soldaten blickten erwartungsvoll auf das Vorbild. So gab man sich gelassen und suchte den anderen Zuversicht einzuflößen.

An der Spitze des mir zugeteilten Zuges und hinter einem ekelhaften Major marschierten wir gleich nach der Landung Kilometer um Kilometer über staubige Straßen, bis wir bei Anbruch der Nacht im Auffanglager eintrafen. Etappe. Wir wurden in Zelten untergebracht.

Als erstes besorgte ich mir einen Burschen. Das ist wichtig. Die Offiziere kommen von früh bis spät nicht zur Ruhe. Lange Befehlsausgaben lassen kaum Zeit, sich um das Nachtquartier, die Verpflegung oder die Wäsche zu kümmern.

Schon am nächsten Vormittag wurde ich zum Lagerkommandanten gerufen. Zu meiner Verwunderung lag meine Akte bereits vor ihm. »Ich entnehme Ihren Unterlagen, daß Sie Ausbildungsspezialist sind. Wir kriegen hier laufend für acht bis vierzehn Tage die Leute von der Front zurück. Die bedürfen der Auffrischung ihrer Kenntnisse hinsichtlich der neuesten Waffenentwicklungen. Ich möchte Sie hierbehalten, damit Sie den Unterricht übernehmen. Sie haben Glück, da brauchen Sie nicht nach vorn.« »Das will ich aber gerade«, sagte ich trotzig, »ich habe mich nicht an die Front gemeldet, um hier einen Druckposten zu bekommen. Außerdem, was soll ich den Leuten denn erzählen? Die haben Fronterfahrung, und meine Kenntnisse sind doch rein theoretisch. Nein, Sir, ich will nach vorn!« In der Ferne hörte man Kanonendonner. Er sah mich verständnislos an; er für seinen Teil war mit seinem Posten offenbar zufrieden. Wenige Stunden später wurde ich wieder zu ihm gerufen. »Ich glaube, ich habe das Richtige für Sie! Sie sprechen doch Deutsch und Französisch. Solche Leute werden vorne gebraucht. Sie stellen sich morgen im Hauptquartier der 21. Heeresgruppe von Montgomery vor, bei Brigadegeneral Peto.«

Frühmorgens am 19. August wurde mir und einem Kollegen ein Jeep mit Fahrer zugeteilt. Montgomerys Hauptquartier lag etwa zwei Stunden von der Küste entfernt; es war ein Barackenlager, gepflegt wie eine Gartenstadt; kleine weiße Wegweiser halfen einem durch das Labyrinth der Stäbe. Brigadegeneral Peto war Chef sämtlicher britischer Verbindungseinheiten, ein Mann unter vierzig, frisch, agil, intelligent. (Nach dem Krieg wurde er Unterhausabgeordneter der Konservativen.)

Wir waren insgesamt acht Kandidaten. Peto fand, daß meine Deutschkenntnisse mich zum Verbindungsoffizier bei der polnischen Panzerdivision geradezu prädestinierten. Man hatte ein bißchen das Gefühl, daß für ihn eine Fremdsprache eine Fremdsprache war und daß ihm der Unterschied zwischen Deutsch und Polnisch nicht allzu groß schien.

Die Polen, meinte er, seien »tolle Leute«. Beim polnischen Divisionshauptquartier gäbe es eine größere englische Verbindungseinheit, und dorthin wolle er mich abkommandieren. Ohne eine Antwort abzuwarten, deutete er auf einen anderen Kandidaten und sagte: »Sie beide haben die gleichen Qualifikationen. Ich werde das Los entscheiden lassen. Kopf sind Sie, Zahl Sie.« Dann warf er die Münze in die Luft, fing sie mit dem Handrücken auf, »Kopf«, sagte er mit dem Blick zu mir, »also Sie!«

Endlich kam ich zu Wort: Ich sei nicht hierhergekommen, um einen Stabsjob zu ergattern, ich hätte meine Gründe, gegen die Nazis zu kämpfen, ich wolle nach vorn und nicht herumhocken. »Nun, Thomas«, sagte Peto, »Ihr Vorgänger ist gestern in der Schlacht gefallen; deshalb ist der Posten neu zu besetzen. Genügt Ihnen das?« Auch wenn es nicht dasselbe war, wie eigene Leute im Feld zu führen, erklärte ich mich einverstanden. »Dann holen Sie Ihre Sachen, und melden Sie sich noch heute nacht beim Divisionskommandeur General Maczek. Ich kann Ihnen leider nur ungefähr sagen, wo sich sein Gefechtsstand befindet. Wahrscheinlich sind diese Polen wieder einmal irgendwo abgeschnitten. Beeilen Sie sich, finden Sie ihn. Viel Glück!«

Die polnische Panzerdivision war am 31. Juli 1944 nach Frankreich verschifft worden, also noch keine drei Wochen im Einsatz. Dafür hatten die Polen eine wahre Odyssee hinter sich: eines der unglaublichsten Kapitel des Zweiten Weltkrieges, das heute jedoch völlig in Vergessenheit geraten ist.

Die polnischen Truppen, die nach der Besetzung Polens im September 1939 weder in deutsche noch in russische Hand gefallen waren, hatten sich zum größten Teil nach Rumänien oder Ungarn durchschlagen können. Ein kleinerer Teil rettete sich in die baltischen Staaten Lettland, Estland, Litauen, wo man sie jedoch gleich internierte. Ihr sehnlichster Wunsch war es, gegen die Deutschen zu kämpfen, und tatsächlich gelang es einigen tausend Mann, aus der Internierung zu entkommen. Vom Baltikum schlugen sie sich, teilweise auf polnischen Handelsschiffen, über Finnland und Schweden nach dem noch freien Frankreich durch.

Auch in Ungarn waren die Polen interniert worden, sehr zu ihrer

Überraschung, denn Polen und Ungarn waren ja Alliierte. Von hier aus gelang die Flucht nach Frankreich über Norditalien, Jugoslawien, Rumänien und Griechenland.

Im ganzen erreichten etwa 100 000 Mann die französischen Grenzen. Hier war inzwischen eine polnische Exilregierung gebildet worden. Ministerpräsident und zugleich Oberbefehlshaber der Streitkräfte war General Sikorski, der den Wiederaufbau der polnischen Armee mit unbändiger Energie vorantrieb. Der französischen Luftwaffe wurde ein größeres Kontingent Piloten und eine Brigade Gebirgsjäger zur Verfügung gestellt, die im April/Mai 1940 bei Narvik zum Einsatz kommen sollten.

An eigenen Truppen konnten die Polen drei Infanterie- und eine Kavallerie-Division aufstellen. Den Befehl über die 1. Infanterie-Division erhielt Brigadegeneral Maczek. Er war während des Ersten Weltkriegs »Kaiserjäger« im österreichisch-ungarischen Heer gewesen, hatte sich dann 1919/20 unter Pilsudski im polnischen Freiheitskampf gegen die Russen ausgezeichnet und im Feldzug von 1939 als Kommandeur der 10. Motorisierten Kavallerie-Brigade erneut seine Führungsfähigkeiten unter Beweis gestellt.

Es war vor allem Maczek, der auf eine Umwandlung der Kavallerie-Division in eine Panzerdivision drängte. Vom französischen Generalstab bekamen die Polen zur Antwort, Panzer könnten vielleicht einmal in Polen gebraucht werden, in Frankreich gäbe es die Maginot-Linie. Mit der ihnen eigenen Hartnäckigkeit gelang es den Polen schließlich, die Franzosen von der Notwendigkeit einer leichten motorisierten Division zu überzeugen. Im März 1940 begann die Rekrutierung, die Aufstellung der Truppen und das Training auf ein paar alten Panzern. Zwei Monate später, nachdem die Maginot-Linie durchbrochen war, fragte man plötzlich auf allen Seiten nach der polnischen Panzerdivision – aber die gab es ja nicht. Mit Mühe stellte Maczek eine Panzergruppe von Bataillonsstärke zusammen, deren Kommando er persönlich übernahm. Diese improvisierte Einheit erzielte in den Wochen des Zusammenbruchs bei der Deckung des französischen Rückmarschs erstaunliche Erfolge.

Nach der Kapitulation gelang es dem größten Teil der Maczekschen Truppen – auch denen, die nicht in die Kämpfe verwickelt gewesen waren – grüppchenweise, aber in Uniform und mit Waffen, sich über die Loire in den unbesetzten Teil des Landes zu retten – ein Epos, das an Xenophons Tapfere Zehntausend erinnert.

Maczek selbst, zu Fuß an der Spitze eines kleinen Trupps von fünf Offizieren, darunter Hauptmann Stankiewicz, sein späterer Divisionsstabschef, meldete sich in Clermont-Ferrand beim Oberbefehlshaber der geschlagenen französischen Armee, General Weygand. Als sie sahen, daß er keine Verwendung für sie hatte, daß vielmehr die Polen genau wie die Franzosen entwaffnet werden sollten, beschlossen sie, nach England zu gehen. Die Losung »England« erreichte auf mysteriöse Weise alle polnischen Soldaten, die sich ins unbesetzte Frankreich hatten durchschlagen können. In Marseille strömten sie zusammen, diesmal in Zivil, und beschafften sich gefälschte Papiere. Maczek erzählt in seinen Erinnerungen, wie er inkognito ein Café betrat und sich plötzlich hundert Mann militärisch erhoben und brüllten: »Zu Ihrer Verfügung, Herr General!« Über Spanien und Portugal schafften sie es nach England; Maczek selbst, der zu bekannt war, mußte den Umweg über Algier nehmen. In den folgenden Monaten kamen aus allen Ländern der Welt, einschließlich Südamerika, Freiwillige, so daß am Ende noch einmal eine Truppe von 50 000 Mann aufgestellt werden konnte.

Auch die polnische Exilregierung war nach dem Zusammenbruch Frankreichs nach England geflohen. Als Sikorski 1943 bei einem Flugzeugabsturz bei Gibraltar ums Leben kam, wurde sein Amt aufgeteilt: Sein Nachfolger als Ministerpräsident wurde der Politiker Micolajczik, den Oberbefehl über sämtliche polnische Streitkräfte auf alliierter Seite übernahm General Sosnkowski.

Die Geschichte der sogenannten Anders-Armee war nicht weniger dramatisch als die der Sikorski-Polen. Es waren die Reste jener Truppen meist bäuerlicher Herkunft, die im September 1939 von der Roten Armee gefangengenommen worden waren. Insgesamt hatten die Russen etwa anderthalb Millionen polnische Zivilisten und einige hunderttausend polnische Kriegsgefangene nach Rußland deportiert und teilweise zu Gefängnis und Zwangsarbeit verurteilt. Der polnische Generalstab hatte errechnet, daß daraus, selbst bei Berücksichtigung starker Verluste durch Krankheit und Hunger, immerhin eine Exil-Armee von drei- bis vierhunderttausend Mann aufzustellen sein müßte. Aber im Zuge von Stalins Politik, die Polen ihrer Führungsschicht zu berauben, hatten die Russen 14 000 meist junge polnische Offiziere umgebracht und im Wald von Katyn verscharrt. Manchen Offizieren, darunter auch dem späteren General Rudnicki, war es nur unter falschem Namen gelungen, zu überleben.

Auf alliierten Druck und nicht zuletzt aufgrund der Geschicklichkeit von Sikorski wurde fünf Wochen nach Hitlers Einfall in die Sowjetunion, am 30. Juli 1941, also nach fast zweijährigem Leidensweg der Polen, in London ein »Kriegsbündnis« zwischen Sikorski und dem russischen Botschafter Mayski unterzeichnet, das eine »Amnestie« für alle polnischen Gefangenen vorsah. Der Ausdruck »Amnestie« war grotesk: Die Straftat bestand im Grunde einfach darin, polnischer Soldat gewesen zu sein. Sikorski akzeptierte dies, damit die Russen ihr Gesicht wahren konnten.

Die im Vertrag beschlossene Bildung einer polnischen Armee von zunächst 44 000 Mann kam auf abenteuerlichste Weise zustande. Die amnestierten Polen schlugen sich in die ihnen zugewiesenen Aufstellungsräume südlich Kuibyshew an den südwestlichen Ausläufern des Ural durch. Waren die polnischen Soldaten schon krank, halb verhungert und zerlumpt in den Sammelstellen angekommen, so sollte ihre Leidensgeschichte noch keineswegs zu Ende sein. Von Anfang an hatten die Russen die Vereinbarungen von London unterlaufen. So hatten sie versucht, fast alle Offiziere und viele Mannschaften vor der Entlassung aus der Kriegsgefangenschaft als Mitarbeiter des NKWD (wie damals der KGB hieß) anzuwerben und sie entsprechende Verpflichtungen unterschreiben lassen.

Sehr bald wurde klar, daß die Russen sich auch sonst nicht an die Verträge hielten, die deportierten Zwangsarbeiter nur zum geringen Teil entließen, die Aufstellung der Truppen in jeder Weise behinderten und sie mit Nahrung, Uniformen und Waffen nur höchst mangelhaft versorgten. In dieser Lage entschloß sich Sikorski im Dezember 1941 zu einem persönlichen Besuch bei Stalin; General Anders begleitete ihn. Stalin versprach, fast alle polnischen Forderungen zu erfüllen: Alle noch in Lagern festgehaltenen Polen sollten sofort freigelassen und die Truppen auf 100 000 Mann gebracht werden. Das Aufstellungsgebiet sollte aus dem eisigen Südural, wo sie bisher in Zelten gehaust hatten, in den Süden von Zentralasien verlegt werden. 20 000 Mann sollten überdies zur Verstärkung der polnischen Luftwaffe und Flotte nach England verschifft werden. Als Sikorski das Problem der 14 000 unauffindbaren Offiziere anschnitt, meinte Stalin heuchlerisch, sie seien vielleicht in die Mandschurei entkommen.

Das neue Aufstellungsgebiet war um Taschkent gruppiert: Usbekistan, Tadschikistan, Turkmenistan, Kirgisistan – angrenzend an Persien, Afghanistan und China. Die sieben Infanterie-Divisionen, die Artillerie, die Pioniere, die Panzertruppe, alle waren bis zu 1000 Kilometer vom Hauptquartier in Janghi-Jul entfernt, und zwischen den einzelnen Einheiten lagen teilweise mehr als 2500 Kilometer. Und das im asiatischen Rußland unter Kriegsbedingungen! Der Stab des Hauptquartiers kämpfte verzweifelt um die Versorgung der Truppe mit Nahrungsmitteln und vor allem mit Winterzeug. Hunger und Seuchen breiteten sich aus, die Soldaten starben nur so dahin. Und dennoch ging die Ausbildung der von glühendem Patriotismus erfüllten Truppe weiter – zur Angleichung an das russische Heeressystem.

Am 10. März 1942 kam es zum offenen Eklat: Die Polen haben, abgesehen von den zahllosen Zivilisten, bereits über 70 000 Soldaten versammelt, die Russen aber kürzen ihnen die Rationen auf 26 000 Mann. Am 18. März fliegt General Anders erneut zu Stalin, der nunmehr die Reduzierung der polnischen Truppen auf eben diese Zahl verlangt. Die anderen sollten auf Kolchosen arbeiten, wo russische

Arbeitskräfte fehlten. Schließlich einigte man sich darauf, die Rationen auf 44000 Mann zu erhöhen, so daß zwei Divisionen einschließlich der Versorgungseinheiten aufgestellt werden könnten. Weitere 40000 Mann sollten mit ihren Familien nach Persien unter britische Obhut gebracht werden. Es waren die Kranken und Allerschwächsten, die unter britischer Betreuung zum größten Teil gesundeten und wieder kampffähig wurden.

Die Russen erkannten bald, daß die verbleibenden Divisionen nur für den Kampf gegen Deutschland zu gebrauchen waren; hinsichtlich des Kommunismus erwiesen sie sich als ziemlich immun. Am 7. Juli begann der Exodus der polnischen Armee nach Persien, der sich über zwei Monate hinzog. Nur die engsten Familienmitglieder durften die Truppen begleiten, Hunderttausende von ehemaligen Kriegsgefangenen, die noch nicht in die neue Armee integriert waren, und über eine Million Zivilisten mußten ohnehin zurückbleiben, abgesehen von den zahllosen nicht transportfähigen Kranken. Natürlich wurde kräftig gemogelt, so daß insgesamt weit mehr als 100000 Soldaten aus Rußland entkamen. Zurück blieben auch die für den Kommunismus gewonnenen Einheiten unter ihrem Oberst Bering. Es ist eine Ironie, daß die gesamte britische Hilfe – immerhin Material für eine Armee von 100000 Mann – Bering übergeben wurde, der damit allerdings nur eine einzige Division aufstellte, der man zynischerweise den Namen Kosciuszko gab, den Namen des polnischen Freiheitshelden im Kampf gegen die Russen aus dem Jahre 1794.

Nachdem die Truppen sich in Persien einigermaßen erholt hatten, wurden sie in den Irak gebracht, wo ihre Reorganisation und ihr Training nach britischen Maßstäben begann. Im Sommer 1943 wurden sie nach Palästina verlegt, wo sie sich mit der »Karpatischen Brigade« vereinigten: 5000 Mann, die 1939/40 aus den Internierungslagern in Ungarn über Griechenland nach Syrien entkommen waren. Von Palästina gingen sie schließlich nach Ägypten; dort sind sie als 2. Polnisches Corps unter General Anders in Montgomerys 8. Armee zum Einsatz gekommen und haben sich insbesondere bei El Alamein ausgezeichnet. Seit dem Winter 1943 nahm das Corps von General Anders am Italien-Feldzug unter Feldmarschall Alexander teil. Mit General Rudnicki an der Spitze rückten polnische Verbände nach den blutigen Schlachten als erste in Monte Cassino und später in Ancona ein.

»Die Polen«, so schilderte einmal ein französischer Historiker des 19. Jahrhunderts einen Feldzug, an dem polnische Einheiten teilgenommen hatten, »die Polen, bar jeder militärischen Tugend außer der des Mutes, entschieden sich für den sofortigen Angriff.« Hundert Jahre später äußerte der spätere Premierminister Harold Macmillan, der als persönlicher Vertrauter Churchills mit Kabinettsrang nach Nordafrika geschickt worden war, über das 2. Polnische Corps unter Anders: »Ihr Geist war von einer frohgemuten Geringschätzung der Gefahr, dergleichen ich noch bei niemandem gesehen habe.«

Das galt erst recht für die inspirierte Elite, die sich mitten im Krieg über Grenzen und Meere hinweg zu den britischen Inseln durchgeschlagen hatte, erfüllt von dem einzigen Wunsch, erneut gegen die Deutschen zum Einsatz zu kommen. Jeder Soldat hatte eigentlich das Zeug zum Offizier, mindestens zum Unteroffizier. Das Offizierskorps selbst war eine Auslese der polnischen Führungsschicht, darunter Adel und Hochadel.

Fragte man sie nach ihrer Staatsangehörigkeit, dann war die Antwort: »Pole – Katholik.« Fragte man sie nach ihrer Religion, dann gaben sie die gleiche Antwort – in umgekehrter Reihenfolge. Solcherart ist in ihrem Bewußtsein die Einheit von Nation und Religion. Sie waren heiter, lebenslustig, voll Charme und traditioneller Ritterlichkeit: So gewannen sie bald die Hochachtung der englischen militärischen Führung und natürlich die Herzen der Mädchen.

Die Polen hatten zwar nur vier von insgesamt 56 Jagdfliegergeschwadern der Royal Air Force gestellt, aber in der Battle of Britain, prozentual gerechnet, doppelt so viele deutsche Flugzeuge abgeschossen wie ihre englischen Kameraden. Die Würdigung des heroischen Einsatzes der polnischen und tschechischen Piloten beschränkte sich in dem Film über die »Battle of Britain« auf eine Szene, deren »Witz« in sprachlichen Verständigungsschwierigkeiten lag. Churchill hat später über die Piloten der Battle of Britain gesagt: »Never was so much owed by so many to so few« – eine Formulierung antiken Gepräges. Den »wenigen« polnischen Piloten unter den »wenigen« britischen – in der Endphase des Krieges war die polnische Luftwaffe immerhin auf 13 500 Mann angewachsen – ist man diesen Dank allerdings schuldig geblieben.

Ferner hatten die Polen zwei Bombergeschwader gebildet sowie eine Fallschirmjäger-Brigade, die bei Montgomerys verunglücktem Arnheim-Unternehmen eingesetzt wurde; außerdem waren mehrere Einheiten der Kriegsflotte mit Polen bemannt, die es verstanden hatten, einen beträchtlichen Teil ihrer Handelsflotte und sogar einige Kriegsschiffe nach England zu retten. Am Tag der deutschen Kapitulation standen, nach allen Verlusten, 220 000 Polen unter Waffen. Der vielleicht wichtigste Beitrag, den die Polen zum alliierten Sieg geleistet haben, lag jedoch im Bereich des Geheimdienstes. Schon Ende der zwanziger Jahre war es ihnen gelungen, das Geheimnis der deutschen Codiermaschine »Enigma« zu brechen. Und nicht nur das: Sie bauten ungefähr zehn dieser Maschinen nach, von denen sie einige Exemplare im Juli 1939 dem britischen und französischen Geheimdienst zur Verfügung stellten. Die Engländer wurden so in die Lage versetzt, einen wesentlichen Teil der deutschen Operationsbefehle zu entschlüsseln, was während der Gesamtdauer des Krieges von unschätzbarem Wert gewesen ist.

Damals, am 19. August 1944, als ich von Montgomerys Hauptquartier aufbrach, um den Divisionsgefechtsstand von General Maczek zu suchen, wußte ich von alledem natürlich nichts. Als frischgebackener Verbindungsoffizier zur 1. Polnischen Panzerdivision mußte ich mich erst einmal mit der militärischen Lage vor Ort vertraut machen.

Die Heeresgruppe B des Oberbefehlshabers West, Feldmarschall von Kluge, war bei Falaise eingekesselt worden: im Norden von den Engländern und Kanadiern, im Süden von den Amerikanern. Kluge hatte die Entwicklung vorausgesehen, aber bei Hitler vergeblich darum nachgesucht, sich der Schlinge rechtzeitig entziehen zu dürfen. Die polnische Division hatte den Auftrag erhalten, den »Korken auf die Flasche« zu setzen, wie Montgomery sich später ausdrückte. Das war die wichtigste, aber auch die gefährlichste und – wie sich herausstellen sollte – blutigste Aufgabe der Einschließung. Bereits Stunden vor der befohlenen Zeit hatten sich die Polen in Marsch gesetzt, um sich auf jeden Fall rechtzeitig in die Schlacht werfen zu können. In mehreren harten Gefechten hatten sie die vorgegebenen Ziele erreicht, und am Abend des 19. August konnten sie sich bei Chambois mit der Vorhut der Amerikaner vereinigen. Die Kanadier aber hatten den Anschluß an den polnischen Vormarsch nicht geschafft (einen Tag später wurde der kanadische Divisionskommandeur mitten in der Schlacht abgelöst). Die Amerikaner lagen fest und konnten der ungeschützten Flanke der Polen nicht zu Hilfe kommen. So mußten die Polen als lose sitzender »Flaschenkorken« nordöstlich von Chambois ausharren: Zweieinhalb Tage sollte es dauern, bis die Kanadier endlich eintrafen. Es war die große Krise der Schlacht, in die ich mitten hineingeriet.

Im Nachlaß meiner Schwester habe ich einen Teil meiner Briefe aus dem Feld gefunden. In ziemlich regelmäßigen Abständen berichtete ich ihr über den Verlauf der Kampfhandlungen, soweit ich daran unmittelbar beteiligt war. Ich glaube, daß diese Briefe die damalige Lage recht lebendig widerspiegeln. Der erste Brief datiert vom 23. August:

»Von Montgomerys Hauptquartier kehre ich gegen 15.30 Uhr zurück zum Auffanglager. Die Straßen sind verstopft und staubig, aber wir müssen voran. Schnell packe ich. Gegen alle Befehle nehme ich meinen Burschen mit, und gegen 19.30 Uhr starten wir; in verrücktem Tempo vorbei an den Schlachtfeldern der letzten Tage. Zerschossene Panzer und Bombenkrater am Straßenrand, deutsche Uniformreste und manchmal ein bestialischer Gestank. Leichen nur oberflächlich mit Erde bedeckt, Holzkreuze. Weiter durch die Ruinen von Caen, und schließlich bei Dunkelheit Ankunft im Gefechtsstand des Korps. Von dort bringt man uns zum Divisionshauptquartier, aber wir können in dieser Nacht nicht weiter zum vorgeschobenen Gefechtsstand. Es sei ›nicht ratsam‹, wird uns gesagt.« (Peto hat also recht gehabt: Die Polen waren nicht nur wieder einmal vorausgestürmt, auch der weit vorn eingerichtete Gefechtsstand war abgeschnitten!) »Unter einem Lastwagen legen wir uns nieder und wachen morgens völlig durchnäßt in einer Pfütze auf. Der britische Verbindungsstab ist sehr hilfreich und kameradschaftlich; die Polen mit ihrer sonderbaren kontinentalen Höflichkeit ein wenig steif, aber ziemlich anziehend. Bevor wir nach vorn gehen, kommen die beunruhigenden Formalitäten bezüglich Benachrichtigung von Verwandtschaft im Todesfall und ein herzlicher Handschlag, ›falls man sich nicht wiedersehen sollte‹.«

Endlich, am Mittag des folgenden Tages, nachdem wir mehrere Stunden durch ein vom feindlichen Feuer bestrichenes, jetzt aber menschenleeres Gelände geirrt waren, fanden wir Maczek in seinem Gefechtsstand bei Norrey en Auge, zwei Kilometer von Grand Mesnil entfernt. Der General, einundfünfzig Jahre alt, mittelgroß, etwas bullig, kurzer Hals, hochgezogene Schultern, den Kopf leicht nach vorn geneigt, war ein ebenso energischer wie intelligenter Truppenführer. In seine bäurisch-slawische Erscheinung war Listigkeit, aber auch Humor gemischt. Das Charisma des Truppenführers spürte man, sowie man ihm gegenüberstand. Selten blieb er während der Kämpfe in seinem Panzerleitbus mit Funk und sämtlichen Arbeitseinrichtungen, dem »Armoured Control Vehicle«, sondern er dirigierte von seinem Gefechtspanzer aus die Operationen direkt. Unter diesem Panzer verbrachte er auch die Nächte.

Als ich mich bei Maczek meldete, waren die Deutschen, die von Grand Mesnil aus gegen die Linien der Alliierten vordrängten, bis auf wenige hundert Meter an seinen Gefechtsstand herangekommen, den ganze drei Panzer ohne einen Schuß Munition verteidigten. Maczek ließ diese Shermans wie Statisten aus der Deckung heraus immer wieder kurz um den schützenden Hügel kreisen und täuschte damit stärkere Panzerkräfte vor. Er schien mit seiner verzweifelten List Erfolg zu haben; auch wurde der Gegner nicht gewahr, daß er einen Divisionsgefechtsstand vor sich hatte, und zog kurz vor Mitternacht schließlich ab.

Maczek musterte mich kurz und eher unwillig: »Ich brauche keine Verbindungsoffiziere, ich brauche Munition!« Die Antwort war typisch für seinen beißenden Witz. Gleich zu Beginn ihres Einsatzes in der Normandie waren die Polen versehentlich von amerikanischen Flugzeugen bombardiert worden, und einige Tage zuvor hatte sich dies wiederholt, diesmal waren es amerikanische und britische Bomber gewesen. (Der Kommandeur des »Pfadfinder«-Geschwaders, das vor dem Einsatz der Bomber die Ziele zu markieren hatte, beging daraufhin Selbstmord.) Als der Armeebefehlshaber die nächste Befehlsausgabe mit der obligatorischen Schlußformel »Irgendwelche Fragen?« beenden wollte, meldete sich wider alle Regeln Maczek: »Jawohl, Sirrr!« Der englische General leicht tadelnd: »Was gibts, Maczek?« »Bekomme ich Luftunterstützung?« Der General: »Tut mir leid, Maczek, die Luftunterstützung habe ich diesmal den Kanadiern zugeteilt.« Darauf Maczek: »Danke vielmals, Sirrr, dann werde ich Schlacht gewinnen!«

Nach dem kühlen Empfang bei Maczek meldete ich mich bei Oberst Anstice, dem Chef des britischen Verbindungsstabes »H. Q. 4th Allied Liaison Mission«, von den Polen »Quarta Misja« genannt. Die Mission war unverhältnismäßig groß besetzt: beinahe eine Duplizierung der polnischen Stäbe auf Divisionsebene. Offenbar hatten die Engländer geglaubt, die Polen kontrollieren zu können. Doch die Polen waren überzeugt, mehr vom Kriegshandwerk zu verstehen als die englischen Stäbe, und taten im Grunde, was sie wollten. Hatten sie die Mission anfangs mit Skepsis betrachtet, so entwickelte sich allmählich doch ein kameradschaftliches Vertrauensverhältnis, wenn auch eine gewisse Distanz stets gewahrt blieb. Man unterhielt in militärischen Fragen einen engen, ziemlich reibungslosen Kontakt; außerdienstlich blieb man unter sich, was gelegentliche gegenseitige Einladungen aber nicht ausschloß. Die Engländer betrachteten die Polen mit der ihnen eigenen Arroganz gegenüber allen Völkerschaften jenseits des Kanals - »Niggers start at Calais« -, aber schließlich begannen sie, »ihre Polen« zu lieben, zu bewundern und bisweilen natürlich zu verfluchen.

In der Mission herrschte eine angenehme englische Club-Atmosphäre, ohne hierarchische Unterscheidungen. Die Offiziere waren allesamt gebildete Leute, meist Universitätsabsolventen, junge Diplomaten oder Kaufleute mit internationaler Erfahrung. Den Sieg nach so vielen Jahren greifbar vor Augen zu haben, erfüllte sie mit einer sonderbaren Heiterkeit. Die Gefahren des Gefechts, die Unbequemlichkeiten des Vormarschs, das Schlafen unter freiem Himmel, das schlechte und während des stürmischen Vorpreschens oft gänzlich ausbleibende Essen: alles wurde mit nahezu sportlichem Geist in Kauf genommen. Nur der Chef der Mission, Oberst Anstice, hielt sich abseits; auch sein Nachfolger ab Oktober, ein liebenswürdiger, aber ebenso zurückhaltender Berufsoffizier namens Sheppard, blieb reserviert. Seine Dienstauffassung war strikt und altmodisch; äußersten Wert legte er auf die Einhaltung der Formen. Wenn uns im Felde das Essen überhaupt erreichte, mußte erst ein Klapptisch aufgebaut werden, an dem die Offiziere Platz nahmen. Dann wurde der miserable

Fraß von einem weißbehandschuhten Korporal serviert. Oft kamen die Einschläge unerbittlich nah, und ein paarmal pfiffen die Kugeln in die Büsche, die uns deckten. Niemand durfte mit der Wimper zucken, jeder mußte mit äußerster Beherrschung seine Mahlzeit bis zum bitteren Ende in Form einer gräßlichen Süßspeise einnehmen.

Dieser anerzogene Gleichmut der Kriegerkaste gegenüber jeglicher Gefahr war dem der Polen verwandt. So erzählte mir Stanislaw Schwarzburg-Günther, der Kommandant eines Sherman-Panzers war: »Gleich zu Anfang hatten wir einen Volltreffer der verdammten 88er Flak. Mein Fahrer war sofort tot, alle anderen verwundet, nur ich blieb unverletzt. Wir wurden zum Feldlazarett gebracht. Dort habe ich mir erst einmal einen großen Cognac eingeschenkt. Im selben Augenblick setzten zwei Fokke-Wulfs im Tiefflug zum Angriff auf die Gruppe an. Ich war mit meinem Cognac natürlich langsamer als die anderen. Der Straßengraben war schon voll mit Leuten, und so lag ich mehr oder weniger über dem Niveau der Straße und wartete das Ende des Angriffs ab. Plötzlich kommt aus dem Knäuel von Leibern ein Arm, so daß ich beinahe meinen Cognac verschütte: ›Gestatten, daß ich mich vorstelle: Leutnant X von den Lancers.‹« Nachdem sich Schwarzburg-Günther ebenso förmlich vorgestellt hatte, meinte die Stimme, die zu der Hand gehörte: »Schwarzburg-Günther? Wirklich? Vor drei Wochen saß ich noch in Rio auf einem der alten Eßzimmerstühle Ihrer Familie!«

Die Nacht vom 20. auf den 21. August, meine erste Nacht als Mitglied der Quarta Misja, verbrachte ich im Freien unter einer Zeltplane nahe dem Schlachtfeld. Ich hatte mir einen Platz an einer entfernter liegenden Hecke ausgesucht, um dem Gestank zu entkommen, der in der Luft lag. Als ich am nächsten Morgen aufwachte, fand ich in der Hecke einen toten SS-Mann; es war noch ein halbes Kind. Aus seinem Tornister war ein Brief gefallen: »Mein geliebter Junge«, las ich, und es folgten rührende mütterliche Ratschläge. Die ganze Nacht hatte ich also neben diesem gefallenen SS-Mann gelegen! In meiner Vorstellung war das der schlimmste Feind, aber hier, im Tode, sah er so unschuldig aus – und als 18jähriger wird er es vielleicht auch gewesen sein. Und dann der Brief der Mutter... Diese erste unmittelbare Begegnung mit einem »toten Nazi« hat meine Einstellung zu den Problemen, die in den kommenden Monaten auf mich zukommen sollten, mitgeprägt.

In der gleichen Nacht, in sprichwörtlich letzter Minute, war der kanadische Entsatz für Falaise endlich eingetroffen. Die Deutschen hatten, unterstützt von Kräften außerhalb des Rings, mit gewaltiger, auf eine Stelle konzentrierter Übermacht den Ausbruch aus dem Kessel versucht. Die Polen, abgeschnitten, ohne Munition und Benzin, hielten unter fürchterlichsten Verlusten stand. Zu Beginn des Kampfes hatte der örtliche Befehlshaber, Oberst Koszutski, seine Offiziere zu sich gerufen: »Meine Herren, die Lage ist ernst. Unsere Brigade ist vollständig abgeschnitten. Der Feind kämpft noch. Was Sie hier links und rechts sehen, sind seine einzigen Rückzugswege. Niemand außer uns kann ihn aufhalten. Das ist die Aufgabe. Kapitulation ist ausgeschlossen. Ich spreche als Pole.« – Am 20. rief er sie wieder zusammen: »Meine Herren, alles ist verloren. Ich glaube nicht, daß die Kanadier noch zu unserer Rettung kommen können. Wir haben keinen Proviant mehr und sehr wenig Munition. Kämpfen Sie trotzdem. Kapitulation ist ausgeschlossen. Heute nacht werden wir sterben.« Gegen Mittag des folgenden Tages war die Schlacht gewonnen.

Falaise war ein »Stalingrad des Westens«. Wie dort die 6. Armee des Generalfeldmarschalls Paulus, so war hier die Heeresgruppe B aufgrund strategisch unsinniger Entscheidungen Hitlers vernichtet worden. Das Rückgrat des deutschen Widerstandes an der Westfront war gebrochen, wobei das Ausmaß der Niederlage in Deutschland – anders als im Falle Stalingrads – nicht bekannt wurde. Der alliierte Sieg war jedoch getrübt durch die Tatsache, daß der Kessel nicht rechtzeitig hatte geschlossen werden können. Briten und Amerikaner machten sich gegenseitig für diese Verzögerung verantwortlich. So war es mehr als 30 000 Deutschen gelungen zu entkommen, ehe die Polen eintrafen; durch die Lücke zwischen Kanadiern und Polen entkamen noch einmal ein paar tausend Mann, und etwa 10 000 sickerten an anderen Stellen durch. 30 000 Mann wurden gefangengenommen, 15 000 waren gefallen oder verwundet. Den größten Teil ihrer Handwaffen, Panzer, Geschütze und sonstigen Ausrüstung hatten die Deutschen zurücklassen müssen.

Die Polen konnten den deutschen Korpskommandeur, General von Elfeld, gefangennehmen. Das Verhör bestätigte sie in ihrer Auffassung von deutscher Anmaßung, aber auch von umsichtiger deutscher Truppenführung. Die deutschen Führer und Unterführer in ihrer katastrophalen Lage, in der Befehle von außerhalb des Kessels sie nicht mehr erreichten, hatten mit kühlem Kopf und großer Tapferkeit operiert und auf diese Weise in Gruppen und Grüppchen immerhin etwa ein Drittel ihrer Truppen gerettet. Auch eine große Zahl von Generälen und höheren Offizieren war entkommen; vier Monate später, bei der verzweifelten Ardennen-Offensive des Generals Rundstedt, sollte sie ihr Schicksal dennoch ereilen.

Die Polen belächelten die alliierte Kriegführung. Ihrer Ansicht nach lag der Weg nach Berlin offen, und sie konnten nicht verstehen, warum es nicht weiterging. Ich auch nicht. Als später alle Fakten über die strategischen Differenzen zwischen Engländern und Amerikanern und über die Fehlurteile der Generäle vor Ort bekannt wurden, zeigte sich, wie so oft, daß das Urteil des »kleinen Mannes«, auch ohne die Kenntnis der Zusammenhänge, meist erstaunlich richtig war. Hätten alliierte Führung und Verbände nach der Landung in Frankreich dieselbe Fähigkeit, denselben Schneid und dieselbe Beweglichkeit bewiesen wie auf Divisionsebene die Polen und wie auf Armee-Ebene der amerikanische General Patton, der Krieg wäre im Herbst zu Ende gewesen. Das ist nahezu unbestritten, aber bis heute setzen sich britische und amerikanische Generäle sowie Militärkritiker mit der Frage auseinander, wen die Hauptverantwortung für die verpaßten Gelegenheiten, auch die von Falaise, trifft.

Montgomery war sich im klaren, daß der deutsche Soldat den englischen an Ausdauer und Kampfgeist übertraf. Ebenso kannte er die Überlegenheit der deutschen Panzer und Geschütze, auch wenn er mit verbissener Wut jegliche Berichterstattung darüber unterdrückte und bekämpfte. Zudem hatte er ein nicht unerhebliches Drückeberger-Problem zu bewältigen. Diese Umstände erklären zum Teil die allzu lange Verzögerung des Ausbruchs aus dem Brückenkopf, Montgomerys Übervorsicht und seine Insistenz, nur dann anzugreifen, wenn er über ein zahlenmäßige Überlegenheit an Menschen und Material verfügen konnte. Was aber die Polen betrifft, ist es, glaube ich, nicht übertrieben zu behaupten, daß es auf alliierter Seite, von Spezialeinheiten abgesehen, keinen größeren Verband gegeben hat, der der 1. Polnischen Panzerdivision an Kampfesentschlossenheit, Mut und Schnelligkeit der Bewegung gleichkam.

Der Beitrag der Polnischen Division zum Sieg von Falaise – eines der Bravourstücke dieses Krieges – stand unter dem Schatten des Dramas, das sich in eben diesen Tagen 1500 Kilometer entfernt im heimatlichen Warschau abspielte. Während der kleinsten Gefechtspause drängten die Polen um ihre Panzer und lauschten den Radiomeldungen über den Verlauf der Tragödie. Am 1. August hatte der Führer der polnischen Untergrundarmee, General Bor-Komorowski, den Aufstand befohlen: zum einen, um den deutschen Zusammenbruch zu beschleunigen – der deutsche Rückzug über die Weichsel schien unmittelbar bevorzustehen; zum andern, um die Befreiung der Hauptstadt aus eigenen Kräften zu vollbringen und nicht der Roten Armee überlassen zu müssen, deren Vorhut bereits kurz vor Warschau stand.

Die Untergrundarmee verfügte in Warschau, trotz des Naziterrors, über stolze 40 000 Mann. Die Bewaffnung, teils selbstgebastelt, teils erbeutet, war äußerst spärlich, doch mit der ihnen eigenen Tollkühnheit warfen sich die Polen den deutschen Panzern entgegen, immer in der Hoffnung auf rechtzeitige russische oder west-alliierte Hilfe. Aber Stalin führte etwas ganz anderes im Schilde: Hatte er schon 1940 durch die Ermordung von 14 000 Offizieren die polnische Führungsschicht empfindlich geschwächt, so sah er jetzt mit verschränkten Armen zu, wie Hitlers Soldaten dieses Werk fortsetzten.

Kurz zuvor, nach der Eroberung von Lublin, war dort ein »Nationalkomitee für die Befreiung«, das sogenannte »Lubliner Komitee« unter dem späteren Präsidenten Bierut gebildet worden. Es bestand ausschließlich aus moskautreuen Kommunisten; Keimzelle einer Gegenregierung gegen die polnische Exilregierung in London. Deren Ministerpräsident, Mikolajczik, war am 30. Juli nach Moskau geflogen, um mit Stalin einen modus vivendi auszuhandeln – freilich vergebens.

Churchill, der sich hartnäckig bemühte, Stalin zu einer Änderung seiner Haltung zu bewegen, wandte sich in seiner Not an Roosevelt, bekam aber nur – so Churchill selbst – »lauwarme Antworten«. Der Premier wollte eine Bombardierung der deutschen Truppen in Warschau sowie den Abwurf von Waffen, Munition und Nahrungsmitteln für die Polen durch amerikanische Flugzeuge. Aber Stalin verweigerte seinen Alliierten die dafür notwendigen Flugplätze. Für Churchill war Stalins Haltung in dieser Sache vielleicht der erste Warnschuß; die Große Allianz fing an sich zu trüben.

Mehr als sechzig Tage, bis Anfang Oktober, hielten die Aufständischen aus; dann mußten sie aufgeben. 15000 waren gefallen; ein Fünftel der Bewohner der Millionenstadt war tot, verwundet oder verhaftet. Allerdings hatten auch die Deutschen, die vor Ausbruch des Aufstandes eigentlich schon zum Rückzug entschlossen gewesen waren, ungewöhnlich hohe Verluste: Die Zahl der Toten, Vermißten und Verwundeten belief sich auf über 25000.[1]

Während der kurzen Ruhepause, die der Division nach den vorangegangenen Kämpfen verordnet wurde, sollten wir unterrichtet werden, worin eigentlich die Aufgabe eines Verbindungsoffiziers besteht. Im Verkehr mit dem englischen beziehungsweise kanadischen Korps, denen die Division im Verlauf des Feldzuges angehörte, erwies sich die Mission als sehr nützlich. Hinsichtlich militärischer Operationen wurde sie voll informiert und übte eine beratende Funktion aus. Sprachliche und sonstige Mißverständnisse konnten ausgeräumt werden. Im Grunde agierte der Stab wie eine Botschaft: Dem Korps interpretierte man den polnischen Standpunkt und der Division den des Korps.

Die polnischen Generalstabsoffiziere hatten zum Teil eine deutsche Ausbildung genossen und wußten mit erstaunlicher Sicherheit deutsche Konzeptionen, deutsche Reaktionen und deutsche Taktik vorherzusagen. Wenn der kleine kahlköpfige, etwa vierzigjährige Stabschef, Oberstleutnant Stankiewicz, in seinem Panzerleitbus Lagebeurteilungen oder Befehle des Korpskommandos erhielt, während die Kämpfe in Gang waren, dann betrachtete er bedächtig die Landkarte mit den eingetragenen Positionen. Bisweilen nickte er zustimmend, häufiger jedoch sagte er kopfschüttelnd: »Nein, nein, Deutsche nicht zurückschlagen hier, aber zwei Kilometer weiter Ost. Ich will vorbereiten dort, nicht hier« – und fast immer hatte er recht.

Nur mit der Verwaltung haperte es. Sie war im sprichwörtlichen Sinne eine »polnische Wirtschaft«. Da die Division mal in ein britisches, mal in ein kanadisches Korps eingegliedert war, konnten administrative Schwächen einigermaßen aufgefangen werden, wobei der britische Verbindungsstab Hilfestellung leistete. – Rückblickend frage ich mich, ob dieses Urteil berechtigt oder eher arrogant war und ob wir hier nicht die gleichen Unzulänglichkeiten antrafen, wie sie überall, in jeder größeren militärischen oder zivilen Organisation auftreten.

Viel zu tun gab es zunächst nicht, außer während der Dienststunden in unserem großen Funkwagen Telefonanrufe zu beantworten, eingehende Nachrichten zu entschlüsseln und Positionen einzuzeichnen.

»Es ist toll: unsere Truppen erfüllen ihren Auftrag, und ich bin immer im Bilde, male meine kleinen Pfeile auf meine Landkarte. Dann lachen wir, wenn wir in den Zeitungen die ungenauen Berichte über unseren Vormarsch lesen. Die Artillerie feuert die ganze Zeit. Es gibt deutsche Scharfschützen, und nachts müssen wir uns eingraben gegen Luftangriffe, aber tagsüber gehört der Himmel uns. In meinem kleinen Panzerspähwagen schwirre ich herum. Es ist aufregend. Die Gefangenen kommen in langen Schlangen, müde, aber glücklich. Die Franzosen heißen uns willkommen. Sie sind sehr freundlich und beeindruckt von der Stärke unserer Ausrüstung.«

Ich hatte einen sogenannten »Scout Car« bekommen, einen Spähpanzer auf großen breiten Rädern und mit einem starken Funkgerät. Oberhalb meines Sitzes befand sich eine Schiebeluke. Wenn sie geöffnet war, konnte ich meinen Sitz hydraulisch nach oben befördern, so daß Kopf und Brust aus dem turmartigen Oberteil des Fahrzeugs herausragten. Als Fahrer und Funker bekam ich Callaway, einen fixen Jungen von kleinem Wuchs, selbstbewußt und intelligent. Als ich ihn bat, auch die Aufgaben eines Burschen zu übernehmen, antwortete er bestimmt, aber ohne Anmaßung: »Gut, Sir, aber das tue ich nur, wenn Sie viel zu tun haben und ich wenig.« Trotz gemeinsamer Erlebnisse und Gefahren hielt er stets Distanz. Ich habe ihn sehr geschätzt, und sicher hat er es später zu etwas gebracht.

So hatte ich in diesen Tagen also ein wenig Zeit, mich umzusehen und mir die grüne Landschaft der Normandie und die teilweise unzerstörten Dörfer anzuschauen. Die Landbevölkerung war über den alliierten Einmarsch nicht gerade begeistert. Sie hatte unter den Deutschen nicht wirklich zu leiden gehabt; die Bauern hatten ungestört ihre Felder bestellen und ihr Vieh aufziehen können. Da Herrschaft erst dann lästig wird, wenn sie den beanspruchten Freiraum, die Freiheit beeinträchtigt, hatten die Bauern keinen Grund, sich wirklich betroffen zu fühlen. Die Alliierten aber brachten Krieg, Gefahr, Zerstörung der Dörfer und Felder.

»Ich besichtige das Schlachtfeld um Chambois und Falaise. Nie, nie habe ich so etwas gesehen, und ich möchte es niemals wieder sehen. Die Deutschen hatten versucht, aus dem Kessel auszubrechen. Mit allem haben sie es versucht: mit Fahrrädern, Handkarren, Pferden, Pferden und nochmals Pferden – mit allem, was sie besaßen. Unsere ›Typhoons‹ waren auf sie heruntergestoßen und haben sie zusammengeschossen, mit Mann und Roß und Wagen. Entlang den Straßen und Feldwegen schreckliche Haufen von Kadavern, ausgebrannten Fahrzeugen und Toten; der Abstand zwischen diesen Haufen ist fast nirgendwo größer als zehn Meter. Es war heiß und staubig, die Kadaver und Leichen waren alle furchtbar aufgebläht, in den schrecklichsten Stellungen, die Haut blau und schwarz, und der Gestank war fürchterlich. Überall verstreut Papiere, Briefe von Müttern, Frauen, Bräuten. Und mittendrin Soldaten und Zivilisten, die einsammeln, was ihnen nützlich erscheint – das Leben geht weiter. Wie sie das aushalten, den Gestank und den Anblick, ich weiß es nicht. Mir war die ganze Zeit übel.«

Nach einer Woche Pause meldete Maczek die Division zum 31. August wieder kampfbereit, gerade rechtzeitig, um sich der Verfolgung des geschlagenen Feindes anschließen zu können. Ich wurde Captain Mondy Valli zugeteilt, einem intelligenten, sympathischen Offizier mit italienischen Vorfahren. Seine Familie hielt eine Beteiligung an der französischen Parfumfabrik Coty. Valli war G3, das heißt Generalstab Operationsabteilung. Unter anderem war er für die Auswertung der eingehenden Positionsmeldungen und für die Markierung der Landkarte verantwortlich.

Sein Auftrag an mich lautete: Gemeinsam mit dem polnischen Lagerkommandanten, Hauptmann Kwiatkowski, losziehen und jeweils einen geeigneten Standort für unseren nächsten Gefechtsstand finden, entsprechend dem Tempo des Vormarsches. Das war nicht immer ganz einfach: Zum einen hatten die Polen die Neigung, den Gefechtsstand zu weit nach vorn zu verlegen, praktisch vor die Front, zum anderen konnte der Etappenhengst Kwiatkowski die Leute von der »Quarta Misja« grundsätzlich nicht ausstehen.

Der Fuhrpark des Voraustrupps setzte sich zusammen aus etwa einem halben Dutzend polnischer »Armoured Control Vehicles« (ACV), zwei britischen, einigen Schutzpanzern, mehreren Stabs- und Versorgungswagen und sonstigen Fahrzeugen. Ich hatte mein eigenes Informationsnetz aufgebaut, durch das ich unter anderem erfahren konnte, was für ein Fahrzeug Kwiatkowski benutzen würde: Nahm er, wie ich, einen Spähpanzer, dann war es vorn brenzlig, nahm er einen Stabswagen, bestand keine Gefahr.

Am folgenden Tag überquerte unser Voraustrupp die Seine in nordöstlicher Richtung. Es war der 1. September, und jeder hatte dieses Datum im Kopf: der fünfte Jahrestag des deutschen Überfalls auf Polen! Die Polen tauften ihren Ponton auf den Namen »Warschau«. Sie preschten weitere 60 Kilometer vor – das erste Gefecht: Sieg, zweihundert Gefangene! Kwiatkowski und ich passierten mit unserem Voraustrupp St. Aubin.

»Der Ort ist am Vortag befreit worden. Die Toten liegen noch herum, und die Menschen sind voller Enthusiasmus. Jeder zwischen vierzehn und vierundzwanzig trägt irgendeine Art Widerstandsarmbinde, ein Gewehr und deutsche Granaten unter dem Gürtel. Ich frage mich, ob sie damit überhaupt umzugehen verstehen. Überall ist geflaggt, und wir werden mit endlosen Hochrufen empfangen: ›Vive les Polonais! Vive la France! Vive de Gaulle!‹ Kollaborateure werden abgeführt, die Hände hoch. Ein elender Anblick! Nach langer und staubiger Fahrt über schlechte Straßen kommen wir am Abend in unserem vorgesehenen Gefechtsstand in Mesnil-Claque an. Mein Gesicht ist vollständig schwarz, weil ich meinen Kopf immer aus dem Spähwagen herausstrecke. Gefangene kommen herein, eine sehr gemischte Gesellschaft, einige eingeschüchterte Russen, einige ins deutsche Heer gezwungene Polen, ein Italiener, Deutsche, Österreicher. Alle behaupten, Deserteure zu sein und genug zu haben. Seit Stalingrad hätten sie gewußt, daß der Krieg verloren sei. Sie reißen ihre Rangabzeichen herunter und scheinen gänzlich demoralisiert.«

Am nächsten Morgen ging es schrecklich langsam weiter. Immer nur einige hundert Meter, dann hielt unser endloses Krokodil an und wartete, wahrscheinlich weil an irgendeiner Straßenkreuzung eine andere Schlange vorbeizog oder die Truppe vorn auf Widerstand stieß. Diese Art, in langen Kolonnen vorzurücken, war natürlich nur möglich, weil die deutsche Luftwaffe praktisch vom Himmel verschwunden war. Die Gulaschkanone befand sich stets am Schwanzende; das bedeutete, daß wir bis zur Auflösung der Marschordnung zum nächtlichen Biwakieren nichts zu essen bekamen. Ohnehin war der Fraß, den man uns vorsetzte, gräßlich: zum Frühstück kaltes Corned Beef, zum Mittagessen – wenn es dazu kam – warmes Corned Beef und zum Abendessen Corned-Beef-Gulasch.

So entwickelte ich allmählich mit Callaway unsere Selbstversorgung. Es war streng verboten, »vom Lande zu leben«, das heißt landwirtschaftliche Produkte oder sonstige Viktualien zu requirieren. Das galt übrigens auch später, als wir in Deutschland einmarschierten; für deutsche und russische Armeen eine unvorstellbare Forderung. Aber, ob erlaubt oder nicht, wir tauschten. Das von uns verabscheute Corned Beef war bei der Bevölkerung höchst begehrt. Stets hatte ich also ein paar Eier, Tomaten, Äpfel, Gurken und Petersilie in meinem Panzerspähwagen und - als höchstes der Gefühle - manchmal auch frisches Fleisch. Jedesmal, wenn die Kolonne wegen irgendwelcher Hindernisse anhalten mußte, holte ich meinen Benzinkocher hervor und fing an zu brutzeln. Der angenehme Duft stieg den Besatzungen der vorangehenden und nachfolgenden Fahrzeuge in die Nase, und bald wollten sie kosten. Es war schwierig, das abzuschlagen, aber noch schwieriger war es, so vielen den Appetit zu stillen. Nach und nach entledigte ich mich meiner gesamten Munition um Platz zu schaffen, und verwandelte so meinen Panzerspähwagen bald in eine fahrbare Speisekammer. Bei Pilzen waren sie mißtrauisch und erwarteten meinen raschen Tod, da in England alle Pilze außer Champignons als giftig gelten. Da ich nun wider Erwarten nicht starb, mußte ich unaufhörlich Pilze sammeln. Die ungewohnte Delikatesse hatte eingeschlagen.

Je weiter wir auf der Linie Abbéville-Ypern nach Osten vorrückten, desto stürmischer wurden wir als Befreier gefeiert. Vielleicht war es die Freude über die rasche Befreiung ohne nennenswerte Zerstörung, die den Siegern die Herzen zufliegen ließ, vielleicht war man aber auch besonders gerührt, daß es gerade die Polen waren, die kamen. Der Ruf: »Es lebe Polen« wollte nicht verstummen. Maczek mußte den Kradfahrern der Feldpolizei verbieten, Einladungen anzunehmen, nachdem sie leicht angesäuselt die ganze Division auf einen Umweg gelotst hatten.

Oft wurden wir förmlich aus dem Fahrzeug herausgerissen und auf Schultern durchs Dorf getragen. Das war anfangs amüsant und brachte nur die eine Unannehmlichkeit mit sich, daß die liebenswert ungepflegten Gestalten des Maquis einen vor Begeisterung abküßten, wobei man in Knoblauchwolken erstickte. Es läßt sich nicht leugnen, daß der Jubel der Bevölkerung ein gewisses Hochgefühl vermittelte. Manchmal, wenn wir abends unsere Lager eingerichtet hatten, sagte Mondy Valli: »Come, Michael, let us liberate!« Dann fuhren wir stehend in unseren Fahrzeugen, aus dem Gefechtsturm heraussalutierend, durch die Ortschaften.

Über die Bedeutung des französischen Untergrunds ist später viel diskutiert worden. Wir hatten bei unseren Schlachten und Gefechten nicht den Eindruck, daß der »Maquis« den Gang der Dinge wesentlich beeinflußt hat. Einen wichtigen Beitrag hat er 1940 geleistet, während der Battle of Britain, als abgeschossene alliierte Piloten mit seiner Hilfe versteckt und nach England zurückgeschleust werden konnten. Vor allem die psychologische Wirkung war nicht zu unterschätzen:

Der Maquis hat der Nation das Gefühl gegeben, nicht nur von außen befreit worden zu sein.

»Der Haß auf die Deutschen ist groß, aber jeder gibt zu, daß sie sich mit wenigen Ausnahmen korrekt verhalten hätten. Sie hätten zwar requiriert, aber immer gut bezahlt. Bei der SS sei das natürlich anders gewesen. Der Haß gegen die Kollaborateure übersteigt mit Sicherheit den gegen die Deutschen. Aber was ist ein Kollaborateur? Der kleine Ortspfarrer in Biencourt sagte mir: ›Selbstverständlich hatten wir Beziehungen, aber auf korrekter Basis. Wir ließen sie nicht in unsere Häuser, aber wir verkehrten mit ihnen. De Gaulle: ein sehr lobenswerter Mann, er hat die Fahne hochgehalten; Pétain: ein lobenswerter Mann, er hat für Ordnung in Frankreich gesorgt, und er hat die Deutschen gemäßigt.‹«

In der Nacht vom 2. auf den 3. September hatten die Polen die Somme überquert und Abbéville genommen. Das brachte einen großen militärischen Vorteil: Die Division konnte ihren Vormarsch jetzt auf zwei parallelen Achsen in Richtung Ypern/Antwerpen fortsetzen, und während die Infanterie feindliche Widerstandsnester ausräumte, konnten die Panzer vorpreschen. Nach dem Fall von Abbéville konzentrierten die Deutschen ihre Kräfte im Raum Dünkirchen. In der Nacht vom 3. zum 4. waren mehrere kleine Flüsse trotz heftiger Widerstände überquert und Hesdin genommen worden. Am 5. konnte die Division 50 Kilometer zurücklegen und St.Omer besetzen. Am Morgen des 6. September schließlich wurden Cassel, Hazebroek und Popperinghe genommen, und am Abend war nach heftigen Straßenkämpfen Ypern erobert.

Nachdem ich bis dahin immer nur die Positionen auf meiner Landkarte vermerkt hatte, bekam ich am 3. September meine erste eigentliche Liaison-Aufgabe. Ich sollte zur kanadischen Nachbardivision, dort unsere Stellungen und Absichten erklären und mir die ihren geben lassen. Die Straße war nicht ganz sicher; ich bekam vier Berichtslinien, und jedesmal, wenn ich eine passierte, sollte ich funken.

»Ich starte sofort. Zum ersten Mal spreche ich über Funk. Ich habe keine Ahnung von der Prozedur, und ich kann kaum verstehen, was die andere Seite zu sagen hat, aber es klappt. Wir fahren wahnsinnig schnell. Callaway übertrifft sich selbst. Ich finde den Gefechtsstand nur unter Schwierigkeiten. Der G2 ist ein sehr beschäftigter, netter Kanadier, der aussieht wie ein gewöhnlicher Soldat. Wir erfüllen unseren Auftrag in wenigen Minuten, und ich kann meine Leute über Funk informieren, soweit es die Sicherheitsvorschriften zulassen. Dann fahren wir zurück und freuen uns auf unser Mittagessen. Bei unserer Ankunft erhalten wir Befehl zum sofortigen Aufbruch – und ich hatte doch meine ganze Wäsche einer Bäuerin gegeben! Nun konnte ich sie nicht abholen. Also kehrt – zur sofortigen Erkundungsfahrt für den neuen Standort.

Der Job eines Liasion-Offiziers gleicht eigentlich dem eines Reporters. Alle diese Verbindungsoffiziere versammeln sich um die Landkarte im Lagezelt und tauschen ihre Kenntnisse aus, jeder begierig, die letzten Neuigkeiten seinem Hauptquartier so schnell wie möglich zu vermitteln. Für den Stab sind sie ein Ärgernis, denn sie geben sich nicht mit den auf der Landkarte verzeichneten Positionen zufrieden, sondern verlangen weitere Einzelheiten von allen Stabsoffizieren, vom G1 (1A) abwärts. Entweder unterbrechen die Offiziere ihre Arbeit und geben Auskunft oder aber sie schmeißen die lästigen Frager hinaus und schimpfen auf zuviel ›Demokratie‹. Es kommt darauf an, wie nett man es anstellt.«

Wir schlugen unser Lager in Cambron auf, an der Somme, gleich südlich von Abbéville. Aber wie sollte ich nur meine Wäsche bekommen? Es war neun Uhr abends und dunkel, mein Spähpanzer bereits in das festungsartig ausgelegte Biwak eingeordnet, die Zeltbahnen von Fahrzeug zu Fahrzeug gespannt. Offiziell konnte ich nicht noch einmal weg, aber Paul, der Major der Nachrichtentruppe, gab mir ein Motorrad, und so stahl ich mich fort.

Jahrelang hatte ich nicht auf einer Maschine gesessen. Aber die Wäsche war den Versuch wert. Fahrzeuge, auch Motorräder, durften nicht beleuchtet sein, wegen Fliegergefahr, selbst wenn gar keine bestand; die Kraftwagen hatten lediglich ein schwaches Licht unter der Achse. Bevor ich die Hauptstraße erreichte, fiel ich zweimal in kleinere Granattrichter. Auf der Hauptstraße atmete ich erleichtert auf, aber dabei fing es erst jetzt an richtig gefährlich zu werden. Mir entgegen kamen die mit Munition und anderen Versorgungsgütern voll beladenen Laster, zurück brausten sie leer an mir vorbei. Sobald ich Motorendonner hinter mir hörte, steuerte ich auf den Sommerweg, auf dem man leicht ins Schleudern kommt.

Und dann hat es mich beinahe erwischt: Der Fahrer eines Jeeps hat mich zu spät entdeckt. Er muß das Steuer zu stark herumgerissen haben, jedenfalls prallte sein Wagen auf der anderen Fahrbahnseite gegen einen Baum, überschlug sich und landete kopfüber im Straßengraben. Ich lief hinüber; der Fahrer lag offenbar unter dem Jeep begraben. Es waren mindestens sechs Männer nötig, um den Jeep umzudrehen und den Fahrer zu befreien. So hielt ich mit einer Taschenlampe die nächsten Fahrzeuge an. Es erwies sich jedoch als unmöglich, die Leute so zu organisieren, daß alle in derselben Richtung anhoben, denn es herrschte ein babylonisches Sprachengewirr: Polnisch, Englisch, Französisch, Holländisch. Der unter dem Jeep liegende Fahrer hatte anscheinend auf die Hupe gedrückt – er schien also noch am Leben –, aber der Lärm trug nicht zur Koordinierung der Rettungsarbeiten bei. Schließlich hatten die Leute die ganze Sache satt und erklärten, daß sie nun weiterfahren müßten. Meine Rangabzeichen halfen mir in der Dunkelheit wenig.

Da hatte ich nun ein Menschenleben auf dem Gewissen wegen meiner erbärmlichen Wäsche! Alle hatten sich aus dem Staub gemacht bis auf einen: »Was machen wir nur?« Da erwiderte er im schönsten polnischen Englisch: »Wie oft ich soll sagen, daß ich bin Fahrer von Jeep! Bin rechtzeitig abgesprungen.« Vor Erleichterung hätte ich ihn beinahe umarmt. Dann brachte ich ihn zu seiner Einheit zurück.

Spät kam ich in meinem »Wäschedorf« an. Die Bäuerin war beim Hämmern an der Haustür zu Tode erschrocken; sie glaubte wahrscheinlich, die Deutschen seien wieder da. »Ach, die Wäsche«, sagte sie, »ja, die ist noch im Trog.« »Egal«, erwiderte ich, fischte meine Stücke heraus, nahm das triefende Bündel und erreichte im Morgengrauen meinen Stab.

Meine Mission bei den Kanadiern war wenig später beendet. Ich stieß wieder zu meinen Polen – die am 6. September um 13.45 Uhr die belgische Grenze überschritten hatten – um am Abend dieses Tages mit ihnen in Ypern einzuziehen. Panzer und Fahrzeuge wurden von der jubelnden Bevölkerung umlagert, vor allem von Mädchen, Mädchen, Mädchen. Vielleicht war während der Schlußphase der deutschen Besatzung der Flirt als besondere Form von Kollaboration geächtet worden, jedenfalls waren die Mädchen nicht zu bremsen; sie kletterten selbst auf die Panzer. Ein seriöser, nicht unsympathischer Herr, Ende vierzig, bezeugte mir seine Dankbarkeit für die Befreiung, und dann fragte er feierlich: »Wollen Sie meine Tochter für die Nacht?« Die deutsche Verwaltung muß hier verhaßter gewesen sein als in der Normandie, obwohl sich der Befehlshaber Belgien, General von Falkenhausen, durch besondere Ritterlichkeit ausgezeichnet haben soll.

Am Morgen des 7. ging es gleich weiter: quer durch Flandern, über die Felder, auf denen während der unseligen Materialschlachten des Ersten Weltkrieges Hekatomben geopfert worden sind. Kwiatkowski und ich wurden wieder vorausgeschickt, um einen neuen Gefechtsstand einzurichten. Kwiatkowski hatte den Humber-Stabswagen genommen – es war also keine Gefahr im Verzug –, und ich, in meinem Spähwagen, hielt mich dicht hinter ihm. Plötzlich, kurz vor Thielt: Stopp, Erregung, Schüsse. Polnische Panzer sind auf den Marktplatz gerollt, gleichzeitig mit einer versprengten Abteilung deutscher motorisierter Kräfte, die nicht ahnten, daß die Stadt schon genommen war. Nach kurzem erbittertem Gefecht Sieg der Polen, Gefangennahme der Deutschen. Hauptmann Kwiatkowski, der bis zum letzten Schuß gezittert hat, wird als Offizier erkannt und als Sieger ins Rathaus gezerrt: Er soll auf den Balkon treten und die Huldigung der Bevölkerung entgegennehmen. Ich bin wütend, weil ich finde, daß diese Ehrung dem Kommandeur der kämpfenden Truppe zusteht, der aber noch nicht eingetroffen ist. Ich versuche vergeblich, Kwiatkowski zu überzeugen. Im Moment, wo er auf den Balkon treten will, fasse ich mir ein Herz und zerre ihn an seiner Uniformjacke einfach zurück. Gerade noch rechtzeitig erscheint der polnische Kommandeur, Oberstleutnant Diwbor: strahlend tritt er auf den Balkon, großer Jubel! Kwiatkowski hat mir das nie verziehen!

Am Mittag beobachtete ich, wie ein paar fünfzehn-, sechzehnjährige Deutsche, die sich ergeben hatten, zusammengetrieben wurden. Obwohl Ausschreitungen gegenüber Gefangenen selten waren, schwante mir doch Unheil. »Sie können mit den Leuten ja doch nichts anfangen«, sagte ich zu dem polnischen Leutnant, »ich übernehme sie und liefere sie hinten ab.« Ich ließ die Kinder auf meinen Spähwagen aufspringen, an dem sie wie die Trauben hingen, bleich und verängstigt. Sie waren verdutzt, daß ich Deutsch sprach. Ich meinerseits war bewegt: Zum ersten Mal bin ich direkt mit Landsleuten in Hitlers Uniform konfrontiert. »Ihr habt Schwein, für Euch ist der Krieg aus. Aber lange dauert er sowieso nicht mehr.« Meine Stimme ist belegt. »Und wenn der Führer die Wunderwaffe einsetzt«, wollen sie wissen. Ich lache sie aus. Ja, meinen sie, bis vor ein paar Tagen hätten sie fest daran geglaubt, aber jetzt seien ihnen doch auch Zweifel gekommen. Die Gefangennahme war für sie der Zusammenbruch einer Welt, dazu kam die Angst vor den Polen: Ob ich sie nicht einer englischen Einheit übergeben könne? Mit zwiespältigen Gefühlen lieferte ich sie ab und fuhr zu meinem Stab zurück.

Am 9. September wurde der Genter Kanal erreicht, wo allem Anschein nach die Deutschen die Front zu stabilisieren versucht hatten. Nachdem die Polen unter großen Verlusten den Kanal freigekämpft hatten, wurde ihnen befohlen, den Kanal zu umgehen! Sie sollten den Stadtkern von Gent, der teilweise bereits in der Hand der 7. Britischen Panzerdivision war, direkt nehmen. Die Division kämpfte sich zum Zentrum durch.

Die Verfolgungsjagd im eigentlichen Sinne war zu Ende. 470 Kilometer in zehn Tagen! Bei nur siebenundfünfzig Gefallenen! Aber die Scheldemündung und damit der Hafen von Antwerpen blieben den Alliierten noch immer versperrt. Wollte man die Offensive in Richtung Holland zügig fortsetzen, dann war der Hafen von Antwerpen die unabdingbare Voraussetzung für den prompten Nachschub.

In diesen Tagen bekam ich einen kurzen Heimaturlaub. Mit dem Truppentransporter ging es über den Kanal. Alles klappte bis in die Kleinigkeiten hinein. Als Offizier hatte man Privilegien sowohl auf dem Schiff als auch im Zug nach London. Ich wollte vor allem Susan Hibbert wiedersehen, die Frau des Generals, der mir die Offizierslaufbahn ermöglicht hatte.

Anderthalb Jahrzehnte lang hat Susan eine große Rolle in meinem Leben gespielt. Sie war fünfunddreißig, als ich sie kennenlernte, hatte volles blondes Haar mit einem rötlichen Schimmer, einen Tigerkopf, unruhige hellblaue Augen, schmale, ausdrucksvolle Lippen. Temperamentvoll, intelligent und künstlerisch interessiert, war sie eine elegante Erscheinung der britischen Oberklasse, mit einem kleinen Hang zur Bohème, stets im Mittelpunkt ungewöhnlicher Menschen. Susan hatte einen deutschen Großvater, den Bildhauer Adolf von Hildebrandt. Ihr Mann Hugh, Berufsoffizier, anfangs Major, später Generalmajor, war ebenfalls gebildet, aber wesentlich enger; dennoch liebte und respektierte sie ihn.

Ich habe viele Wochenenden im Hause Hibbert verbracht. Es war ein ungleiches Paar. Als Susan einmal eine Auseinandersetzung mit Hugh hatte, zwinkerte er mir zu und sagte: »Sehen Sie, Ulrich. Zwanzigtausend Mann zittern beim Klang meiner Stimme und hier...« Dann richtete er den Blick in gespielter Verzweiflung zur Decke. Ein anderes Mal sagte er mir auf einem Spaziergang: »Wissen Sie, Ulrich, den Verkehr mit all diesen Künstlern, Intellektuellen und Ausländern, den soll sie während des Krieges ruhig haben. Ich nenne das ihren ›Zoo‹. Hinterher muß das natürlich wieder aufhören.« Etwas betreten erwiderte ich: »Aber, Sir, ich selbst bin doch Mitglied dieses ›Zoos‹.«

Jetzt rief ich Susan an, um mich mit ihr für den Abend zu verabreden. Aber sie hatte Dienst, »Fire Watching«. Alle Bewohner eines Viertels mußten reihum etwa einmal pro Woche jeweils einige Stunden auf dem Dach verbringen und bei Luftangriffen den Einschlag der Brandbomben melden, damit das Feuer sofort bekämpft werden konnte. »Aber Du kannst trotzdem ruhig kommen«, sagte sie, »und auf mich warten.« Es war ein herrlicher Septembertag, und die Nacht war hell. Ich übernahm für sie die Wachrunde und so lehnte ich am Schornstein, während die V2 auf London stürzten. Im Gegensatz zu den langsamen V1 flogen sie schneller als der Schall, so daß man sie erst hörte, wenn sie bereits vorbeigeflogen waren. Plötzlich prasselten Bombensplitter auf das Dach, und es wurde recht ungemütlich. Komisch, dachte ich, dafür komme ich nun von der Front zur Erholung. Später setzten wir uns im Keller zu den anderen Frauen, die mit dem Strickzeug in der Hand unter Scherzen warteten, bis sie an der Reihe waren.

In keinem kriegführenden Land ist der Einsatz der Frauen, sowohl in den Streitkräften als auch im Zivildienst, so intensiv gewesen wie in England. Am Ende des Krieges hatte Churchill die Demokratie totaler mobilisiert als es der Hitlerschen Diktatur, die bis in die Niederlage hinein auf die Popularität des Regimes Rücksicht nahm, je gelungen war.

Brabanter Winter, Frühjahrsoffensive und Kapitulation

In den beiden großen Demokratien wurden meist nur die strategischen Grundentscheidungen von den Regierungen getroffen – zum Beispiel ob die Landung in Nordfrankreich stattfinden solle oder in Italien oder in Griechenland. Der Feldzug selbst wurde in der Regel von den Befehlshabern geführt, auch dann, wenn die Lage Änderungen des Gesamtkonzepts erforderte. Wurden die Regierungen dennoch mit einem Problem befaßt, hatte das Wort der Befehlshaber so großes Gewicht, daß man sich selten darüber hinwegsetzte. Oberster Befehlshaber in Europa war Eisenhower.

Der höchste Militär in England und damit zugleich der militärische Berater der Regierung war der »Chief of the Imperial General Staff«, General Sir Alan Brooke, später Feldmarschall Lord Alanbrooke. Typisches Produkt der englisch-irischen Offizierskaste, war Alan Brooke vielleicht nicht die bedeutendste Gesamtpersönlichkeit der Generalität, aber er war wohl der begabteste politisch-militärische Stratege des Zweiten Weltkrieges, der »Architekt« des alliierten Sieges. Er wußte Prioritäten zu setzen, und er verstand es, seine Ansichten durchzudrücken. Auch die englischen Militärs hatten bisweilen unter »Führereingebungen« zu ächzen, aber sie konnten sich ihrer leichter erwehren. Den gelegentlichen Phantastereien Churchills, den er bewunderte, aber unter dem er litt, bot Alan Brooke wirksam Paroli. Churchill nannte ihn sein militärisches »alter ego«.

Brooke war der Protektor Montgomerys, den Churchill nie so recht gemocht hat. 1940, bei der Rettung der britischen Expeditionsstreitmacht vor Dünkirchen, war Montgomery Brookes rechte Hand gewesen. Zwei Jahre später übertrug der nunmehr zum Chef des Generalstabs avancierte Brooke seinem ehemaligen Gehilfen den Oberbefehl über die von Rommel geschlagene 8. Armee in Nordafrika und danach in Italien. Nach seinem legendären Erfolg in El Alamein verschaffte Brooke ihm ein Jahr später das Kommando über die anglo-amerikanische Invasionsarmee. Erst drei Monate nach der Invasion, Ende August 1944, übernahm Eisenhower selbst den Oberbefehl über diese Armee, eine Entscheidung, die dazu beigetragen hat, den Krieg um ein halbes Jahr zu verlängern. Montgomery wurde lediglich der Befehl über die anglo-kanadische 21. Heeresgruppe belassen.

Eines der größten Probleme für Alan Brooke war die ständige Auseinandersetzung mit den Amerikanern über die Strategie an sämtlichen Fronten. Die Amerikaner waren von ihrer Bürgerkriegs-Doktrin – Kriegführung der breiten Front, Angriff allenthalben und jederzeit – wie besessen, während das strategische Denken der Engländer an der Napoleonischen Maxime der »concentration des forces« geschult war. Die Engländer waren verzweifelt über die strategischen Vorstellungen der Amerikaner.

Brookes Urteil über Eisenhower war vernichtend: »Es gibt keinen Zweifel, daß Ike tut, was er kann, um die Beziehungen zwischen Briten und Amerikanern möglichst gut zu gestalten. Aber es ist ebenso klar, daß Ike nichts von Strategie versteht. Bedell Smith (Eisenhowers Stabschef) dagegen ist sicher einer der besten amerikanischen Offiziere; aber es reicht nicht aus, wenn es zu strategischen Perspektiven kommt« (27. 7. 1944). An Montgomery schreibt er: »Es ist deutlich, daß Ike nicht die geringste Ahnung vom Krieg hat... Er ist kein Befehlshaber, hat keine strategische Vision, ist unfähig, einen Plan zu machen oder eine angefangene Operation zu Ende zu führen... Eine höchst anziehende Persönlichkeit, bei gleichzeitig sehr begrenztem strategischen Verstand« (Tagebuch, 28. 7. 44, 24. 11. 44, 6. 3. 45).[2]

Der Zwist zwischen Montgomery auf der einen und Eisenhower, Bradley und Patton auf der anderen Seite war gleich nach der Landung in Frankreich am 6. Juni 1944 entbrannt. Die Chance, den Überraschungseffekt der Landung durch raschen Vorstoß auszunutzen, wurde vertan; ja schlimmer noch, man gab dem Feind Gelegenheit, sich auf den Ausbruch der Alliierten aus dem Brückenkopf vorzubereiten. Nachdem der Ausbruch sechs Wochen später endlich erfolgt war, plädierte Montgomery für einen konzentrierten Vorstoß seiner und Bradleys Heeresgruppe von zusammen vierzig Divisionen auf den Niederrhein und die Ruhr. Hier lag das seiner Ansicht nach neben Berlin wichtigste Zielgebiet, dessen Eroberung den Krieg am schnellsten beendigen würde, woran das wirtschaftlich angeschlagene England größtes Interesse hatte. Auch wollten die Engländer so schnell wie möglich in den Besitz der Abschußrampen der V-Waffen kommen, die sich in der Gegend von Rotterdam befanden. Zweifellos waren Montgomerys Pläne ehrgeizig; sie hätten ihm, wären sie durchgeführt worden, die Palme des Ruhmes eingebracht.

Bradley dagegen war für einen von ihm befehligten Vorstoß in Richtung auf Frankfurt. Eisenhower entschied sich weder für den einen noch für den anderen Plan, sondern verzettelte seine Kräfte. Bradley sollte lediglich Montgomerys rechte Flanke abdecken, und Patton sollte unter Bradley weiter auf die Saar vorstoßen. Inzwischen sollte die am 15. August in Südfrankreich gelandete amerikanische Armee die Rhône entlang ins Elsaß vordringen und rechts von Bradley Stellung beziehen. Dann sollte auf allen Fronten gleichzeitig angegriffen werden.

Die Amerikaner hatten es sowohl hinsichtlich des Reservoirs an Menschen und Material als auch wirtschaftlich und politisch weniger eilig, und sie hatten mehr Rücksicht auf die öffentliche Meinung in ihrem Lande zu nehmen, noch dazu im Jahr der Präsidentschaftswahlen. In Amerika aber zählte nicht der Name Montgomery, sondern der Name des in der Öffentlichkeit höchst populären Panzergenerals Patton. Erst nach Montgomerys fehlgeschlagenem Arnheim-Unternehmen akzeptierte Eisenhower – allerdings immer noch halbherzig – Montgomerys Plan. Inzwischen hatten die Deutschen jedoch Zeit gehabt, sich zu konsolidieren. Der Krieg konnte nicht wie erhofft noch 1944 beendet werden.

Bei den Operationen in Flandern und Südholland von Mitte September bis Anfang November nahm Breda, die Hauptstadt von Brabant, eine Schlüsselstellung ein. Das Ziel war, die Deutschen so schnell wie möglich hinter die Maas zurückzuwerfen. Dazu wurden die alliierten Streitkräfte umgruppiert, die Polen aus dem 2. kanadischen Korps herausgenommen und dem 1. britischen Korps unter General Crocker zugeteilt. Die Deutschen ihrerseits, die sehr wohl wußten, was Antwerpen für die Alliierten bedeuten würde, hatten starke Kräfte zusammengezogen und die Verteidigung von Nord-Brabant tief gestaffelt. Die Stellungen um Breda waren festungsartig ausgebaut. Das 1. britische Korps sollte von Turnhout aus einen Keil in Richtung Tilburg/Breda vorantreiben.

Die Polen bildeten wieder einmal die Speerspitze. Am 29. September überquerte die Division den Kanal von Turnhout, und innerhalb von acht Tagen war ein großer Teil von Nord-Brabant in polnischer Hand. Die Division erhielt Befehl, das eroberte Gelände so lange zu halten, bis stärkere alliierte Verbände eintreffen würden. Am 24. Oktober schrieb ich meiner Schwester:

»Wir haben augenblicklich sehr ruhige Zeiten. In einem großen Dorf sind wir bei Zivilisten ziemlich bequem einquartiert. Meine Arbeit besteht aus vierundzwanzig Stunden Dienst im Büro, jeden dritten Tag. Ich muß dann alle eingehenden Berichte bearbeiten, das Nötige veranlassen und die Landkarten à jour halten. Stabsarbeit, ziemlich interessant. Meinen persönlichen Komfort habe ich bis ins kleinste organisiert. Zu meinem Burschen und Fahrer habe ich zwei weitere Fahrer dazugenommen; wir leben im gleichen Haus. Da ich selber Quartier mache, treffen wir es gut. Ich werde um 7.15 Uhr mit einer Tasse Tee geweckt, um 7.30 Uhr kommt mein Rasierwasser; meine Sachen werden makellos gehalten.

Die Polen sind sehr intelligent, aber sie haben das kontinentale Laster, sich ständig zu streiten. Für mich ist das noch offensichtlicher und komischer als für einen gewöhnlichen Engländer. Stellt

man einem Polen in Gegenwart eines anderen Polen eine Frage, bekommt man keine Antwort, sondern wird Zeuge eines Streits. Selbst bei so simplen Fragen wie »Was heißt ›ich liebe dich‹ auf polnisch?« werden sie sehr aufgeregt und fuchteln mit den Händen. Sie vermitteln einem ganz allgemein den Eindruck von Leuten, die meinen, daß ihnen immer unrecht getan wird. Ich glaube, ich komme gut mit ihnen aus. Ich mag sie. Besonders die älteren Soldaten und Unteroffiziere sind außerordentlich höflich, hilfreich und freundlich; überdies sind sie intelligenter und unternehmender als der gewöhnliche britische Soldat. Das ist vielleicht so, weil sie als ›Ausländer‹ mehr Probleme haben. Militärisch jedoch mangelt es ihnen an Initiative. Von jemand anderem als dem höchsten zuständigen Offizier ist selten eine Entscheidung zu bekommen, außer im Feuer, wo der Mut sie mitreißt. Politisch sind sie gut informiert, und sie debattieren geschickt. Sie sind sich über ihre wenig beneidenswerte Zukunft im klaren. Ich glaube, man kann sagen, daß neunzig Prozent sich weigern würden, zurückzugehen, wenn ihre Heimat russisch wird. Das gilt besonders für die, die die Russen kennen. Die Polen kommen sehr gut mit der Zivilbevölkerung aus und sind, wo immer sie erscheinen, beliebt.«
Die Begeisterung der Holländer bei der Befreiung überstieg noch die der Franzosen und Belgier. Sie hatten den Deutschen weniger flexibel als die Belgier widerstanden und deshalb die Repressalien der Besatzungsmacht besonders hart zu spüren bekommen. Auch war der ehemalige österreichische Gauleiter Seyß-Inquart, der in Holland das Sagen hatte, bekannt für seine außerordentliche Brutalität. Nun erlebte ich zum erstenmal, wie kahlgeschorene Mädchen durch die Dörfer gejagt wurden, begleitet vom Gejohle der Menge. Ich empfand mehr Sympathie für diese armen Geschöpfe als für die Rachegefühle derer, die vielleicht eben noch auf ihre Weise ihr Geschäft mit den Deutschen gemacht hatten.

In der nächsten Phase sollten die Polen das Scharnier bilden zwischen der 3. kanadischen, der 49. britischen und der 104. amerikanischen Infanterie-Division sowie der 4. kanadischen Panzerdivision auf ihrer linken Seite und der 4. britischen Panzerbrigade sowie der 7. Panzer- und der 51. schottischen Infanterie-Division auf ihrer rechten Seite. Die Polen sollten die feindlichen Kräfte binden, so daß die Aliierten links in Richtung Roozendaal/Hollands Diep und rechts in Richtung Tilburg vorstoßen konnten. Die Operationen begannen am 22. Oktober. Drei Tage später wurde ich zu den amerikanischen Nachbarn geschickt, der 104. Infanterie-Division, genannt »Timberwolf«, unter General Terry Allan. Die Division war gerade erst aus Amerika eingetroffen und dementsprechend »grün«. (Wenig später sollte sie sich bei Aachen als

Eliteeinheit erweisen.) Es ging um die Koordinierung des Artilleriefeuers, und Oberst Sheppard persönlich instruierte mich: »Die Amerikaner haben gewöhnlich keine Ahnung, wo sich ihre Einheiten gerade befinden. Sie werden Ihnen sagen, wo sie gestern abend waren und wo sie morgen früh sein sollen, aber sie werden nicht wissen, wo sie gerade sind. Deshalb kommt es vor allem darauf an, daß Sie *unsere* Position klarmachen, damit sie nicht auf uns feuern. Wir selber werden am besten gar nicht schießen.«

Der amerikanische Gefechtsstand befand sich in der Dorfschule. Mitten in der Turnhalle stand eine Gruppe von zehn bis zwölf Offizieren, die eifrig aufeinander einredeten. Ich bemerkte einen kleinen, drahtigen älteren Offizier, der es offenbar schwer hatte, zu Wort zu kommen; es war der Divisionskommandeur. Ich machte Meldung, zeigte ihm meine Karte mit unseren Positionen und fragte nach den seinen. »Gestern«, erwiderte er, »waren wir hier«, er zeigte mir eine Linie auf der Landkarte, »und heute nacht wollen wir dort eintreffen...« Ich dachte an meinen Oberst und grinste in mich hinein. Dann versuchte ich, unsere Absichten zu erklären. Das war nicht ganz leicht, denn bei den Amerikanern war jede Stabsposition, die bei den Engländern und Polen von einem Offizier wahrgenommen wird, mit zwei oder drei Offizieren besetzt, für mich ein erstaunliches Phänomen.

Um die Mittagszeit fragte ich nach dem Offizierskasino. Man sah mich befremdet an; so etwas gäbe es nicht. Irgendwo war Essensausgabe, und ich mußte mich in die Schlange stellen. Dafür bekam ich dann allerdings ein für englische Verhältnisse vorzügliches Gericht aus drei Gängen. Merkwürdigerweise dauerte das Ganze aber wesentlich länger als bei uns, wo ein weißbehandschuhter Korporal bediente, und ich verfluche die demokratische Zeitverschwendung.

Die Polen waren wieder einmal vorausgestürmt und hatten bereits nach vier Tagen die Operationsziele erreicht. Montgomery wußte diesen unerwarteten Erfolg zu nutzen und befahl Maczek in Abänderung des ursprünglichen Plans, nach Westen zu schwenken und Breda zu nehmen. Am 29. Oktober wurde der Angriff auf Breda eröffnet. Die Deutschen leisteten erbitterten Widerstand, aber nach vier Tagen war die Stadt in polnischer Hand.

Zwei Wochen später wurde die alliierte Offensive an der Maas abgebrochen. Der Winter stand bevor, und die Endoffensive mußte bis zum Frühjahr 1945 aufgeschoben werden. Die polnische Division bezog Quartier in Breda. Die Stadt war glücklich, sich bei den polnischen Truppen revanchieren zu können. Bei der üblichen Taktik der Alliierten gingen den Angriffen vernichtender Artilleriebeschuß und stundenlange Luftbombardements voraus, so daß die Städte ihre Befreiung oft teuer bezahlen mußten. Die Polen hingegen setzten ihrem Charakter und ihrer Tradition entsprechend auf Handstreiche und Überraschungsangriffe; Zerstörung und Verluste unter der Zivilbevölkerung waren unerheblich. Zudem ist Breda eine katholische Stadt, die den »Polen-Katholiken« ihr Herz um so lieber öffnete, übrigens bis zum heutigen Tage.

Der Gefechtsstand, die höheren Offiziere und wir vom Hauptquartier der »Quarta Misja« wurden im Hotel »De Kroon« einquartiert. Panzer und Fahrzeuge wurden instand gesetzt, und es wurden alle möglichen Anstrengungen unternommen, die Verluste an Mannschaften und Offizieren zu ersetzen. Der infanteristische Ersatz mußte ausgebildet werden. Alle richteten sich darauf ein, vor Ende März nicht zum Einsatz zu kommen, und so machte sich allmählich die Langeweile breit. Die militärischen Aktivitäten beschränkten sich auf gelegentliche Patrouillen und unbedeutende Scharmützel entlang des von den Polen gehaltenen Maas-Abschnitts sowie auf die Eingrenzung eines Brückenkopfes, den der Fallschirmgeneral Student mit seinen zu Infanteristen umgeschulten Fallschirmjägern bei Kapelsche Veer etabliert hatte.

Im Hotel Krone arbeitete ein exzellenter junger Koch, den ich für unser Offizierskasino quasi requirierte. Mit meinem Panzerspähwagen fuhr ich in die umliegenden Dörfer und tauschte unsere entsetzlichen Rationen an Corned Beef und Zwieback gegen frisches Obst, Gemüse, Zwiebeln und Fleisch ein. Um Geflügel zu bekommen, mußte ich Geflügelfutter beschaffen, und das wiederum bekam man nur gegen Benzin. Ich muß gestehen, daß ich leichtfertigerweise einige Kanister aus den Divisionsbeständen abzweigte und in die Anhebung unseres gastronomischen Niveaus investierte. Bald hatte es sich herumgesprochen, wie gut man im Gefechtsstand der Polen aß, und Offiziere aller Nationen kamen unter fadenscheinigem Vorwand, nur um bei uns zu speisen. Schließlich organisierte ich sogar Kurse für die Köche der englischen Mannschaftseinheiten, damit auch die Soldaten besser überwintern konnten. Ich versuchte, meinen Leuten so viele Vorteile wie möglich zu verschaffen. Ein Feldzug im Ausland ist für den gewöhnlichen Soldaten etwas Gräßliches, und ich finde, er sollte ihm erträglicher gemacht werden. Die Hauptsache ist das Essen.

Der Winter 1944 auf 1945 war hart. Kohle war knapp. Das Divisionshauptquartier bekam eine Zuteilung. Ich hatte das Ausladen des Lastwagens zu überwachen, damit nicht einige Zentner des kostbaren Heizmaterials abhanden kämen. Kaum hatte der Laster vor dem Hotel gehalten, als er von holländischen Kindern und Jugendlichen umringt und schließlich gestürmt wurde. Die oben stießen die Kohle hinunter, die unten sammelten sie auf und schafften sie weg. Hilflos sah ich zu, wie Korb um Korb und Sack um Sack weggetragen wurde. Schließlich zog ich meine Pistole und drohte, scharf zu schießen, wenn die Bagage nicht sofort verschwände. Damit hatte ich augenblicklich Erfolg. Nachträglich jedoch war mir übel zumute, und nicht einmal die Tatsache, daß meine Pistole nicht geladen war, wollte ich vor mir als Entschuldigung gelten lassen.

Ansonsten gab es allerlei Abwechslung in diesem letzten Kriegswinter. Einmal kam das »Lemberger Kabarett«, dann spielten verschiedene Musikgruppen aus London. Streitereien innerhalb der polnischen Einheiten sowie mit Briten und Kanadiern mußten geschlichtet werden. General Crocker, der Kommandant des 1. britischen Korps, war zum Diner bei General Maczek eingeladen. Es gab Schweinebraten »mit Kruste«, dazu frisches Gemüse. Es war verboten, sich selber zu verproviantieren, außer im Falle von Notschlachtungen. Crocker sagte: »Ich nehme an, das Schwein ist in ein Minenfeld geraten.« – »Ja«, antwortete Maczek, »und Sie hätten hören sollen, wie es gequiekt hat, als es hineingetrieben wurde.«

Andere Erinnerungsfetzen: Montgomery beordert Maczek, der gerade in London mit der polnischen Exilregierung konferiert, nach Breda. Das Wetter macht das Fliegen unmöglich. Man stellt Maczek einen britischen Zerstörer zur Verfügung, damit er trotz Sturm und hoher See rechtzeitig in Breda sein kann. Was geschieht dort? Montgomery hält eine große Rede auf die Polen und verleiht Maczek sowie anderen Offizieren hohe Orden. Montgomery seinerseits, dem die Polen nicht allzu grün sind, bekommt den polnischen Orden Virtuti Militari 5. Klasse. Als er die polnischen Einheiten das erste Mal in ihrem Ausbildungslager besucht hatte, hatte er Maczek gefragt, welche Sprache sie eigentlich zu Hause sprächen, Deutsch oder Russisch.

Eines Abends bin ich Offizier vom Dienst. Der Kommandeur der polnischen Pioniere, Oberstleutnant Dorant, kommt ins Lage-Zimmer, während ich die Positionen einer vorrückenden Patrouille auf der Landkarte einzeichne. »Michael«, sagt er, »kommen Sie auf einen Drink an die Bar.« Ich erwidere: »Das ist unmöglich, ich kann meinen Posten nicht verlassen.« Da sagt er, halb belustigt, halb gereizt: »Wissen Sie, bei uns in Warschau haben wir eine Bar, da steht an der Wand geschrieben: ›Wenn trinken bei der Arbeit stört, höre auf zu arbeiten!‹«

Die Winteridylle wurde durch die Ardennen-Offensive jäh unterbrochen. Niemand wollte es glauben, als am 17. Dezember die Nachricht eintraf, die Deutschen seien am Vortag im Sektor der 12. US-Heeresgruppe von Bradley mit Panzern durchgebrochen und befänden sich in raschem Vormarsch auf Antwerpen. Niemand hatte den erschöpften und ausgezehrten deutschen Truppen mehr als einen hinhaltenden Stellungskrieg zugetraut. Sie waren knapp an Munition und so gut wie ohne Benzin. Aber Hitler war davon ausgegangen, daß seine vorwärtsstürmenden Panzereinheiten genügend Treibstoff erbeuten würden. So hatte er entgegen dem Rat der Generalität seine letzten Reserven zusammengerafft und alles auf eine Karte gesetzt, um das am 28. November von den Alliierten eroberte Antwerpen wiederzugewinnen, den Alliierten den Nachschub abzuschneiden und sie von den Flanken her aufzurollen. Tatsächlich herrschte Verwirrung im alliierten Lager. Meine Polen waren allerdings zuversichtlich, daß das wahnwitzige Unternehmen das Ende Deutschlands nur beschleunigen könnte.

Anfang Dezember war der Streit über die Strategie erneut aufgebrochen. Wieder hatte sich Eisenhower für die »breite Front« entschieden, statt für den von Montgomery favorisierten »linken Haken« über die Ruhr nach Berlin, den »umgekehrten Schlieffen-Plan«, wie Montgomery ihn nannte. Nun mußte Eisenhower zur Abwehr des Rundstedtschen Durchbruchs den Oberbefehl über die 1. und 9. US-Armee, die im Norden von Bradleys Heeresgruppe abgeschnitten waren, notgedrungen Montgomery übertragen, dessen 21. Heeresgruppe in direkter Nachbarschaft lag. Damit erhielt Montgomery also jenes Kommando, das er für seinen eigenen Angriff vergeblich gefordert hatte; nun aber nicht mehr zum Durchbruch ins Reich, sondern zur Abwehr der deutschen Offensive.

Montgomery hatte aus Ärger über Eisenhower in letzter Zeit vorwiegend Golf gespielt. Als ihn Eisenhower am 20. Dezember anrief, zeigte er sich jedoch vollkommen auf der Höhe der Situation. Getreu der ersten Napoleonischen Kriegsmaxime – »Information« – hatte er gleich zu Beginn des Feldzugs einen legendären Informationsapparat aufgebaut, den er längst in Bewegung gesetzt hatte. Seine berühmten Phantomeinheiten – jeweils ein Offizier mit zwei oder drei Mann in schnellen Panzerfahrzeugen und mit besonders starkem Funkgerät – wurden an die verschiedenen Frontabschnitte in die vorderste Linie geschickt. Gleichzeitig schwärmten seine sieben Verbindungsoffiziere aus, blutjunge, hochbegabte Oberstleutnants, die bei den Stäben gefürchtet waren, da sie Montgomerys Ohr hatten und ihre Empfehlungen daher fast Befehlscharakter besaßen. Alle erstatteten unter Umgehung des normalen Dienstweges Montgomery direkt Bericht; wahrscheinlich war er während des ganzen Krieges der bestinformierte Heerführer. Als Montgomery nun nach Eisenhowers Anruf in dessen Gefechtsstand eintraf, kannte er die Positionen bereits besser als sein amerikanischer Oberbefehlshaber.

Montgomery hatte die Front schnell im Griff. Bei einer Einheit, die so weit vorn lag, daß jedes Geräusch, jede Bewegung auch der Feind sein konnte, strahlten eines Nachts aus dichtestem Nebel plötzlich ein Paar Scheinwerfer. Man identifizierte die Umrisse eines Cabrios. Montgomery stieg gelassen aus und rief den verdutzten Soldaten mit seiner metallischen Stimme zu: »Well, Chaps, how are we winning this battle?« Dann verteilte er Zigaretten, und schon war er wieder im Nebel verschwunden. Die Truppe zu begeistern, war eine der großen Fähigkeiten dieses egozentrischen, zur Schauspielerei neigenden Heerführers. Er war nicht unbedingt sympathisch. Sein taktisches Geschick aber und seine raschen Entscheidungen in der Ardennenschlacht gehören zu den großen Leistungen dieses Krieges, vielleicht mehr noch als seine bekannten Siege in Nordafrika.

Die polnische Division war in Reserve geblieben. Unser Gefechtsstand war in ein kleines Nest Heuneind, nördlich von Tilburg, verlegt worden, wo man einen flankierenden deutschen Angriff für möglich gehalten hatte. Es war neblig, es war kalt, und es passierte nichts. Aber das Schlimmste war, daß mein Speisezettel für die Weihnachtstage in Gefahr geriet. Ich hatte seit Wochen Puter »bestellt«, das heißt, es war mir mit großer Mühe gelungen, die notwendigen Gegenlieferungen für den Bauern zu besorgen, und jetzt kam diese blöde Schlacht dazwischen. Es ließ mir keine Ruhe. Bei der ersten Gelegenheit stieg ich in meinen Panzerspähwagen und fuhr nach hinten, um gerade noch rechtzeitig meine Puter abzuholen. Gegen Morgen war ich wieder zurück. Wir hatten keine Küche in unserem Flecken, so bauten wir aus Ölfässern einen Bratofen, und am 25. Dezember kamen wir doch noch zu einem passablen Weihnachtsdiner. Bald nach Weihnachten konnten wir nach Breda zurückkehren und uns weiter langweilen.

Anfang Februar tagte in Jalta auf der Krim die Gipfelkonferenz der Alliierten, auf der die Teilung Europas und Deutschlands beschlossen wurde. Ein Hauptpunkt der Konferenz war die Regelung der politischen Grenzen und die künftige Regierungsform in Polen, Fragen, über die schon auf der Moskauer Konferenz im Oktober 1944 zwischen Churchill und Stalin verhandelt worden war. An dem von den Sowjets als provisorische Regierung eingesetzten Lubliner Komitee war nicht mehr vorbeizukommen, und so übte Churchill auf den Chef der polnischen Exilregierung Mikolajczik starken Druck aus: Sollte er die Zusammenarbeit mit den Kommunisten verweigern, trüge er, Mikolajczik, die Verantwortung für das Scheitern der Verhandlungen.

Die Russen, die nicht bereit waren, auf die polnischen Ostgebiete zu verzichten, die sie aufgrund des Hitler-Stalin-Pakts vereinnahmt hatten, wollten zur Entschädigung Warschaus das gesamte Polen einfach nach Westen verschieben. Stalin verlangte unnachgiebig die »Curzon-Linie« als russisch-polnische Grenze und beanspruchte damit fast die Hälfte Polens für die Sowjetunion. Auf Betreiben von Churchill verpflichtete sich Mikolajczik, bei der Exilregierung in London für die Annahme der Curzon-Linie zu plädieren, mit dem Erfolg, daß er von seinem Kabinett desavouiert wurde und als Ministerpräsident zurücktreten mußte.

Wenn die Exilregierung dem Kompromiß zugestimmt hätte, wäre es für Stalin erheblich schwieriger gewesen, seinen Kurs zu rechtfertigen. Hatte er sich in Moskau noch verbindlich gezeigt und äußerst geschickt agiert, so schuf er am 1. Januar 1945 vollendete Tatsachen, indem er das Lubliner Komitee, das im Dezember bereits nach Warschau verlegt worden war, als provisorische polnische Regierung offiziell anerkannte. Umsonst argumentierte Churchill in Jalta, daß England letztendlich Polens wegen in den Krieg eingetreten sei und welch großen militärischen Beitrag die Polen zum Sieg über Deutschland leisteten. Stalin verwies voller Zynismus auf die Tatsache, daß die polnische Regierung in London sich von Mikolajczik distanziert habe, Rußland aber könne keine rußlandfeindliche Regierung in Polen dulden. Gegen den Widerstand Churchills bestand er auf der Oder-Neiße-Linie als Polens Westgrenze. Wann immer die Debatte sich zuspitzte, plädierte der ermüdete Roosevelt für eine Vertagung und ließ Churchill im Stich. Die Konferenz endete mit der formellen Anerkennung der Curzon-Linie und einer freibleibenden Vereinbarung über die Einsetzung einer provisorischen polnischen Regierung der nationalen Einheit auf einer breiteren demokratischen Basis. Die Frage der polnischen Westgrenze sollte bis zur Friedenskonferenz offengehalten werden.

Kurz nach Beendigung der Konferenz wurden fünfzehn Führer des polnischen Untergrunds, an der Spitze der Nachfolger von General Bor-Komorowski, General Okulicki, unter Zusicherung freien Geleits zu Verhandlungen nach Moskau eingeladen. Im Juni wurde ein Schauprozeß wegen angeblicher Partisanentätigkeit gegen sie veranstaltet; am Ende wurden zwölf von ihnen liquidiert.

Im Juni 1945 schlossen Mikolajczik und einige seiner Kollegen auf Drängen der West-Alliierten eine Koalition mit den Lubliner Kommunisten, die von Moskau ja bereits als alleinige polnische Regierung anerkannt worden waren. Damit war alle potentielle Opposition entweder liquidiert oder in die neue Regierung eingebunden. Im November 1947 übernahmen die Kommunisten die alleinige Macht.

Die polnische Frage und die Nichteinhaltung der Vereinbarungen von Jalta waren bis zur Potsdamer Konferenz das beherrschende Thema zwischen Churchill und Stalin. Während der Konferenz mußte Churchill als Folge der Neuwahlen sein Amt als Premierminister an Attlee abgeben. Attlee und der neue amerikanische Präsident Truman versäumten es aber, freie Wahlen und eine demokratische Regierung in Polen sicherzustellen. Wahrscheinlich wäre aber auch Churchill schon zu schwach gewesen. Die Verbrechen von Auschwitz, die Leistungen der Roten Armee, das europäische Desinteresse am Osten und die Kriegsmüdigkeit im Westen hatten Stalin gleicherweise in die Hand gespielt.

Die Ergebnisse der Konferenz von Jalta waren für meine Polen in Breda mehr als niederschmetternd. Viele von ihnen stammten aus den polnischen Ostgebieten, Maczek selbst aus Lemberg. Wut und Verzweiflung machten sich breit, und man sprach vom Verrat der Alliierten. Wir litten mit unseren Freunden und suchten sie zu trösten. Bei aller Betroffenheit waren die alliierten Kommandeure besorgt über eventuelle Folgen. Die Polen haben es ihnen hoch angerechnet, daß sie sich nicht einfach bei uns, dem britischen Verbindungsstab, informierten, sondern direkt. Der Kommandeur des 1. britischen Korps lud Maczek zum Abendessen ein und brachte seine Anteilnahme zum Ausdruck, vergewisserte sich aber gleichzeitig der Loyalität der polnischen Truppen. Der Kommandeur der 1. kanadischen Armee verhielt sich ähnlich. Maczek erklärte, Deutschland bleibe Feind Nummer eins. Die Polen wollten sich bis ins Herz Deutschlands durchschlagen, und diese letzte Befriedigung des Soldaten dürfte man ihnen nicht verweigern.[3]

Etwas später wurde Maczek auch von Montgomery zum Essen eingeladen. Als dieser hörte, daß Maczek aus Lemberg stammte, sagte er lachend mit dem ihm eigenen Takt: »Dann ist ja alles bestens. Dann sind Sie jetzt ein Sowjet-General.« Maczek reagierte eisig und brachte Montgomery zum Erröten. Die Polen haben Montgomery dies nie verziehen.

Während der verhältnismäßig stillen Zeit vor der Offensive wurde ich beauftragt, den Polen bei der Organisation des Nachschubs zu helfen. Dazu mußte ich täglich zwischen Antwerpen, Gent und Brüssel hin- und herfahren. Antwerpen und Brüssel, ohnehin schmutzig und grau, trugen die Narben des Krieges, aber die Schönheit von Gent entschädigte für vieles. Auf dem Lande bekam ich ein hübsches Haus mit zwei Schlafzimmern, Wohnzimmer, Arbeitszimmer und Eßzimmer zugeteilt. Meine Gastgeberin und ihr Hausmädchen versorgten mich mit jener kontinentalen Gastlichkeit, die Engländern meist etwas übertrieben vorkommt, sogar lästig ist. Was die Frau aus meinen scheußlichen Rationen hervorzauberte, war überwältigend. Einmal bereitete sie mir eine Kerbelsuppe, wie ich sie nie wieder bekommen konnte, bis es mir selber nach vielen Versuchen gelang, sie nachzukochen.

Am 8. Februar begann die lang erwartete Offensive. Die 1. kanadische Armee stieß von Nymwegen aus durch den Reichswald über die Maas auf den Rhein vor, wenige Tage später wurde die Siegfried-Linie durchbrochen. Die zweite Phase der Offensive begann am 10. März. Schon am 1. April setzten die Kanadier über den Rhein. Die Polen, die bisher nicht zum Zuge gekommen waren und schon befürchtet hatten, daß sie Jaltas wegen an der Eroberung Deutschlands nicht beteiligt werden sollten, erhielten im Rahmen des 2. kanadischen Korps, dem sie nun wieder angehörten, die Aufgabe, längs der deutsch-holländischen Grenze in Richtung Emden vorzustoßen; später wurde ihnen Wilhelmshaven als Ziel zugewiesen. Am 5. April bekam die Division Marschbefehl. Ich wurde vorausgeschickt, um den Gefechtsstand einzurichten.

Es war ein strahlender Vorfrühlingstag, als ich die deutsche Grenze bei Kleve überschritt und bei Emmerich den Rhein überquerte. Fünfeinhalb Jahre hatte ich auf diesen Moment gewartet. Dennoch waren meine Gefühle zwiespältig. Wie würde es in Deutschland werden, wie würde ich mich unter den neuen Gegebenheiten zurechtfinden? Halb war ich benommen, halb fieberte ich den Ereignissen entgegen. Einige Tage zuvor hatte ich mir in einer sonderbaren Anwandlung, unerkannt nach Hause kommen zu wollen, einen Schnurrbart wachsen lassen. Angewidert hatte ich ihn kurz darauf wieder abrasiert.

»Plötzlich kommt mir das Deutschland-Lied in den Sinn. Der erste Deutsche, den ich sehe, ist ein kleiner Junge, der seine Mütze respektvoll abnimmt, um mich zu grüßen. Vor meinem Fahrer Callaway muß ich meine Tränen verbergen. Es sind nur wenig Menschen auf den Straßen, die meisten verstecken sich wohl. Die man sieht, wirken verängstigt; nur ein paar Kinder winken. Alle bewohnten Häuser zeigen weiße Bettlaken zum Zeichen der Kapitulation. Ich schäme mich. Überhaupt muß ich mich viel schämen in dieser Zeit: Wenn die Deutschen sich schlecht benehmen, wenn die Juden sich schlecht benehmen und wenn die Engländer sich schlecht benehmen. Jetzt sind es die unterwürfigen Deutschen, die mich so peinlich berühren. Kleve ist vollständig zerstört, kein Haus, keine Fassade ist stehengeblieben, überall nur traurige graubraune Zähne, die gen Himmel ragen. Die Straßen, die wir benutzen, sind durch Bulldozer vom Schutt geräumt. Es gibt kein menschliches Leben, aber unter den Ruinen wachsen Blumen, Blumen und nochmals Blumen... Nach wenigen Minuten bin ich wieder in Holland; nicht mehr als ein paar hundert Meter, aber eine andere Welt. Nur Jubel und Tanz auf den Straßen, Flaggen, orangefarbene Bänder – orange, orange.«

In dem Dörfchen Borculo sollte der Gefechtsstand eingerichtet werden, und die Nachrichtentruppe hatte gerade eine Telefonleitung zur Vorauseinheit in Gorr installiert. Es klingelte. Am Apparat war der polnische Bataillonskommandeur, der General Maczek sprechen wollte. Ich erklärte, daß der General frühestens am Abend eintreffen könne. Darauf schilderte mir der Oberstleutnant die Lage: Er habe

Feindberührung; wenn er sofort angreife, könne er eine ganze deutsche Kompanie gefangennehmen, und er bitte deshalb um Angriffsbefehl. Als Oberleutnant des Stabes hätte ich keine Vollmacht, entgegnete ich, er müsse nach eigenem Ermessen handeln. Das wiederum wollte er nicht, seine Weisungen schlössen jede eigenmächtige Aktion aus. Ich legte auf. Minuten später war der Kommandeur wieder am Apparat, verzweifelt, sich eine so gute Gelegenheit entgehen lassen zu müssen: »Es könnten auch zwei Kompanien werden!« Welcher untergeordnete Offizier hat nicht schon von eigenen Initiativen geträumt? So erteilte ich dem Bataillonskommandeur Angriffserlaubnis. Als er aufgelegt hatte, schoß mir der Prinz von Homburg durch den Kopf: entweder ich komme vors Kriegsgericht oder aber der Oberst kriegt einen Orden. Ich glaube, er hat ihn bekommen.

»Am nächsten Tag werde ich mit einem sehr wichtigen Auftrag zur Nachbardivision entsandt. Ich freue mich wahnsinnig, Callaway auch. Bevor ich die deutsche Grenze überschreite, erstehe ich mit Zigaretten Eier. Ich habe kaum mehr welche. Hier wird ein englisches Pfund für eine Packung geboten. Es ist schwierig, den Weg zu finden. Wieder sind alle Brücken gesprengt, und ich muß oft umkehren, bis ich einen Übergang finde. Auf einer einsamen Straße sehe ich einen Deutschen auf einem Fahrrad. Er erscheint sehr aufgeregt, meidet mich, stürzt in ein nahegelegenes Haus, und ich höre ihn rufen: ›Sind Sie noch am Leben? Na, Gott sei Dank!‹ Ein anderer komischer Kerl: Er ist ein Russe, der weiß Gott wohin fährt. Er bittet mich um eine Zigarette und sagt: ›Heil Churchill!‹ Er kriegt sie, aber kein ›Heil Stalin!‹ Jetzt ein Franzose: Er arbeitet weiter auf einem deutschen Bauernhof. Er mag es dort. Er sagt, die Deutschen sind nicht glücklich, daß wir da sind. Sie sagen wenig. Aber, sagt er, man kann soviel sagen, ohne es zu sagen.«

In jenen Tagen bekamen wir eine kleine Einheit der sogenannten ›T Force‹ zu Besuch, eine Organisation, die überall im eroberten Gebiet nach technischen und wissenschaftlichen Errungenschaften der Deutschen suchte. An ihrer Spitze stand ein Kapitänleutnant der Marine, Träger der beiden höchsten zivilen Tapferkeitsauszeichnungen ›George Medal‹ und ›George Cross‹. Wir saßen in der Frühlingssonne vor seinem Zelt, und er erzählte von den fieberhaften Anstrengungen der Amerikaner, eine Bombe von unvorstellbarer Sprengkraft zu konstruieren. Theoretisch sei das Problem gelöst, aber man sei noch nicht sicher, ob man die Explosion kontrollieren könne oder ob sie sich als Kettenreaktion fortsetzen und die Erde in die Luft sprengen würde. So hörte ich im April 1945 zum erstenmal von der Atombombe.

Unser Vormarsch ging trotz des immer noch hartnäckigen, von dem Fallschirmjäger-General Student organisierten Widerstandes, der sich auf Marineeinheiten, Fallschirmjäger und SS-Verbände stützte, zügig weiter. Die Kämpfe waren erbitterter als in den ersten Tagen nach Falaise. Besondere Schwierigkeiten bot das für Panzer sehr unwegsame Gelände. Nachdem das moorige Emsland mit seinen Gräben, Kanälen und Wasserläufen auf der holländischen Seite vom Feind gesäubert war, wechselten wir am 17. April auf das östliche Emsufer wieder nach Deutschland. In Ober- und Niederlangen fanden die Polen ein Lager mit siebzehnhundert Frauen, die als Soldaten am Warschauer Aufstand beteiligt gewesen waren und die man aus irgendwelchen Gründen nicht liquidiert, sondern hierher gebracht hatte.

»Die Frauen tragen Uniform. Sie sind in ziemlich guter Verfassung und sehr diszipliniert, mehr als die Männer. In der Division herrscht Begeisterung. Den Soldaten ist, als hätten sie ein Stück polnischer Erde erobert; von überallher strömen sie ins Lager. Der General erläßt ein Verbot. Aber es bedarf mehr als eines Verbots, um einen Polen daran zu hindern ›chercher la Polonaise‹.«

Einige Kilometer weiter nördlich erwartete uns das Grauen. Wir waren im Papenburger Moor. Hier gab es viele Lager, in denen die sogenannten »Moorsoldaten« gefangengehalten und zu Tode gequält worden waren: Lingen, Neusustrum, Walchum, Börgermoor, Brual, Aschendorf, Papenburg, Esterwege. Die Insassen waren strafgefangene Wehrmachtsangehörige. Zwei dieser Lager sind von unserer Infanterie befreit worden. Im ersten hatten die Nazis alle Gefangenen außer den völlig geschwächten evakuiert. Sie waren in erschütternder Verfassung, ausgehungert und kaum fähig zu gehen. Die polnischen Frauen verwalteten und bewachten das Lager hervorragend. Plötzlich kam mein Oberst. Er war außer sich; ich glaubte, ihn vor sich hinmurmeln zu hören: »Das hier ist Dein Volk, Ihr wart es, Deine Landsleute.« Aber er beherrschte sich. »Mach weiter«, kam es über seine zusammengepreßten Lippen. »Übernimm auch das andere Lager mit den Ausländern, wo alles drunter und drüber geht. Kümmere Dich um alle weiteren Lager, auf die wir beim Vormarsch stoßen werden, sorge für Rettung und Ordnung.«

»Zunächst bleibe ich zum Mittagessen bei den Polinnen. Wir sprechen französisch, das Grauen lastet über uns, aber die Unterhaltung ist lebhaft, das Essen hervorragend, die Mädchen sind hübsch und überströmend vor Freude über ihre eigene Befreiung und ihre neue Aufgabe. Es könnte eine Filmszene sein. Wir haben sieben der früheren Wachen gefangen. Sie werden bekommen, was sie verdienen. Zwei aus der Verwaltung beteuern unaufhörlich ihre Unschuld. Einige Gefangene bestätigen das. So lasse ich sie laufen. Plötzlich kommen einige höhere kanadische Offiziere und verlangen die Evakuierung des Lagers. Ich protestiere und sage, die meisten Gefangenen seien nicht transportfähig und würden sterben. ›Laß sie doch, schließlich sind es nur Deutsche.‹ Wütend frage ich, ob wir in den Krieg gezogen seien, um uns jetzt so zu benehmen; schnell geben sie nach. Ich lasse noch die Wachen die von der SS versteckten Dokumente ausgraben. Trotz – oder gerade wegen – des Grauens kann ich mir eine Ablenkung nicht versagen: Einen kurzen Ritt auf einem schönen Pferd.

Dann gehe ich in das andere Lager. Es ist ein Babel von Nationalitäten: deutsche Sträflinge, Russen, Polen, Franzosen, Italiener, Jugoslawen. Die Ausländer sind ›Hiwis‹, Zwangsarbeiter, die erst nach der Evakuierung der ›gesunden‹ deutschen Gefangenen hier einquartiert worden sind. Ich ernenne für jede Nationalität einen eigenen Führer; den Polen, einen Arzt, mache ich zum Lagerkommandanten. Auch der Russe und der Italiener sind Ärzte, der Franzose ist ein Stabsoberfeldwebel, der Deutsche ein Polizeiwachtmeister, der bereits verhört und als vertrauenswürdig beurteilt worden ist. Ich gehe ins nahegelegene Dorf und befehle dem Bürgermeister, Verpflegung für das Lager zu bestellen, fertige Passierscheine aus, ordne Begräbnisse an und komme mir bei alledem ein wenig vor wie der Gouverneur einer Provinz. Die Deutschen sind eingeschüchtert und sehr willig. Sie springen aus ihren Betten, wenn ich eintrete, stehen still, Hände an der Hosennaht, und machen Anwesenheitsmeldungen. Ich halte Appell und verspreche den Befreiten die schnelle Rückkehr in ihre Heimat. Zunächst jedoch müssen wir darauf bestehen, daß sie hierbleiben.

Allmählich gelingt es, Ordnung zu schaffen. Die Verpflegung ergänzen wir mit Militärrationen; auch mit der Verwaltung klappt es. Alle sind äußerst dankbar und kommen gut miteinander aus. Die Italiener kochen, die Polen (als Landsleute der Befreier) übernehmen das Büro, die Franzosen essen sich erst einmal satt.

Die Straßen sind voll von zurückflutenden Lagerinsassen aller Nationalitäten. Sie tragen die phantastischsten Uniformen. Da sie vom Lande leben, sind sie anders als ihre zurückgebliebenen Gefährten ziemlich wohlgenährt. Mein Gott, den Deutschen wird in eigener Münze heimgezahlt.«

In Montgomerys Hauptquartier war man beunruhigt. Ich wurde beauftragt, diese Landplage einzudämmen und alle, die ich finden konnte, in die Lager zurückzubeordern.

»Tage verbringe ich auf den Straßen. Jedem einzelnen, den ich ausmache, erkläre ich, es sei in seinem Interesse, ins Lager zurückzukehren, wo er anständig verpflegt und von nun ab als Kriegsgefangener behandelt würde. Dann setze ich meinen Kopfhörer auf und tue so, als ob ich eine Meldung funke, wie viele Leute ich wo getroffen habe. Dann erkläre ich, es sei Befehl ergangen, jeden, der außerhalb des Lagers angetroffen wird, sofort zu erschießen. Ich glaube, die meisten haben gehorcht. Inzwischen hat sich unser Gefechtsstand in einem benachbarten Flecken installiert. Die Deutschen sind hinausgeworfen worden. Wir leben auf den Bauernhöfen; Schweine und Geflügel verschwinden. Ich weiß, die Deutschen waren als Besatzer viel härter, und es muß wohl so sein, aber ich fühle mich dennoch unbehaglich. Gott sei Dank nehmen wir Engländer nichts.«

Die Truppe befreite ein weiteres Lager bei Aschendorf. Der Anblick strafte alles Lügen, was ich schon gesehen und mir vorgestellt hatte. Was später über Bergen-Belsen und andere Lager bekannt werden sollte, hier sah ich es mit eigenen Augen. Die Nazis hatten rund um das Lager Geschütze aufgestellt. Daher war es am Vortag versehentlich von unseren ›Typhoon‹-Flugzeugen mit Maschinengewehrfeuer und Brandbomben belegt worden und vollständig ausgebrannt. Als die englischen Flugzeuge angriffen, wurden die Lagertore geöffnet, und in wilder Panik begann die Flucht. Ungefähr fünfzehnhundert Gefangene retteten sich mit ihren Wachen ins Moor, wo wir sie später wieder aufstöbern sollten. Im Lager zurückgeblieben waren die Kranken und Verwundeten. Einen Tag vor ihrer Befreiung fanden sie im britischen Bombenhagel und in den brennenden Baracken den Tod.

Die deutschen Wachtposten, die nicht geflohen waren, wurden verhaftet; die meisten sahen bieder aus und hatten ein gutes Gewissen. Einer meinte ganz ruhig: »Was wollen Sie eigentlich? Das sind hier doch alles Tiere, das sehen Sie doch selbst.« »Und wer hat sie dazu gemacht?«, brülle ich zurück. Aber es gab manche, die den Gefangenen heimlich geholfen hatten. Einige der Sterbenden, die noch sprechen konnten, bestätigten das. Doch Wut und Ekel der Polen machten sich Luft: Irgendwo hinter einer Baracke hörte ich Schüsse. Danach versuchte ich, solchen Privataktionen Einhalt zu gebieten.

Die Zustände in den einzelnen Lagern waren unterschiedlich, scheinbar ganz abhängig von Lust und Laune des Kommandanten und des Wachpersonals. Ich lernte, die Kriminellen von den »Politischen« zu unterscheiden, und war bei den besser Genährten grundsätzlich mißtrauisch, ob es sich nicht um Kalfaktoren handelte. So fragte ich viele nach dem Grund ihrer Verurteilung. Sie waren es gewohnt, sie nahmen Haltung an und schossen ihre Antworten heraus: Fahnenflucht, unerlaubte Entfernung, Gehorsamsverweigerung, §175, Unterschlagung, Gefangenenbegünstigung, Heimtücke, Kameradendiebstahl, Hochverrat, Zersetzung der Wehrmacht. Das war die Generalkausel, worunter so ziemlich alles fiel.

Einige Tage später tauchte plötzlich ein Gerücht auf, daß eine versprengte SS-Einheit sich in einem Nachbardorf verschanzt hätte. Es hieß, sie wollten die Bürgermeister in der Gegend erschießen und alle Häuser, die weiße Fahnen gehißt hatten, niederbrennen. Man bat um eine Schutztruppe: Deutsche, die den Schutz polnischer Truppen gegen Deutsche erbaten! General Maczek sagte mir, er hielte den Bericht für unwahrscheinlich, aber selbst wenn etwas dran wäre, könnte es uns nicht berühren, daß die Deutschen ihre eigenen Häuser niederbrennen wollten; er müsse seine Prioritäten setzen, seine Soldaten seien anderswo im Einsatz. Zum Glück geschah überhaupt nichts.

Einige Tage nach der Befreiung von Aschendorf geriet ich zufällig, noch ganz mitgenommen, in ein heftiges Infanteriegefecht. Auf einem Bauernhof, wo ich den Ausgang abwarten wollte, scharte sich die verängstigte Familie in der Küche. Der Bauer selbst war seit Jahren irgendwo an der Front. Ein polnischer Soldat feuerte auf ein benachbartes Gehöft, von wo aus geschossen wurde. Zwischen den Häusern lag ein kleiner verwundeter Junge und schrie. Der kaum zwanzigjährige Pole sagte kalt: »Sowie das hier vorüber ist, zünde ich beide Höfe an.« »Das wirst Du nicht tun«, sagte ich ruhig. »Doch«, erwiderte er, »als ich dreizehn war, da haben die Deutschen vor meinen Augen meine Eltern erschossen und unseren Hof angesteckt.« »Sind wir in den Krieg gezogen, um so zu sein wie sie?« fragte ich. Unwillkürlich griff ich nach meinem Revolver und blickte dem polnischen Soldaten fest in die Augen. Er hatte meine Bewegung nicht bemerkt, erwiderte aber meinen Blick. Eine Stunde später, als das Feuer nachgelassen hatte, kroch er zu dem wimmernden Jungen und zerrte ihn ins Haus.

Kurz darauf fuhr ich ins Lager Esterwege, das von unserer Nachbardivision genommen und schon halbwegs aufgeräumt und desinfiziert worden war. Der kanadische Offizier in der Lagerleitung rief einen ehemaligen Häftling, von dem er meinte, daß er mir Informationen geben könne. Der Mann, in verhältnismäßig guter Verfassung, aber natürlich noch in Sträflingskleidung, nannte seinen Namen. »Verstehe ich recht«, fragte ich überrascht. »Sie heißen Mumm? Etwa Mumm von Schwarzenstein?« »Jawohl«, antwortete er, nun seinerseits überrascht. Ich wollte wissen, wie er hierhergekommen war und was man ihm vorgeworfen hatte. »Ich war Diplomat, wurde 1940 zur Wehrmacht eingezogen und als Verbindungsoffizier zu Admiral Dönitz abgestellt. Bernd Haeften war einer meiner engsten Freunde und über ihn hatte ich Kontakte zum 20. Juli. Aber man konnte mir nichts nachweisen. So wurde ich nach dem Staatsstreich wegen Zersetzung der Wehrmacht zu fünf Jahren Zuchthaus verurteilt und in dieses Lager eingewiesen.« Er spürte meine Unruhe wegen seines einigermaßen guten Ernährungszustands. »Wissen Sie«, sagte er, meinem Verdacht zuvorkommend, »Dönitz hatte persönlich veranlaßt, daß ich anständig behandelt werde. So hat man mich zum Leiter der Bibliothek für die Wachmannschaften gemacht.« – Bernd von Haeften hatte ich 1933 als leidenschaftlichen Antinazi kennengelernt. Ich berichtete sofort an Montgomerys Hauptquartier. Bereits achtundvierzig Stunden später wurde Mumm nach London geflogen. 1952 trat er wieder in den deutschen diplomatischen Dienst ein. Wir haben uns nie wiedergesehen.

Am 21. April nahmen wir Papenburg. Mühsam kämpften wir uns durch das Moorgebiet voran. Immer wieder mußten Brücken geschlagen werden. Am 30. April kam es nordwestlich von Bad Zwischenahn wieder zu heftigen Gefechten. Am Abend hörten wir in den Nachrichten Andeutungen, daß Hitler tot sei; am nächsten Morgen kam die Bestätigung des Selbstmords. Auf die Polen machten die dramatischen Ereignisse im fernen Führerbunker wenig Eindruck, aber die Engländer hingen am Radio und diskutierten erregt die Zukunft Deutschlands.

Meine Stimmung hielt zwischen Triumph und Lähmung die Waage. Der Mann, der mir mein Vaterland nehmen wollte, war tot. Lebte meine Mutter, lebten meine Freunde?

»3. Mai 1945. Die übelste Clique, die jemals ein Land regiert und die Welt bedroht hat, ist vollständig zusammengebrochen. Die Freude kann nur gedämpft werden durch das Wissen, daß neue Gefahren drohen von den Sowjets – und wir sind sehr müde... Ich begann diesen Brief im völlig zerstörten Haus eines Fahrradhändlers: es war kalt, regnete unaufhörlich, und das Haus hatte keine Fenster. Tagsüber kam der Eigentümer, um zu suchen, was in den Trümmern vielleicht noch übriggeblieben war. Niemand ist je ein Nazi gewesen. Wir rücken in ein Dorf namens ›Neu-England‹ ein. Auf dem Wege finden wir überall Spuren mutwilliger Zerstörungen und Plündereien der kämpfenden Truppe. Jede Einheit beschuldigt die andere. Fensterscheiben wurden eingeschlagen, Möbel zertrümmert, ganze Häuser vom Keller bis zum Dachgeschoß umgedreht. Die Deutschen ließen dies meist schweigend über sich ergehen. Einige versuchten das Plündern sogar zu entschuldigen, indem sie meinten, ihre eigenen Truppen hätten in Polen und Rußland viel Schlimmeres angerichtet.«

Ich ging mit allen Mitteln dagegen vor, sowohl auf der oberen Ebene als auch bei meinen eigenen Leuten. Als ich eines Tages merkte, daß sie unterwegs doch einiges aufgelesen hatten, ließ ich alles auf einen LKW laden, fuhr mit ein paar Leuten die tags zuvor bewältigte Strecke wieder zurück und ließ jedes Stück dort abladen, wo es hingehörte. Meine Männer hielten dies für ziemlich verschroben, was mir merkwürdigerweise aber mehr Respekt als Kritik eintrug. Soldaten sehen es gern, wenn ihr Offizier eine »Macke« hat. Traditionelle Ehrbegriffe zählen zu jenen Skurrilitäten, die der einfache Soldat sofort akzeptiert. Ein junger Oberleutnant aus einem englischen Eliteregiment zeigte mir dagegen stolz seine beiden Unterarme. Sie waren voller Uhren, und ich machte aus meiner Verachtung kein Hehl: »Wir sind doch keine Russen!« Er sah mich verständnislos an: »Was meinst Du, warum Monty der Operation das Codewort ›Plunder‹ gegeben hat?« Unangenehme Erinnerungen an die Zeit meiner Internierung stiegen in mir auf. Böse Zungen meinten damals, die Engländer seien eben ein Seefahrervolk mit Piratentradition.

Eines Tages beauftragte mich mein Kommandeur, immerhin ein Oberst der alten Schule, in der Jever Brauerei Bier zu requirieren. Ich lehnte das ab. Verärgert meinte er, ich könnte ja eine Quittung ausstellen. Wir hätten weder eine Requisitionserlaubnis noch Formulare, gab ich zurück. Die Diskussion wurde immer heftiger bis zur Drohung, Meldung wegen Befehlsverweigerung zu erstatten. Schließlich gab er nach. Ganz anders war die Einstellung von General Maczek. In seinen Erinnerungen schrieb er über diese Tage: »Meine langen Jahre im Krieg haben mich gelehrt, daß nicht die geringste Plünderung geduldet werden darf. Ein Soldat, der damit anfängt, endet als Feigling. Sein Leben, das er jederzeit aufs Spiel setzt, wird plötzlich übertrieben kostbar für ihn, es hat mindestens den Preis des Wohlbefindens und Vergnügens, das die geplünderten Güter ihm verschaffen. Die Psychologie in Kriegszeiten hat sich an solchen Prinzipien auszurichten.« – Schließlich kam doch die überfällige Klarstellung von Montgomery: Er erließ eindeutige und scharfe Befehle gegen jegliche Plünderung und auch gegen Beschlagnahme ohne Rechtsbasis.

»Am 4. Mai erreichte uns die Nachricht eines Treffens der deutschen Führung mit Montgomery: Kein Zweifel, es ist vorbei! Einige Stunden später, auf dem Weg nach Jever, erhielten wir den Befehl, daß Punkt 8 Uhr früh das Feuer einzustellen sei.«

General Maczek, der inzwischen zum Generalleutnant befördert worden war, sollte in wenigen Tagen den Befehl über das 1. polnische Korps in England übernehmen. Sein Nachfolger wurde Generalmajor Rudnicki, der sich vor Cassino, Ancona und Bologna als Divisionskommandeur ausgezeichnet hatte. Beide wurden ins kanadische Hauptquartier gerufen, wo General Straube, Befehlshaber der Heeresgruppe Weser/Ems, die Bedingungen seiner Kapitulation stehend entgegennehmen mußte. Maczek erzählt, wie seine Gedanken unwillkürlich zur Übergabe von Warschau im September 1939 zurückgingen. Zum ersten Mal in der Geschichte besetzten Polen deutsches Gebiet, und Maczek spürte den Schock der deutschen Offiziere. Den Polen wurde auch Wilhelmshaven, die wichtigste Stadt des Operationsgebietes, zugewiesen, was Maczek als besondere Ritterlichkeit der Kanadier empfand. Am Eingang zum Hafen entdeckten die Polen den polnischen Doppeladler: Die Deutschen hatten dieses Wappen sechs Jahre zuvor in Gdingen erbeutet und hier angebracht. Aber was bedeuteten solche Triumphe gegen den Verlust eines Großteils der eigenen Heimat? Die Polen hatten sich über die halbe Welt nach England durchgeschlagen, um ihr Land von den Deutschen zu befreien. Nun war der Sieg da, und ihre Heimat gehörte den Russen.[4]

»Wir erreichten Wilhelmshaven, wie Du aus den Nachrichten wissen wirst. Die einen versuchen zu fraternisieren, andere bedrohen sie deshalb und sind deutlich feindselig. Ein BDM-Mädchen stößt einen polnischen Offizier und mich vom Bürgersteig. Das ist zuviel! Ich mache ihr klar, mit wem sie es zu tun hat. Der Pole ist begeistert, daß die weichen Engländer so entschieden sein können. Ein deutscher Soldat, der das Ganze beobachtet hat, erzählt den Umstehenden, wie die Deutschen in Rußland und Polen mit einem solchen Mädchen verfahren wären. Es gibt Tausende deutscher Soldaten auf den Straßen; sie sind noch bewaffnet und mitten unter uns. Einige Stunden zuvor hätten sie noch auf uns geschossen. Viele haben sich offensichtlich bereits auf den Heimweg gemacht, andere versehen weiterhin ihren Dienst. Manche sehen niedergeschlagen aus, die meisten jedoch fröhlich. Da ist die geschlagene Armee. In zerbrechlichen Pferdekarren oder zu Fuß ziehen sie durch die Straßen. Wilhelmshaven ist gänzlich zerstört. Nur das Postgebäude ist ziemlich intakt. Ich lasse mir den Hafen zeigen. Zwei Marineoffiziere salutieren, ich erwidere, und wir kommen ins Gespräch. Am Ende strecken sie die Hand zum Gruß aus. Ich darf nicht akzeptieren: Wir haben unseren Non-Fraternisierungsbefehl, demzufolge wir nicht als Befreier, sondern als Sieger auftreten sollen. Es ist ein sehr peinlicher Augenblick für mich, und ich versuche, den Befehl zu erklären. Die beiden Deutschen fühlen sich zutiefst erniedrigt, in ihren Augen flammt Haß auf. Es ist ein Befehl, gegen den Herz und Vernunft sich aufbäumen und den ich nur mit schlechtem Gewissen ausführe. Ich werde das wohl nicht lange durchhalten. In diesem Fall ist es ein kleiner Trost, daß die beiden eher unsympathische ›Etappenhengste‹ waren. – Wieder spreche ich mit einigen deutschen Soldaten. Sie fragen, ob der Krieg mit Rußland schon angefangen hat. Sie hätten das gehört. Als ich ihnen sage, daß dem nicht so sei, wundern sie sich, warum sie dann nicht nach Hause gehen können. Mein Gott! Immer nehmen die Deutschen Haltung an, immerfort. Dennoch, das Volk ist sehr sympathisch, gutaussehend die Jungen und Mädchen, ein hervorragender Menschenschlag. Ist dieses Land wirklich schlecht? Ich glaube es nicht. Sie sind nur verbogen, aber sie können geradegerichtet werden.«

Ein neuer Befehl Eisenhowers brachte eine Verschärfung der Non-Fraternization. Jetzt durfte auch der militärische Gruß deutscher Offiziere nicht mehr erwidert werden. Schon in England hatte ich die Politik der bedingungslosen Kapitulation nicht nur für unwürdig, sondern auch für unklug gehalten. Jetzt wurde ich mit ihren Konsequenzen konfrontiert. Wütend erklärte ich meinem Vorgesetzten, einem netten schottischen Major, ich würde noch am selben Abend den deutschen Kommandeur aufsuchen und ihm raten, seinen Offizieren ebenfalls das Grüßen zu verbieten. Als ich mich auf den Weg machte, stand am Ausgang des Dorfes barhaupt Oberst Sheppard: »Michael, ich höre, Sie wollen den deutschen Befehlshaber aufsuchen. Hören Sie, Sie sind britischer Offizier; Sie müssen sich entsprechend verhalten. Eisenhowers Befehl ist töricht, und ich persönlich werde ihn nicht befolgen. Ich werde, wo nötig, den Gruß erwidern. Sie können dasselbe tun, aber Sie können nicht zum deutschen Befehlshaber gehen.«

Wenige Tage nach der Kapitulation wurde das Divisionshauptquartier nach Meppen zurückverlegt. Dort erreichte mich meine Beförderung zum Hauptmann. Mein Oberst hatte mich zwar nie besonders gemocht und mich dies auch erkennen lassen, aber meine konsequent deutsch-englische Haltung hat er stets respektiert. Mein sehnlichster Wunsch war, etwas über meine Mutter zu erfahren; ich wußte nicht einmal, ob sie überhaupt noch lebte. Aus Berlin waren keine Nachrichten zu bekommen, aber es war ebenso ausgeschlossen, dorthin zu fahren. Als ich am 16. Mai, kurz vor Pfingsten, zwei Tage Urlaub ergatterte, entschloß ich mich kurzerhand zu einem Besuch in Amsterdam. Schon in Breda hatte ich sehnsüchtig über die Maas geblickt.

Im Februar hatte ich von meinem Freund Erd Wallace aus London einen Brief bekommen. Erd hatte in einem Londoner Antiquariat nach Büchern von Stefan George gefragt. Dabei war er mit dem deutschen Antiquar ins Gespräch gekommen, der ihm erzählte, daß ein paar Wochen zuvor ein junger Holländer im Laden gewesen sei, der sich ebenfalls für diesen Dichter interessiert hätte. Während der deutschen Besatzung wäre der Junge in Amsterdam bei einem gewissen Wolfgang Frommel untergetaucht gewesen und dieser hätte ihn mit deutscher Dichtung, vor allem mit George, bekannt gemacht.

Wolfgang Frommel, dreizehn Jahre älter als ich, und Percy Gothein waren meine engsten Freunde und Mentoren gewesen. Wenige Tage vor Kriegsausbruch hatte ich in Paris Abschied von Wolfgang genommen. Er war nach Holland, ich nach England gegangen. Im Mai 1940, nach dem deutschen Überfall auf die Niederlande, war unser Kontakt abgebrochen; fünf Jahre lang hatte ich kaum zu hoffen gewagt, ob wir uns je wiedersehen würden.

Erd setzte sich auf die Spur des jungen Holländers. Dieser war mitten im Winter in Nymwegen über den Rhein geschwommen, um in den bereits befreiten Teil von Holland zu gelangen, wurde aber sofort eingezogen und via London zur Ausbildung nach Kanada geschickt. Über die holländischen Behörden in London gelang es Erd, den Namen des Mannes und seine Adresse in Kanada festzustellen. So erfuhr ich also im Februar 1945, daß Wolfgang bei Gisèle van

Waterschoot van der Gracht in der Herengracht 401 in Amsterdam lebte und dort mehrere Untertaucher versteckt hielt; Percy aber, der Wolfgang in Holland besucht hatte, war nach dem 20. Juli dort verhaftet und in ein Konzentrationslager eingeliefert worden.

In Amsterdam fragte ich mich zur Herengracht durch, bis ich schließlich im Zentrum der Altstadt vor einem herrlichen alten Grachtenhaus stand. Ein junger Mann ging die Stufen zur Haustür hinauf; er sah aus, wie die Freunde Wolfgangs in Berlin ausgesehen hatten. »Does Wolfgang Frommel live here?« »Keine Ahnung«, sagte er erschrocken. Nach fünf Jahren Untertauchzeit waren solche Reaktionen gegenüber Unbekannten, zumal Uniformierten, in Fleisch und Blut übergegangen. Ich schob ihn einfach beiseite und rannte die Treppe hinauf, zwei Stufen auf einmal nehmend. Im dritten Stock, bei van Waterschoot klingelte ich. Eine distinguierte Dame mit scharfen Gesichtszügen öffnete, sah mich abweisend an und wollte die Tür bereits wieder schließen. Da stand Wolfgang hinter ihr, wie eh und je morgens um 11 Uhr im Schlafrock. Wir fielen uns in die Arme. Nach und nach tauchten aus allen Türen verblüffte junge Leute auf, und stundenlang hörte ich immer neue Geschichten aus den Jahren im Untergrund. Sie erzählten von den Hausdurchsuchungen, den Straßenrazzien, den wundersam glücklichen Zufällen; Lieselotte war auf dem Dachboden versteckt gewesen, Claus in einem doppelten Wandschrank, Buri in einem ausgebauten Klavier – nur Percy, Percy lebte nicht mehr: Im Dezember 1944 war er in Neuengamme umgekommen.

Während der ersten Zeit waren die polnischen Soldaten mit ihren Besatzungsaufgaben kaum ausgelastet. Um so mehr frönten sie ihrer natürlichen Begabung für den Schwarzhandel, ja sie entwickelten hierin eine wahre Meisterschaft. Eines Tages wurde festgestellt, daß die monatlichen Überweisungen der Divisionsangehörigen nach England die Soldsumme bei weitem übertrafen. So wurde eine hochkarätige Untersuchungskommission nach Meppen entsandt. Als wir unsere Polen über den bevorstehenden Besuch informierten, meinten sie lachend, mit denen würden sie schon fertig. Die Zahlmeister erschienen, bebrillt, kompetent und entschlossen, wie Buchhalter nun einmal sind. Die Polen empfingen sie mit überwältigender Gastfreundschaft, in der die ungebetenen Gäste im wahrsten Sinne des Wortes ertranken. Blaß und übernächtigt zog die Kommission unverrichteter Dinge wieder ab.

Auch ich hatte in Meppen wenig zu tun, und so begann ich, mich auf eigene Faust zu beschäftigen. Besonders stark interessierte mich die psychologische und politische Situation der deutschen Jugend. Alle Schulen waren noch geschlossen, die Kinder und Halbwüchsigen lungerten überall herum. Den Nazis war es nicht gelungen, das der

Pubertät eigene Verlangen nach Unabhängigkeit für sich zu nutzen; die unaufhörliche Indoktrinierung hatte im Gegenteil Gleichgültigkeit und Langeweile zur Folge gehabt. Hinzu kam der durch die Einengung der Freiheit noch verstärkte Oppositionstrieb gegen die herrschende Autorität, zumal deren Siegesparolen immer zweifelhafter geworden waren. Für diejenigen Deutschen, die ich jetzt traf, war, auf eine simple Formel gebracht, ein Nazi jemand, der eingleisig dachte; ein Antinazi war, wer differenzieren konnte und diskutieren wollte. Natürlich hatten sich Denkstrukturen der Nazis tief ins Bewußtsein eingegraben, aber wenn man mit den jungen Leuten länger sprach, waren sie überraschend schnell bereit, sich eines Besseren belehren zu lassen. Bei den jungen Naziführern lagen die Dinge anders. Viele von ihnen waren soziale Aufsteiger, die vom Regime profitiert hatten; nun waren sie besonders enttäuscht, daß ihre Welt zusammengebrochen war. Auf die Enthüllungen über die Konzentrationslager reagierten sie mit Trauer, anders als die religiös Gebundenen, bei denen Haß vorherrschte. Gemeinsam war allen trotz großer Lernbereitschaft das Mißtrauen gegen jegliche Form neuer Indoktrinierung. Die meisten zögerten, überhaupt etwas zu glauben.

Abgesehen von materiellen Problemen, Ernährungsfragen und der Sorge um das Schicksal ihrer Väter, insofern diese Nazi-Organisationen angehört hatten, war das Hauptverlangen dieser Jugendlichen die Wiedereröffnung der Schulen. Sie wollten Sport treiben und sich in freien Bünden zusammenschließen. Unaufgefordert faßte ich meine Eindrücke und Empfehlungen in einem Bericht zusammen, den ich meinem Oberst übergab.

Fast zwei Monate nach der Kapitulation konnten Engländer, Amerikaner und Franzosen endlich die vereinbarten Sektoren in Berlin übernehmen. Im Juni ging ein britisches Vorauskommando dorthin. Zufällig kannte ich einen der Offiziere, der versprach, meine Mutter ausfindig zu machen. Nach wenigen Tagen schon erhielt ich die Nachricht, daß meine Mutter lebe, daß es ihr gut gehe und daß unser Haus unversehrt geblieben war. Mein Gesuch an die Berliner Militärregierung, über die Dienststellen mit meiner Mutter zu korrespondieren, wurde abgelehnt. Meine Bitte um zwei Tage Urlaub schlug mein Oberst ebenfalls unwirsch ab. Ein paar Wochen später streifte ich ziellos durch die Straßen unseres kleinen Garnisonstädtchens. Plötzlich hörte ich eine Frauenstimme dringlich meinen einstigen Vornamen rufen: »Ulrich! Ulrich, komm her!« Es war eine Mutter, die ihren etwa fünfjährigen Sohn rief. Ich war niedergeschlagen. Am Abend erzählte ich dies im Kasino Major Snarski, dem stellvertretenden Divisionsstabschef. Er griff wortlos in die Tasche und holte einen Wagenschlüssel heraus. Damit hatte ich einen Jeep. Und nun bewilligte mir der Oberst einen dreitägigen Sonderurlaub.

Zu beiden Seiten der menschenleeren Autobahn, die noch viele Bombentrichter aufwies, erstreckten sich erntereife Felder, dunkle Seen, melancholische Wälder. Je mehr ich mich der heimatlichen Landschaft näherte, desto mehr wuchs in mir eine unbezwingbare Erregung. Über Notbrücken und notdürftig ausgebesserte Umgehungsstraßen erreichte ich schließlich die Stadtgrenze, Nikolassee, Avus, Reichskanzlerplatz – endlich Oldenburgallee 1a. Rings herum lagen nur Trümmer, das Haus stand als eines von wenigen.

Auf mein Klingeln bekam ich keine Antwort. Also kletterte ich in voller Uniform über den Zaun, wie ich es als Kind getan hatte, und sprang die Treppe hinunter in den Garten, um von hinten ins Haus zu gelangen. In einer Krankenschwester, die mir entgegenkam, erkannte ich unsere alte Nachbarin. Sie erzählte, daß meine Mutter vor kurzem einen Zusammenbruch erlitten hatte. Gemeinsam gingen wir auf Zehenspitzen ins Schlafzimmer. Da lag meine Mutter totenbleich. Die Freude des Wiedersehens überwältigte uns beide, aber ihr gab sie zugleich auch neue Kraft. Innerhalb von achtundvierzig Stunden sollte sie das Haus räumen, das als englisches Offizierskasino beschlagnahmt worden war.

Eine Viertelstunde saß ich an ihrem Bett, dann raste ich zum englischen Bezirkskommandanten. Der Zustand meiner Mutter schien ihn nicht zu beeindrucken, das Offizierskasino hatte Vorrang. Aufgebracht kehrte ich den britischen Captain heraus: »Das Haus gehört mir. Die britische Armee ist nicht nach Berlin gekommen, um britisches Eigentum zu requirieren!« Das wirkte. Man suchte sich ein anderes Casino, und in den folgenden Tagen kam meine Mutter schnell wieder zu Kräften.

Die Russen hatten alle Nachbarhäuser geplündert, aber das unsere gänzlich unberührt gelassen. Das kam so. Ich hatte einen Klassenkameraden gehabt, der schon in der Schule Kommunist gewesen war. Wir hatten nie besonders gut miteinander gestanden, aber als er 1934 wegen kommunistischer Umtriebe zu mehreren Jahren Zuchthaus verurteilt wurde, hatte ich ihm regelmäßig in die Zelle geschrieben, Bücher geschickt und mehrfach seine Eltern besucht. Im Herbst 1939 war er begnadigt worden und hatte nun seinerseits meine Mutter besucht.

Kurz nach dem Beginn des Rußlandfeldzugs war er wieder verhaftet und zum Tode verurteilt worden. Meine Mutter hatte es sich in den Kopf gesetzt gehabt, im Sinne ihres toten Mannes und ihres lebenden Sohnes zu handeln. So war es für sie keine Frage, diesen jungen Mann retten zu müssen. Obwohl sie als Witwe eines Juden und Mutter eines verschwundenen Halbjuden selbst gefährdet war, wurde sie persönlich bei Justizminister Gürtner vorstellig, dem ihr Name dunkel bekannt gewesen sein mochte. Offenbar hatte sie Eindruck gemacht; jedenfalls war die Hinrichtung zunächst aufgeschoben und dann in eine lebenslängliche Zuchthausstrafe umgewandelt worden.

Im Winter 1944/45 war meinem ehemaligen Mitschüler die Flucht gelungen, und Anfang März hatte er plötzlich bei meiner Mutter vor der Tür gestanden. Es grenzte an Wahnsinn, aber sie hatte ihn aufgenommen und versteckt, zuerst auf dem Dachboden, dann im Kohlenkeller, schließlich, aus Angst vor einer zufälligen Entdeckung während des ständigen Bombenalarms, in ihrer Wäschekammer.

Als die Rote Armee sechs Wochen später Straße für Straße und Haus für Haus durchkämmte, erklärte der Klassenkamerad den eindringenden Rotarmisten in fließendem Russisch, daß das Haus unter seinem, dem Schutz eines Kommunisten stünde. Das half tatsächlich, das Haus blieb von den Plünderungen und Vergewaltigungen der ersten Tage verschont. Zwei Jahre später versuchte er, einen als Ostzonenflüchtling getarnten Agenten in meine Dienststelle einzuschleusen. Aber die Unternehmung war allzu laienhaft eingefädelt. Für mich war diese Affäre bezeichnend, wie Treue zu einer Doktrin über eine gerade bewährte menschliche Beziehung triumphiert.

Ich hatte nicht viel Zeit, meiner Jugend nachzuspüren. In Meppen, wo nichts zu tun war, wurde ich nach genau zweiundsiebzig Stunden zurückerwartet. Doch eine Sache wollte ich mir auf keinen Fall entgehen lassen: einen Besuch bei meinem ehemaligen Schuldirektor. Im Frühjahr 1933 hatte ich mein Abitur gemacht. Im Januar war Hitler an die Macht gekommen, und es zeigte sich sehr schnell, wer dazu und wer nicht mehr dazu gehörte. Der neu eingesetzte Schuldirektor hatte entschieden, daß ich als Bester in Deutsch die traditionelle Abschiedsrede für die Abiturienten halten sollte. Ich wies darauf hin, daß ich Halbjude sei, aber er schob meinen Einwand empört beiseite: Was das mit der Abiturfeier zu tun habe? Wenige Wochen später wurde jedoch ein anderer mit der Abschiedsrede beauftragt. Ich hatte bei der schriftlichen Prüfung besser abgeschnitten als im Jahr zuvor und um eine mündliche Nachprüfung gebeten, um auf eine bessere Gesamtnote zu kommen. Dies benutzte der Schulleiter als Vorwand, mir zu erklären, ein Schüler, der sich mit dem Ergebnis des Abiturs nicht zufrieden gebe, sei nicht qualifiziert, die Abiturrede zu halten.

Ich schrieb ihm verletzt und gekränkt, daß ich angesichts dieser Umstände nicht zur Feier erscheinen würde. Daraufhin drohte er, mir kein Zeugnis auszuhändigen. Er verlangte eine förmliche Entschuldigung. Ich verweigerte sie. Nach einer dramatischen Auseinandersetzung zwischen meiner Mutter und mir und einer entwürdigenden Unterredung zwischen dem Direktor und meiner Mutter gelang es ihr schließlich, einen Kompromiß herbeizuführen. Ich drückte Bedauern aus, ohne aber mich zu entschuldigen. Dennoch empfand ich dies als Demütigung und hatte mir geschworen, mit ihm abzurechnen. Er amtierte noch und lebte wie vor zwölf Jahren in der alten Schulwohnung. Der Mann, der mir ehemals so imposant erschienen war, erschrak beim Anblick meiner Uniform. Ich stellte mich vor und erklärte ihm den Grund meines Kommens. Er behauptete, sich weder an mich noch an irgendein Ereignis dieser Art erinnern zu können. Ich ließ ihn einfach stehen; es lohnte sich nicht.

Auf dem Weg zurück bog ich mit meinem unförmigen Stabswagen, am Steuer ein Sergeant, langsam um die Ecke. Zwei Knirpse auf Fahrrädern kamen mir entgegen, starrten den heranschleichenden Offizierswagen an, dann rief einer im waschechten Berlinerisch: »Hallo, sei mir jejrüsst, Nurmi!« Die Unbefangenheit und der Witz stachen wohltuend ab von der eher verschreckten Haltung der Kinder im Westen; daß sie noch den Namen des finnischen Langstreckenläufers aus den zwanziger Jahren kannten: ja, das war noch immer mein altes Berlin.

Nach Meppen zurückgekehrt, wurde ich sofort zu meinem Oberst bestellt; er hatte meinen Bericht über die Jugend an Montgomery weitergeleitet. Man wollte mich im Hauptquartier sehen. Am nächsten Tag hatte ich mich bei Oberstleutnant Gilpin in Bad Oeynhausen zu melden. Damit begann ein neuer Abschnitt meines Lebens.

Berliner Kindheit

Gerhart Hauptmann hatte mit seiner zweiten Frau Margarethe, die allgemein die »Morchel« genannt wurde, weil sie ein so knittriges Gesicht hatte und so giftig war wie einige Sorten dieses Pilzes, einen hochgewachsenen, vielleicht sogar begabten Sohn, den er – weil sehnsüchtig erwartet – Benvenuto nannte. Dieser ruhte sich aber auf den Lorbeeren seines Vaters aus und vertraute auf sein gutes Aussehen.

Während eines Spazierganges wies Margarethe auf ein Haus und sagte zu meinem Vater: »Sehen Sie, hier ist Benvenuto geboren.« Mein Vater erwiderte trocken: »Nun fehlt nur noch das Lebenswerk, und dann kann die Plakette dran!«

Mein Geburtshaus – ohne Plakette – liegt in einer tristen Seitenstraße des Kurfürstendamms, der Waitzstraße, rechts und links Mietskasernen aus der Zeit um die Jahrhundertwende. Die Zimmer unserer Wohnung im vierten Stock der Nummer 8 gingen nach vorn; davor lagen Balkon und Loggia mit ihren Blumenkästen, in die man die unvermeidlichen Petunien und Geranien, in der Notzeit nach dem Weltkrieg aber Tomatenstöcke pflanzte. Das berühmte »Berliner Zimmer«, das die vorderen mit den hinteren Räumen verbindet, diente als Eßzimmer. Die Schlafzimmer lagen wie üblich zum Hof. Ein dunkler Korridor führte zur Mädchenkammer und zur Küche, wo die Hintertreppe mündete.

Hinter unserem Hof befand sich ein zweiter Hof mit dem sogenannten »Gartenhaus«. Die Wohnungen im Vorderhaus gehörten wohlhabenden Bürgern, während Hinterhaus und Gartenhaus von »einfacheren« Leuten bewohnt waren. Hinter dem Eingangsportal links lag im Souterrain die Portiersloge mit der dazugehörigen Wohnung, aus der stets ein gewisser Mief strömte. Der Portier, Herr Petzold, hatte einen großen Schnurrbart und darüber riesige Nasenlöcher. Er war als gewalttätig gefürchtet, aber man konnte ihm nichts anhaben, weil er einen »Jagdschein« hatte, den Paragraphen 51. Jeden, der an der Haustür klingelte, begrüßte er bellend: »Wo wollnse hin?«

Die Zimmer der Wohnung wurden mit Öfen geheizt, doch Kohle und Holz waren auch nach dem Ersten Weltkrieg knapp. So ging meine Mutter oft mit mir in den Grunewald, um trockene Zweige zu sammeln, die wir in Rucksäcken oder auf einem Handwagen nach Hause brachten. In meiner Erinnerung wird unaufhörlich gestreikt. Dann mußte man sich das Wasser aus den schönen gußeisernen Straßenpumpen holen, die es in der Stadt noch allenthalben gab und die auch als Pferdetränken dienten. Die Droschke war seinerzeit das am häufigsten gebrauchte Taxi, und vieles – nicht nur Bolles Milch oder das Bier von Schultheiss – wurde mit Pferdewagen ausgefahren. Wenn gestreikt wurde, gab es auch kein Licht: Dann war es unheimlich aufregend, durch die dunkle Stadt nach Hause zu kommen. Die Straßenlaternen wurden noch mit Gas betrieben, und jeden Abend ging ein Mann mit langer Stange von Pfahl zu Pfahl und zündete sie an. Zu Hause hatten wir sowohl Elektrizität als auch Gas. Die sogenannten »Gasstrümpfe« mußten oft ausgetauscht werden, und ihre Füßchen konnte ich zum Spielen und Basteln benutzen. Das Summen des Lichts an langen Winterabenden habe ich noch in den Ohren.

Ich wuchs als Einzelkind auf. Meine früheste Erinnerung stammt vom Februar 1918. Ich war zweieinviertel Jahre alt. Es war der letzte Fronturlaub meines Halbbruders Richard aus der ersten Ehe meines Vaters. Er kroch in seiner mit dem Eisernen Kreuz dekorierten Uniform auf allen vieren mit mir in der Wohnung herum, und ich durfte auf seinem Rücken reiten. Dann spielten wir »Unterstand«, indem er mich in den großen antiken Messingeimer steckte, der sonst als Papierkorb diente. Vier Wochen später fiel mein Bruder. Ich erinnere mich der Verzweiflung meines Vaters, als die Todesnachricht eintraf; zum ersten Mal sah ich ihn weinen, und meine Mutter brachte mich schnell aus dem Zimmer.

Jahre später klingelte es unerwartet. Ein sehr bleicher, großer Mann mit einem hellen Schnurrbart stand in abgerissener Uniform vor der Tür. Er war ein Soldat aus der Kompanie meines Bruders, der eben aus russischer Kriegsgefangenschaft zurückgekehrt war, wo er in den Bleiminen gearbeitet hatte. Die Unruhe meiner Mutter übertrug sich auf mich, noch verstärkt durch das nervöse Augenzucken des Fremden. Es war ein nasser, kalter Tag, der Mann fror. Meine Mutter ließ ihn zögernd eintreten. Er erzählte, wie mein Bruder gefallen war: Aus der Deckung heraus hatte Richard seine Männer zum Sturmangriff gerufen und war als erster aufgesprungen – in diesem Moment hatte ihn die Kugel in die Halsschlagader getroffen. Dem Mann wurde zu essen und etwas Geld gegeben, dann bat meine Mutter ihn zu gehen, bevor mein Vater zurückkäme, dem sie jegliche Aufregung ersparen wollte. – Mich hatte die Schilderung des Todes meines Bruders erregt, aber auch das eigene Schicksal dieses Mannes. Ich war verstört, als er ging, und empfand, daß meine Mutter nicht richtig gehandelt hatte.

An der Hand meiner Mutter erlebte ich den Einzug der geschlagenen Truppen. Mit Musik marschierten sie über den Kurfürstendamm, der damals in der Mitte noch einen Reitweg hatte. Dann kamen die Tage der Revolution. An den Kämpfen um den Marstall beteiligte sich mein jüngerer Halbbruder Klaus, der, von der linken Welle ergriffen,

»Soldatenrat« geworden war. Abend für Abend kam er nach Hause; ausgeschlafen und frisch geduscht, trat er jeden Morgen wieder seinen Revolutionsdienst an. Meine Mutter fand dies alles nicht sehr überzeugend. Auf mich allerdings machte sein Stahlhelm großen Eindruck.
Klaus, klein und pickelig, war schriftstellerisch recht begabt. Sein noch heute lesbarer Roman »Martin Kressanders Paradies« erschien mit einem gewissen Erfolg sogar im Berliner Tageblatt. Aber unglaublich faul, wechselte er ständig seinen Beruf und lebte mehr oder weniger auf Kosten des Vaters, der in regelmäßigen Abständen auch noch seine Schulden abdecken mußte. Mehrmals verschwand er für längere Zeit in Südamerika, wo er ausgedehnte Dschungelexpeditionen unternahm; einmal sei er, auf einem Floß festgebunden, tagelang den Amazonas heruntergetrieben. Wir hörten nur von ihm, wenn er in irgendeinem Nest eine Post fand, von der aus er um Geld telegraphieren konnte. Mein Vater pflegte zu sagen: »Wenn man Klaus in der Wüste aussetzen würde, fände er bestimmt einen Löwen, den er anpumpen könnte.«

Außer den beiden Halbbrüdern hatte ich eine Halbschwester: Eva, die in erster Ehe mit dem Charakterdarsteller Fritz Rasp verheiratet war, der ausschließlich Schufte spielte, daher der »Bösewicht vom Dienst« genannt wurde und im Leben ein komplizierter Mensch war. Später heiratete sie Josef Jolles, mit dem sie dann nach England emigrierte. Im Exil kamen wir uns näher, und sie wurde so etwas wie eine Freundin.

Die Familie meines Vaters stammte aus der oberschlesischen Kleinstadt Leobschütz, wo mein Großvater als Arzt praktiziert hatte. Seine Frau Renette geborene Danziger kam aus ursprünglich wohlhabendem Hause, dessen Vermögen in Kohlengruben bestand, aber ein mißratener Bruder hatte alles Geld verjubelt. Die Großeltern hatten dreizehn Kinder gehabt, zehn Mädchen und drei Söhne.

Mein Vater, 1867 geboren, war der jüngste Sohn. Als er fünf Jahre alt war, zog die Familie nach Berlin. Es war eine musikalische Familie, und jeder spielte irgendein Instrument. Nach der Legende ist ein Vorfahr auf dem Wege zu einer Hochzeit, bei der er aufspielen wollte, mit der Geige in der Hand erfroren. Die Musikalität vererbte sich: Der älteste Bruder meines Vaters, Gustav, war lange Jahre Leiter des Sternschen Konservatoriums in Berlin, der zweite war der zu Anfang des Jahrhunderts erfolgreiche Operetten- und Schlagerkomponist Victor Hollaender. Dessen Sohn, mein Vetter Friedrich Hollaender, war ebenfalls Operetten- und Schlagerkomponist; er ist berühmt geworden mit den von ihm komponierten und auch getexteten Marlene Dietrich-Songs »Ich bin von Kopf bis Fuß auf Liebe eingestellt«, »Peter«, »Johnny, wenn Du Geburtstag hast« und vielen anderen Schlagern, die um die Welt gingen. Nebenbei hatte er das politische Kabarett »Tingeltangel« gegründet.

Mein Vater selbst war nicht sehr musikalisch, und ich war von klein auf tontaub: Ich konnte keine einzige Melodie auch nur annähernd richtig singen. Mit großem pädagogischem Feingefühl wurde ich immer wieder vorgeführt und mußte dann zur allgemeinen Belustigung jedesmal »O Tannenbaum« vorsingen.

Meine Lieblingstante väterlicherseits war Tante Lene, eine starke Persönlichkeit mit der vielen Hollaenders eigenen Dramatik. Wenn bei Tisch etwas fehlte, rief sie nach dem seit Jahrzehnten bei ihr dienenden Faktotum: »Marie, bringen Sie die Leiter.« Die Arme mußte dann einige Stufen erklimmen, um von oben die Übersicht über den Tisch zu haben. »Marie«, fragte Tante Lene, »was also haben Sie vergessen?«

Als ich sie 1957, jung verheiratet, mit meiner Frau in England besuchte, war sie zweiundneunzig: Aufrecht in der Mitte des Zimmers stehend, auf einen Stock gestützt, musterte sie scharf, aber liebevoll meine Frau und erklärte dann theatralisch: »Elizabeth, ich heiße Dich in der Familie willkommen.« Während ich Mühe hatte, mir das Lachen zu verbeißen, wußte meine erschrockene Frau nicht, wo sie hingucken sollte.

Mein Vater war das gewesen, was man in der Kaiserzeit einen Patrioten nannte, aber seine geistige und politische Entwicklung hatte ihn zum linken Flügel der Sozialdemokratie geführt. Während der Revolutionstage 1918 beherbergte er in unserer Wohnung die russische Kommunistin Frieda Rubiner, die mit dem bekannten marxistischen Volkswirtschaftler Friedrich Rubiner verheiratet war. Sie druckte, wie meine Mutter mir später erzählte, im Keller unseres Hauses heimlich die »Rote Fahne«.

Ich konnte die »Rubinöse«, wie sie in der Familie nur genannt wurde, nicht ausstehen. Einmal war ich bei Tisch vorlaut und bekam Sprechverbot. Nach einer Weile fragte ich, ob ich wieder etwas sagen dürfte. Ich durfte. Da guckte ich die außerordentlich häßliche Rubiner etwas schüchtern an und sagte ohne jede böse Absicht: »Rubinöse, Du bist ja so mies.« Tante Gustl sprang auf unter dem Vorwand, sie müsse Wasser holen. Draußen hörte man sie schallend lachen. Meine Mutter murmelte verlegen: »Aber Ulrich, so etwas sagt man doch nicht!«An der Richtigkeit meiner Bemerkung wurde offenbar nicht gezweifelt.

Die »Rubinöse« kam auch später noch öfter zu uns, bis sie irgendwann nach Rußland entschwand. Obwohl meine Mutter sie nicht mochte, hat sie während der Nazizeit ihre Bibliothek mitsamt der kommunistischen Parteiprotokolle bei uns aufbewahrt. 1942 mußte alles ausgelagert werden und verbrannte auf dem Lager des Spediteurs Lassen & Co. – zur Erleichterung meiner Mutter, aber zum Entsetzen der Rubiner, die uns nach dem Kriege noch ein- oder zweimal besuchte. Sie hatte die Säuberungen in Rußland überlebt, war jetzt eine glühende Stalinistin und hatte irgendeine Funktion bei der russischen Besatzungsmacht. Für die Amerikaner hatte sie gute Worte, kein Wunder angesichts der von Roosevelt inspirierten damaligen Rußlandmode des Establishments. Churchill jedoch war in ihren Augen ein finsterer Konterrevolutionär, und alle englischen Offiziere behandelte sie unverhohlen als persönliche Feinde. Für mich war das amüsant, aber ihr war der Verkehr im Hause eines englischen Offiziers auf Dauer zu gefährlich, und so kam sie eines Tages nicht mehr.

Mein Vater gehörte zur Schicht jenes liberalen jüdischen Bürgertums, das Konflikte zwischen Deutschtum und Judentum nicht kannte. Er fühlte sich als Deutscher jüdischer Religion, war zwar ein gläubiger Mensch, hatte aber zur Religion keine eigentliche Beziehung. In seinem sehr liebenswerten Buch, »Unser Haus«, in dem mein Vater seine Kindheit, Jugend und Studienzeit geschildert hat, findet man kein Wort über eine besondere, mit der jüdischen Herkunft verbundene Problematik; dafür viel über Standes- und Klassenunterschiede. Dennoch haben alle seine Geschwister jüdische Ehepartner gewählt, vielleicht ganz unbewußt, weil man eben, ähnlich dem Adel, in denselben Kreisen verkehrte.

Die weitläufige Familie meines Vaters traf sich, wie das in jüdischen Häusern damals üblich war, jeden Sonntag reihum, und zwar so zahlreich wie möglich. Mein Vater gehörte zu den treuesten Teilnehmern dieser Runde. Anfangs nahm auch meine Mutter daran teil, aber bald schon empfand sie diese Welt als zu fremd; sie begann – unterstützt von ihrer jüngeren Schwester Gustl – sich über dieses Treffen lustig zu machen, wofür sie von meinem Vater mit erhobenem Zeigefinger »meine olle Antisemitin« genannt wurde. So wurden beide immer seltener Gäste dieser Zusammenkünfte, denn ohne seine Frau wollte mein Vater seine Sonntage nicht verbringen. In der ihm eigenen Ritterlichkeit entschuldigte er das mit der damals tatsächlich vorhandenen Unfähigkeit meiner Mutter, eine größere Anzahl von Menschen zur gleichen Zeit zu ertragen.

Auch ich wurde zu manchen solchen »Sonntagen« mitgenommen und fand sie – wahrscheinlich beeinflußt durch meine Mutter – schrecklich. Während der Inflation hatte die Familie gemeinsam ein Schwein erworben, das bei irgendwelchen Bekannten gemästet wurde. Als es endlich schlachtreif war, brach ein großer Streit über die Verteilung aus, und mein Onkel, der Komponist Victor Hollaender, der »dicke Victor«, brüllte wütend: »Wenn ich nicht einen Hinterschinken bekomme, trete ich aus der Familie aus.« Die allgemeine Erregung wich schallendem Gelächter, und die Situation war gerettet. Schließlich war es undenkbar, daß jemand »aus der Familie austreten« könne.

Nach dem Tode meines Vaters kam ich einmal von einem Besuch bei Frau Cassirer nach Hause und erzählte, eine Frau Mauthner habe erklärt, meine Mutter sei im Grunde immer eine Antisemitin geblieben. Empört brauste meine Mutter auf: »Wie kann die alte Jüdin behaupten, daß ich eine Antisemitin bin!« Im selben Augenblick merkte sie, was sie von sich gegeben hatte, und lachte herzlich über sich selbst.

Meine Mutter war Wienerin und kam aus einer typischen Familie der Donau-Monarchie. Ihr Vater war Professor der Ingenieurwissenschaften gewesen, ihre Mutter, eine Ungarin, entstammte dem kleinadligen Offiziers- und Beamtentum. Einer ihrer Vorfahren war Bürgermeister von Budapest gewesen, wo es heute noch einen Platz gibt, der seinen Namen trägt. Bezeichnend für diese Schicht war eben auch ein latenter Antisemitismus, den meine Mutter immer wieder zu spüren bekam. Als sie meinen genau zwanzig Jahre älteren Vater heiratete, kommentierte ihre Mutter: »Ein sähr ein netter Mensch. Schad, daß er a Jud is.« Und als sich meine Mutter nach der Machtergreifung ratsuchend an ihren älteren Bruder wandte, einen bekannten Rechtsanwalt in Wien, meinte der obenhin: »Ja, weißt Du, Gintscherl, ma heirat auch ka Juden.« Meine Mutter brach darauf die Beziehungen zu ihm ab; für einen solchen Mangel an Sensibilität hatte selbst sie keinen Humor. Sämtliche Mitglieder der Familien-Sonntage – mit Ausnahme von Tante Lene, die mit ihrem Sohn rechtzeitig nach England, und Friedrich Hollaender, der nach Hollywood emigrierte – sind vergast worden.

Aus den Jahren nach dem Ersten Weltkrieg sind mir Szenen in Erinnerung, wie man sie auf den Zeichnungen von George Grosz findet: Bettler am Straßenrand, zum größten Teil verwundete Kriegsheimkehrer, die einen mit Schüttellähmung, andere mit leeren Augenhöhlen oder Männer, die beide Beine verloren hatten und mit ledergeschützten Stümpfen auf dem Trottoir hockten. Dann wieder sehe ich Musikanten in unserem Hof, sehe meine Mutter ein Zehnpfennigstück in Zeitungspapier wickeln und es hinunterwerfen. Wenn der Gesang allzu schrecklich war, gab man das Geld unter der Bedingung, daß der Troubadour schleunigst verschwinde. Die Höfe der Häuser waren stets von Lärm erfüllt; etwas tat sich immer. Waren keine Leierkastenmänner da, kamen Straßenhändler. Das rhythmische Rufen »Blumenerde, frische Blumenerde, Blumenerde« ist mir noch genauso im Ohr wie das Schreien der Lumpensammler: »Eiiinkauf von Lumpen, Flaschen, Knochen, Papiiier – zahle die höchsten Preise dafüüür ...«

Auf der Straße durfte ich selbstverständlich nicht spielen, einmal wegen des Verkehrs, vor allem aber um nicht häßliche Ausdrücke aufzuschnappen oder mir den Berliner Dialekt anzugewöhnen. Auf dem Schulweg begleitete mich das Dienstmädchen bis über den Kurfürstendamm; erst in den sicheren Nebenstraßen ließ sie mich allein gehen. Ständig hatte ich Angst, meine Freunde könnten mich an der Hand dieser lächerlichen Beschützerin sehen, und je älter ich wurde, desto mehr ärgerte mich die übertriebene Fürsorge meiner Eltern.

Vom vierten Lebensjahr an besuchte ich die Turnstunde einer Schwedin, Frau Großmann; es war ein Privileg für die Kinder aus wohlhabenden Bürgerkreisen. Ich liebte das Balancieren auf dem Schwebebalken, die Sprossenleiter dagegen war mir zuwider. Am meisten aber interessierte ich mich für Evchen Millington-Herrmann, die Tochter eines englischen Bankiers. Meiner Mutter erklärte ich mich: »Also, wenn ich Evchen ansehe, muß ich immer zittern.«

Ein einfaches Kind bin ich gewiß nicht gewesen. Ich war gerade vier Jahre alt und mit meiner Mutter auf einem Spaziergang, als ich hörte, wie eine andere Mutter ihren Sohn rief, worauf der alles liegen ließ und gehorsamst folgte. Da sagte ich zu meiner Mutter, sie solle mich doch auch einmal rufen. Sie tat es: Ich blieb einfach stehen und blickte sie triumphierend an. Etwa im selben Alter wünschte ich mir sehnlichst ein Schwesterchen. Die Dienstmädchen erzählten mir, der Klapperstorch würde diesen Wunsch nur erfüllen, wenn man einem Spatzen Zucker auf den Schwanz streute. Stundenlang lag ich am Küchenfenster oder im Park auf der Lauer, wobei nicht unbeträchtliche Zuckermengen verbraucht wurden. Da Zucker nicht nur teuer, sondern auch knapp war, entschloß sich meine Mutter, mich aufzuklären. So erfuhr ich also schon früh, daß Kinder aus dem Bauch der Mutter kämen. Eine ökonomische Notwendigkeit, mir auch zu erzählen, wie sie da hineingelangten, bestand jedoch nicht. Dies habe ich mit elf Jahren von einem Mitschüler erfahren.

Meine Mutter war weich und inkonsequent und überließ die Strenge meinem Vater, der allerdings auch nicht sehr hart war. Nur zweimal zeigten sich meine Eltern unerbittlich. Als Fünfjähriger hatte ich der von uns allen geliebten Köchin – die aus Gründen der sozialen Diktion »Stütze« genannt werden mußte – auf irgendwelche Vorhaltungen trotzig geantwortet: »Du bist doch bloß ein Dienstmädchen.« Am nächsten Tag war der Nikolaus-Tag, und in den Schuhen, die ich vor die Tür gestellt hatte, fand ich nur Kartoffelschalen. Bei der zweiten Lektion war ich zwölf. Da beobachtete mein Vater, daß das Hausmädchen, wie jeden Morgen, wenn ich zur Schule ging, mir in den Mantel half, und er gab mir die erste und einzige Ohrfeige meines Lebens.

Die erste Zurechtweisung war heilsam, ich habe sie begriffen, die zweite jedoch nicht. Zum einen habe ich nicht verstanden, warum mein Vater ausgerechnet wegen dieser Geringfügigkeit von seinem Prinzip der Erziehung ohne Schläge abgewichen war. Vor allem vermochte ich nicht einzusehen, warum man es sich nicht bequem machen sollte: wozu hält man sich denn Personal? Bis heute ist es mir unverständlich, wenn jemand – sei es aus moralischen Erwägungen, sei es aus Eitelkeit – solche Dienstleistungen ablehnt.

Gewöhnlich kam mein Vater gegen 16 Uhr nach Hause. Dann wurde ihm das Essen serviert; meine Mutter hatte stets das Allerbeste für ihn aufgehoben. Die Abende verbrachte er meist wieder im Theater, und so habe ich ihn in meinen frühen Jahren fast nur morgens gesehen. Dann holte er mich zu sich ins Bett und erzählte mir Märchen und Geschichten, die er mit der ihm eigenen Phantasie aus dem Stegreif erfand. Manchmal, wenn ich ungezogen gewesen war, las er eine Meldung aus der Zeitung vor, in der mein Tun beschrieben wurde; dann habe ich mich sehr geschämt.

Seine große Liebe zu mir habe ich lange nicht erwidert. In mein Stammbuch hatte er 1928 eingetragen: »Soll ich Dir ein Geheimnis anvertrauen, mein lieber Sohn Ulrich? Ich liebe Dich.« Ich wußte, daß er große Hoffnungen in mich setzte. So schrieb er mir – nicht ganz ohne Ernst – Weihnachten 1929 in sein soeben erschienenes Buch »Das Schiff der Abenteuer«: »Dem geliebten Sohn Ulrich Hollaender, künftigem Staatsmann, Politiker und großem Strafverteidiger, zur Erinnerung an den Vater, der in diesem Buch auch einen kriminellen Fall behandelt hat«. Unter meiner Zurückhaltung muß er bisweilen gelitten haben; im letzten Jahr seines Lebens gestaltete sich unser Verhältnis allerdings immer freundschaftlicher und inniger, was für mich im nachhinein eine große Erleichterung bedeutete.

Zu Hause zitterten wir, wenn mein Vater sein explosives Temperament nicht beherrschen konnte. Nicht selten wurde er auch meiner Mutter gegenüber heftig, was wiederum mich sehr aufbrachte. Ohnehin war ich wohl eifersüchtig, daß mein Vater die erste Stelle einnahm. Ein einziges Mal kam es zu einer Krise zwischen meinen Eltern, die sich sonst leidenschaftlich zugetan waren. Mein Vater hatte sich in Berlin in eine sechzehnjährige rumänische Schauspielerin verliebt, die Mancini. Meine Mutter, die meinem Vater gegenüber sehr großzügig war und ihm seine Affären nachsah, solange sie sich während seiner Reisen abspielten, ging es auf die Nerven, daß zu Hause bald nur noch von der Mancini gesprochen wurde. Abschätzig sagte sie eines Abends: »Die schminkt sich ja die Lippen!«, was damals als besonders frivol galt. Mein Vater protestierte, das kräftige Rot sei echt. Meine Mutter stellte also Nachforschungen an, ob es nicht doch kußechte Lippenstifte gäbe, und tatsächlich: Ein paar Tage später führte sie sie triumphierend vor. Sie sahen aus wie große Streichhölzer, und wenn man sie anfeuchtete, konnte man sich damit die Lippen schminken, ohne daß die Farbe abging. Damit war zwar der Mythos des schönen Mancini-Mundes angeknackst, aber die Schwärmerei meines Vaters blieb. Bis die resolute Tante Gustl in Aktion trat: Mit kurzem Feldherrnblick musterte sie die Situation und herrschte dann meinen Vater an: »Wenn die Mancini nicht sofort verschwindet, läßt sich die Ginni scheiden, und wir gehen beide nach Wien zurück!« Die Mancini verschwand.

Neben allem Temperament hatte meine Mutter einen hinreißenden Humor. Sie war eine ungewöhnlich gebildete und künstlerische, etwas romantische Frau, die den Dingen des Alltags ein wenig hilflos gegenüberstand. Einst war sie Schauspielerin am Deutschen Theater in Berlin gewesen, hatte ihre vielversprechende Karriere aber abgebrochen, um meinen Vater zu heiraten. Sie hat nie wieder gespielt, nur ein einziges Mal in einem Film; ich muß vier Jahre alt gewesen sein, als er uns vorgeführt wurde. Ein Mann küßte meine Mutter: Da ging ich mit einem großen Stock auf die Leinwand los.

Meine heiß geliebte Tante Gustl, die um elf Jahre jüngere Schwester meiner Mutter, war blutjung ebenfalls aus Wien nach Berlin gekommen und als Bibliothekarin ausgebildet worden. Im Gegensatz zu meiner schüchternen und eher verträumten Mutter verfügte sie über eine kräftige Portion Dynamik und Entschiedenheit. Nachdem sie eine Weile in der damals bekannten Kunsthandlung »Graphisches Kabinett« gearbeitet hatte, schlug ihr mein Vater vor, als seine Mitarbeiterin ans Deutsche Theater zu kommen, wo sie sich in kurzer Zeit großen Respekt verschaffte. Ihrer Resolutheit wegen war die Fünfundzwanzigjährige bald allgemein gefürchtet und wurde die »Mussolina« genannt. Marianne Hoppe, mit der sie bis zu ihrem Tode befreundet war, erzählte mir, als junge Schauspielerin sei es ihr sehnlichster Wunsch gewesen, eines Tages zu Tante Gustl sagen zu können: »Bitte verlassen Sie meine Garderobe!«

Nach einiger Zeit hatte sich Tante Gustl in gewisser Weise von meinem Vater freigeschwommen und war bei den vielen internen Theater-Konflikten nicht mehr automatisch auf seiner Seite. Dies führte zu Familienzerwürfnissen, so daß zweimal der Verkehr für ein oder zwei Jahre unterbrochen wurde. Für mich war das schrecklich; die sonntäglichen Mittagessen ohne Tante Gustl empfand ich als trist und qualvoll.

Tante Gustl spielte bis in die späten sechziger Jahre hinein in der deutschen Theaterwelt eine nicht geringe Rolle, zunächst als Direktionssekretärin bei Max Reinhardt, später bei Hilpert an der Volksbühne, während der Nazizeit als rechte Hand von Gründgens am Staatstheater und zuletzt als dessen Schauspieldirektorin in Hamburg.

Auf Gründgens' Haltung gegenüber den Nazis ließ sie nichts kommen. Sie erzählte von seinem Haß gegen das Regime, wieviel Unheil er am Theater verhindert und wieviel Gutes er für Kollegen getan hätte. Umso empörter war sie über die ihrer Meinung nach völlig ungerechtfertigten Angriffe von Klaus Mann. Sie erzählte auch von Gründgens' großem Geschick im Umgang mit den Nazigrößen, besonders mit Göring, der allem Anschein nach einen Narren an ihm gefressen hatte. Göring hielt sich in Karinhall junge Löwen zum Spielen. Einmal habe er Gründgens auch dazu animieren wollen. Da habe Gründgens unnachahmlich gesagt: »Herr Ministerpräsident. Ministerpräsident ist schon genug. Ministerpräsident und Löwe ist zuviel!«

Mein Vater war ein dynamischer, integrer Mann, als Persönlichkeit wahrscheinlich bedeutender denn als Dramaturg und Schriftsteller. In den neunziger Jahren des vorigen Jahrhunderts war er mit seinem sozialkritischen Roman »Der Weg des Thomas Truck« bekannt geworden. Er gehörte damals zum Kreis der naturalistischen Schriftsteller, von denen er mit vielen eng befreundet war, allen voran mit seinem schlesischen Landsmann Gerhart Hauptmann. Schon früh begeisterte er sich für Max Reinhardt und das Deutsche Theater, dem er Jahrzehnte hindurch treu blieb, als Dramaturg, als Regisseur und schließlich als Direktor der Reinhardt-Bühnen.

Im Theater gab es immer Ärger. Zu allem Überfluß bestand auch noch eine direkte Telefonverbindung zwischen dem Theater und unserer Wohnung, durch die alle »Katastrophen« ständig übermittelt wurden. Einmal herrschte besondere Aufregung zu Hause; ich war damals sechs Jahre alt. Mein Vater inszenierte »Penthesilea« mit Elisabeth Bergner in der Hauptrolle. Am Tage vor der Premiere erklärte die Bergner, sie würde nicht spielen; sie fühle sich nicht disponiert. Sie war für solche Allüren berüchtigt, und alle Bemühungen meines Vaters, sie umzustimmen, waren vergeblich. Meine Mutter schlug vor, man solle versuchen, die Bergner zu rühren. Also schrieb mein Vater einen Brief – das eigentliche Argument der Mission aber sollte ich sein.

Es war Winter. Kurz zuvor hatte mein Vater mir aus Dänemark einen Rodelanzug aus Kamelhaar mit Pudelmütze mitgebracht. So ausstaffiert, begleitete mich meine Mutter bis zur Haustür im Bayerischen Viertel. Es war am späten Vormittag. Man hörte nur Hundegebell, aber niemand öffnete. Schließlich kam eine Freundin der Bergner, mit der sie zusammenwohnte, mit offenen Haaren und im Morgenrock an die Tür und ließ mich ein. Den Brief, den ich in der Hand hielt, wollte sie mir abnehmen, aber getreu meinen Instruktionen weigerte ich mich, ihn jemand anderem als der Bergner persönlich auszuhändigen. Nach einer Weile kam sie, ebenfalls im Négligé, nahm den Brief und wollte mich freundlich wieder nach Hause schicken. Ich erklärte, dableiben zu müssen, bis sie ihn gelesen habe. Sie fragte mich, ob ich eine Apfelsine wolle. Das war zwar sehr verführerisch, aber ich mochte von der bösen Frau, über die mein Vater so geschimpft hatte, nichts annehmen. Daraufhin schlug sie mir vor, daß ich mit ihrem großen Hund spielen könne. Ich mußte alle Kraft zusammennehmen, um auch dieser Versuchung zu widerstehen. Achselzuckend zog sie sich zurück und ließ mich in dem totalen Durcheinander des Entrees allein. Die Zeit wurde mir sehr lang. Als die Bergner endlich wiederkam, sagte sie mit ihrer singenden Stimme, die ich nie vergessen werde: »Sag Deinem Vater, leider nein.« Da wußte ich, daß meine erste diplomatische Mission gescheitert war.

Aber nicht nur, daß die Bergner tatsächlich nicht spielte, sie war so niederträchtig, zur Premiere zu erscheinen und sich in der ersten Reihe anzuschauen, wie die zweite Besetzung sich abmühte.

Ende der zwanziger Jahre – mein Vater war inzwischen Theaterkritiker geworden – war es umgekehrt und die Bergner diejenige, die um Gunst buhlte. Die Kritiker spielten damals in der Tagespresse eine wesentlich größere Rolle als heute. Vor jeder Premiere versuchte die Bergner, meinen Vater zu beeinflussen; das eine Mal kam ein Anruf, das andere Mal eine Murano-Vase mit einer kostbaren Orchidee. Mein Vater ließ sich nicht beeindrucken; er schrieb eine Glosse über Starallüren im allgemeinen und über die der Bergner im besonderen. Die Bergner bekam vorher Wind davon und beschwor meinen Vater, den Text nicht drucken zu lassen. Er erwiderte, das ginge nicht mehr, »leider nein«. Am folgenden Tage wurde die Bergner von ihrem Förderer, dem Kritiker der »Vossischen Zeitung«, Arthur Eloesser, im Rundfunk interviewt und nach ihrer Meinung zur Attacke meines Vaters befragt. In ihrem Singsang sagte sie nur: »Der Hollaender war immer schon mein Feind!«

Das Theater hatte meinen Vater schließlich aufgerieben. Als ihm Max Reinhardt gegenüber dessen Bruder Edmund, der die geschäftliche Seite betreute, nicht mehr die nötige Rückendeckung gab, legte er auf Drängen meiner Mutter die Direktion nieder. Später, als er längst beim Acht-Uhr Abendblatt war, erschien Edmund Reinhardt bei uns zu Hause und machte meinem Vater ein verlockendes Angebot, zurückzukehren. Mein Vater schwankte, aber meine Mutter drohte zum erstenmal in ihrem Leben mit Scheidung, und das Theater war für meinen Vater endgültig gestorben.

Seine Kritiken diktierte mein Vater stets noch in der Nacht nach der Premiere meiner Mutter in eine klapperige, kleine englische Corona-Schreibmaschine. Mein Vater pflegte sehr scharf zu formulieren. Meine Mutter wußte, daß er sich damit häufig Ärger einhandelte;

aber es war zwecklos, beim Diktat mit ihm zu debattieren. So milderte sie während des Schreibens seine Aussagen ab. Bei der Korrektur merkte mein Vater das natürlich, fand sich jedoch meist damit ab.

Das Acht-Uhr Abendblatt war eine reine Boulevardzeitung, die dadurch, daß mein Vater ihr erster Theaterkritiker wurde, an Prestige gewann; sein zweiter Mann wurde Kurt Pinthus. Mein Vater verdiente zwölftausend Reichsmark im Jahr, die irgendwann auf fünfzehntausend, später sogar auf achtzehntausend erhöht wurden. Als das Verlagshaus Mosse die Zeitung übernahm, kürzte man sein Gehalt allerdings wieder auf fünfzehntausend Reichsmark. Mein Vater hatte vier Monate bezahlten Jahresurlaub, den er nutzte, um alle zwei Jahre einen Roman fertigzustellen; dazu verreiste er gewöhnlich einmal im Jahr für längere Zeit. Wenn meine Mutter mitfuhr, wurde ich zu Hedwig Cassirer, der Witwe des Neurologen, in »Pension« gegeben, was ich haßte.

Für den Vorabdruck eines neuen Romans in der »Berliner Illustrirten«, für Übersetzungs- und Filmrechte erhielt er jeweils ungefähr hunderttausend Reichsmark, und so konnte er mit zusätzlich etwa fünfzigtausend Mark pro Jahr rechnen, wenn alles gut ging. Auf die Honorare war natürlich kein Verlaß, und mein Vater mußte immer hinterhersein. Während der Inflation besuchte uns einmal Conrad Veidt, der als Schauspieler in Hollywood Karriere gemacht hatte. Die UFA hatte einen Film mit dem Titel »Varieté« gedreht, mit Emil Jannings und Conrad Veidt in den Hauptrollen, der auf dem Roman meines Vaters »Der Eid des Stefan Huller« basierte. Der Film war nach Amerika verkauft worden und stellte sich als einer der größten Kassenschlager der deutschen Filmgeschichte heraus. Conrad Veidt war der Meinung, daß man meinen Vater mit einem Pauschalhonorar eigentlich übers Ohr gehauen hätte. Mit rührender Zähigkeit setzte er sich für eine nachträgliche Aufbesserung des Honorars ein, und in der Tat erhielt mein Vater schließlich ein paar tausend Dollar. Damit hätte man seinerzeit halb Berlin aufkaufen können, aber da er in Gelddingen sehr naiv war, tauschte er seinen Dollarschatz unverzüglich in einen Haufen wertloses Papiergeld um.

Auch nach Beendigung der Inflation waren die finanziellen Verhältnisse zu Hause nicht üppig. Mein Vater hatte seine erste Frau zu unterhalten, für meinen Halbbruder und dessen ständige Schulden aufzukommen und unseren Hausstand zu finanzieren. Da er immer mit einem frühen Tod rechnete, lag ihm sehr daran, für meine viel jüngere Mutter und mich vorzusorgen. Als »Das Schiff der Abenteuer« von der »Berliner Illustrirten« als serien-ungeeignet zurückgewiesen wurde, entstand eine nicht nur in finanzieller Hinsicht kritische Situation. Mein Vater hat dies auch als persönliche Niederlage empfunden; es muß ihm wohl ein Zeichen für das Schwinden seiner Schaffenskraft gewesen sein. Zu unser aller großem Glück wurde aber bereits sein nächster Roman, »Ein Mensch geht seinen Weg«, unter dem Titel »Mit dem Kopf durch die Wand« von der »Berliner Illustrirten« angenommen.

Es wurde immer sparsam gewirtschaftet, auch wenn gerade ein Honorarsegen eingetroffen war. Grundsätzlich reiste man III. Klasse, und mir suchte man einzureden, daß alle »vornehmen Leute« es so hielten. Wenn wir in die Ferien fuhren, bin ich oft durch alle Waggons gelaufen, nur um meinen Eltern beweisen zu können, daß außer in der I. und II. Klasse keine »vornehmen Leute« zu finden seien. – Ich muß vierzehn gewesen sein, als ich vor die Wahl gestellt wurde, ob ich reiten oder Tennis lernen wollte. Beides zusammen galt als Verschwendung, abgesehen davon, daß es pädagogisch bedenklich schien, mich so zu verwöhnen. Noch als Student betrug mein Taschengeld zwanzig Reichsmark im Monat. Davon leistete ich mir allerdings unverzüglich eine S-Bahn-Monatskarte II. Klasse, die 1,50 Mark teurer war als eine Karte für die III. Klasse. Meiner Mutter war diese Großmannssucht unfaßlich.

Zu seinem sechzigsten Geburtstag 1927 bekam mein Vater von Edmund Reinhardt einen Mercedes geschenkt. Ein Auto war damals natürlich eine große Sache, aber meine Mutter sagte mißbilligend: »Jetzt gibt Reinhardt Dir das, was er Dir zur Direktionszeit versagt hat. Du willst doch nicht im Ernst bei einer Reinhardt-Premiere in einem Mercedes von ihm vorfahren?« Der Wagen wurde zu meinem großen Leidwesen zurückgegeben, aber ich konnte durchsetzen, daß man mich vorher einmal mit dem Traumfahrzeug von der Schule abholte.

1928 wurden meine Eltern von der Hapag zu einer Mittelmeerkreuzfahrt mit dem Dampfer »Oceana« eingeladen, ein Unternehmen, an dem auch der Schriftsteller Ludwig Fulda mit seiner Frau teilnahm. Diese Reise inspirierte meinen Vater zu seinem Buch »Das Schiff der Abenteuer«. Die Eltern befreundeten sich mit dem sehr hamburgischen Hapag-Direktor Ritter, der uns bald darauf alle zusammen nach Hamburg einlud. – Für uns war diese Hanseatische Welt wie die Entdeckung eines neuen Landes. So etwas gab es in Berlin nicht: daß eine Adresse danach beurteilt wurde, an welcher Straßenbahnlinie man wohnte; daß man morgens bis elf Uhr den Kinderwagen selber schieben durfte, weil vorausgesetzt werden konnte, daß das Personal mit dem Haushalt beschäftigt war, danach aber nicht mehr; und was alles sonst sich schickte oder nicht schickte. Im nächsten Jahr bekamen wir wieder eine Hapag-Einladung, machten aber von ihr nur teilweise Gebrauch, weil wir die Ferien diesmal an der Nordsee verbringen wollten. Wir reisten in der Staatskabine mit einem Salon, zwei Schlafzimmern, einem Badezimmer; ich fand das überwältigend. Strikt wurde mir eingeschärft, in der Schule mit diesem Luxus nicht zu protzen.

In den zwanziger Jahren verkehrte in unserem Hause ein guter Teil des intellektuellen Berlin. Schon als Zehnjähriger betrachtete ich Prominente als selbstverständliche Gäste: Viele Große aus Kunst und Literatur, Bühne, Film und Journalismus, Wirtschaft und Politik saßen um unseren Tisch oder kamen am Abend nach dem Theater. So habe ich einen Hauch der Goldenen Zwanziger durchs Schlüsselloch miterlebt. Ich habe einen gewissen Stolz empfunden, in einem solchen Hause aufzuwachsen. Andererseits litt ich darunter, immer nur der Sohn eines berühmten Vaters zu sein. Meine Mutter hatte Sorge, daß ich mir etwas darauf einbildete. Wenn Gerhart Hauptmann oder Max Reinhardt oder einer der vielen anderen freundlich mit mir taten, meinte sie nüchtern: »Das ist alles nur wegen Vati.« Ich glaube, daß sie mich mit dieser wiederholten Ermahnung vor Hochmut ebenso bewahrt hat wie vor der Gefahr, Schmeicheleien für bare Münze zu nehmen.

Die mir von der Mutter eingeimpfte Skepsis ist mir in der Regel sehr zustatten gekommen. Aber bisweilen und gerade dann, wenn ich selbst mich für einen Menschen engagiert hatte, habe ich dessen Erwiderung meiner Gefühle nicht ganz glauben wollen, um dann viel später festzustellen, daß ich mir auf solche Weise etwas habe entgehen lassen. Noch zwei andere Maximen hat mir meine Mutter mit auf den Weg gegeben: Heirate nie eine reiche Frau. Es kommt der Tag, an dem sie Dir vorhält, Du führest in ihrem Auto. – Es gibt auf der ganzen Welt nicht soviel Honig, wie ein einzelner Mann schlucken kann.

Wenn ich heute in meinem Stammbuch die Widmungen an den Zwölfjährigen lese, sehe ich, wie recht sie gehabt hat. So malte der linke Dramatiker Ernst Toller eine traurige Figur mit der Inschrift »Dichter vom Vater verrissen!«, und der Komödienschreiber Franz Molnar schrieb: »Bitte, lieber Ulrich, leg' bei Vater ein gutes Wort ein für Deinen armen...« Der Chefredakteur des »Berliner Tageblatts«, Theodor Wolff, dichtete: »Meine Ruh ist hin/Und mein Herz ist schwer/Was schreib ich? –ich finde/Es nimmermehr./ Nur dies eine/ Daß Gott verdamm':/Fall mir der Apfel/Nicht weit vom Stamm!« In Anspielung auf sein Gedicht »Die Wölfe«, das ich besonders mochte, schrieb Carl Zuckmayer: »Denn das Leben der Wölfe und Menschen ist groß und ohne Erbarmen!« Und Leonhard Frank schrieb: »Ich rate dem hübschen, klugen Ulrich zu überlegen, ob er nicht doch Nationalökonomie studieren will.«

Zweimal im Jahr gaben meine Eltern ein großes Abendessen für jeweils dreißig Personen, zu dem sozusagen »ganz Berlin« geladen war. Für meine Mutter waren Gesellschaften eine unendliche Qual, weil sie sich für eine schlechte Hausfrau hielt. Einmal passierte etwas Schreckliches: Als der Salat aufgetragen wurde, bemerkte meine Mutter einen seltsamen Geruch, schmeckte ab und stellte mit Entsetzen fest, daß die Kochfrau das Olivenöl mit dem Lebertran verwechselt hatte. Sie nahm allen Mut zusammen, überwand ihre Schüchternheit, klopfte ans Glas und warnte die Gäste vor dem Genuß. Alles lachte schallend. Die Frau des Verlegers Sammy Fischer probierte trotzdem, verzog den Mund und erklärte, Lebertran schmecke aber ganz ausgezeichnet. Wieder gab es großes Gelächter.

Zu einem dieser Empfänge war Georg Kaiser, dessen expressionistische Stücke damals Triumphe auf allen Bühnen Berlins feierten, nichtsahnend im Straßenanzug gekommen; alle Herren trugen Smoking. Mein Vater, der vom Wohnzimmer aus Kaiser eintreten sah, verschwand wortlos im Schlafzimmer und zog selbst einen Straßenanzug an, um dann erst Kaiser zu begrüßen. Diese Geste hat mich sehr beeindruckt.

Zu den Gästen zählten auch der erste Intendant des Berliner Radios, Alfred Braun, und der Chefredakteur der »Vossischen Zeitung«, Georg Bernhardt, der als Spieler bekannt war. Als ich ihn 1932 in seiner Redaktion aufsuchte, sprachen wir über Reichskanzler Brüning, und nachdenklich sagte er: »Der Mann liegt mir nicht, der hat ein direktes Telefon zum Lieben Gott.« Häufig kamen noch die Cassirers (Hugo und Alfred, Eigner der Berliner Kabelwerke; Paul, der Kunsthändler; Richard, der Neurologe) und die fünf Brüder Ullstein, die gemeinsam die von ihrem Vater ein halbes Jahrhundert zuvor gegründete Firma zu einem der größten Verlagsunternehmen der Welt gemacht hatten. Jeder war in seiner Art ein Phänomen. An Franz, den eher scheu wirkenden, aber geschäftlich unerbittlichen Kaufmann, erinnere ich mich am besten, weil er noch nach dem Tod meines Vaters mitunter meine Mutter aufsuchte, um sich wegen seiner zahlreichen Amouren Rat zu holen.

Dann kamen natürlich die Schauspieler, unter ihnen Max Pallenberg und seine Frau Fritzi Massary, und vor allem Max Reinhardt. Er hatte eine außergewöhnliche Ausstrahlung, besonders auf Frauen; dabei war er bemerkenswert klein. Wie meine Mutter mir erzählte, war es selten und fiel sofort auf, wenn er einer jungen Schauspielerin einmal nicht den Hof machte. Nach dem ersten Kuß pflegte er verträumt zu fragen: »Was soll daraus werden?« Das war aber bald so bekannt geworden, daß die Damen, wenn der erwartete Satz fiel, sich des Lachens manchmal nicht erwehren konnten. Reinhardt verfügte über einen sarkastischen Humor. Als er die antik eingerichtete Wohnung einer seiner Schauspielerinnen besichtigte, die für ihre zahlreichen und stets wohlhabenden Liebhaber bekannt war, sagte er: »Schön, sehr schön, jedes Zimmer von einem anderen Louis.« Die attraktive

Person heiratete später einen preußischen Aristokraten und bekam ziemlich bald einen Sohn. Reinhardts Kommentar: »Er schaut seinem Vater unverwandt ins Auge.«

Zu den wenigen, die ganz offensichtlich nicht nur meines Vaters wegen nett zu mir waren, sondern wirklich Gefallen an mir gefunden hatten, zählte Käthe Dorsch. Schon als Achtjähriger habe ich für sie geschwärmt, eine der großen Persönlichkeiten der deutschen Bühne. Sie war mit einem der ersten Helden des deutschen Stummfilms verheiratet, Harry Liedtke, der bis zum Auftreten von Willy Fritsch in der Gunst des Publikums an erster Stelle stand. Bei uns zu Hause hieß er seines billigen Auftretens wegen nur der »Kellner«, aber die Dorsch liebte ihn heiß, obwohl er sie nach Strich und Faden betrog. Die beiden lebten auf großem Fuß, hatten einen amerikanischen Wagen, natürlich mit Chauffeur, und eine Villa an einem der herrlichen märkischen Seen östlich von Berlin, in Saarow-Pieskow.

Kurz nach dem Ersten Weltkrieg hatte Käthe Dorsch mit einem jungen Fliegerhauptmann namens Hermann Göring ein Verhältnis gehabt. Inzwischen war er im Umkreis Hitlers eine schillernde Figur geworden, eine Condottiere-Gestalt, von der man zu Hause rätselte, ob sie von der Macht oder von der Ideologie angezogen würde. 1933 erinnerte sich die Dorsch dieses einstigen Abenteuers und nutzte es, um sich für ihre jüdischen Freunde einzusetzen, bis Göring, der sich inzwischen der als Schauspielerin unbedeutenden Emmy Sonnemann zugewandt hatte, ihre ständigen Gesuche auf die Nerven fielen. Meine Freundschaft mit der Dorsch hat den Krieg überdauert, und bis zu ihrem Tode war ich häufig mit ihr zusammen.

Mitunter nahm mich mein Vater zu Besuchen oder Verabredungen mit, sei es, daß er mich einfach bei sich haben wollte, sei es, daß er sich Wirkungen auf mich davon versprach. 1926 begleitete ich ihn zu einem Gespräch bei Maximilian Harden in dessen Villa im Grunewald. Dabei kamen wir an der Stelle vorbei, wo vier Jahre zuvor Rathenau ermordet worden war. Die Erschütterung meines Vaters hatte sich mir tief eingeprägt. Rathenau hatte in unserem Haus verkehrt, und meine Eltern waren von seinem Geist und seinen bohrenden Fragen nach dem Sinn des Geschehens stets fasziniert gewesen. Allerdings mokierten sie sich über seine Eitelkeit, die sprichwörtlich war: So wurde ihm in den Mund gelegt, er schriebe an einem Buch: »Ich von mir im Selbstverlag«. - Als 1930 Ernst von Salomon, einer der Beteiligten am Attentat, seinen Erlebnisbericht »Die Geächteten« veröffentlichte, war mein Vater beeindruckt: sowohl von Salomons Darstellung seiner früheren Gesinnung und seines Wandels im Zuchthaus als auch vom literarischen Niveau dieser Schrift.

Hardens Zeit war 1930 abgelaufen. Seine Zeitschrift »Zukunft«, in der er mit Skandalen Politik gemacht hatte, war längst eingegangen.

Ich erinnere mich sehr deutlich, eine instinktive Abneigung gegen diesen Mann und seine Wichtigtuerei empfunden zu haben, und auch gegen seine überaus männlich wirkende Tochter. Als wir zurückfuhren, hörte sich mein Vater die Kritik des Elfjährigen geduldig an; im Grunde stimmte er wohl mit mir überein.

Im November 1927 wurde der 60. Geburtstag meines Vaters in der gesamten deutschen Öffentlichkeit gefeiert; die Presse brachte Bilder und ausführliche Würdigungen. Von überallher kamen Briefe, Telegramme und Anrufe. Nach den offiziellen Ehrungen gaben meine Eltern zu Hause ein kleines Festessen. Zum erstenmal durfte ich – ich war jetzt zwölf – vor dem Essen dabeisein und »helfen«, Getränke zu reichen. Wie auf solchen Gesellschaften üblich, bemühten sich alle, den Eltern Komplimente über das Kind zu machen. Max Reinhardt bat mich um ein Glas Wasser und sagte zu meiner Mutter: »Hübscher Junge.« Schleunigst flüsterte mir meine Mutter ins Ohr: »Alles wieder nur Vatis wegen!«

Auch Emil Jannings war gekommen. Wie immer, verschlang er solche Unmengen, daß ihm schlecht wurde und er sich schweißtriefend im Schlafzimmer meines Vaters erholen mußte. Kaum wieder auf den Beinen, schlug er ans Glas und erklärte: »Lieber Hollaender, daß Sie bei dem fabelhaften Essen so ein Pinkelbier servieren, ist wirklich abscheulich.« Dann malte er mit dem Ruß eines abgebrannten Streichholzes drei Kreuze auf den tief dekolletierten Rücken der allseits nicht beliebten Portrait-Photographin Helene Rieß. Sie merkte es nicht, und man amüsierte sich; aber meine Mutter nahm ihr Taschentuch und sagte: »Sie haben sich irgendwo schmutzig gemacht. Lassen Sie mich Ihren Rücken abwischen.«

Um 1930 besuchte Reinhard Goering, der Verfasser des berühmten Stückes »Seeschlacht«, meinen Vater. Goering hatte als Matrose an der Schlacht im Skagerrak teilgenommen. In einer Sternstunde war es ihm gelungen, dieses schicksalhafte Ereignis dramatisch zu gestalten, danach aber brachte er nichts Rechtes mehr zustande. Er war ein typisches Produkt jener zerrissenen Jahre nach dem Ersten Weltkrieg; Anfang vierzig, erschien er bei uns mit einem gerade fünfzehnjährigen Mädchen, das ein Kind von ihm erwartete. Ich hatte die beiden nur kurz gesehen, aber ihre Erscheinung konsternierte mich. Bei dem Gespräch mit meinem Vater war ich natürlich nicht dabei. Was mein Vater anschließend berichtete, hat mich sehr bewegt: Der Kokainsüchtige, der unter seiner literarischen Unfruchtbarkeit litt, hatte meinen Vater völlig verzweifelt um Hilfe gebeten.

Obgleich solche Ansammlungen von Prominenz sehr aufregend waren, hielt ich doch innerlich Abstand. Im Grunde mochte ich diese Atmosphäre nicht; Einstellung und Habitus der Intellektuellen, die in unserem Hause verkehrten, waren mir fremd. Mein Vorbild war eher der Vater meines besten Freundes Gisbert, der Rechtsanwalt Ludwig Ruge. Er war ein hochgewachsener, blendend aussehender Herr alten Schlages, charakterlich von äußerster Geradlinigkeit, zugleich mutig und vornehm. Er genoß den ungeteilten Respekt der Anwalts- und Richterschaft, und in den seltenen Fällen, in denen er eine Strafverteidigung übernahm, war man von vornherein davon überzeugt, daß sein Mandant unschuldig sein mußte. Im Hause Ruge ging es karg, streng und protestantisch zu, und von dieser eher preußischen Welt fühlte ich mich mehr angezogen als von der leicht bohèmehaften Atmosphäre zu Hause.

Meine Schulleistungen lagen dem Vater aus eigener bitterer Erfahrung besonders am Herzen. Er gab zu, selber ein schlechter Schüler gewesen, sogar einmal sitzengeblieben zu sein und erst mit zwanzig Abitur gemacht zu haben. Bis zu seinem Tode hatte er Alpträume vom Abitur. Mir wollte er ähnliche Erfahrungen ersparen und wünschte, meine Ausbildung so schnell wie möglich abgeschlossen zu sehen. So wurde ich mit fünfeinhalb Jahren zu einem Fräulein Wunderlich in die Privatschule gebracht, und mit acht Jahren bestand ich die Aufnahmeprüfung für die Sexta des Gymnasiums.

Ob es mir gut getan hat, bis zum Abitur immer der Klassenjüngste gewesen zu sein, möchte ich bezweifeln. Wie auch mein Bruder Klaus war ich stinkend faul, und meine Leistungen blieben häufig unter dem verlangten Niveau, besonders in Mathematik. Der Vater quälte mich unaufhörlich; jeden Tag mußte ich berichten, was in den einzelnen Fächern durchgenommen worden war, wie oft ich »drangekommen« sei, was ich »gekonnt« hätte und was nicht. Ich war dazu erzogen worden, nie zu lügen, und daran hielt ich mich. Den einzigen Mogel, den ich mir erlaubte, wenn die Bilanz allzu schlecht aussah, war, daß ich Fragen, die ich hätte beantworten können, aber zu denen ich nicht aufgerufen worden war, in meiner Statistik mitzählte.

1926 kauften meine Eltern die Hälfte eines Doppelhauses mit großem Garten in Neu-Westend. Ich war selig, aus der Stadt herauszukommen und freute mich auf ein völlig neues Leben. Von der Goetheschule wurde ich in die Herderschule überwiesen, die ich bis zum Abitur gehaßt habe.

Mein Vater scheute keine Mühe und Kosten, meine schulischen Leistungen auf der Höhe zu halten, und engagierte immer neue Nachhilfelehrer: Bis zu seinem Tode – ich war in der Obersekunda – hatte ich siebzehn solcher Nachhilfelehrer verschlissen. Mein Vater suchte auch selber zu helfen. Während der ganzen Sommerferien 1928, die wir in einem popeligen Hotel in dem gräßlichen Knokke verbrachten, mußte ich mit ihm am Strand täglich eine Stunde Latein pauken. Mit seinen sechzig Jahren war er noch ein hervorragender Lateiner und ein guter Gräzist, der lange Passagen aus der Ilias rezitieren konnte. Sehnsüchtig streifte mein Blick unterdessen zu den anderen Kindern, die sich vergnügten, und zu meiner Mutter, von deren offenkundigem Mitleid ich mir Erlösung versprach.

Im Anschluß an Knokke fuhren wir nach London, wo wir aufgrund der Tatsache, daß die Berliner Illustrirte »Das Schiff der Abenteuer« nicht angenommen hatte, wiederum in einem scheußlichen Hotel, dem »Strand Palace«, wohnten. Dort hatte ich ein Zimmer, dessen Fenster auf den Innenhof zeigte; auf der anderen Seite des Hofes lag das Zimmer der Eltern. Als meine Mutter zu mir kam, sahen wir, wie mein Vater am gegenüberliegenden Fenster, anscheinend in tiefster Verzweiflung, seinen Kopf auf die Hand gestützt, vor sich hinstarrte. Meine Mutter erschrak und sagte: »Sieh, wie Vater sich sorgt, weil der Roman nicht angenommen wurde.« – Es war mein erster Besuch in England. Ich war überwältigt von der im Vergleich zu Berlin riesigen Stadt, ihren Straßenschluchten, ihrem Verkehr; großen Eindruck machten auf mich die Themse-Landschaft und Schloß Hampton Court, besonders aber die höfliche Förmlichkeit der Engländer. Wir staunten alle, daß Frauen in den Klubs keinen Zutritt hatten und daß sie im Automobilklub einen Läufer, der zwei Gebäudeflügel trennte, nicht überqueren durften. Eingeprägt haben sich mir auch die häßlichen kleinen »Kaulquappen«: livrierte Pagen, die unablässig mit großen Schildern durch die Hotelhalle liefen und mit ausgeprägtem Cockney-Akzent die Zimmernummern der Leute ausriefen, die am Telefon verlangt wurden: »Seven Aighty Foive, Seven ex Woi!«

Weihnachten 1929 fand sich trotz aller Nachhilfestunden auf meinem Zeugnis der Vermerk: »Versetzung zweifelhaft«. Damit traute ich mich nicht nach Hause. Nach der Zeugnisverteilung bat ich den Klassenlehrer Löffler um ein Gespräch. Ich malte ihm dramatisch aus, was zu Hause los sein würde, und nach anderthalb Stunden war es mir gelungen, einen Brief an meinen Vater zu erwirken, in dem erklärt wurde, daß der schreckliche Vermerk vor allem aus pädagogischen Gründen gemacht worden sei. Dieser Brief – mein erster Verhandlungserfolg – besänftigte zwar meinen Vater, aber meine Leistungen fielen weiter ab, und kurz vor Ostern 1930 sah es wirklich bedenklich aus. Da verfiel mein Vater auf den rettenden Gedanken, meine geschwächte Gesundheit erfordere unbedingt einen längeren Aufenthalt in einem günstigeren Klima. Nachdem er in der Schule sichergestellt hatte, daß man mich in absentia versetzen würde, falls ich inzwischen anderswo Unterricht bekäme, wurde ich in das Internat des Dr. Gmelin nach Wyk auf Föhr geschickt.

Dort blühte ich tatsächlich auf. Die Landschaft gefiel mir, und

Gemeinschaft und Disziplin des Internatslebens lagen mir ganz besonders. Die Mitschüler waren freier, sportlicher und wilder, als ich es von Berlin her gewohnt war. Ich verbrachte dort zwei Monate und wäre am liebsten geblieben, aber davon wollte man zu Hause nichts wissen.

Als ich elf war, beschlossen meine Eltern, mich zur Tanzstunde zu schicken. Eine Dame der Gesellschaft unterrichtete Kinder aus Westend, Grunewald und Dahlem, und der Unterricht wurde reihum in den Häusern der Eltern abgehalten. Es waren überwiegend wohlhabende jüdische Familien. Da ich total unmusikalisch war, mußte ich bei jedem Tanz fragen, um welchen Rhythmus es sich handelte, Foxtrott, Tango oder Walzer; ich ging nur deshalb weiter zur Tanzstunde, weil auch Suse daran teilnahm. In diese auffallende Schönheit hatte ich mich bereits seit längerem verliebt. Wo ich sie auch traf, auf der Straße, beim Schwimmen, bei Einladungen, immer war ich in ihrer Gegenwart wie gelähmt und brachte kein Wort heraus.

Es dauerte Jahre, bis ich meine Schüchternheit überwand und Suse für gemeinsame Spaziergänge gewann. Aber das Glück war kurz, denn plötzlich erschien Curd Jürgens auf der Bildfläche. Wir wohnten in derselben Straße und waren gleichaltrig; nur war er zwei Klassen unter mir. Er war der schönste Junge von Neu-Westend und bereits im Alter von dreizehn ein erfolgreicher Schürzenjäger. Mit meinen Spaziergängen war es aus. Erbost forderte ich Jürgens zum Boxkampf. Ich war ein kleines mickeriges Jüngelchen, und der »normannische Kleiderschrank«, wie Brigitte Bardot ihn später nennen sollte, schon damals ein Hüne. Der Kampf fand in Anwesenheit der ganzen Schule auf einer nahegelegenen Wiese statt. Mit dem Mut eines Terriers stürzte ich mich auf den laschen Riesen, der mich aber einfach beiseite schob; ich kam nicht einmal an ihn heran. Suse hatte ich verloren.

1921 hatten meine Eltern Kampen auf Sylt als idealen Ferienaufenthalt entdeckt. Abgesehen von Hamburgern, die die Insel vor den Toren ihrer Stadt natürlich kannten, gab es nur wenige, bei denen sich der Reiz der unberührten Strände, der Dünen und der Wattlandschaften herumgesprochen hatte. Auf der einen Seite die sturmgepeitschte Nordsee, auf der anderen Seite das milde Wattenmeer, das man stundenlang durchwandern konnte, wenn man über die Tücken der Priele und die herannahende Flut Bescheid wußte. Auf der Wattseite die blühende, duftende Heide, auf der Nordseeseite die Dünen mit ihrem harten, schilfigen Gras.

Vier Jahre hintereinander fuhren wir nach Sylt, und bis heute ist die Insel für mich der Inbegriff von Ferien und Kindheit geblieben. Wir wohnten in dem ziemlich scheußlichen Kurhaus, einem langgestreckten Gebäude aus der Zeit der Jahrhundertwende, das von einem Unikum namens Nann geführt wurde, dem es trotz seiner Alkoholleidenschaft und der Häßlichkeit seiner wenig komfortablen Zimmer gelang, seine Gäste für sich und das Hotel zu begeistern. Was uns Kinder faszinierte, waren die Unterstände aus dem Ersten Weltkrieg. Eine weitere Attraktion war das Rote Kliff, jene steil abfallende Lehmküste, von der der »blanke Hans« jedes Jahr ein Stückchen wegriß.

Die Sandburgen wurden in der Regel beflaggt, meist mit der Fahne des Kaiserreichs, schwarz-weiß-rot; mitunter sah man sogar die malerische alte Reichskriegsflagge – nur ganz wenige Burgen zeigten die schwarz-rot-goldenen Farben der Republik. Selbst am Strand demonstrierte man die Ablehnung des Weimarer Systems. 1930, als wir zum letzten Mal auf Sylt waren, tauchten vereinzelt Hakenkreuzfahnen auf, aber das blieben Ausnahmen: Die Hitlerpartei hatte ihre Anhänger noch nicht in den Schichten, die auf Sylt Urlaub machten. Zwischen den verschieden beflaggten Burgen gab es wenig Verbindung; die Schwarz-Weiß-Roten verachteten die Schwarz-Rot-Goldenen, und umgekehrt. Um die Gesinnung noch stärker herauszukehren, wurden die Außenwälle der Burgen mit Parolen, die man aus Muscheln zusammensetzte, geschmückt.

Mein Vater, den alles Neue interessierte, beschloß 1922, zum erstenmal ein Flugzeug zu besteigen und von Sylt nach Berlin zurückzufliegen. Meine Mutter war äußerst nervös, aber mein Vater ließ sich nicht abhalten. Da es sich um eine offene Maschine handelte, tapezierte meine ängstliche Mutter meinen Vater unter dem Anzug vollständig mit Zeitungspapier aus, und aufgeregt begleiteten wir den etwas unförmigen Vater zum Flugplatz nach Westerland und sahen ihn am Himmel entschwinden.

Während der letzten Ferien auf Sylt wohnten wir in dem ländlich-graziösen Haus »Kliffende«, einer kleinen Friesenvilla in den Dünen, nur wenige Meter vom Meer gelegen. Der mehr oder weniger verkrachte Buchhändler Tiedemann und seine Frau hatten dieses Haus ein paar Jahre zuvor erworben, jährlich durch Anbauten vergrößert und daraus eine »Prominentenherberge« gemacht. Eigentlich bekam man nur ein Zimmer, wenn man von irgendeinem Schriftsteller, Musiker, Künstler oder Verleger eingeführt worden war. Dank dieser Exklusivität war das Hotel stets ausgebucht, obwohl die Vollpension 16,50 Mark kostete, ein für damalige Verhältnisse horrender Betrag. Frau Tiedemann, genannt Klaus, führte das Unternehmen wie ein Schiffskapitän. Jede Mahlzeit nahm sie an einem anderen Tisch ein, und die meisten lauerten darauf, dieser Ehre teilhaftig zu werden. Wenn ihr jemand nicht paßte, schickte sie die Serviererin mit dem Kursbuch an den Tisch.

»Kliffende« war auch in diesem Jahr voll von Prominenz: Da waren Ernst Rowohlt und seine Frau, genannt »Steppenwolf«, der Komponist Marcellus Schiffer mit Frau, die Sängerin Margo Lion, mein komponierender Vetter Friedrich, der Schauspieler Hubert von Meyerinck, die Dirigenten Otto Klemperer und Erich Kleiber, die sich nicht grün waren und sich deshalb im Kreise der anderen an Witz und Galle gegenseitig überbieten mußten. – Ein wenig von diesem Glanz fiel auch auf die Kinder: Man war schließlich nur mit Leuten zusammen, deren Name in den Zeitungen stand. In meiner Erinnerung sind jedoch vor allem drei wunderhübsche Mädchen geblieben, mit denen ich von morgens bis abends meine Zeit verbrachte. Dusi Uexküll und Heide Tiedemann waren viel jünger, Inge Nordmann ein paar Jahre älter als ich. Es war verwirrend, daß sich alle drei gleichzeitig für mich interessierten, und zum Glück gab es auch keinen Curd Jürgens mehr. Mit den beiden jüngeren verschwand ich öfter in den Dünen zu harmlosen Knutschereien. Meine Mutter erzählte mir stolz, Dusis Vater, den sie ein wenig besorgt darauf angesprochen hatte, habe erklärt, ich sei ein sauberer Junge und er hätte volles Vertrauen. Ich selbst habe dieses Kompliment mit zwiespältigen Gefühlen aufgenommen.

Im Winter dieses Jahres lud uns Gerhart Hauptmann nach Schreiberhau ein; er selbst wohnte gleich nebenan in Agnetendorf, in seiner schloßartigen Villa, dem »Wiesenstein«. Am Silvesterabend gab er dort ein großes Fest. Hauptmann war hochgewachsen, massig, hatte ein schönes, allerdings etwas fleischiges Gesicht und weißes, lohendes Haar. Seine Goethe-Ähnlichkeit unterstrich er noch dadurch, daß er einen altmodischen Gehrock trug. Hauptmann saß am Kopf des Tisches, ich am anderen Ende; links neben mir saß sein Privatsekretär Jauner mit dem hochtrabenden Titel »Archivrat«, rechts von mir seine langjährige Sekretärin Jungmann, eine Jüdin. An der einen Seite des Tisches thronte Theodor Däubler, ihm gegenüber der Schriftsteller Hans von Hülsen; im ganzen waren etwa vierundzwanzig Personen anwesend.

Ich betrachtete Hauptmann mit Ehrfurcht und bedeutete meinen Tischnachbarn, wie eindrucksvoll er auf mich wirke. Die beiden Vertrauten Hauptmanns belehrten mich aber, daß er ein unerträglicher, herrschsüchtiger und eitler Mensch wäre. Es sei, sagte die Jungmann, wie mit einer alten Eiche: Sie sähe von Ferne majestätisch aus, aber wenn man näher träte, entdecke man all die Verkrüppelungen, Knorpel und Verwachsungen.

Die Menükarte habe ich im Nachlaß meiner Mutter gefunden.

Theodor Däubler war ein auffallend altmodisch gekleideter Mann mit einer wallenden Mähne, einem weißen Vollbart und einer zu platten Nase. Er erinnerte ein wenig an die bekannte Büste von Sokrates aus dem Museo Nazionale in Neapel. Wenn Däubler lachte und dabei den Kopf zurückwarf, konnte man sehen, daß er unter seinem Bart gar keine Krawatte trug; der Kragen war einfach mit Bindfaden zusammengebunden. Nachdem Däubler, dessen Ruhm in

„Der Wiesenstein", am 31. Dezember 1930.

Klare Ochsenschwanzsuppe

Karpfen, polnisch
　　　Salzkartoffeln

Straßburger Poularde, kalt

Rehrücken, Gemüse

Vanille-Eis mit heißer
　　　Chocoladensauce

Obst

einem ziemlichen Mißverhältnis zu seinem Einkommen stand, Rehrücken, Burgunder und Champagner reichlich zugesprochen hatte, erhob er sich feierlich und hielt eine flammende sozialpathetische Rede über den Widerspruch zwischen Leben und Werk, wobei er unverkennbar auf den verschwenderischen Luxus des »Dichterfürsten« Hauptmann und dessen sozialkritisches Engagement anspielte. Es herrschte betretenes Schweigen, der Silvesterabend war ruiniert.

Am nächsten Tag klatschte Hauptmann mit meinem Vater über Thomas Mann. Hauptmann war bereits 1912 der Nobelpreis verliehen worden, und er stand auf vertrautem Fuß mit dem Bischof von Uppsala, der im Preiskomitee die führende Rolle spielte. Thomas Mann, der sehr darauf erpicht gewesen sei, auch den Nobelpreis zu bekommen, habe Hauptmann gefragt, ob er das nicht einmal beim Bischof ventilieren könne. Hauptmann hatte, obwohl er mit dem Werk von Thomas Mann persönlich nicht allzuviel anfangen konnte, dem Wunsch entsprochen, und irgendwann war dann ein Herr in der Wohnung von Thomas Mann erschienen. Da er unangemeldet kam, wurde er jedoch abgewiesen; der Hausherr sei nicht anwesend. Wenig später sah der Besucher aus Uppsala, der noch auf und ab gegangen war, wie Thomas Mann das Haus verließ. Die Geschichte kam Thomas Mann sehr bald zu Ohren, und er bat Hauptmann inständig, die Dinge wieder einzurenken. Thomas Mann erhielt 1929 tatsächlich den begehrten Preis.

Etwas mehr als zwei Jahre später, im April 1933, besuchte ich auf meiner Abiturreise Gerhart Hauptmann in Rapallo. Durch einen schönen Park ging es hinauf zu einer großen Villa, wo ich wieder von Herrn Jauner und Fräulein Jungmann empfangen wurde. Der Olympier war liebenswürdig-unverbindlich. 1929 hatte er mir ins Stammbuch geschrieben: »Du bist Deines Vaters Sohn: So werde Deines Vaters Sohn. Ulrich Hollaender, mit allen guten Wünschen für immer, sein quasi Onkel.« Jetzt sprachen wir kurz über meine Schwierigkeiten unter dem neuen Regime; meine Bemerkungen schienen ihn jedoch zu langweilen. So wechselte er bald das Thema und erzählte von seinen Reiseplänen. Mehr kam bei unserem Gespräch nicht heraus. Anschließend aß ich mit Jauner und der Jungmann zu Mittag. Beide waren unglücklich über Hauptmanns Stellung zum Dritten Reich. Immer wenn er eine Tagebuchseite voller Verachtung für die Vulgarität der neuen Herren diktiert hätte, würde sie gleich wieder umgeschrieben. Bei jeder Zeile denke er nur an die Wirkung auf die Nachwelt. Desillusioniert verließ ich Rapallo.

Gerhart Hauptmann hatte 1931 das Vorwort zu der bei Ullstein posthum erschienenen Buchausgabe des letzten Romans meines Vaters geschrieben:

»An Felix Hollaender haben alle viel verloren. Er besaß bei hohem Idealismus eine beispiellose Aufopferungsfähigkeit und eine beispiellose Arbeitskraft. Er verstand vom praktischen Theater so viel wie außer ihm nur noch wenige, dazu war er ein hochbegabter Schriftsteller.

Aber wieviele haben ihm zeit seines Lebens im besonderen dankbar zu sein: So Max Reinhardt, Fritz von Unruh und vor allem ich.

Felix Hollaender und ich sind Freunde gewesen mehr als vierzig Jahre lang; ein Wunder, das sich selten ereignet. Wenn der Tod eine solche Freundschaft zerreißt, die durch kein Mißverständnis im Leben auch nur getrübt wurde, verbieten sich eigentlich alle Worte im ersten Augenblick. Felix Hollaenders Verdienste um die deutsche Kunst werden in den kommenden Jahrzehnten immer wieder gewürdigt werden. Er wollte in ›tiefster Stille‹ begraben sein: dieser Zug ist der Wesenszug eines Mannes, der gern in der Stille, man möchte fast sagen, im Schatten wirkte. Man wird in ein Dunkel eindringen müssen, wenn man sein ganzes fruchtbares Wirken ans Licht ziehen will.«

Anfang Mai 1931 war mein Vater, dreiundsechzig Jahre alt, wie es schien, an einer harmlosen Grippe erkrankt. Meine Mutter, die Unpäßlichkeiten immer gelassen hingenommen hatte, verspürte diesmal von Anfang an eine seltsame Unruhe. Es wurde eine septische Grippe diagnostiziert, die heute vermutlich mit einer einzigen Spritze heilbar wäre, damals jedoch tödlich war. Sein Zustand verschlechterte sich von Tag zu Tag. Mehrere Berliner Kapazitäten vermochten ebensowenig auszurichten wie die von ihnen verordneten Bluttransfusionen.

Die Beerdigungsfeier auf dem Friedhof Heerstraße fand im allerengsten Familienkreise statt. Als der Sarg sich zur Verbrennung senkte, fiel meine sonst so unpathetische Mutter auf die Knie und rief: »Geliebter, Reiner, Ewiger, Du gehst zu Deinem Element!« Wir waren ergriffen. Nie wieder wurde von diesem Ereignis gesprochen. Meine Mutter war erst zweiundvierzig Jahre alt, dennoch hat sie nie einen anderen Mann angeschaut und hat jahrelang täglich des Vaters Grabstätte besucht. Mein Vater hatte seinen frühen Tod erwartet; über seinen Zustand war er sich vom ersten Moment an im klaren. Mir ging es wie vielen Menschen, die im Augenblick des Verlustes ihn nicht fassen können und ihren Tageslauf fortsetzen. Dann kommen plötzlich Momente, in denen der Schmerz durchbricht, das Gefühl der Leere und Verzweiflung eintritt. – Der größte Teil der Hinterlassenschaft meines Vaters ging schon kurz nach seinem Tode im Börsenkrach der Weltwirtschaftskrise verloren. So mußten wir in unserem ohnehin bescheidenen Haus zusammenrücken und die obere Etage und das Kellergeschoß vermieten. Als noch nicht Sechzehnjähriger übernahm ich nun in vielem Vaters Stelle.

Was die Schule anlangt, so hatte das Jahr 1931 immerhin einen Lichtblick gebracht. Es war Schultradition, daß die Unterprima für die jährliche Theateraufführung verantwortlich war. Zusammen mit einem Klassenkameraden wurde ich in diesem Frühjahr zum Regisseur gewählt. Die drei Unterprimen hatten fast sechzig Schüler, und es war mein Ehrgeiz, so viele wie möglich zu beteiligen; bis dahin waren alle Schüleraufführungen reine Konversationsstücke mit drei oder vier Rollen gewesen, so daß nur wenige Mitspieler zum Einsatz kamen. Kurz zuvor hatten wir Shaws »Heilige Johanna« durchgenommen, und das Stück hatte viele von uns begeistert. Es hat über zwanzig Rollen, und so war mehr als ein Drittel der Schüler auf der Bühne dabei; die anderen wurden als Bühnentechniker, Beleuchter, Handwerker oder Kulissenmaler eingesetzt. Walter Steigner, der spätere Intendant der Deutschen Welle, war mein Kassenwart. Angesichts des großen Erfolgs der Aufführung waren zwei Wiederholungsabende angesetzt, bei denen ich die ersten fünf Reihen verdoppelte, indem ich für jede Nummer eine A- und eine B-Reihe einrichtete; Steigner zieh mich des Betrugs. Immer ein wenig spöttisch angesichts meiner politischen Ambitionen sagte er eines Tages auf dem gemeinsamen Rückweg von der Schule vor meiner Haustür: »Und Du kannst Dich auf den Kopf stellen, Dein Tod wird doch nur unter ›Familiennachrichten‹ in der Zeitung stehen.«

Begeisterung und Energie waren groß, aber es zeigte sich bald, daß ein Laientheater die gleichen Probleme aufwerfen kann wie das Staatstheater. Es fing schon an bei der Besetzung der Hauptrolle: Wer sollte die Johanna spielen? Schließlich erklärte sich meine Freundin, die damals bekannte Schauspielerin Tony van Eyck, bereit mitzumachen. Tony lebte mit einem von meinen Eltern als »zwielichtig« eingestuften jungen Mann namens Ludwig Kröber-Kenneth zusammen, der ein angesehener Graphologe, Personal- und Unternehmensberater werden sollte. Mich faszinierte er schon deshalb, weil er Zugang zu vielen politischen Hintertreppen hatte und mir manchen Regierungsklatsch aus dem untergehenden Weimar erzählen konnte. Leider wurde Tony wenige Wochen später gemütskrank, und wir mußten die Rolle neu besetzen. Ich kam mir ungeheuer wichtig vor und verglich mich ein wenig mit meinem Vater, wenn ich die Bewerberinnen zu mir bestellte und sie vorsprechen ließ. Schließlich fanden wir unter den Aspirantinnen der benachbarten Mädchenschule die begabte Bärbel Schuchard, in die wir uns gleich alle verliebten.

Von den Jungen waren die wenigsten schauspielerisch begabt. So mußten wir sechs Monate lang dreimal in der Woche mehrere Stunden proben. Dabei brachten wir jedem der Akteure jedes Wort, jede Betonung, jede Geste bei und ließen sie alles auswendig lernen, bis ihnen die Rolle zur zweiten Natur geworden war. Das ging so weit, daß sie sich auch außerhalb der Proben diesen Rollen gemäß gaben.

Als Sohn meines Vaters bekam ich vom Deutschen Theater die gesamte Garderobe der »Johanna«-Inszenierung geliehen, so daß die Aufführung zumindest in dieser Hinsicht nichts Dilettantisches hatte.

Endlich kam der ersehnte Tag. Die Aufführung erhielt Kritiken in der ganzen Berliner Presse, ja sogar im Ausland, wobei in einer Besprechung wohlwollend kritisch gesagt wurde, dies sei eher die Aufführung eines jungen Hilpert – des handfesten Intendanten der Berliner Volksbühne – gewesen, als die des genialen jungen Reinhardt.

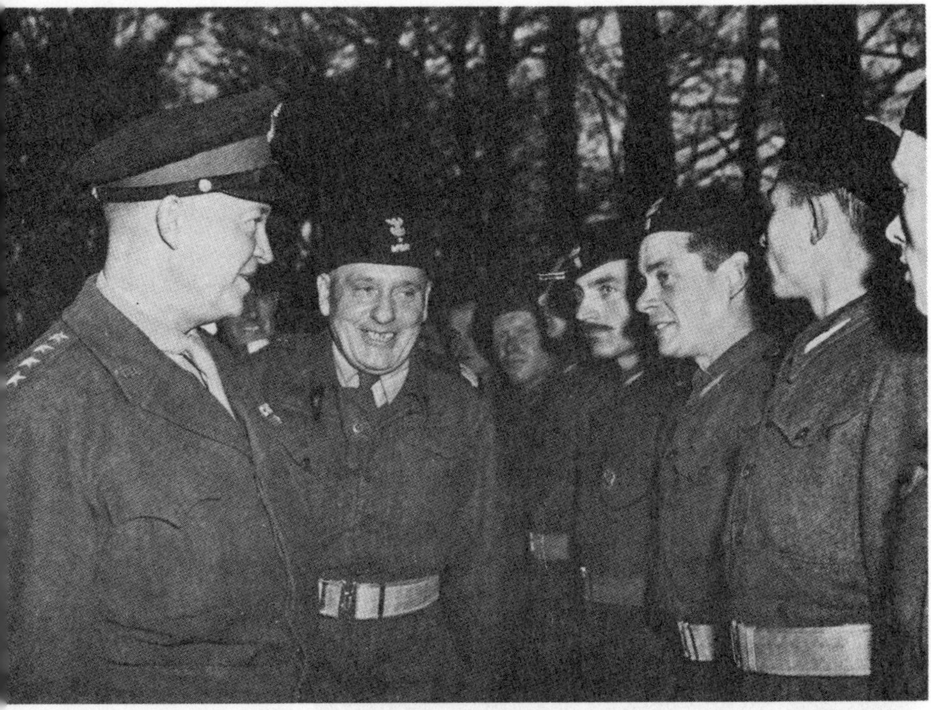

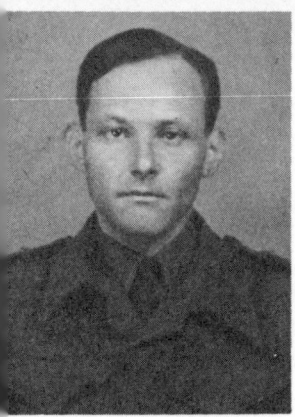

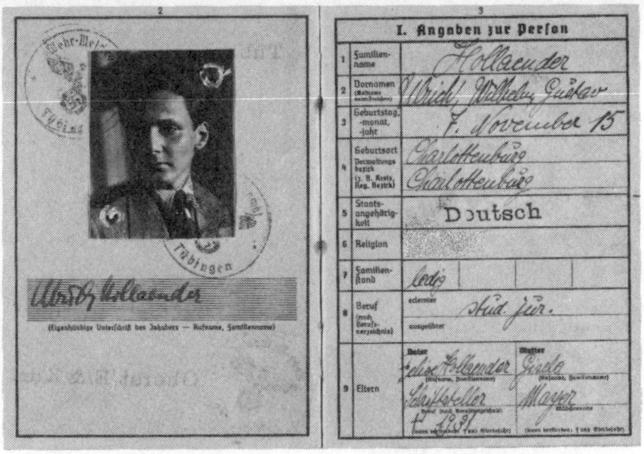

I. Angaben zur Person

1	Familienname	Hollaender
2	Vornamen	Ulrich, Wilhelm, Gustav
3	Geburtstag, -monat, -jahr	7. November 15
4	Geburtsort, Verwaltungsbezirk (z. B. Kreis, Reg. Bezirk)	Charlottenburg Charlottenburg
5	Staatsangehörigkeit	Deutsch
6	Religion	
7	Familienstand	ledig
8	Beruf (nach Berufsverzeichnis)	erlernter: stud. jur. ausgeübter:
9	Eltern	Vater: Felix Hollaender (Rufname, Familienname); Schriftsteller (Stand und Berufsangabe); † 1931 Mutter: Gisela (Rufname, Familienname); Mayer (Mädchenname)

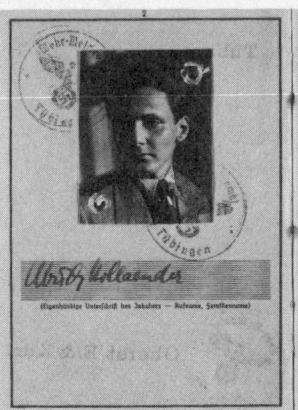

Dwight D. Eisenhower, der Oberbefehlshaber der Alliierten Streitkräfte, gratuliert den polnischen Soldaten. In der Mitte General Maczek, der Kommandeur der polnischen Panzerdivision.

Herbst 1944.

Mein am 1. September 1936 in Tübingen ausgestellter Wehrpaß; ich war als Ersatzreserve II eingestuft worden.

Die Zimmer unserer Wohnung im vierten Stock der Waitzstraße Nummer 8 gingen nach vorn; in die Blumenkästen auf dem Balkon pflanzte man die unvermeidlichen Petunien und Geranien.

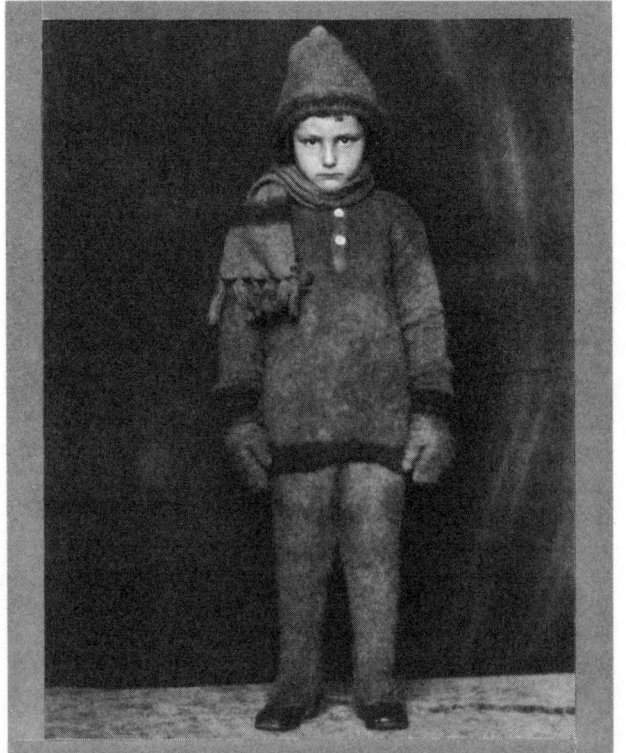

Im Rodelanzug, den mir mein Vater 1921 aus Dänemark mitgebracht hatte. So ausstaffiert, wurde ich auf meine erste »diplomatische Mission« geschickt, zu Elisabeth Bergner.

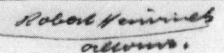

1928 wurden meine Eltern von der Hapag zu einer Mittelmeerkreuzfahrt mit der »Oceana« eingeladen; die Reise inspirierte meinen Vater (links) zu seinem Buch »Das Schiff der Abenteuer«.

Gerhart Hauptmann in Agnetendorf, Neujahr 1930/31, mit seiner zweiten Frau Margarete, genannt die »Morchel«.

Mein Vater, gezeichnet von Emil Orlik, 1917.

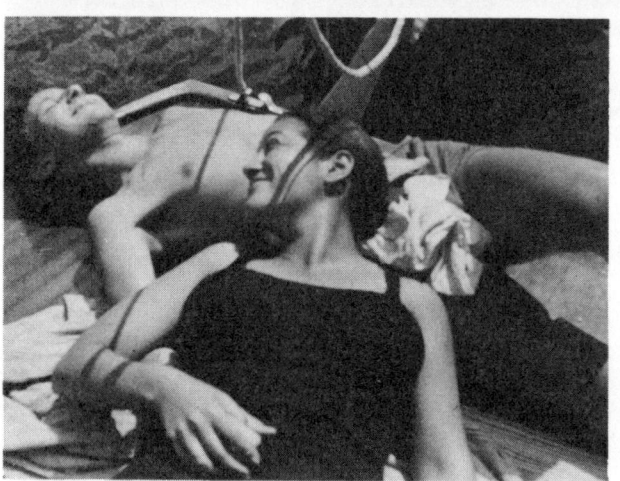

Die von mir inszenierte Aufführung der »Heiligen Johanna«, 1932. Vom Deutschen Theater wurde mir die gesamte Garderobe zur Verfügung gestellt, so daß die Aufführung zumindest in dieser Hinsicht nichts Dilettantisches hatte.

Mit Wawa auf dem Wannsee, 1933. Aus ihren vielen Freiern »kochte sie Wasser«; nach dem Kriege heiratete sie Marc Chagall.

Tante Gustl.

Wolfgang Frommel, März 1937. Die jungen Menschen, die sich um Percy und Wolfgang scharten, fühlten sich von dem Werk Stefan Georges inspiriert, das ihnen die beiden Älteren in unorthodoxer Weise als eine konsequente Lebenshaltung vermittelten.

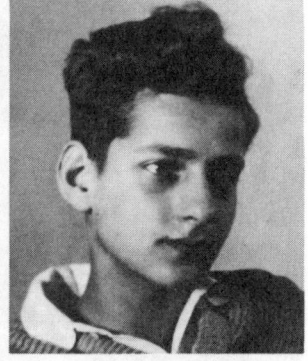

Gisbert Ruge, der Freund unter den Freunden, der im Alter von 21 Jahren an Kinderlähmung in Venedig starb, Aufnahme 1934.

Percy Gothein, September 1935. Gothein gehörte jahrelang zum innersten Kreis um Stefan George; durch ihn wuchs ich in eine Freundesgemeinschaft hinein, der ich mich bis heute verbunden fühle.

Mit Carlo Schmid, 1947 in Hannover.

Ernst Jünger, Herbst 1945.

Carlo Schmid, 1947 in Hannover.

Der Nationalökonom Edgar Salin, den ich 1946 zum ersten Mal aufsuchte. Aufnahme 1952.

Ernst Friedländer, stellvertretender Chefredakteur der »Zeit«, später Berater von Adenauer. Aufnahme 1947.

Marion Gräfin Dönhoff, 1948.

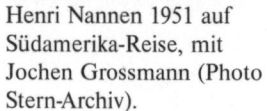

Henri Nannen 1951 auf Südamerika-Reise, mit Jochen Grossmann (Photo Stern-Archiv).

Mit Rudolf und Katrin Augstein in Positano, Anfang der fünfziger Jahre.

1947.

Mein Vater hatte meine ersten Vorbereitungen noch miterlebt und mir einen weisen Rat erteilt: »Wenn Du Erfolg hast, laß Dich davon nicht verführen. In diesem Beruf muß man ganz außergewöhnlich sein. Du bist schauspielerisch und vielleicht auch als Regisseur nicht unbegabt, aber Du bist gewiß nicht außergewöhnlich. Im zweiten Glied wärst du aber immer unglücklich. Gehe nie zum Theater!«

Während seiner Zeit als Direktor der Reinhardt-Bühnen war der Blick meines Vaters auf den jungen Alexander Moissi gefallen, von dessen außerordentlichem Talent er überzeugt war und den er aus vollen Kräften förderte. Moissi blieb meinem Vater zutiefst dankbar, und immer wieder suchte er meines Vaters Rat. 1930 schrieb er an einem Stück über Napoleon auf St. Helena. Er wollte meinem Vater unbedingt daraus vorlesen. Mein Vater seufzte: »Jetzt fangen schon die Schauspieler an, Stücke zu schreiben: Als ob es nicht genug wäre, ein guter Schauspieler zu sein.« Ihm bangte, Moissi ernüchtern zu müssen.

Moissi kam, las, und mein Vater atmete erleichtert auf: »Das läßt sich tatsächlich spielen.« Es verging eine ganze Weile, bis Moissi das Stück zu Ende geschrieben hatte; als es fertig war, war mein Vater gestorben. Erst 1932 gelang es Moissi, den Intendanten Röbbeling in Hamburg zu überzeugen, das Stück anzunehmen, vermutlich nur, weil Moissis Freund, der berühmte Schauspieler Albert Bassermann bereit war, die Rolle des Napoleon zu übernehmen.

Im Gedenken an meinen Vater luden Moissi und seine bezaubernde Frau Johanna Terwin mich zur Premiere nach Hamburg ein. Moissi wußte, daß ich gerade in der Schule die »Heilige Johanna« inszeniert hatte, und mit großem Charme richtete er die Einladung an den »Kollegen« Ulrich. Die Moissis und ich reisten im D-Zug I. Klasse, für mich eine Sensation. Die Premiere war trotz Bassermann ein furchtbarer Reinfall, und als der Vorhang fiel, wurde Moissi ausgepfiffen.

Bei der Versetzung in die Oberprima blieb Gerd Boy, der in der »Heiligen Johanna« den König Karl gespielt hatte, sitzen. Wir empfanden das als ungerecht. Zwar war er tatsächlich nie ein guter Schüler gewesen, aber die anstrengenden Proben hatten ihn während des letzten Vierteljahrs zusätzlich von der Arbeit abgehalten, und das war natürlich bei der Entscheidung nicht berücksichtigt worden.

So protestierte ich im Namen der Klasse offiziell bei unserem Direktor, der aus allen Wolken fiel. Ein solcher Protest sei ein unerhörter Vorgang; es gäbe keinen Präzedenzfall, in dem ein Konferenzbeschluß in Versetzungsfragen nachträglich geändert worden sei; das sei überhaupt nur möglich, wenn ein schwerwiegender Formfehler vorläge. Mit Akribie machte ich mich an die Sache und stellte bald fest, daß der Lehrer eines Hauptfachs bei der Konferenz nicht zugegen gewesen war und infolgedessen auch kein Votum hatte abgeben können.

Das machte ich als schwerwiegenden Formfehler geltend; gleichzeitig verpflichtete ich mich im Namen der Klasse, daß im Falle einer Revision der Klassenbeste in jedem Fach Gerd Boy während der nächsten Monate Nachhilfeunterricht geben würde.

Was wir alle nicht für möglich gehalten hatten, geschah: Gerd wurde nachträglich versetzt. Nun mußten wir unser Versprechen einhalten und während der kommenden Monate jeden Nachmittag mit unserem Freund büffeln. Tatsächlich hat er dann das Abitur glatt bestanden. Aber schon in diesem letzten Schuljahr entwickelte er sich zu einem engagierten Nazi und profilierte sich später als Intimus von SA-Obergruppenführer Ernst, der dann beim angeblichen Röhm-Putsch ermordet wurde. Gerd Boy aber ist im Kriege gefallen. Für mich sollte der Sieg in seiner Versetzungssache für lange Zeit das letzte Erfolgserlebnis bleiben.

Im Laufe der Arbeit an der »Heiligen Johanna« war mir ein Klassenkamerad nähergekommen, den ich bis dahin kaum bemerkt hatte: Erasmus Förster, ein stiller, zurückhaltender Mensch, der für die Kulissenmalerei zuständig war. Er gehörte der Deutschen Freischar an und nahm mich einige Male zu sogenannten »Nestabenden« mit, eine Bezeichnung, die von meiner Mutter und Tante Gustl mit gnadenlosem Spott bedacht wurde. Mir aber gefiel die bündische Atmosphäre, und zu Hause setzte ich durch, im Sommer mit Erasmus Försters Gruppe »auf Fahrt« gehen zu dürfen, wobei ich allerdings nur auf Probe mitgenommen werden sollte.

Es war die Zeit der nationalen Welle, in der man Ostpreußen vom polnischen Eroberungsdrang bedroht sah und glaubte, die dortigen Bauern unterstützen zu müssen. So sollte auch die Deutsche Freischar von den fünf Wochen Ferien vier im sogenannten »Landdienst Ostpreußen« zur Erntehilfe eingesetzt werden. Zu Hause wurde allein schon meine bündische Uniform verlacht; die Familie sang bei meinem Anblick ständig das Lied »Als die Römer frech geworden, simserim-sim-sim-sim-sim, zogen sie nach Deutschlands Norden, simserim...« Bald hieß die bevorstehende Fahrt nur noch die »Simmerl-Reise«.

Irgendwo in Charlottenburg wurde meine Gruppe auf Lastwagen verladen. Wie ich nachträglich erfuhr, hatte Tante Gustl, hinter einem Baum versteckt, den Vorgang beobachtet und zur Erheiterung der abendlichen Runde von meinem Abzug zur »bedrohten Ostfront« berichtet. Die Fahrzeuge waren überfüllt; man saß und lag nahezu übereinander, so daß einem die Glieder einschliefen. Zerschlagen kamen wir endlich in Stettin an; noch am selben Abend wurden wir nach Danzig eingeschifft. Die Nacht verbrachten wir, in dünne Decken gehüllt, auf den Planken des Oberdecks. Erschöpft und übernächtigt trafen wir bei Morgengrauen in Danzig ein. Hatte mir schon Stettin mit seinen alten roten Backsteinbauten einen großen Eindruck gemacht, so war ich von der Schönheit Danzigs erst recht begeistert. An diesem Morgen wimmelte es in der Stadt von Freischärlern, und zum ersten Mal traf ich auf einige der höheren Führer. Am selben Tag noch ging es weiter, wieder auf Lastwagen; nach der Besichtigung von Allenstein und der Marienburg wurden wir auf die Dörfer und Höfe verteilt. Meine Gruppe war für die Seenlandschaft der Masuren vorgesehen: Besonders deutsch erschien uns diese Gegend nicht!

Ich kam auf einen Hof in der Nähe des Kreisstädtchens Jedwabno, der einem deutschen katholischen Bauern gehörte, also einem Angehörigen der örtlichen Minderheit. Der Mann gefiel mir schon darum, weil er der Erntehilfe durch die Berliner Stadtjungen mit fröhlicher Skepsis gegenüberstand. Die Arbeit auf dem Feld war schwer, besonders das Rübenverziehen und Distelnstechen.

Der Ton unter den Mägden und Knechten war deftig, und abends auf dem Tanzboden ging es nicht gerade zimperlich zu. Nachts in den Scheunen lernte man eine Welt kennen, der gegenüber sich die Berliner Tanzstundenerfahrungen etwas läppisch ausnahmen. Der Bauer behielt mit seiner Skepsis recht: Ich zog mir vom Getreidestaub beim Dreschen eine Halsentzündung zu und mußte, nachdem ich einige Tage mit hohem Fieber auf einem Strohsack in der Scheune verbracht hatte, in das Krankenhaus von Jedwabno eingeliefert werden. Im Gemeinschaftssaal lag ich mit masurischen Knechten zusammen, die mir unanständige Ausdrücke auf masurisch beibrachten und mich dann aufstachelten, die Krankenschwester nach der Bedeutung zu fragen. Im übrigen waren die Zustände wie aus anderen Welten und Zeiten. Das Essen war ungenießbar; aus dem Fleisch konnte man die gekochten Maden herauspulen. Einem Jungen neben mir wurden mit einem an ein Küchenmesser erinnernden Instrument ohne Narkose die Mandeln stückweise herausgeschnitten.

Draußen tobte wieder ein Wahlkampf, und der Ortsgruppenleiter der Nazis ging durch das Krankenhaus, laut verkündend, daß der Führer in Jedwabno erwartet würde. Am Tage des Führerbesuchs war ich zum erstenmal fieberfrei, aber noch so geschwächt, daß ich kaum zu gehen vermochte. Dennoch packte ich heimlich meinen Ranzen und schlich mich mit meiner Freundin, der Tochter des Schornsteinfegers, auf den Marktplatz. Überall waren Spruchbänder über die Straße gespannt: »Jedwabno grüßt Dich Adolf Hitler«. Endlich kam er, in einem offenen Mercedes, mit der ledernen Haube über dem Kopf, neben dem Fahrer stehend, hinter sich die Leibwache. In Sprechchören forderte man ihn auf, einige Worte zu sagen. Auf seine überanstrengte Kehle deutend, lehnte er ab, grüßte mit erhobener Hand, nahm Blumensträuße entgegen, und schon war er wieder verschwunden. Ich weiß nicht, ob es die Hysterie der kleinstädtischen Bevölkerung oder tatsächlich seine Ausstrahlung war, auf jeden Fall beunruhigte mich die Wirkung, die von ihm ausging.

Nachdem die Deutsche Freischar ihren Ernteeinsatz geleistet hatte, fand vor der Rückreise ein Gautreffen statt. Zweitausend Jungen hatten eine große Stadt aus Jurten, also aus einzelnen Zeltbahnen, aufgebaut. Die Lageratmosphäre wirkte auf mich fremd und anziehend zugleich. Der oberste Führer der Freischar hielt eine Ansprache, ganz im Ton der damaligen Zeit: romantisch-pathetisch, sich jedoch deutlich von den Nazis und ihrer Hitlerjugend distanzierend, was mir den Bund noch sympathischer machte. In Berlin nahmen mich die Vorbereitungen zum Abitur aber bald so in Anspruch, daß ich kaum noch zu Nestabenden gehen konnte.

Bei den Wahlen vom 31. Juli 1932 hatten die Nationalsozialisten einen Stimmenrekord erreicht und zogen mit 230 Abgeordneten in den neuen Reichstag ein. Die Lage spitzte sich dramatisch zu. Die konstituierende Sitzung fand am 30. August unter der Alterspräsidentin Clara Zetkin statt; Reichstagspräsident wurde als Vertreter der stärksten Fraktion Göring. Zur zweiten Sitzung am 12. September beschaffte mir Kröber-Kenneth eine Karte für die Zuschauertribüne. Auf der Tagesordnung stand »Entgegennahme einer Erklärung der Reichsregierung«. Papen regierte ohne parlamentarische Mehrheit aufgrund der nach Artikel 48 zulässigen Notverordnungen. Er war ein guter Redner, und ich erwartete mit Spannung seinen Auftritt. Aber es sollte viel aufregender werden: Der kommunistische Fraktionsführer Torgler stellte mit großem demagogischem Talent einen Antrag zur Geschäftsordnung: Der Reichstag sollte sich nicht eine Erklärung der Hungerregierung der Barone anhören, sondern sogleich ein Mißtrauensvotum auf die Tagesordnung setzen und darüber abstimmen. Göring, der vom Präsidentenpult aus keinen Kontakt mit seiner Fraktion hatte, wollte diesem Vorschlag unverzüglich nachkommen. Aber die Nazis waren unschlüssig, und ihr Fraktionschef, der spätere Reichsinnenminister Frick, beantragte eine halbstündige Unterbrechung. Noch heute sehe ich, wie Goebbels zum Präsidentenpult humpelt, sich auf Zehenspitzen stellt und zu Göring aufs Pult hinaufspricht, der sich ein wenig verächtlich zu ihm hinunterbeugt.

Wie sich später herausstellte, war die Pause von historischer Bedeutung. Der Reichskanzler hatte eine Abstimmungsniederlage erwartet und sich vorsorglich ein Auflösungsdekret von Hindenburg beschafft. Bereits einige Tage zuvor war es handschriftlich auf Gut Neudeck aufgesetzt worden. Papens Staatssekretär Planck hatte das Dokument jedoch im Safe der Wilhelmstraße vergessen; erst während der Pause wurde es geholt.

Die Nazis hatten inzwischen beschlossen, den kommunistischen

Antrag zu unterstützen. Dem Reichskanzler stand das Recht zu, sich jederzeit zur Geschäftsordnung zu Wort zu melden. Erregt hob Papen seinen Arm, aber Göring blickte starr in die entgegengesetzte Richtung, um die Wortmeldung zu übersehen, und begann mit der Abstimmung. Da stand Papen auf, legte die berühmte rote Mappe mit dem Auflösungsdekret auf Görings Pult und verließ an der Spitze des Kabinetts den Sitzungssaal. Mit atemloser Spannung verfolgte ich das Geschehen. Die Abstimmung ging weiter, und dem Mißtrauensvotum wurde mit überwältigender Mehrheit stattgegeben: 512:42 Stimmen. Danach verlas Göring triumphierend das Auflösungsdekret, erklärte es aber für wertlos, da es von einem bereits gestürzten Kanzler überreicht worden sei. Noch am selben Tage wurde die verfassungsrechtliche Lage geklärt: In dem Augenblick, in dem Papen die Mappe auf das Präsidentenpult gelegt hatte, war dieser letzte Reichstag, der in der Weimarer Republik getagt hatte, juristisch aufgelöst gewesen. Die Abstimmung war also unwirksam.

Am Abend der Auflösung hielt Papen eine Rundfunkrede. Ein mit erregter Stimme vorgetragener Satz hat sich mir damals eingeprägt, und ich kann ihn heute noch auswendig: »Die kommunistische Abgeordnete Clara Zetkin hat der Reichstag mit Andacht in ihren Deklamationen angehört. Die Erklärung einer nationalen Regierung aber weigert sich der Reichstag auch nur zu hören. Ich stelle dieses Verhalten des Reichstags vorm deutschen Volke fest.« Auch andere Sätze aus einer Rede Papens habe ich behalten. Kurz zuvor hatte eine Rotte von SA-Leuten einen Kommunisten in seiner Wohnung in Potempa (Oberschlesien) brutal ermordet. Von einem Gericht in Beuthen wurden fünf dieser SA-Leute zum Tode verurteilt. Hitler schickte ihnen ein Telegramm, in dem er sich mit den Mördern »in unbegrenzter Treue« solidarisierte. Papen erklärte im Rundfunk: »Die Zügellosigkeit, die aus dem Telegramm des nationalsozialistischen Führers anläßlich des Beuthener Urteils spricht, paßt schlecht zu seinem Anspruch auf die Auslieferung der gesamten Staatsmacht... Ich bin fest entschlossen, die schwelende Glut des Bürgerkrieges endgültig auszutreten und die Anerkennung des gleichen Rechts für alle nötigenfalls zu erzwingen.« Leider war es mit dieser Entschlossenheit nicht weit her. Die Mörder wurden zu Zuchthaus begnadigt; das Morden ging weiter.

Besatzungsoffizier

Die Büros von Montgomerys Hauptquartier der 21. Heeresgruppe befanden sich in einem tristen dreigeschossigen Mietshaus Bad Oeynhausens. Das ganze Gebiet dieser Siedlung war eingezäunt, und an den Ein- und Ausgängen fanden Sicherheitskontrollen statt. Ich stieg die schmale Treppe eines solchen Hauses hinauf und wurde sogleich zu Oberstleutnant Gilpin geführt, der mich erwartete. Er war Leiter der Abteilung »Political Intelligence«; Chef des gesamten Intelligence-Wesens der 21. Heeresgruppe war der junge Brigadegeneral Williams, im Zivilberuf Universitätsprofessor.

Hauptaufgabe der Intelligence war während des Feldzugs natürlich die Frontaufklärung gewesen; die anderen Spielarten des Geheimdienstes – Desinformation, Subversion, Sicherheitsüberprüfung des eigenen Personals – hatten eine untergeordnete Rolle gespielt.

Nach dem Waffenstillstand änderten sich diese Funktionen und Prioritäten schnell. Aus der Frontaufklärung wurde die Beobachtung der Lage im besiegten Land, und die Aufgaben entsprachen nunmehr denen einer Botschaft: Analyse und Bewertung der politischen Entwicklung und der handelnden Persönlichkeiten sowie ihrer Organisationen. Da sich die »Political Intelligence« offen betätigte und auch ihre Berichterstattung nicht von besonderer Geheimniskrämerei gekennzeichnet war, sprach man von ihr als der »weißen Intelligence«. Fast alle anderen Abteilungen des Geheimdienstes, einschließlich des Agentenwesens, zählten zur sogenannten »schwarzen Intelligence«. Ähnlich wie bei den Nazis, hatten die Geheimdienstler oft mehr Macht, als ihr Rang vermuten ließ, und die Militärs, auch die höheren, waren im Umgang mit ihnen sehr vorsichtig.

Wie viele Intelligence-Offiziere war Gilpin im Zivilberuf Schullehrer. Er war ein schlanker Enddreißiger mit dem feingeschnittenen Gesicht des Intellektuellen und spärlichem dunklem Haarwuchs, flexibel, witzig und ein wenig schüchtern. Den in meinem Bericht über die deutsche Jugend angeschnittenen Problemen brachten Gilpin und seine Mitarbeiter bemerkenswertes Interesse entgegen, besonders sein Stellvertreter, der schottische Major Stuart Hood, im Zivilberuf Schriftsteller, später BBC-Redakteur. Die drückende Atmosphäre eines Einstellungsgesprächs kam gar nicht erst auf; schnell ergab sich über das gemeinsame Thema ein unmittelbarer, ja herzlicher Kontakt. Ich brauchte keine Bedenkzeit, das Angebot Gilpins anzunehmen, unverzüglich seinem Stab beizutreten. Die Mühlen des Hauptquartiers mahlten ungewöhnlich schnell; binnen weniger Tage, am 31. 7. 45, wurde ich nach Bad Oeynhausen versetzt. Mein Oberst, vermute ich, atmete auf.

In den Tagen, als ich meinen Dienst in Bad Oeynhausen antrat, fand in Potsdam die Konferenz der drei Alliierten statt. Schon in Jalta hatten sie beschlossen, dem deutschen Volk seine Niederlage diesmal klar vor Augen zu führen, damit nicht wieder eine Dolchstoß-Legende aufkäme. Mithin mußte ganz Deutschland besetzt werden. Um den Deutschen den Abscheu vor den Verbrechen des Regimes demonstrativ deutlich zu machen, sollte jeder Verkehr der Sieger mit den Besiegten verboten sein; das war das Ziel der Non-Fraternizations-Politik.

Hauptzweck der Besetzung war:
1. Vernichtung des Nationalsozialismus und der Wurzeln des Militarismus. Das beinhaltete als erstes Entwaffnung und Auflösung der Streitkräfte, danach die Entnazifizierung und schließlich die Reeducation.
2. Umfassende Kontrolle des öffentlichen Lebens durch »Indirect Rule«.
3. Aktivieren der vorhandenen wirtschaftlichen Strukturen und Belebung einer Friedenswirtschaft auf reduziertem Niveau.

Zunächst sollte die zentrale Verwaltung Deutschlands durch den am 30. August 1944 gebildeten alliierten Kontrollrat erfolgen. Er bestand aus den Oberbefehlshabern der bereits im September 1944 konzipierten vier Besatzungszonen. Später sollte er neuen deutschen Zentralbehörden, an der Spitze Staatssekretäre – nicht Minister –, seine Weisungen erteilen, noch später einmal eine deutsche Regierung kontrollieren. Seit der Absetzung und Verhaftung der Regierung Dönitz aber gab es keine deutschen Zentralbehörden.

Niemandem konnte die wachsende Spannung zwischen Sowjet-Rußland und den West-Alliierten verborgen bleiben. Die Sowjets konzentrierten sich auf die wirtschaftliche Ausplünderung ihrer Zone; darüber hinaus forcierten sie die Veränderung der gesellschaftlichen Verhältnisse durch Enteignungen und Verstaatlichungen. Es wurde bald deutlich, daß sie die Einverleibung des wirtschaftlichen und politischen Potentials des von ihnen besetzten Teils Deutschlands in ihr Imperium anstrebten.

Die Amerikaner hatten für die wirtschaftliche Zukunft Deutschlands zunächst kein Konzept, aber für eine kurze Spanne war ihr Denken beherrscht von den Vorstellungen des Morgenthau-Plans, also der Umwandlung Deutschlands in einen Agrarstaat mit minimalem industriellem Niveau. Sie waren zwar geleitet von ihrem eigenen Demokratie-Verständnis, aber bereit, es deutschen Traditionen anzupassen, soweit diese nicht gegen amerikanische Grundüberzeugungen verstießen. Im großen und ganzen beschränkten sie sich darauf, die von den Deutschen nach eigenen Richtlinien getroffenen Entscheidungen zu kontrollieren, während die Engländer sie entweder selbst trafen oder jeden einzelnen Schritt überwachten.

Die Engländer plädierten für ein angemessenes, wenn auch reduziertes Industrie-Niveau. Was darüber hinaus ging, sollte demontiert und möglichst im eigenen Lande zur Produktion benutzt werden. Politisch und verwaltungsmäßig dachten die Engländer an sich am zentralistischsten; auch hingen sie aufgrund ihrer kolonialen Erfahrungen dem Konzept der »indirect rule« an. Aber ihre Manie, alles bis ins kleinste Detail zu kontrollieren, führte zwangsläufig zu einer immer direkteren Herrschaft. So hatten sie 1946 25813 Kontrollbeamte in Deutschland, während die Amerikaner mit 7600 auskamen. Bei allem guten Willen waren sie aber überfordert, schon weil viel zu wenig Besatzungsoffiziere die deutsche Sprache beherrschten. Außer in den Medien und im Erziehungswesen beschäftigten die Engländer – anders als die Amerikaner – in der Verwaltung und in der Politik nur sehr wenige deutsche Emigranten. So kam Dolmetschern und Sekretärinnen bisweilen groteske Bedeutung zu.

Die Engländer scheinen als erste ganz deutlich gesehen zu haben, daß die Russen über eine Mitsprache bei der Verwaltung eines geeinten Deutschland den Kommunismus über die eigene Zone hinaus vorantreiben wollten. So waren sie am ehesten bereit, sich mit einer Teilung zwischen West und Ost abzufinden, wobei sie aber der französischen Vorstellung einer Aufsplitterung Deutschlands Widerstand leisteten; auch der amerikanischen Konzeption eines föderalistischen Aufbaus Deutschlands standen sie skeptisch gegenüber. Im Grunde waren sie wohl die ersten, die eine Integration Westdeutschlands in die westliche Gemeinschaft ins Auge faßten – die alten Weltmacht-Erfahrungen bewahrten sie vor manchen Illusionen. Allerdings wollten sie so lange wie möglich an den Potsdamer Beschlüssen einer zentralen Verwaltung Deutschlands festhalten und den Russen ihrerseits keine Handhabe für ein Ausscheren geben. So zögerten sie bei allen Maßnahmen, die gegen die Potsdamer Beschlüsse verstießen, auch wenn die Sowjets längst in ihrer Zone nach Belieben schalteten. In dieser Hinsicht waren die Amerikaner unbekümmerter; sie verfolgten das Konzept der Integration entschlossener, nachdem sie erst einmal auf diesen Kurs eingeschwenkt waren. Mit Verve stürzten sich die Engländer in ihre Aufgabe, ihre Zone zu regieren und die Deutschen politisch umzuerziehen. So galt die britische Zone zunächst als die am besten verwaltete.

Die Franzosen dagegen waren entschlossen, jeden Schritt in Richtung zentraler deutscher Institutionen zu verhindern. Ihre Zone regierten sie nicht ganz so direkt wie die Engländer, aber ihre Kontrolloffiziere brachten nicht nur Ehefrauen und Kinder, sondern ganze

Familien-Clans mit, um die ehemals Besetzten nun die Vorteile der Besatzung genießen zu lassen.

Die Formulierung einer gemeinsamen Konzeption für ein zukünftiges Deutschland konnte angesichts dieser divergierenden Interessen der Sieger nicht gelingen. So kam es im alliierten Kontrollrat zunächst wegen ständiger französischer Vetos, dann aber wegen der russischen Alleingänge immer seltener zu gemeinsamen Beschlüssen. Statt die Meinungsunterschiede der West-Alliierten auszunutzen und wechselnde Partner zu suchen, schaffte Stalin in der russischen Zone in wachsendem Maße vollendete Tatsachen. Den West-Alliierten blieb nichts anderes übrig, als in ihren Zonen entsprechende Maßnahmen zu ergreifen. Indem Stalin die Westmächte in diesen Antagonismus trieb, zwang er sie letztlich zu gemeinsamem Handeln.

Über die Organisation der alliierten Besatzung im allgemeinen und der britischen Zone im besonderen waren wir als Soldaten kaum orientiert. Alle Informationen entnahmen wir der britischen Tagespresse, die uns verhältnismäßig schnell erreichte. Deutsche Zeitungen gab es nicht. Da ich nun zum Hauptquartier gehörte, mußte ich mich mit den Verwaltungsstrukturen auf britischer und deutscher Seite vertraut machen. Die Regierungsgewalt, die zunächst provisorisch von den einrückenden Truppen übernommen worden war, ging innerhalb weniger Tage an Offiziere über, die speziell für das Military Government ausgebildet waren. Die britische Zone wurde in drei Distrikte eingeteilt. Der erste umfaßte die Provinzen Westfalen und Nordrhein sowie die Länder Lippe und Schaumburg-Lippe; der zweite Schleswig-Holstein und die Hansestadt Hamburg; der dritte die Provinz Hannover und die Länder Braunschweig und Oldenburg.

Feldmarschall Montgomery, der britische Oberbefehlshaber, der in Bad Oeynhausen residierte und nur zu den monatlichen Kontrollratssitzungen nach Berlin flog, ließ sich dort durch seinen Stabschef vertreten. Montgomery war gleichzeitig der Chef der britischen Militärregierung, und er nahm seine neue Aufgabe sehr ernst. Gewiß gefiel er sich auch in seiner Herrschaftsrolle, so daß in London sogar Befürchtungen über seine möglichen politischen Ambitionen aufkamen; er machte ja kein Hehl daraus, daß er Moskau als die Hauptgefahr Europas betrachtete, und alle Maßnahmen in Deutschland sah er in diesem Licht. So wie er das Problem der bei Kriegsende im Gebiet Schleswig-Holstein eingeschlossenen deutschen Truppen persönlich entschieden hatte, beschäftigte er sich jetzt auch mit den Lebensbedingungen der Bevölkerung in der britischen Zone, mit ihren materiellen, administrativen, politischen und psychologischen Problemen. Er liebte es, die deutsche Bevölkerung in Proklamationen direkt anzusprechen. In diesem Stil, der seine Soldaten packte, hatte er sich vor der Invasion auch an die britische Bevölkerung gewandt, von ihr enthusiastisch, von den Politikern mit Stirnrunzeln begrüßt.

Im August 1945 hatte ich ein Gespräch mit einem internierten neunzehnjährigen SS-Offizier geführt. Es handelte sich um den Sohn eines Admirals, Vater und Mutter hatten nach dem Zusammenbruch Selbstmord begangen; nach einem vergeblichen Fluchtversuch saß er nun im Lager. Im Gespräch zeigte er Intelligenz und Urteilsvermögen. Er erzählte mir, wie vollständig er in Elternhaus, Schule, Hitlerjugend und SS mit nationalsozialistischem Gedankengut indoktriniert worden war und daß er nun zum ersten Mal in seinem Leben etwas anderes höre. Trotz der hoffnungslosen Lage resigniere er aber nicht; bisher seien ihm alle Meinungen und Urteile von anderen eingeimpft worden; jetzt endlich wolle er sie sich selber bilden. Ich hatte über dieses Gespräch einen Bericht gemacht, der Montgomery offenbar erreicht hat. Es war typisch für den Feldmarschall, daß ihn die Geisteshaltung eines jungen SS-Offiziers interessierte, weil sie ihm wichtig für die zu bewältigenden Probleme schien. Der Bericht muß ihn so beeindruckt haben, daß er den vollen Wortlaut des Gesprächs noch 13 Jahre später in seinen Memoiren veröffentlichte.[5]

Wie Montgomery auf zonaler Ebene, war auch der jeweilige Korpskommandeur in Personalunion Truppenbefehlshaber und Chef der Militärregierung in den Verwaltungsdistrikten. Die wichtigste Aufgabe war die Versorgung der Bevölkerung, die Wiederherstellung der Verkehrswege und der Kraftwerke, das Bereitstellen von Lebensmitteln, Heizmaterial und Brennstoff, die Beschaffung von Unterkünften in den zerstörten Städten, die Trümmerbeseitigung in den zerbombten Städten, die Unterbringung der Millionen von Flüchtlingen.

Viele haben das trostlose Bild, das Deutschland damals bot, und ihre eigenen Leiden fast vergessen, während jene, die diese Zeit nicht miterlebt haben, sich das Elend kaum vorzustellen vermögen. Überall fehlte es am Notwendigsten. Die Männer liefen in ihren abgerissenen Uniformresten herum; jeder Knopf, jeder Faden, jeder Kochtopf wurde zum Problem, vor allem aber quälte der Hunger die Menschen nicht selten bis zum Ödem. Die Pro-Kopf-Tagesration betrug zunächst eintausendzweihundert Kalorien, später sollte sie auf eintausendvierzig sinken, im Hungerwinter 1946 gar auf 896! So war alle Welt damit beschäftigt, das Minimum zum Überleben heranzuschaffen; man hatte weder Zeit noch Kraft, an die Zukunft zu denken. Das Leben war bestimmt vom Schwarzmarkt. Schnell gewöhnte man sich daran, daß alles in Naturalien bezahlt und daß selbst Dienstleistungen von Behörden entsprechend vergütet werden mußten. Mit Neid blickte man auf die Bauern. In Scharen pilgerte man aufs Land, um eine Handvoll Kartoffeln oder Gemüse, ein paar Eier, vielleicht sogar Butter oder ein Stück Speck einzutauschen. Die Bauern horteten Schmuck, Teppiche,

Möbel und Aussteuerwäsche für Generationen, und die Städter meinten verbittert, auch die Kuhställe würden wohl bald mit »Persern« ausgelegt sein. Beim Friseur mußte man für eine Haarwäsche drei Briketts abliefern, sonst gab es kein warmes Wasser. Was mich als englischer Offizier bei der Rückkehr ins eigene Land am meisten irritierte, war der allgemeine Opportunismus, das Katzbuckeln vor der Besatzungsmacht. Ich schämte mich, wenn die Leute Zigarettenstummel auflasen und sich bückten, wenn Soldaten halbgerauchte Kippen nur wegwarfen, um zu sehen, wie alte Offiziere und abgerissene Frauen gierig darüber herfielen.

Die strikte Non-Fraternization erwies sich angesichts des britischen Nationalcharakters bald als undurchführbar. Bereits im Juni 1945 erlaubte Montgomery, der diesem Prinzip immer kritisch gegenübergestanden hatte, daß die Soldaten wenigstens mit Kindern sprechen und spielen durften; ab Juli wurde dann auch der Kontakt mit Erwachsenen gestattet. Danach setzte Montgomery im alliierten Kontrollrat die allgemeine Aufhebung der Non-Fraternization durch, so daß ab August nur noch das Verbot, bei Deutschen zu wohnen oder sie zu heiraten, aufrechterhalten wurde. Ein Jahr später war es auch damit vorbei.

Es war von vornherein geplant, die Militärregierung so schnell wie möglich mit der in London gebildeten zivilen Kontrollkommission für Deutschland zu koordinieren und sie schließlich ganz in die Hand der Zivilisten zu überführen. Bereits am 3. Dezember 1945 legte Montgomery ein umfassendes Konzept für diese Übergangsphase vor, und am 1. Mai 1946 wurden die Korpskommandeure durch Zivilisten, sogenannte »Regional Commissioners«, ersetzt. Mit fortschreitender Demobilisierung der Streitkräfte vollzog sich der Prozeß der Überleitung in zivile Hand reibungslos. Vielfach kehrten die ausgeschiedenen Offiziere als Zivilbeamte in ihre alten Positionen zurück.

Überall saßen die britischen Kontrolleure. Wer aber sollte auf deutscher Seite die Verwaltung ausüben? Man unterstellte, daß der gesamte deutsche Staatsapparat aus Nazis bestanden hatte. Da es unmöglich war, diesen Apparat neu zu organisieren, mußte man sich damit begnügen, anstelle der bisherigen Amtsträger neue einzusetzen. Wo gab es kompetente, unbelastete Persönlichkeiten? Der englische Geheimdienst hatte sich jahrelang vorbereitet und eine riesige Kartei angelegt. Natürlich ließ sich nur ein Teil der als geeignet bezeichneten Leute auffinden, so daß schon darum die Liste trotz ihres Umfangs nicht ausreichte. Vor jeder Ernennung mußte die Militärregierung den Geheimdienst (Field Security) konsultieren, der daraufhin seine in Bad Oeynhausen geführte Kartei durchging. Die Nachforschungen wurden erleichtert, als man in Berlin die Zentralkartei der NSDAP fand.

Die obersten Spitzen der deutschen Verwaltung waren die Oberpräsidenten der Provinzen beziehungsweise die Ministerpräsidenten der bestehenden Länder. Alle deutschen Beamten unterstanden direkt ihren jeweiligen britischen Kontrolleuren, was die Ausführung von Anweisungen untergeordneter deutscher Stellen bisweilen schwierig gestaltete. Ohnehin entwickelte jeder kleine Amtsbereich sein Eigenleben. Wenn Besatzungskontrolleur und deutscher Amtsträger sich verstanden, dann kümmerte man sich wenig um die vorgesetzte deutsche Behörde; man achtete vor allem auf die Interessen des eigenen Landkreises oder der eigenen Stadt. Was produziert wurde, lief nicht in die üblichen Verteilungskanäle, sondern wurde gegen andere dringend benötigte Produkte, meist Nahrungsmittel, eingetauscht.

Erst allmählich gewann die »Zentralgewalt«, nämlich der Oberpräsident oder der Ministerpräsident, an Autorität. Das Streben nach Wiedergewinnung der staatlichen Einheit – zunächst für die jeweilige Zone, dann als Fernziel für Gesamtdeutschland – beherrschte das politische Denken. Um diese Einheit zu erreichen, war die Bildung verfassungsmäßiger Institutionen unerläßlich. Aber »la force des choses«, wie de Gaulle zu sagen pflegte, führte dazu, daß die einzelnen Amtsträger vor allem nach dem Ausbau ihrer partiellen Machtfunktionen strebten und wenig geneigt waren, diese einschränken zu lassen; bald sprach man von »Stammesherzögen« oder »Länderfürsten«. Diese Entwicklung wurde von der Militärregierung nicht ungern gesehen: Ihrer Meinung nach wurde so der Weg für ein föderalistisches System bereitet, und dies lag im Sinne der Sieger, vor allem der Amerikaner.

Mein neuer Chef, Oberstleutnant Gilpin, beauftragte mich, eine umfangreiche Studie über die Mentalität der deutschen Jugend auszuarbeiten; die Jugend schien ihm wichtiger als die Reeducation des Führungspersonals von gestern. Aus meinen zahlreichen Unterhaltungen mit Jungen und Mädchen zwischen vierzehn und achtzehn sowie mit heimgekehrten Soldaten hatte ich den Eindruck gewonnen, daß sich alle Aussagen im Prinzip ähnelten und daß mir weitere Interviews nichts wesentlich Neues bringen könnten. Allerdings war mir nicht klar, ob die Jugend in einer zerbombten Großstadt so dachte wie die auf dem Lande und in Kleinstädten. Vor allem aber interessierten mich nach den Gesprächen mit der jungen auch die Ansichten der älteren Generation. Ich wollte diejenigen kennenlernen, die unter unserer Militärregierung eine Verantwortung übernommen hatten. So reiste ich Ende August 1945 nach Hamburg.

Dort entledigte ich mich zunächst eines privaten Auftrags: Einer meiner Offizierskameraden war mit einer Familie Hübener befreundet. Otto Hübener, ein bedeutender Wirtschaftsführer und in gewisser Weise bahnbrechend im Versicherungswesen, hatte unter den Verschwörern des 20. Juli eine Rolle gespielt. Zusammen mit seinem

Freund, dem Geopolitiker Albrecht Haushofer, war er nach dem Attentat verhaftet und in das Gefängnis Moabit gebracht worden, wo Haushofers »Moabiter Sonette« entstanden. Im April 1945, kurz vor der Eroberung Berlins, waren Haushofer, Hübener und weitere Verschwörer in Moabit ermordet worden. Mein Kamerad hatte erfahren, daß die Familie Hübener an den Tod noch nicht glaubte und immer noch auf die Rückkehr des Vaters wartete. So erklärte ich mich bereit, Frau Hübener die Nachricht zu überbringen.

Die große Villa an der Elbchaussee war requiriert; ich fand die Familie in einer Ausweichunterkunft unter beengten Verhältnissen in Harvestehude. Die schöne, stolze Frau empfing mich in Gegenwart ihrer beiden Söhne. Sie nahmen die im Grunde wohl erwartete Nachricht mit Fassung und Würde auf. Ich selbst war so bewegt und verwirrt, daß ich eine Mappe mit Geheimakten in der Wohnung vergaß.

Ein britischer Kollege hatte mir geraten, mich in Hamburg als erstes an einen jüngeren Mann im Rathaus namens Kai Köster zu wenden, der alle Türen öffnen könne. Köster, Sohn des früheren deutschen Botschafters in Paris, Roland Köster, leitete das Vorzimmer von Bürgermeister Petersen und war dafür bekannt, daß er alles zu beschaffen wußte, was sonst nicht zu haben war. Tatsächlich vermittelte er mir ein Gespräch mit dem neuen Kultursenator Landahl. Er war von nachdenklicher Intelligenz, gleichzeitig aber lebhaft und dynamisch. Wie die meisten der führenden Männer war er durch die mageren Rationen ganz ausgezehrt, was den Gesichtern dieser Nachkriegsjahre einen durchgeistigten Ausdruck verlieh. Des weiteren hatte Köster einen Termin für mich mit einem jungen Rundfunkredakteur ausgemacht, Peter von Zahn. So zog ich zum Funkhaus in der Rothenbaumchaussee und meldete mich zunächst bei Ralph Poston, dem Chef des unter englischer Leitung neu gebildeten Rundfunks. Poston zählte zu den besten Leuten, die die Besatzungsmacht in Deutschland eingesetzt hatte; voller Idealismus widmete er sich dem Aufbau des Senders, als wenn er nicht in kurzer Zeit ohnehin nach England zurückkehren würde, wo er übrigens später Geistlicher wurde. Zu meiner Überraschung und Freude fand ich in seinem Stab jenen Captain Walter Everitt, den ich aus gemeinsamen Tagen im Pionier-Korps kannte. Everitt wiederum – eigentlich Eberstadt aus Hamburg und heute, als Bankier, wieder Eberstadt, New York – hatte gleich noch einen alten Freund aus Pionier-Tagen bei sich – Rolf James, ehemals Jessen, Sohn eines Siemens-Vorstands, Rhodes-Stipendiat, der ohne politische Notwendigkeit, einfach aus Abneigung gegen die Nazis, nach dem Studium in England geblieben war.

So saß ich nun auf dem Sofa von Zahns kleinem Büro, hinter mir die Aktendurchreiche zu Axel Eggebrecht, jenem liebenswertengagierten Linksintellektuellen, dessen Typ mir aus dem Elternhaus so vertraut war und dessen politischen Ansichten ich so fernstand. Peter von Zahn, Anfang dreißig, rötlich blond, mit blauen Augen, leicht vernarbtem Gesicht, auffallend gut aussehend und von allen Mädchen angehimmelt, war PK-Offizier (Propagandakompanie-Kriegsberichterstatter) an der Front gewesen. Mit einer Engländerin verheiratet, sprach er perfektes Englisch – mit sächsischem Akzent. Zahn war voller Ingrimm gegen die Nazis; er wollte auch unteren und mittleren Chargen der HJ keine »mildernden Umstände« zubilligen. Die Versuchung sei doch wohl sehr groß gewesen, meinte ich; hätte man es einem begabten, führungswilligen Jungen zumuten können, Verantwortung zu übernehmen? Später hat mir Zahn gestanden, daß ihm nach unserem Gespräch gewisse Zweifel an seiner kompromißlosen Haltung gekommen seien.

Bald hatte ich eine Gelegenheit, mich für Kösters Entgegenkommen zu revanchieren. Die Prinzessin Edelgard von Schönaich-Carolath war aus Südafrika, wo sie den Krieg verbracht hatte, zurückgekehrt und wollte nun ihren Bruder, den Grafen Waldersee, auf Gut Waterneversdorf bei Lütjenburg besuchen. Das ostholsteinische Gebiet aber war Sperrzone, weil dort ein Teil des kapitulierten Heeres konzentriert war. Köster fragte mich, ob ich die Prinzessin durchschleusen könnte. Dafür hätte ich einen speziellen Passierschein benötigt, aber ich ließ mich breitschlagen und es auf einen Versuch ankommen. So setzte ich kurz entschlossen die Prinzessin in meinen Humber Stabswagen. Am Kontrollpunkt verlangte ein Soldat die Papiere. Ich gab ihm meinen gewöhnlichen Militärausweis und sagte barsch: »Hurry up, hurry up, I can't keep the Princess waiting!« Der Mann muß geglaubt haben, es handele sich um eine englische Prinzessin; jedenfalls salutierte er, und wir waren durch. Mein Fahrer gab Gas. Versonnen betrachtete ich die schöne holsteinische Landschaft, atmete tief den Duft des geernteten Getreides; wie Vogelscheuchen wirkten dazwischen die heruntergekommenen Erscheinungen der überall biwakierenden deutschen Soldaten und Offiziere ohne Rangabzeichen.

Das Schloß war voller Flüchtlinge; sie kampierten in allen Zimmern, und selbst im großen Spiegelsaal lagerte praktisch in jeder Ecke eine Familie. Nur der Salon hatte noch etwas von alter, wenn auch abgeschabter Pracht: schöne weiße Louis-Quinze-Möbel mit roten Bezügen. Graf Waldersee, in den Fünfzigern, bleich und ausgemergelt, war sichtlich erfreut über den Besuch seiner Schwester. Die beiden wollten sich ins Arbeitszimmer zurückziehen und bestanden darauf, daß ich mitkäme. Der Graf am Schreibtisch, über ihm das Portrait eines Ahnen. Mein Blick wechselte vom Lebenden zum Toten: Sie sahen sich verblüffend ähnlich. Zum Entsetzen seiner Schwester erzählte der Graf dann, er sei Ortsgruppenleiter gewesen und erwarte jeden Moment seine Verhaftung. Sein gepacktes Köfferchen stand griffbereit. Er versuchte, sein Handeln zu erklären: »Die Kerle hatten doch die finstersten Dinge im Sinn. Und da sollten nun der gräßliche Apotheker oder der Lehrer Ortsgruppenleiter werden. Da war es schon besser, daß ich die Sache selbst in die Hand nahm. Und ich habe auch wirklich die meisten Anweisungen des Gauleiters Lohse, der übrigens ein ganz auskömmlicher Mensch war, in den Papierkorb werfen können. Wir sind zwar auf diese Weise gut durchgekommen, aber nun werde ich dafür bezahlen müssen.« Die Prinzessin verstand, blieb aber bei ihrer Mißbilligung; ich hingegen tendierte wieder zu »mildernden Umständen«.

Unter Mißachtung des eben bestätigten Befehls, nicht bei deutschen Familien zu wohnen, übernachtete ich im Schloß; ich bekam das Zimmer des noch nicht zurückgekehrten Sohnes. Der nächste Tag war ein Sonntag. Unter den vielen Gästen, die zum kärglichen Tee kamen, war der greise und sehr schwerhörige Lettow-Vorbeck, der legendenumwobene General des Ersten Weltkrieges aus Deutsch-Ostafrika. Plötzlich öffnete sich die große weiße Flügeltür: Strahlend, in gewichsten Stiefeln, makelloser Uniform, mit roten Generalstabsstreifen und vollen Rangabzeichen, betrat Major Philipp von Bismarck den Raum. Welcher Kontrast zu den armseligen demoralisierten Offizieren, deren Anblick mich auf dem Wege nach Waterneversdorf so deprimiert hatte.

Bismarck und sein Bruder fielen als Generalstäbler unter die sogenannte automatische »Arrest-Kategorie«. Aber irgendwie hatten sie die zuständigen britischen Feldoffiziere derart beeindruckt, daß sie – ich glaube, unter dem Vorwand, für den Rundfunk benötigt zu werden – einen beinahe ständigen Lagerurlaub hatten.

Es entbrannte eine leidenschaftliche Diskussion, in der Bismarck auch den Engländern Militarismus vorwarf. »Aber zumindest rasseln sie nicht mit dem Säbel!«, warf ich ein. Der greise Lettow beugte sich nach vorn, seine Hand am Ohr, und fragte mich: »Sagen Sie mal, Captain, sprechen Sie von der Armee oder von der Flotte?« Ich gab mich geschlagen.

In Waterneversdorf erfuhr ich, daß Hans Schlange-Schöningen nach der Flucht von seinem Gut an der Oder in Lütjenburg, in der Wohnung seines ehemaligen Kutschers, Unterschlupf gefunden hatte. Schlange hatte zu jenen deutsch-nationalen Abgeordneten im Reichstag gehört, die mit dem rechtsradikalen Kurs des Parteiführers Alfred Hugenberg nicht einverstanden gewesen waren. Unter Führung des Grafen Westarp hatten einige Gleichgesinnte die Fraktion verlassen und eine liberal-konservative Partei gegründet, die sie »Volkskonservative Reichspartei« nannten und die 1931/32 mit der Minderheitsregierung des Reichskanzlers Brüning koalierte. Schlange wurde Minister und Reichskommissar für Osthilfe. Schon als Primaner war er mir ein Begriff gewesen, und als ich ihn nun in Lütjenburg besuchte, wurden meine frühen Vorstellungen nicht enttäuscht: Ein pommerscher Junker von geistigem Format und voller Witz. Seine Frau war eine Gutsfrau, wie man sie sich vorstellt, mit Dutt, herb und mütterlich. Wir verstanden uns vorzüglich. Schlanges hatten einen Sohn, der nach Brasilien gegangen war und dort Kaffee pflanzte. Es gab noch keine Postverbindung. Ob ich wohl einen Brief befördern könnte? Von da an ging die Korrespondenz zwischen Eltern und Sohn – wie die vieler anderer deutscher Freunde auch – über meine Militäradresse. Auch die Gräfin Waldersee hatte mir ein Freßpaket für ihre Schwester, Frau von Bülow, mitgegeben, die an einem Berliner Krankenhaus als Oberin tätig war. So begann meine Tätigkeit als »Postbote«, die bald ungeahnte Ausmaße annehmen sollte.

Die Nachricht über mein befehlswidriges Verhalten in Waterneversdorf verbreitete sich wie ein Lauffeuer. Das britische Hauptquartier Schleswig-Holstein stellte Nachforschungen an, und als ich zu meiner Dienststelle zurückkehrte, lag eine Anzeige gegen mich vor, die mich vor ein Kriegsgericht bringen sollte. Gilpin lachte nur: »Das ist doch ganz einfach: Für einen Intelligence-Offizier gilt der Non-Fraternization-Befehl nicht.«

Für Anfang September hatte Kai Köster ein Gespräch mit Bürgermeister Petersen arrangiert. Im Vorzimmer wartete ein kleiner, agiler, schwarzhaariger, etwa vierzigjähriger Mann, dem Köster ebenfalls einen Termin mit dem Bürgermeister vermittelt hatte. Er hieß Blankenhorn und war Diplomat gewesen; als solcher hätte er längst »automatisch« verhaftet sein müssen, weshalb ihm das Zusammentreffen mit einem uniformierten englischen Hauptmann nicht ganz geheuer sein mochte. Aber Köster hatte ihm wohl beruhigende Worte zugeflüstert, so daß sich im Vorzimmer schnell ein lebhaftes Gespräch über die politische Situation entwickelte. Ich bedauerte es fast, als Petersen mich hereinbat, zu Blankenhorns leichtem Ärger vor ihm.

Rudolf Petersen gehörte einer alten Hamburger Patrizierfamilie an; sein Onkel Carl Petersen war einer der großen Bürgermeister der Stadt gewesen. Petersen, dem Chef der Familienfirma, ging der Ruf eines gerissenen Geschäftsmannes voraus. Die Militärregierung hatte den Handelsherrn mit dem wohlklingenden Namen und einer weißen Weste zum Ersten Bürgermeister der Hansestadt ernannt.

Da stand er vor mir, ein soignierter, blendend aussehender älterer Herr mit schmalem Gesicht, leuchtenden blauen Augen und einem grauen Schnurrbart; er gab sich vollkommen souverän, war herzlich und bar jeder Verbeugung vor dem Vertreter der Besatzungsmacht. Über die Jugend hatte er nicht viel zu sagen, aber der Funke der Sympathie sprang über, und er faßte sofort Vertrauen zu mir. Was ihn drängte, waren die Fragen des Tages: Ernährungs-, Wohnraum-, Energie-, Kohle-, Verkehrsprobleme. Den deutschen Spitzenbehörden war eine Abstimmung untereinander nicht gestattet; die zonale Koordinierung blieb den Gouverneuren vorbehalten. Diese wachten eifersüchtig darüber, daß die ihnen unterstellten Deutschen sich nicht mit Kollegen in Verbindung setzten. Andererseits aber hatten sie selber kaum Möglichkeiten, sich über die Grenzen ihrer Region hinaus zu orientieren oder gar beim Militärgouverneur eine übergreifende Regelung durchzusetzen. Es mangelte den Offizieren nach Petersens Ansicht nicht an gutem Willen, aber fast immer an der nötigen Sachkenntnis; auch die deutschen Amtsträger brächten häufig nicht die erforderliche Kompetenz mit, da sie oft aus anderen Berufen kämen. Je höher die Verwaltungsebene, desto mehr würden sich diese Mängel bemerkbar machen, und besonders gravierend sei das bei Fragen, die über den Regionalbereich hinausgingen; es müsse dringend Abhilfe geschaffen werden.

Frank und frei erzählte mir Petersen, daß er sich deshalb mit den Ministerpräsidenten der Länder und den Oberpräsidenten der Provinzen bereits am 3. September insgeheim beim früheren Reichs- und Preußischen Innenminister Severing in Bielefeld getroffen hätte. Für den 21. September sei eine weitere Zusammenkunft in Bad Nenndorf verabredet. »Kommen Sie doch auch hin«, sagte er. Das war nicht nur ein gewagtes Geständnis, sondern auch eine sensationelle Einladung. Telefonisch informierte ich Gilpin und riet ihm, diese Konferenz trotz der Verletzung der Besatzungsanweisungen mit allen Mitteln zu fördern. Kurz danach wurde ich krank und lag, von allen Verbindungen abgeschnitten, in einem ärmlichen Offizierskasino in Kiel. Als ich halb genesen nach Bad Oeynhausen zurückkam, sagte mir Gilpin, daß mich General Templer unverzüglich zu sehen wünsche. Gilpin hatte meine Information weitergeleitet.

General Templer war »Deputy Chief of Staff Exec.« unter dem Stabschef und Stellvertretenden Militärgouverneur General Robertson und regierte de facto die britische Zone. Er wohnte in einem Schloß, hatte sein Hauptquartier aber in einem kleinstädtischen Gebäude im westfälischen Lübbecke. Mit einem so hohen Tier hatte ich bis dahin nichts zu tun gehabt, und nervös machte ich meine Meldung beim Adjutanten, der seinen Platz im selben großen Zimmer wie Templer hatte. Der General verkürzte die Prozedur der Anmeldung und befahl mich barsch zu sich herüber. Er saß an seinem Schreibtisch, dunkelhaarig, mit weit auseinanderstehenden Augen, ausgeprägten Backenknochen, dem obligaten Schnurrbart des Berufsoffiziers, angespannt bis zur Nervosität, sehnig und ungeduldig. Auf dem Schoß hielt er einen Dackel, den er mit knappen, rhythmischen Bewegungen streichelte.

Ich mußte detailliert über mein Gespräch mit Petersen berichten. Dann forderte er mich auf, von mir zu erzählen. Er hörte aufmerksam zu und stellte knappe Zwischenfragen. Meine Lage und meine Motive hat er wohl nie ganz verstanden: Wie konnte ein Deutscher, der sich laut eigener Aussage immer noch als preußischer Staatsangehöriger und Patriot begriff, in britischer Offiziersuniform vor ihm stehen? War ich nicht doch irgendwie ein Verräter? Aber nützlich könnte ich ja sein. Jedenfalls hat Templer sofort erfaßt, daß etwas im Gange war, das Früchte tragen konnte: Auf der Stelle befahl er mir, an dem bevorstehenden Treffen in Bad Nenndorf in seinem Auftrag teilzunehmen. Als ich mich in Bad Oeynhausen bei Gilpin zurückmeldete, empfing der mich lachend: »Du hast Eindruck gemacht, aber der General hat doch gefragt: ›He is a Prussian, can you trust him?‹« Gilpin, der mit den Problemen deutscher Patrioten in feindlichen Heeren besser vertraut war, hatte beim General für mich geradegestanden.

Das Treffen in Nenndorf fand bereits am nächsten Tag, dem 21. September, statt. Tagungsort war ein Kasernenkomplex. Als ich eintraf, hatte die Konferenz schon begonnen. Es war ein heißer Spätsommermorgen, und die Fenster waren geöffnet; draußen konnte man jedes Wort verstehen. Ich überlegte. Lauschen konnte ich beim besten Willen nicht. Einfach hineinzugehen, wäre ebenso ungeschickt gewesen; meine Uniform hätte angesichts des befehlswidrigen Charakters der Zusammenkunft die Teilnehmer verstört und möglicherweise jedes offene Wort verhindert. Irgendwann müßte es ja eine Pause geben, dann hätte ich bestimmt Gelegenheit, Petersen zu begrüßen. Also legte ich mich in die Sonne und dachte nach. Ich hatte nicht Besatzungsoffizier werden wollen. Nun war ich es. Die Studie über die Lage der deutschen Jugend war vergessen. Ich weiß gar nicht mehr, ob ich sie je beendet habe; gut wäre sie sicher nicht geworden. Immer hatte mein Interesse der Politik gegolten, hatte ich einen politischen Beitrag leisten wollen: Und jetzt hatte ich einen diplomatischen Auftrag!

Stimmen. Die Tagungsteilnehmer zogen in ein anderes Haus zum Mittagessen. Ich ging auf sie zu. Ein Augenblick der Lähmung. Dann, freundlich lächelnd, Petersen: »Kein Grund zur Besorgnis, meine Herren, ich habe Captain Thomas persönlich eingeladen. Es ist alles in Ordnung. Kommen Sie, essen Sie mit uns.« Etwas beklommen betraten wir das Gebäude; eine karge Rationsmahlzeit wurde serviert.

Außer Petersen, der den Vorsitz führte, saßen am Tisch die Oberpräsidenten von Westfalen, Hannover und Schleswig-Holstein, Amelunxen, Kopf und Hövermann; der stellvertretende Oberpräsident der Nordrhein-Provinz, Lehr; der frühere Ministerialdirigent Spiecker; Herr Baurichter als Stellvertreter des ehemaligen Reichs- und Preußischen Innenministers Severing; der Regierungspräsident der Nordrhein-Provinz, Kolb, und schließlich einige Referenten, darunter natürlich Kai Köster.

Ich umriß kurz meinen Auftrag, über die an sich regelwidrige Konferenz General Templer persönlich zu berichten. Dabei machte ich deutlich, daß ich mich selbst mit Nachdruck für eine vertrauensvolle Zusammenarbeit zwischen Briten und Deutschen sowie für den raschestmöglichen Wiederaufbau Deutschlands einsetzen wollte. Schnell lockerte sich die Atmosphäre; man hatte verstanden, meinen Auftrag verstanden, mich verstanden.

Die lebhafte Diskussion erlaubte es mir, mir ein erstes Urteil über die Anwesenden zu bilden. Ganz allgemein beeindruckte mich zunächst ihr Niveau, ihre offenbare Kompetenz und ihre persönliche Würde. Nach allzuviel Unterwürfigkeit und Liebedienerei war dies ein befreiendes Gefühl. Am schnellsten fand ich Kontakt zu Hinrich Wilhelm Kopf. Er war alter Sozialdemokrat, was einem zu glauben schwerfiel. Bald sollte er der »rote Welfe« genannt werden, mehr Welfe als rot. Er war um die Fünfzig, hatte einen Löwenkopf mit graumelierter Mähne, einen dichten großen Schnurrbart und wasserklare blaue Augen. Er hörte es nicht ungern, wenn man ihm seine Ähnlichkeit mit Bismarck bezeugte; der massige Reichskanzler hatte bekanntlich eine hohe Stimme, und die metallische von Kopf verstärkte noch diese Assoziation. Er gab sich natürlich und direkt, war herzlich und unaufgeblasen. Wenn er einen ansah und, bevor er zu sprechen begann, eine lange Pause machte, ging ein unbezwinglicher Charme von ihm aus. Die Nazis hatten den preußischen Landrat aus Hadeln verjagt; er hatte sich in den zwölf Jahren des Regimes mehr schlecht als recht durchgeschlagen, und nun war er Oberpräsident.

Ebenfalls fünfzigjährig war Robert Lehr: Ein schmaler Kopf, Glatze, grauer Schnurrbart, sehr leuchtende helle Augen; obwohl er abgemagert war, hatte er doch die deutsche Speckfalte im Nacken – eine etwas spießige Mischung aus Beamtem, Offizier und Industriellem, das Urbild eines Deutschnationalen. Er war ein sehr tüchtiger Administrator, listig, klug und bedächtig. Ein aufrechter Mann, der sich stets verbindlich anzupassen wußte. Für ihn erwärmte ich mich erst allmählich, aber dafür um so mehr. Als Protestant und Oberbürgermeister von Düsseldorf hatte er stets in offenem Streit mit dem Oberbürgermeister von Köln gelegen. Gern erzählte er die Geschichte, daß Adenauer den Düsseldorfern die »große Fresse« des Neandertalers vorgeworfen habe, jenes Ureinwohners aus der Gegend von Düsseldorf. Er, Lehr, habe darauf erwidert, daß dort immerhin schon Menschen gelebt hätten, während es in Köln noch keine gab. Seiner Verhaftung durch die Nazis hatte er sich entzogen, indem er nur mit einem Nachthemd bekleidet über die Dächer floh.

Amelunxen, ein hochgewachsener Westfale mit einem vierschrötigen, bebrillten Gesicht, hätte nach seinem Aussehen, wie so viele Zentrumspolitiker, ebensogut Priester sein können. Echte politische Leidenschaft und die Durchsetzungskraft, die notwendig gewesen wäre, um sich nach der Zusammenlegung von Westfalen und Nordrhein als Ministerpräsident zu behaupten, fehlten ihm. – Spiecker war eine kleine, undurchsichtige graue »Zentrumsmaus«. Was immer er sagte, war verhalten, zweideutig, geheimnisvoll. Ich ahnte einen guten Draht zum britischen Geheimdienst, was sich bestätigen sollte. Nach der mißglückten Wiederbelebung der Zentrumspartei verschwand er bald in der Versenkung.

Severing war wegen einer schweren Erkrankung seiner Frau nicht anwesend, aber alles deutete darauf hin, daß er die Führung der Runde übernehmen würde. In ihm, als einem der wenigen überlebenden Großen aus der Weimarer Zeit, sah man die geeignete Figur, die man der Besatzungsmacht präsentieren konnte. Mir war allerdings noch der klägliche Abgang in Erinnerung, als Papen 1932 die preußische Regierung unter Otto Braun absetzte und niemand Widerstand leistete, auch Severing nicht, der als Innenminister Chef der Polizei war.

Severing hatte sich über die britischen Stellen in Bielefeld um ein Treffen mit General Templer bemüht und offenbar eine Zusage erhalten. Ich meinerseits hatte bei Templer angeregt, über die Köpfe der örtlichen Provinzgouverneure hinweg einen direkten Draht zum Militärgouverneur herzustellen. Templer sei bereit, so konnte ich nun der Runde berichten, Petersen zur Diskussion übergreifender, das heißt zonaler Probleme zu empfangen. Daraufhin entschieden die Herren, daß Severing und Petersen gemeinsam Templer aufsuchen sollten.

Nach Tisch wurde die Sitzung fortgeführt. Ich folgte der Einladung, daran teilzunehmen, bot jedoch an, hinauszugehen, sobald etwas besprochen werden sollte, was vielleicht nicht für die Ohren der Militärregierung bestimmt war. Davon wollte man nichts wissen: Es gäbe keine Geheimnisse, außer der bisherigen Geheimhaltung der Treffen. Im Mittelpunkt der Gespräche stand die Notwendigkeit einer zentralen Lenkung der Verkehrs-, Kohle- und Wohnraumfragen. Die nächste Sitzung sollte nach der Zusammenkunft von Severing und Petersen mit General Templer abgehalten werden.

Zurück in Bad Oeynhausen, wurde ich unverzüglich zu Templer beordert, der nicht auf einen schriftlichen Bericht warten, sondern vorab mündlich informiert werden wollte. Ich schilderte ihm detailliert meine Eindrücke von den einzelnen Konferenzteilnehmern und charakterisierte vor allem Petersen, Kopf und Lehr. Dann berichtete ich über die Sachdiskussion und trug den dringenden Wunsch der Teilnehmer vor, von Templer persönlich empfangen zu werden. Am Schluß entschied er etwa wie folgt: »Die Treffen sind in Ordnung. Sie sind nützlich. Sie,

Thomas, werden allen beiwohnen. Sie erstatten Bericht über die Diskussionen und bringen die Unterlagen über etwa gefaßte Entschließungen und Vorschläge mit. Mein Stab wird dazu unverzüglich Stellung nehmen, und Sie werden diese jeweils bei der nächsten Zusammenkunft übermitteln. Ich werde einen Termin für Petersen und Severing veranlassen. Sie werden zugegen sein. Zwischen den Treffen fungieren Sie als mein persönlicher Verbindungsoffizier. Sie bereisen die britische Zone, sehen sich Land und Leute an und finden heraus, was vorgeht. In Abständen von vierzehn Tagen bis drei Wochen berichten Sie mir persönlich. Sie melden sich einfach telefonisch bei mir an und kommen direkt zu mir.«

Normalerweise dauerte es Tage, bis man zu Templer vorgelassen wurde, und selbst die ihm direkt unterstellten Generäle hatten kaum »Immediat«-Zugang. Auf meinen Sonderstatus waren die Mitarbeiter des Stabes – ausgenommen der Adjutant Jonathan Blow – äußerst eifersüchtig. Es sollte sich schon bald zeigen, daß ich fast den ganzen Stab zu Gegnern hatte.

In meinen Berichten an Templer habe ich die Teilnehmer von Bad Nenndorf als »Gremium« der Ministerpräsidenten und Oberpräsidenten bezeichnet. Dieser Ausdruck ist in das Vokabular der Militärregierung eingegangen, und bis zur Bildung des Zonenbeirats wurde offiziell vom »Gremium« gesprochen.

Da Templer mir sein Interesse so deutlich zum Ausdruck brachte, nahm ich die Gelegenheit wahr, ihm von meiner Begegnung mit Schlange-Schöningen zu erzählen. Vielleicht hat der irische Grundbesitzer für den pommerschen eine Art Wahlverwandtschaft empfunden, jedenfalls war er sofort Feuer und Flamme. Routinemäßig wurde die Stellungnahme des Geheimdienstes eingeholt. Major Abbott, im Zivilberuf Schullehrer, brachte allerlei Unsinn über Schlanges angeblich reaktionäre Vergangenheit vor, ohne dessen Protest gegen den Hugenbergkurs der Deutschnationalen Partei und seine dezidiert antinationalsozialistische Haltung zu würdigen. Templer wischte das Intelligence-Votum aber einfach vom Tisch. Das konnte eigentlich nur er sich erlauben. Schlange wurde Ernährungsberater der Militärregierung, danach ernannte man ihn zum Leiter des entsprechenden Amtes in Minden, und schließlich, nach der Zonenvereinigung, übernahm er die gleiche Funktion in der Bizone. Als ehemaliger Reichsminister genoß er in der CDU großes Ansehen, und manche wollten in ihm einen Widerpart zu Adenauer sehen. Trotz seiner starken Persönlichkeit konnte davon allerdings keine Rede sein. Dennoch mag dieser Gesichtspunkt bei Adenauer eine gewisse Rolle gespielt haben, als er Schlange zum ersten deutschen Botschafter in London ernannte.

Nachdem ich meinen schriftlichen Bericht abgeliefert und Templer ihn an die zuständigen Abteilungen zur Kommentierung weitergeleitet hatte, begann ich mich in der britischen Zone umzusehen, wobei ich die Aufgabenstellung etwas großzügig interpretierte.

In den letzten Kriegsmonaten hatte in Deutschland eine illegal vervielfältigte Schrift von Ernst Jünger zirkuliert: »Über den Frieden«. Ich hatte mir ein Exemplar beschaffen können. Jünger, den ich seit meiner Schulzeit verehrte, wohnte, wie ich bald herausfand, in Kirchhorst bei Hannover, also nicht weit von Bad Oeynhausen. Am 26. September machte ich mich auf, Jünger zu besuchen. Das dörfliche Pfarrhaus war umgeben von einem kleinen Garten. Jünger lebte dort mit seiner Frau und seinem etwa zwölfjährigen Sohn Alexander, der auf einem verhältnismäßig kleinen Körper einen besonders großen Kopf hatte. Die sonderbar erwachsenen Züge des Kindes wiesen starke Ähnlichkeit mit denen des Vaters auf.

Klein, drahtig, scharf geschnittenen Gesichts, schmale Nase, kalte Augen, leise, metallische Stimme, langsam sprechend, nahm Jünger den Besucher sogleich gefangen, ohne ihn zu erwärmen. Er empfing mich distanziert, freundlich – ohne irgendwie überrascht zu sein. Ich führte mich bei ihm ein als Schüler von Carlo Schmid, den er gut kannte, sowie als Freund von Klaus Valentiner, der ihm während des Krieges in Paris nahegestanden hatte. »Perpetua«, wie Jünger seine Frau nannte, sprach viel und war in ständiger Bewegung.

Die Atmosphäre im Haus war beherrscht von der Ungewißheit über das Schicksal des älteren Sohnes, der als Soldat wegen einer Bemerkung über Hitler denunziert worden war und, wie ich später erfuhr, zusammen mit seinem Freund Wolf Jobst Siedler zum Tode verurteilt werden sollte. Dem Vater war es durch seine Beziehungen zur Wehrmacht gelungen, das Urteil abzuwenden und schließlich nach monatelanger Haft eine Strafaussetzung zur Frontbewährung zu erreichen. Die Siebzehnjährigen waren zum Strafeinsatz nach Italien zu zwei Einheiten geschickt worden, die – vielleicht eine Rache der Nazis für Jüngers »Marmorklippen«, in denen die Figur des »Schinders« Hitlersche Züge trägt – in den Marmorbergen von Carrara stationiert waren. Kurz nach ihrer Ankunft sollte jeder auf eine Patrouille geschickt werden, die auf ein Himmelfahrtskommando hinauslief. Siedler wurde am Vortage verwundet; der Sohn Jüngers kehrte von seiner Patrouille nicht zurück. Der Vater war vom Tod des Sohnes überzeugt, die Mutter beharrte auf ihrer Hoffnung. So kam zu ihnen häufig ein versponnenes kleines Männchen mit einer Nickelbrille, das sie den »Meister« nannten. Er beschäftigte sich mit Astrologie und okkulten Praktiken. Mit Hilfe eines Pendels nährte er, ohne eine klare Aussage zu machen, Perpetuas Glauben an die Möglichkeit, daß der Sohn noch am Leben sei.

Jünger galt bei den Besatzungsideologen als nationalistischer Schriftsteller und durfte nicht gedruckt werden, solange er sich nicht einem Entnazifizierungsverfahren unterzogen hätte. Kalt und hochfahrend wies Jünger es zurück, sich vor einem Tribunal von Ignoranten rechtfertigen zu müssen. Dann bliebe er lieber ungedruckt.

Die Kontroverse über Jünger wird noch immer mit klischeehaften Vorstellungen geführt. Die Ahnungslosigkeit der jungen Intellektualität erwies sich erneut anläßlich der Verleihung des Goethe-Preises 1982.

Mein schriftstellerisch begabter Kollege Major Stuart Hood, der von Jünger stark beeindruckt war, hatte diesen gleich nach dem Waffenstillstand aufgesucht. Er fing an, die »Marmorklippen« zu übersetzen, und bemühte sich darum, daß die Friedensschrift in England erschien. Gleichzeitig ließ mein Freund Wolfgang Frommel das Traktat, das ich ihm nach Amsterdam mitgebracht hatte, in Holland drucken. So entstand die groteske Situation, daß Jünger in England und Holland und bald auch in Frankreich veröffentlicht wurde, während er in Deutschland zum Schweigen verurteilt war.

Auf Veranlassung von Ernst Jünger besuchten Stuart Hood und ich kurz darauf in Berlin Ernst Niekisch. Dieser große politische Denker, der zu den führenden Köpfen der Nationalbolschewisten gezählt hatte, war gerade von den Russen aus dem Zuchthaus befreit worden, in dem er seit 1937 gefangengehalten worden war. Niekisch war fast blind, hatte schwere Lähmungserscheinungen, lebte in ärmlichsten Verhältnissen; dennoch konnten wir uns der Ausstrahlung seiner Persönlichkeit nicht entziehen.

Nach unserer ersten Begegnung bin ich häufig zu Jünger gefahren. Die Gespräche hatten einen merkwürdig monologartigen Charakter. Wenn Jünger die Tür öffnete, kam es, kaum hatte er einen kurz begrüßt, sogleich zu Aussagen. Diese hatten keinen Bezug zu Ereignissen, sondern waren eher abstrakten Charakters. Auch schienen sie weniger für den Besucher als für die Um- und Nachwelt bestimmt: »Es regnet. Am Fenster sammeln sich Tropfen. Der Regen hat etwas Mythisches.« Oder er sprach über irgendwelche Pflanzen und Käfer, mit denen er sich dann wohl gerade beschäftigte.

Einmal besuchte ich ihn gemeinsam mit Carlo Schmid und Wolfgang Frommel. Da saßen drei außergewöhnlich gebildete Menschen von hoher Intelligenz zusammen, und die Gespräche konzentrierten sich bald auf metaphysische Themen. Ich war mir der Einmaligkeit der Situation bewußt, hörte mit Spannung zu, stieß aber an die Grenzen meiner Auffassungsgabe. Ich bin kein Adept Jüngers, aber es besteht für mich kein Zweifel, daß er zu den großen schöpferischen Figuren dieses Jahrhunderts gehört.

Der nächste Besuch, den ich mir vornahm, hatte etwas mehr mit meinem eigentlichen Auftrag zu tun - »to hear what is going on«.

Aus meiner Schul- und Studienzeit war mir der Name des Oberbürgermeisters von Köln, Konrad Adenauer, geläufig. Gleich bei ihrem Einmarsch hatten die Amerikaner den von den Nazis davongejagten Adenauer wieder als Oberbürgermeister eingesetzt. Diesen Mann, einst Vorsitzender des Preußischen Staatsrates und von großem Einfluß innerhalb der Zentrumspartei, wollte ich kennenlernen. Köln gehörte zur britischen Zone, und so machte ich mich in den ersten Oktobertagen auf den Weg. Wie es der Comment erforderte, meldete ich mich zunächst beim britischen Stadtkommandanten, um ihn zu informieren. Der Kommandant war verreist; sein Stellvertreter, ein junger, rothaariger Major, erklärte mir mit saurer Miene: »Da kommen Sie zu spät, den haben wir vor drei Tagen (am 6. Oktober) abgesetzt.« Die Verantwortung hierfür trage der Gouverneur der Rheinprovinz, Brigadegeneral Barraclough, in Düsseldorf. Trotz mehrfacher Mahnungen habe Adenauer, statt sich der Trümmerbeseitigung anzunehmen, seine Zeit mit »politischen Intrigen« verbracht. Dies war alles, was der junge Major wußte. »Es ist der größte Fehler, den die Besatzungsmacht bisher begangen hat«, fügte er hinzu, »Adenauer ist eine der stärksten politischen Persönlichkeiten in der Zone. Und wir werden für diese Aktion bitter bezahlen müssen.« »Dennoch«, sagte ich, »möchte ich ihn aufsuchen.« Er stimmte sofort zu. »Das können Sie tun, fahren Sie einfach nach Rhöndorf. Da hat er sein Haus.«

Am nächsten Tag klingelte ich am Zenningsweg 8a. Sohn Paul, der Priester, öffnete die Tür; beim Anblick meiner Uniform huschte ein leichter Schrecken über sein Gesicht. Ich sagte betont beruhigend: »Ich komme vom Hauptquartier der Militärregierung und möchte Ihren Vater sprechen.« In einem kleinen Zimmer mit hellen Biedermeiermöbeln wurde ich empfangen. Adenauer stand noch unter dem Schock der brüsken Entlassung; ich war der erste englische Offizier, den er seitdem sprach. Ich erklärte meine Position, meinen Auftrag, meine Kenntnis über die Gründe der Absetzung und machte - wohl zu seiner Enttäuschung - deutlich, daß mein Besuch mit den jüngsten Ereignissen nichts zu tun hätte. Dann erzählte er mir, vielleicht als erstem Fremden, jene Geschichte, die inzwischen allgemein bekannt ist: Die ganze Absetzung hatte fünfzehn Minuten gedauert und Adenauer mußte sie im Stehen über sich ergehen lassen. Begründung: Versagen bei der Trümmerbeseitigung (»inefficiency«). Eine Diskussion gab es nicht. Adenauer erhielt das Verbot jeglicher politischer Betätigung, und es wurde ihm untersagt, die Stadt Köln zu betreten. Auf den Hinweis, daß dort seine Frau schwerkrank in einem Krankenhaus liege, meinte Barraclough, er könne sie besuchen - zweimal wöchentlich, soweit ich mich erinnere. Da das Krankenhaus, von

Rhöndorf aus, auf der anderen Seite der Stadt lag, mußte Adenauer Köln umfahren und die Stadtgrenze an der dem Krankenhaus nächsten Stelle passieren.

Adenauer hat diese schmähliche Veranstaltung erhobenen Hauptes verlassen. »Auch bei uns zeichneten sich ja Fallschirmjenerale nicht durch besondere Intellijenz aus. Aber die Bejründung kann nicht die janze Wahrheit sein. Es ist doch unmöglich, daß so ein Brijadejeneral einen Mann wie mich absetzen kann. Da muß doch eine Weisung des Foreign Office vorliejen. Vielleicht jlaubt man, ich habe mich heimlich mit de Jaulle jetroffen. Ich habe mich aber nicht mit de Jaulle jetroffen!«

Adenauer hatte ein schlechtes Gewissen, denn, wie ich später erfuhr, hatte er sich tatsächlich mit einem Abgesandten de Gaulles getroffen, was aber Barraclough und wohl auch der Intelligence verborgen geblieben war. Dann folgten die bekannten Beteuerungen seiner großen Liebe zu England und daß während der gesamten Nazizeit eine seidene englische Flagge in seinem Garten vergraben gewesen wäre. Früher wären die Engländer »Jentlemen« gewesen, aber das seien sie wohl nicht mehr. »Sehense«, sagte er, »ich bin 'ne alte Mann, ich habe jar keine politische Ehrjeiz mehr...« Noch heute bin ich stolz auf meine Antwort: »Herr Dr. Adenauer, das kaufe ich Ihnen nicht ab!« Über sein vergrämtes Gesicht glitt ein schnell unterdrücktes Lächeln. Er gab sich noch einige Zeit den Anschein, nur widerwillig und auf Drängen anderer eine verantwortliche Position in der Politik einzunehmen. Dies ist noch immer eine weitverbreitete Ansicht. Ich war vom ersten Augenblick an vom Gegenteil überzeugt; ich spürte nicht nur eine Bereitschaft, sondern den Drang, eine Führungsrolle zu spielen.

Aus meiner Empörung über die Umstände seiner Absetzung machte ich kein Hehl und versprach, sofort nach Düsseldorf zu fahren, bei Barraclough vorstellig zu werden, Einsicht in die Akten zu verlangen. »Herr Dr. Adenauer, wenn ich Ihnen das Ergebnis aus Gründen der Geheimhaltung nicht mitteilen kann, so werde ich Ihnen das klar sagen. Aber Sie können sich darauf verlassen, daß die reine Wahrheit sein wird, was ich Ihnen sage.«

Am nächsten Morgen war ich in Düsseldorf bei Barraclough. Telefonisch wurde im Hauptquartier erst einmal rückgefragt, ob ich wirklich Templers Liaison-Officer sei. Dann erzählte mir der kleine untersetzte, lebhafte Fallschirmbrigadier seine Version von den Vorfällen: »Der Kerl ist unfähig. Köln ist die am schlechtesten aufgeräumte Stadt der britischen Zone. Er ist mehrfach ermahnt worden. Ich hatte den Besuch meines Vorgesetzten, des Korpskommandeurs. Er hat den Zustand von Köln bitter beklagt und sofortige Abhilfe verlangt. Er kam ein zweites Mal. Wieder waren die Bombentrümmer kaum aufgeräumt, nur politische Intrigen waren gesponnen. Wir brauchen jetzt keine Politik, wir brauchen aufgekrempelte Ärmel, um das Land wieder in Gang zu kriegen. Ich hatte einfach genug von ihm. Ich habe ihn abgesetzt.« Ich fragte, warum Adenauer Köln nicht betreten dürfe. »Damit er keine Gelegenheit hat, dort zu politisieren.« Ich überschritt meine Kompetenzen: »Mußte die Absetzung denn in dieser Form geschehen?« Diese etwas vorwitzige Frage eines Hauptmanns an einen General wurde barsch beiseite geschoben. Aber meine weitere Frage, ob es noch andere Gründe oder gar einen Wunsch des Foreign Office gegeben hätte, wurde offen und eindeutig verneint. Der Mann war nicht dumm, wie Adenauer angedeutet hatte, sondern ein engagierter, von den politischen Aspekten, die seine Aufgabe mit sich brachte, allerdings überforderter Soldat, den die Rüffel seines Vorgesetzten beunruhigten. Einem Verbindungsoffizier von Templer gegenüber fühlte er sich verunsichert; jetzt befand er sich in Verteidigungsstellung.

Die Akteneinsicht war höchst interessant. In der Tat war das erste Dokument ein Brief des Foreign Office an den politischen Berater des Militärgouverneurs, Sir William Strang. Es war aber lediglich ein kurzer Begleitbrief zu dem Schreiben eines Generals a. D., der nach dem Ersten Weltkrieg Kommandant von Köln gewesen war und der nun seine Meinung über Adenauer zum besten gab. Der Brief des Generals hatte folgenden Tenor: Dieser Adenauer sei immer ein Gegner Englands und immer ein schwieriger Mann gewesen. Bei einem Autounfall sei er schwer verletzt worden und hätte seither ein künstliches Kinn. Auch sonst sei ihm nicht zu trauen. Auf keinen Fall als OB von Köln. Ein dümmliches Schreiben.

Das Foreign Office hatte es Strang bzw. dem Leiter der Political Division, Christopher »Kit« Steel, überlassen, was damit anzufangen sei. Steel gab den Brief an Barraclough, nur zur Information. Ich glaube sogar mit einer ironischen Bemerkung. Der Brief hat bei Barracloughs Entscheidung nicht die geringste Rolle gespielt. In der Akte folgte dann nur ein Vermerk über Adenauers politische Tätigkeit für die in Gründung begriffene CDU und über sein Unvermögen, die Trümmer zu beseitigen. Nach der Lektüre traf ich nochmals mit Barraclough zusammen. Es war klar, daß die Trümmerfrage und dieses »gräßliche Politisieren« die einzigen Gründe für Adenauers Entlassung waren, genauer gesagt für die erniedrigenden Auflagen Barracloughs, der nichts mehr verachtete als Ineffizienz und politische Intrigen. Es war hoffnungslos, mit diesem Soldaten weiterzukommen; ich mußte unverzüglich etwas unternehmen.

Am selben Abend gab es einen großen Empfang der Militärregierung in dem einzigen funktionsfähigen Hotel der Stadt. Eine Stunde vorher traf ich auf der Hoteltreppe Oberstleutnant Annan, der unter

Kit Steel in der Politischen Abteilung arbeitete. Erst siebenundzwanzig Jahre alt, war er bereits Dozent in Cambridge; brillant, differenziert, lebendig und tatkräftig, hatte er bei der Vorbereitung der Besatzungspolitik in den politisch-militärischen Stäben eine nicht unwesentliche Rolle gespielt. Sein im November 1945 verfaßter Bericht über die beginnenden politischen Aktivitäten in Deutschland hat die Entscheidungen der britischen Regierung maßgeblich beeinflußt und wird von deutschen Historikern mehrfach zitiert. Wenn wir uns auch bald wegen seines Engagements für die Deutschlandpolitik der Labour Party in den Haaren lagen, so habe ich doch bis heute eine große Bewunderung für Lord Annan. Jahrelang war er Rektor des King's College Cambridge, dann Rektor der Universität London und Vorsitzender der Königlichen Kommission für das britische Fernsehen; noch immer ist er eine herausragende Figur des politischen und akademischen Lebens in England.

Annan war eben aus dem Hauptquartier gekommen und hatte keine Ahnung von der Absetzung Adenauers. Meine Darstellung bestürzte ihn; er versprach, über Kit Steel sofort bei Templer zu intervenieren, um meine bevorstehende Demarche zu unterstützen. Am nächsten Tag fuhr ich wieder zu Adenauer. Daß die Absetzung das alleinige Werk Barracloughs gewesen sei und daß das Foreign Office nichts damit zu tun habe, enttäuschte ihn eigentlich ein wenig. Ich berichtete, daß ich die Unterstützung der Politischen Abteilung der Militärregierung für die Aufhebung der Auflagen hätte und in den nächsten Tagen bei General Templer vorstellig werden würde. Wenn Adenauer mir auch nicht ganz zu glauben und meinen Optimismus hinsichtlich des Erfolgs zu bezweifeln schien, so war doch eine gewisse persönliche Zuneigung aufgekeimt. Ich blieb ziemlich lange bei ihm. Er erzählte mir von seinen politischen Aktivitäten, von seiner Geringschätzung für Holzapfel, der die Führung der CDU anstrebe, und dann holte er aus seinem Schreibtisch den von ihm verfaßten Entwurf für das CDU-Programm und las ihn mir vor.

»Wie findense dat?«, fragte er. Ich meinte, es sei sehr gut formuliert, nur seien die vielfachen Verbeugungen vor der Besatzungsmacht überflüssig, niemand verlange das von ihm. Aus seinen Schamanenaugen blinzelte er mich überrascht an. Da saß einer in englischer Uniform und wollte ihn, den würdigen alten Fuchs, überzeugen, daß er den Engländern keine Komplimente zu machen brauche. »Da habense eijentlich janz recht«, sagte er und fing an zu streichen.

Schnurstracks fuhr ich nun zu Templer und berichtete ihm mit aller Drastik über die Vorfälle. »Barraclough hat offensichtlich einen Fehler gemacht, aber es bleibt mir nichts anderes übrig, als ihn zu decken«, das war seine erste Reaktion. Inzwischen aber begannen die von Noel Annan in Gang gesetzten Mühlen zu mahlen. Kit Steel nahm Kontakt mit Templer auf. Ende November teilte mir Adenauer brieflich mit, daß ein erster Beweis erbracht sei, der meinen Optimismus rechtfertige. Mit einem Brief vom 5. 12. 1945 bestätigte ich seine Mitteilung. Am 7. 12. wurde Adenauer durch den Stadtkommandanten von Köln davon unterrichtet, daß Oberstleutnant Annan am 9. 12. in Düsseldorf vor prominenten Politikern der Rheinprovinz eine Rede halten werde. Adenauer wurde regelrecht dorthin befohlen, »You are required to attend... You will report to... to obtain the necessary permits. You are requested to acknowledge...«, und es wurde ihm sogar ein Fahrzeug angeboten. Gleichzeitig erfolgte eine entsprechende Einladung über den Oberpräsidenten der Nordrhein-Provinz, der ebenfalls ein Fahrzeug anbot. Drei Tage später schickte der Oberpräsident Nordrhein ein Telegramm an Adenauer, demzufolge Brigadier Barraclough Adenauers Besuch für den 14. 12. »erbittet«. In diesem Gespräch hat dann Brigadier Barraclough alle Beschränkungen aufgehoben: das Verbot politischer Aktivität, das Verbot, Köln zu betreten, und das Verbot, in Köln zu leben.

Als ich Templer am 13. 10. über Adenauers Absetzung berichtete, wies er mich an, vier Tage später seinem Treffen mit Severing und Petersen beizuwohnen. Templer hatte seinen Stabschef Brigadier Britten, seinen »Innenminister« General Balfour und andere, darunter den Direktor der Politischen Abteilung, Christopher Steel, hinzugezogen. Die Mienen der Herren des Stabes schienen ausdrücken zu wollen, daß sie Templers zuvorkommendes Verhalten gegenüber den deutschen Vertretern mit Skepsis, ja mit Mißbilligung begegneten. Der Chef hatte sich offenbar nicht mit ihnen abgestimmt, sondern war nach eigenem Gutdünken verfahren. Das sorgte zunächst für eine frostige Atmosphäre.

Severing sah ich zum erstenmal. Der Siebzigjährige wirkte sympathisch und klug, aber müde und verbraucht und neben Petersen blaß; er referierte über die Kohlenfrage. Petersen, der über Entnazifizierung und Flüchtlingsprobleme sprach, führte das Wort, war souverän und plauderte mit Templer von gleich zu gleich. Am Ende der Besprechung lud Templer Severing, Petersen und mich zu einer Tasse Tee in sein Zimmer. Der Stab verabschiedete sich betroffen – hier wurde ganz offensichtlich »fraternisiert«. Beim Tee schnitt Petersen den Herzenswunsch des Gremiums an: eine ständige Vertretung der deutschen Länder beim britischen Hauptquartier. Er hatte hierüber ein Memorandum verfaßt, das er Templer übergab. Der General reagierte freundlich; seine Vorbehalte aber überhörten Petersen und Severing, so daß sie später ihren Kollegen über Templers Reaktion ein wenig zu positiv berichteten.

Nachdem die Deutschen gegangen waren, fragte ich Templer nach seinem Eindruck von Petersen. »Es ist eigentlich nicht fair«, sagte der General, »er sieht englisch aus, hat englische Manieren, einen englischen Schnurrbart, kleidet sich englisch, hat sogar einen Regenschirm, spricht Englisch perfekt, und er ist ein Gentleman.« Und dann kam die brillante Schlußfolgerung: »Er ist ein Typ, mit dem ich gern zur Jagd gehen würde, aber ob er ein Vertreter des neuen demokratischen Deutschlands ist, da habe ich meine Zweifel. Abgesehen davon ist er so gerade wie ein Korkenzieher.« Petersen habe ich diese Charakterisierung zu seinem großen Amüsement erzählt.

Nach dem Treffen verabredeten Petersen und Severing, daß die nächste Besprechung des Gremiums am 29. 10. in Hamburg stattfinden sollte. Bis dahin hatte ich Gelegenheit, mir die Leute auf der Ebene unterhalb des Gremiums, die Regierungspräsidenten, anzusehen. Am 20. 10. fuhr ich zu deren Konferenz nach Arnsberg: Welch erstaunlicher Unterschied im Niveau zwischen diesen bemühten und kompetenten Herren, die ihrer ganzen Mentalität nach eben Beamte waren, und den Oberpräsidenten, von denen die meisten über echtes politisches Format verfügten.

Am 29. 10. reiste ich zur Konferenz nach Hamburg. Der Bann war längst gebrochen; vorbei war die Geheimniskrämerei. Diesmal nahmen auch die Ministerpräsidenten von Braunschweig, Schlebusch, und Oldenburg, Tantzen, teil, sowie der Landespräsident von Lippe-Detmold, Drake; außerdem die Regierungspräsidenten von Schleswig und Arnsberg, Mensching und Fries, als Wortführer der Konferenz der Regierungspräsidenten, und natürlich Severing, der den Vorsitz meisterhaft handhabte und zum ständigen Vorsitzer gewählt wurde. Der Rahmen der Konferenz war großzügig und professionell angelegt. Dafür sorgte mit leiser Tüchtigkeit der Senatssyndikus, der einarmige Kurt Sieveking, später Bürgermeister der Hansestadt. Tantzen, dem etwas Bäurisch-Bärenhaftes anhaftete, war engagiert und kompetent. Er strahlte Überzeugungskraft und Autorität aus, und sein Vortrag war fesselnd. Wäre er nicht so früh gestorben, hätte er, so meine ich, eine bedeutende politische Rolle in der Bundesrepublik spielen können. – Schlebusch und Drake dagegen wirkten etwas farblos; zweifellos waren sie ohne erkennbares politisches Engagement.

Nach der Sitzung nahm Severing mich beiseite und sagte: »Sie sollen also unser Botschafter sein. Ich freue mich darüber.« Nach Fertigstellung wurde mir das Sitzungsprotokoll zur Weiterleitung an das Templersche Hauptquartier übergeben. Der dortige Stab mußte bis zur nächsten Sitzung des Gremiums, die für den 19. und 20. 11. in Detmold vorgesehen war, zu den umfangreichen Vorschlägen Stellung nehmen.

Am selben Tag besuchte ich Colonel Armytage, den Militärgouverneur von Hamburg. Bei ihm saß ein Major der Hamburger Field Security. Diese Leute spielten sich damals enorm auf: Sie waren im Besitz sämtlicher alter und neuer Akten über alles und jeden, einschließlich der Berichte von Denunzianten. Es gab natürlich auch erfundene Berichte, es gab Verhörprotokolle, und es kam zu Namensverwechslungen, so daß der Falsche interniert wurde. Es war alles in allem eine ungemütliche Einrichtung, und ähnlich wie bei der Gestapo hatte die Exekutive vor diesen Leuten Angst. So hatten sie Einfluß im Hauptquartier und gaben auch noch vor, etwas von Politik zu verstehen. Der Major nun hatte behauptet, Petersen sei eigentlich ein Nazi gewesen; überhaupt säßen im Senat lauter Nazis, von einem gäbe es sogar ein Foto in einem braunen Hemd. Außerdem sei die Verwaltung durchsetzt mit Petersens Verwandtschaft. Lauter Petersens in ganz Hamburg. Petersen müsse gehen.

Der etwas eingeschüchterte Armytage fragte mich nach meiner Meinung. Bevor ich etwas sagen konnte, wollte der Major wissen, wer ich denn überhaupt sei und wie ich dazu käme, meine Meinung zu äußern. Weil ich soeben darum gebeten worden sei, gab ich zurück, im übrigen sei ich Verbindungsoffizier von General Templer. Ob es ihm denn unbekannt sei, daß es in Hamburg eine Menge Petersens gäbe, die nicht miteinander verwandt wären? Ob er eigentlich wisse, daß Petersen als Vierteljude unter die Nürnberger Gesetze gefallen sei und beim besten Willen kein Nazi hätte sein können? Ob das Tragen eines braunen Hemds irgend etwas beweise und so weiter... Der Major war plötzlich wie verwandelt und lud mich zum Mittagessen ein. Nichtsdestoweniger berichtete ich Templer einige Tage später von dem Vorfall. Der griff sofort zum Telefon: »Give me Armytage!« Die Verbindung war sogleich hergestellt: »Armytage, Templer here. I hear the Intelligence boys want you to sack Petersen. Well, Petersen is going to stay. Did you get me? Stay. All right?« Der Hörer fiel wieder in die Gabel. Der Fall war erledigt.

Nachdem Templer meinen Bericht über die Hamburger Konferenz wie immer aufmerksam und interessiert angehört hatte, teilte er mir mit, daß von allen Seiten Einwände gegen Severing als Vorsitzenden des Gremiums erhoben worden seien. In manchen Kreisen seiner eigenen Partei verargte man ihm seine schlappe Haltung 1932. Die Kommunisten in der Ostzone erinnerten sich an das harte Durchgreifen des preußischen Innenministers bei den Straßenschlachten mit den Nazis. Daß dieser »Reaktionär« wieder auf der politischen Bildfläche erschien, nutzten sie zu einem Angriff auf die westlichen Besatzungsmächte. Derartige Aktionen hatten damals auf die Westalliierten noch eine erhebliche Wirkung. Doch damit nicht genug – die Intelligence-Abteilung des Foreign Office war in deutschen Akten auf ein internes Dokument des Reichssicherheitshauptamtes vom Juni 1939 gestoßen, »Erfassung der führenden Männer der Systemzeit«. Den Severing betreffenden Abschnitt sandte das Foreign Office am 3. 10. 1945 an den bereits erwähnten Oberstleutnant Annan von der Politischen Abteilung der Kontrollkommission.[6]

Plötzlich war Severing als Schützling Hitlers beziehungsweise »Kollaborateur« kompromittiert, und bei der Vorstellung, was geschehen würde, wenn diese Information in die Hände der Kommunisten fiele, fingen die Engländer an zu zittern. Der Angelegenheit wurde außergewöhnlich große Bedeutung beigemessen. Der Staatssekretär des Kriegsministeriums wurde informiert, und das Auswärtige Amt bestand sogar auf der Unterrichtung von Außenminister Bevin, der die Anweisung gab, man dürfe keinerlei Risiko mit Severing laufen, er dürfe in der britischen Zone auf keinen Posten berufen werden. Allerdings hatte Bevin schon vor dem Auftauchen der Nazi-Akte, als Severing in der britischen Zone prominent zu werden begann, einen entsprechenden Bericht mit einer Randbemerkung versehen: »Wir müssen mit diesen älteren Führern vorsichtig sein. Besser, wir halten nach neuen Männern Ausschau.«

Der Außenminister verlangte über die weitere Entwicklung auf dem laufenden gehalten zu werden. Severings politische Aktivitäten sollten zwar nicht verboten, aber sie sollten auch nicht gefördert werden. Das hieß de facto: keinen offiziellen Kontakt mit der Besatzungsmacht, keine Vergünstigungen. Eine entsprechende Anweisung erging an General Robertson, der sie an General Templer weiterleitete. Der aber reagierte »sauer« und beschwerte sich bei der Politischen Abteilung, daß ihm stets die »Dreckarbeit« überlassen bliebe.

Seit der ersten Mitteilung des Foreign Office an Annan waren sechs Wochen vergangen, in denen wegen eines »abgetakelten« Politikers der Weimarer Zeit die britischen Behörden – bis hinauf zum Außenminister – einen merkwürdigen Zirkus veranstaltet hatten. Und niemand brachte den Mut auf, Severing selber anzusprechen. (Das schlechte Gewissen über dieses Versäumnis spiegelt sich in den Akten des Foreign Office wider.) Hatten nicht alle davongejagten Beamten der Weimarer Republik – von Ausnahmen abgesehen – vom Dritten Reich ihre Pension erhalten, manche bis in die Emigration?

Kit Steel übernahm es auf Templers Wunsch, die Angelegenheit zu bereinigen. Aber er lud Severing nicht etwa zu einem persönlichen Gespräch, sondern informierte am 16. 11., drei Tage vor der Detmolder Konferenz, Bürgermeister Petersen und bat ihn, seinerseits Severing und das Gremium zu unterrichten, warum Severing als Vorsitzer für die Besatzungsmacht nicht akzeptabel sei. In seinem späteren Bericht an den politischen Berater des Militärgouverneurs, Sir William Strang, lobt Steel Petersens Geschick und Beweglichkeit in dieser

Sache – dabei vollkommen vergessend, wie sehr die Eliminierung des sozialdemokratischen Konkurrenten Petersen zupaß kam.

Der Prozeß der Meinungsbildung über die künftige Funktion des Gremiums wurde zwischen der Militärregierung in Deutschland auf der einen und der Kontrollkommission in London auf der anderen Seite ausgetragen. Der Gedanke an eine Institutionalisierung kam schon früh auf; wahrscheinlich stammte die Idee von Templer. Das Foreign Office bestand darauf, daß die Institution nicht eine von der Besatzungsmacht anerkannte zonale Exekutive werden, sondern nur eine beratende Funktion haben dürfe. Sie sollte sich auch nicht nur aus Amtsträgern zusammensetzen, sondern Vertreter der den Volkswillen repräsentierenden demokratischen Parteien müßten einbezogen werden. Am Schluß unserer Unterredung erklärte mir Templer, er hielte den Zeitpunkt für geeignet, die Richtlinien seiner Politik vor dem Gremium zu erläutern.

Am 19./20. November trafen sich in Detmold die Verantwortung suchenden Deutschen zum erstenmal offiziell mit den Verantwortung tragenden Engländern: Es wurde die bis dahin wichtigste Konferenz des Gremiums, deren Ergebnisse richtungweisend werden sollten. Als neuer Oberpräsident von Schleswig-Holstein erschien Theodor Steltzer, die bei weitem vornehmste Erscheinung unter den Ministerpräsidenten und Oberpräsidenten. In Norwegen hatte er sich als hoher Funktionär der deutschen Besatzungsmacht untadelig verhalten und alles in seinen Kräften Stehende getan, um die Fremdherrschaft für die Norweger erträglich zu machen. So hatte er sich das Vertrauen der Bevölkerung, ja selbst des norwegischen Widerstands erworben. Der schlanke Mann hatte einen schönen Kopf, und sein weißes Haar gab ihm bei aller Jugendlichkeit des Auftretens ein würdiges Aussehen. Er war kultiviert und gebildet, im besten Sinne preußisch, begeisterungsfähig und stets empfänglich für neue Ideen. Irgendwie jedoch fehlte ihm der »Biß«. So verwaltete er seine Provinz vorzüglich, aber wenige der von ihm in Angriff genommenen Pläne kamen zur Reife.

Lehr hatte – ich glaube zum ersten Mal – seinen persönlichen Referenten, Oberregierungsrat Gerhard Schröder, mitgebracht. Der war hochintelligent und außerordentlich ehrgeizig, tüchtig, ein großer Arbeiter, und er verfügte über ein ausgeprägtes politisches Gespür. Robertson hatte sich sehr anerkennend über den jungen Mann geäußert, der es noch weit bringen würde. Damals war der spätere Außenminister über diese Prophezeiung mächtig stolz. Ein gewisser »norddeutscher Charme« und ein guter Sinn für Humor zeichneten ihn aus. Lachend erzählte mir Blankenhorn, wie Schröder gesagt habe: »Es wird Zeit, daß Michael Thomas wiederkommt. Ich brauche dringend Rasierklingen und Zahnpasta!« Kleine Geschenke, die ich in den Militärläden mühelos kaufen konnte, brachte ich häufig meinen Freunden mit.

Die britische Seite war hochkarätig besetzt: neben Templer selbst sein Stabschef, Brigadier Britten, ferner Brigadier Bridge, verantwortlich für Verwaltungsstrukturen auf sämtlichen Ebenen (Administration zonal and local Government), der für Ernährungsfragen zuständige Zivilist Alexander, Polizeigeneral Halland, dem der Wiederaufbau des deutschen Polizeiapparates unterstand, und natürlich Christopher Steel; dazu eine Reihe nachgeordneter Offiziere und Beamter.

Als handelte es sich um eine Ansprache an Soldaten, verlas Templer fast im Befehlston eine längere Rede. Er verlor kein Wort über die alliierte Politik hinsichtlich der Zukunft Deutschlands; nach englischer Auffassung waren diese Fragen ja noch nicht ausdiskutiert. Statt dessen konzentrierte er sich auf die Zone und deren Administration. Kernstück der Reformen sollte die Gemeindeverwaltung sein. Die Engländer waren davon überzeugt, daß der Mangel an demokratischen Institutionen mitschuldig war am Aufstieg des Nationalsozialismus. Statt auf die Tradition der Stein-Hardenbergschen Reformen zurückzugreifen - die immerhin auf Gemeindeebene realisiert worden waren -, versteiften sie sich darauf, den Deutschen das englische Modell zu oktroyieren. Der Glaube, ihr eigenes System hätte Hitler verhindern können, war von rührender Naivität; er wurde mit missionarischem Eifer und ungeheurem Aufwand verbreitet. Die Deutschen leisteten erbitterten Widerstand; gerade die neuen Verantwortlichen waren stolz auf die historischen Errungenschaften. Auch meinte man, daß im Augenblick andere Probleme dringender seien.

In erster Linie war den Engländern der deutsche Oberbürgermeister ein Dorn im Auge. Man wollte das politische Amt des Bürgermeisters von dem Verwaltungsamt des Behördenchefs trennen und nach englischem Muster die Position des Stadtdirektors einführen. Ironischerweise leuchtete gerade den Militärs ein, daß ein politisches Oberhaupt, das gleichzeitig der Behörde vorsteht, diktatorische Tendenzen entwickeln könne; und in der Tat hatten die Oberbürgermeister vor Hitler ihre Machtfülle häufig autoritär gehandhabt. Die von den Engländern eingeführte Ämterteilung hat sich in gewisser Weise bewährt und in einigen deutschen Gebieten sogar die Besatzung überlebt.

Nachdem Templer die Position der Engländer unmißverständlich klargemacht hatte, widmete er sich einer Fülle sachlicher Probleme, die ihm angesichts der bevorstehenden »Winterschlacht« ganz besonders unter den Nägeln brannten: Transport (Eisenbahn, Brückenbau, Eindeichung, Schiffsverkehr, vorrangige Versorgung der an diesen Arbeiten beteiligten Deutschen), Ernährung, Kohle, »Displaced Persons«, Ausgebombte, Flüchtlinge.

Nach seiner Rede verließ er mit Kit Steel die Versammlung. Ich begleitete die beiden. Grinsend sagte Templer zu Steel: »Da habe ich nun ewig über Demokratie gesprochen. Wenn die Deutschen uns beide Reaktionäre ansehen, frage ich mich, für wie glaubwürdig sie uns halten.«

Anschließend sprach Brigadier Bridge; er behandelte vor allem Verwaltungsfragen: Dem Gesuch des Gremiums nach Einrichtung eines deutschen Sekretariats bei der Militärregierung würde stattgegeben. Eine beratende Versammlung werde baldigst konstituiert werden, allerdings unter Einschluß der Vertreter der Fachverwaltungen und der politischen Parteien. Nach ausführlichen Erläuterungen zu den Plänen für eine Reform der Selbstverwaltung stand Bridge Rede und Antwort. Eine Unzahl von Sachfragen wurde bereitwillig erörtert, unter anderem das dem Gremium besonders am Herzen liegende Problem der sogenannten Reichsmittelbehörden, jener Instanzen, die direkt dem Reich unterstanden hatten, wie Post und Eisenbahn, sowie Bereiche aus Finanz, Wirtschaft und Justiz. Die Oberpräsidenten und Ministerpräsidenten strebten hartnäckig danach, sich diese Behörden zu unterstellen und damit ihre Kompetenzen zu vergrößern, ein Ansinnen, dem die Militärregierung entschieden widersprach; sie behielt sich die direkte Oberhoheit selbst vor. Einige dieser Behörden, zum Beispiel die Ernährungs- und Wirtschaftsbehörde, baute sie als »Zentralämter« auf zonaler Ebene zu größerer Bedeutung aus, was sich später, bei der Verschmelzung zur Bizone und noch einmal bei der Gründung der Bundesrepublik, als segensreich auswirken sollte. Hier war in weiser Voraussicht allzu föderalistischen Entwicklungen ein Riegel vorgeschoben worden.

Nach der Diskussion mit Bridge trug Generalinspekteur Halland sein Konzept für den Neuaufbau der Polizei vor. Ich glaube, die Bundesrepublik verdankt der klugen Politik dieses Mannes die vorzügliche Basis der deutschen Polizei. Ähnlich wie bei der Zoll- und Finanzverwaltung wurden dank des britischen Einflusses vielleicht die maßvollsten und zivilsten Behörden dieser Art in Europa geschaffen. Möglicherweise haben die Schüler die Lehrmeister noch übertroffen.

Man war einen großen Schritt vorangekommen und arbeitete nicht mehr im luftleeren Raum. Die Besatzungsbehörden taten ihr Bestes, aber sie gebärdeten sich eben als Sieger und nicht als Befreier, wie manche, vor allem unter den von den Nazis verfolgten Würdenträgern, gehofft hatten, und so war man von einer Partnerschaft noch weit entfernt. Zudem waren die Offiziere in ihren Voreingenommenheiten befangen, und für alte deutsche Demokraten war es nicht einfach, sich von Offizieren über Demokratie belehren zu lassen. Den Einsatz und die Kompetenz der zuständigen englischen Offiziere haben sie dennoch respektiert.

Auch ich mußte mich ständig mit eingefleischten Vorurteilen der

Engländer auseinandersetzen. Bei den Offizieren waren solche Haltungen besonders undifferenziert. Eine deutsche Opposition hatte es in ihren Augen nicht gegeben, und wenn, dann erst, als der Krieg eindeutig verloren war. Da ich mich geistig zum Widerstand zählte und in den mir gegenübersitzenden Deutschen meine Gesinnungsgenossen sah, kämpfte ich im Hauptquartier um Verständnis – nicht nur bei der allgemeinen politischen Meinungsbildung, sondern vor allem bei konkreten Maßnahmen. Templer hörte mir immer zu, ließ sich bisweilen sogar überzeugen, persönlich aber hielt er Distanz. So nannte er mich auch nie bei meinem Vornamen, wie es üblich gewesen wäre, noch wurde ich je in sein Kasino eingeladen. Viele andere betrachteten mich nach wie vor mit Mißtrauen: Manche sahen in mir sogar einen potentiellen Nazi. Abgesehen von meinen Kameraden bei der Political Intelligence in Berlin waren im Grunde alle unschlüssig, ob ich deutsch oder englisch »roch«, und so hatte ich wenig Beziehungen zu Offizieren außerhalb meiner eigenen Einheit.

Im Kasino gab es einen Schäferhund, der Deutsche prinzipiell haßte und sie wütend verbellte, bis er belehrt wurde, daß ein paar »ganz in Ordnung« seien. Er unterschied nicht etwa zwischen Zivilisten und Uniformierten, sondern richtete sich offenbar allein nach dem »Nationalgeruch«. Als ich das erste Mal eintrat, war er vollkommen verwirrt, dann bellte er halblaut – zum Gaudi meiner Kollegen, unter denen einige sich bestätigt fühlten.

Dafür verkehrte ich in den Häusern meiner deutschen Gesprächspartner, so zum Beispiel bei Lehr und seiner Frau Änne in Düsseldorf, wo alles recht spießig im rheinischen Barockstil eingerichtet war. Seine sehr sympathische Frau hatte das große Sagen im Hause, wurde aber dafür testamentarisch schlecht bedacht, wie sie später zu ihrer Überraschung feststellen mußte. – Am häufigsten war ich bei Kopf und seinem Kultusminister Grimme in Hannover. Frau Grimme war eine aparte und attraktive Erscheinung, die noch am gesellschaftlichen Leben der zwanziger Jahre teilgenommen hatte. Ich erinnere sie als beinahe südländischen Typ, ein wenig hochfahrend; Frau Kopf dagegen als mütterlich-deutsche Erscheinung! Die beiden Ehepaare waren eng befreundet. Eines Tages nun begann Grimme einen Flirt mit Frau Kopf, und Hinrich Wilhelm, der sehr darunter litt, tröstete sich mit der eleganten Frau Grimme, die sich ihrerseits mit Verve auf den bärenhaft-urwüchsigen Kopf stürzte. Am Ende kam es zu einer Überkreuzheirat. Schon damals aber trank Kopf viel zuviel, was ihm schließlich ein Leberleiden eintrug, an dem er 1956 starb.

Kopf erschien auf den Konferenzen stets mit einer großen Aktentasche aus weichem Kuhleder, die ihm ein Gehilfe, der spätere Botschafter von Campe, dienstbeflissen hinterhertrug. Einmal äußerte ich meine Bewunderung für diese Tasche, und bei der nächsten Konferenz erschien Kopf mit einem zweiten Exemplar. Verlegen lehnte ich ab, mir die Tasche schenken zu lassen. Von schenken könne keine Rede sein, sagte Kopf, sie koste 75 Reichsmark. Ich lehnte trotzdem ab: in Deutschland gäbe es eine solche Tasche nicht zu kaufen, und wenn man sie auf dem Schwarzmarkt bekäme, müsse man dafür Unsummen ausgeben; ich wolle als Besatzer keine materiellen Vorteile haben. Kopfs Gesicht verdüsterte sich. Wie mir Grimme anschließend sagte, hatte ich ihn tief beleidigt. Er habe mir eine besondere Freude machen wollen, und ich gäbe mich stur. Ich rechnete mir also aus, was das Stück in England kosten würde, kaufte für diesen Betrag im Naafi-Laden Cognac und brachte ihn Kopf mit. Auf dem Schwarzmarkt hätten sowohl der Cognac als auch die Tasche ein Vielfaches gekostet, und so war alles wieder im Lot.

Während der ganzen Besatzungszeit bin ich meinen Prinzipien, vom Schwarzmarkt keinen Gebrauch zu machen, in geradezu pedantischer Weise treu geblieben. Da es strengstens verboten war, deutsche Nahrungsmittel zu erstehen, hatte man aus der Naafi, der Kriegskantine, die PX-Läden entwickelt, bescheidene Supermärkte, sozusagen »tax free« shops. Um zu verhindern, daß die PX-Waren auf den Schwarzmarkt wanderten, wurde später eine eigene Besatzungswährung ausgegeben. Jeden Monat bekam man dann seine »Baafs«, und nur damit konnte man in den PX-Läden zahlen. Ich kaufte in ziemlichen Mengen alles, was meine deutschen Freunde so dringend benötigten: Seife, Zahnpasta, Rasierklingen etc. Auf dem Schwarzmarkt waren vor allem Alkohol und Zigaretten begehrt; dafür konnte man alles erstehen: Photoapparate, Feldstecher, Uhren, Schmuck, Möbel, Gemälde. Als Nichtraucher habe ich meine Zigaretten aber eher verschenkt, als auch nur eine einzige zum Tausch einzusetzen. So besuchte ich in Berlin einmal Schmidt-Rottluff; seine kraftvollen Bilder, die ich schon als Schüler geliebt hatte, kosteten je tausend Reichsmark, nach Schwarzmarktpreisen etwa zwei Stangen Zigaretten. Tausend Reichsmark hatte ich nicht. Schmidt-Rottluff, ein leidenschaftlicher Raucher, beschwor mich, ihm ein paar Stangen Zigaretten zu geben; daß ich ablehnte, war ein ziemlich sinnloser Edelmut.

Nun kannte ich die Ministerpräsidenten und Oberpräsidenten, und ich kannte Adenauer; es drängte mich aber, auch jenen Mann kennenzulernen, der so leidenschaftlich den Anspruch auf die Führung einer neuen sozialdemokratischen Partei erhob: Kurt Schumacher.

Am 26. November, kurz nach der Detmolder Konferenz, fuhr ich nach Hannover. In Hannover-Linden, dem am wenigsten zerstörten Arbeiterviertel der Stadt, hatte er sich im Hochparterre eines Hauses in der Jacobstraße das »Büro Dr. Schumacher« eingerichtet. Im Vorzimmer saß eine sehr deutsche, sehr blonde junge Frau; tüchtig, auf bestimmte Weise abweisend, wie es Vorzimmerdamen geziemt; sie hieß Annemarie Renger. Dann balancierte man über lose Bretter ins Innere des Hauses; am Ende eines langen, schmalen Ganges befand sich das eigentliche Büro.

Da saß er, einarmig, mit ausgezehrtem Gesicht, hoher Stirn, durchdringenden, leuchtenden, ein wenig flackernden Augen, gespannt, nervös, wie lauernd, wer da wohl kommen würde, auf dem Sprung, bereit zum Angriff oder zur Verteidigung seiner Überzeugungen. Ich verstand das Feuer, das in diesem Mann loderte. Ich verstand seinen glühenden Nationalismus. Ich verstand nach seinen zehn Jahren im KZ seine Besessenheit, die Macht zu erlangen und die Geschicke des Landes nach seinen Vorstellungen zu lenken. Bei aller Hochachtung und Sympathie für den kühlen Adenauer und ungeachtet der Tatsache, daß ich dessen politischer Richtung näherstand, habe ich mich für Schumacher schon beim ersten Treffen persönlich mehr erwärmt, als ich es für Adenauer je vermochte. Zudem hatten Schumachers Menschlichkeit und sein Humor mein Herz erschlossen. Andererseits waren die fast hysterischen Töne in seinen Reden nicht besonders gewinnend, und die Abneigung vieler Engländer gegen diese Art von Rhetorik, die sie mit Hitler-Reden verglichen, war begreiflich.

Schumacher wollte einen starken Zentralstaat und kanzelte die föderalistischen Tendenzen der »Länderfürsten« ab: Die Länder seien nicht mehr als Bausteine eines künftigen Deutschlands. Der Kommunismus war ihm die tödliche Bedrohung; Otto Grotewohl in Berlin, der im Ringen um die Parteiführung noch nicht kapituliert hatte, sei weich und schwankend, und im Hinblick auf Moskau sei ihm nicht zu trauen. Deutschland sollte sich nach dem Westen orientieren. Langfristig müßte die SPD vorsichtig vom Marxismus abrücken.

Plötzlich trat Frau Renger ein und legte dem Chef Dokumente zur Unterzeichnung vor. »Muß das jetzt sein?«, fragte er unwirsch. »Ja«, sagte sie, »Du bist der einzige, der berechtigt ist, das zu unterschreiben.« Es handelte sich um eine Benzinzuteilung für Dienstfahrzeuge der Partei, und die Engländer akzeptierten nur Schumachers Unterschrift. Er brüllte sie an: »Wenn ich das schon tun muß, warum, zum Teufel, bringst Du mir dann nicht den Füllfederhalter mit?« Verschreckt lief sie hinaus. Schumacher faßte sich an seine Brusttaschen und atmete auf: »Gott sei Dank, ich dachte schon, ich hätte den Füller selbst.« Diese Fähigkeit zur Selbstironie, nachdem er gerade unbeherrscht explodiert war, wirkte liebenswert und gewinnend.

Bei einem späteren Besuch sprach ich mit ihm über Jakob Kaiser. Den hatte er »gefressen«: »Dieser Mann ist unerträglich. Der *ist* nicht irgendwo, nein, der ›weilt‹.« Übrigens waren sich Schumacher und Adenauer in dieser Abneigung einig. Adenauer sagte mir einmal: »Wissense, Herr Thomas, Sie jlauben ja jarnich, wie dumm dieser Mann is.«

Die Konferenz in Düsseldorf am 11. Dezember 1945, von Lehr hervorragend organisiert, wurde zum Höhepunkt meiner bisherigen Tätigkeit. Nach Abstimmung mit London hatte Templer die Gründung des Zonenbeirats (Zonal Advisory Council – ZAC) beschlossen und mich beauftragt, das Gremium entsprechend zu unterrichten. Die Schaffung des Zonenbeirats – ein bedeutender Schritt auf dem Wege zur staatlichen Ordnung – entsprach nicht in jedem Punkte den Vorstellungen des Gremiums. Zwar sah es in seiner eigenen Institutionalisierung einen Fortschritt, aber die Reaktion war dennoch zurückhaltend und sollte später noch kritischer werden, weil die regierenden Herren in der Zusammensetzung des Zonenbeirats, vor allem in der Hinzuziehung der Parteiführer, eine Verwässerung ihrer Autorität sahen.

Die Hansestadt Bremen, die aus Nachschubgründen für die US-Armee ursprünglich der US-Zone zugeschlagen worden war, hatte aufgrund ihrer geographischen Lage als Enklave in der britischen Zone eine Zwitterstellung. Nach längeren Verhandlungen waren Briten und Amerikaner am 10. 12. 1945 übereingekommen, das Land Bremen der Provinz Hannover, dem späteren Land Niedersachsen, zuzuordnen. Nur der Hafen und die Stadt selbst blieben unter US-Verwaltung. Aufgrund dieser Sonderregelung hatte Bremen nur einen Verbindungsmann im Länderrat der US-Zone, während Bürgermeister Wilhelm Kaisen als neues Mitglied des Gremiums in Düsseldorf erschien.

Dieser eindrucksvolle Sozialdemokrat hatte sich während der Nazizeit als Bauer auf seine Scholle zurückgezogen. Nun hatte man ihn von seinem Hof geholt und zum Bürgermeister ernannt, ähnlich wie es im alten Rom üblich gewesen sein mag. Obwohl damals erst um die sechzig, wirkte Kaisen stets müde und erschöpft. Bei Sitzungen stützte er seinen Kopf auf die Hand und schien zu schlafen. Aber er war hellwach, und wenn er überraschend das Wort nahm, hatte er stets etwas zu sagen. Er strahlte eine natürliche Autorität aus und wurde von allen respektiert. Dieser lautere Mann ließ sich von niemandem und nichts einschüchtern, auch nicht von Parteichef Schumacher, der sich an Kaisens selbständigem Urteil später noch die Zähne ausbeißen sollte.

Am Abend gab Lehr ein Essen für die Teilnehmer der Konferenz und ihre Begleiter, alles in allem etwa dreißig bis vierzig Personen. Trotz der kargen Ernährungslage – die sich noch verschlechtern sollte – war es Lehr gelungen, ein anständiges Menü auf den Tisch zu bringen. Ganz Deutschland ergänzte ja seine Rationen auf dem Schwarzen Markt, und natürlich hatten auch die Würdenträger ihre Quellen. Dennoch lebten sie nicht viel besser als die übrige Bevölkerung. Nach dem Hauptgang erhob sich Tantzen, der Ministerpräsident von Oldenburg, zu einer Rede, um die beschlossene Gründung des Zonenbeirats als einen Markstein auf dem Wege zur Staatswerdung zu begrüßen. Plötzlich wandte er sich mir zu, feierte mich in bewegenden Worten als den Inspirator dieser Entwicklung, dankte mir überschwenglich für meinen Einsatz und versicherte mich des Vertrauens aller Mitglieder und Mitarbeiter des Gremiums. Es gab brausenden Beifall; ich war beglückt und verlegen. In meiner kurzen Antwort betonte ich, wie sehr mir der Aufbau eines neuen Deutschland, aber auch dessen Versöhnung mit England Herzenssache sei und wie froh ich wäre, einen Beitrag leisten zu können.

Die Gremiumssitzungen waren länger und intensiver geworden. Zuerst hatte man noch tastend sich gegenseitig informiert, hatte vor allem diskutiert. Nun wurde konzentrierte Kleinarbeit geleistet, wurden alle Themen, mit denen sich eine Regierung zu befassen hat, behandelt. Die Zahl der mitgebrachten Referenten nahm von Mal zu Mal zu, und die Protokolle wurden immer umfangreicher, wuchsen zu Broschüren an.

Der Templersche Stab stöhnte. Man fand die deutsche »Einmischung« zunächst höchst überflüssig, ja störend bei der Bewältigung der eigenen Aufgaben. Aber Templer setzte seine Leute unter Druck, damit die Stellungnahmen der Militärregierung rechtzeitig bis zur nächsten Sitzung vorlagen. Ich mußte in die Abteilungen gehen, Kommentare geben und auf Einhaltung der Termine drängen. Templer selbst widmete sich den Problemen des Winters, oft bis ins letzte Detail. Einmal ließ er sich von einer Sitzung seines Stabes mit den Leitern der Fachabteilungen berichten. Plötzlich unterbrach er den für die Bahn zuständigen Offizier: »Warum stehen eigentlich bei Bielefeld zwölf Waggons und zwei Lokomotiven ungenutzt auf dem Abstellgleis?« Da der Betreffende keine Antwort zu geben wußte, ging vor versammelter Mannschaft das Donnerwetter auf ihn nieder. Die Offiziere, die in ihren ungewohnten unmilitärischen Aufträgen zunächst nicht mehr als eine berufliche Herausforderung gesehen hatten, befreiten sich übrigens bald von den Klischees der eigenen Propaganda. Anstatt alle Deutschen von vornherein als Verbrecher zu behandeln, identifizierten sie sich mit deren Problemen, und allmählich stieg ihre Achtung vor den Deutschen, die ihnen gegenübersaßen. Mitunter war es geradezu lustig zu sehen, wie stolz jeder auf »seine« Deutschen war.

Soweit es in meinen Kräften stand, bemühte ich mich, den Deutschen das Gesicht der Besatzung möglichst menschlich erscheinen zu lassen. Als mir ein Leichenwagen begegnete, hielt ich an, stieg aus und salutierte, bis er vorüber war; das war ein wenig theatralisch, aber so etwas sprach sich herum. Einmal geriet ich auf der Straße Bad Oeynhausen–Bad Salzuflen in einen langen Stau. Ich lief nach vorn; ein leichter LKW lag umgekippt quer über der Straße. Ein paar deutsche Fahrer von Militärfahrzeugen – Angehörige der sogenannten Dienstgruppen – standen hilflos gestikulierend herum. Ich rief auf deutsch im Befehlston: »Mal herhören, Unteroffiziere rechts raustreten! Jeder nimmt drei Mann, dann auf mein Kommando den LKW an den rechten Straßenrand heben! Los!« Die Leute waren wie versteinert, dann sprangen sie. Bald darauf kam das Gerücht auf, wenn die Engländer schon deutsche Offiziere integrierten, würden sie über kurz oder lang auch deutsche Einheiten aufstellen.

Der Alltag in Bad Oeynhausen – die Engländer nannten es Bad Oyster – war trostlos. Ich wohnte in einer ziemlich schäbigen Kleinbürgerwohnung, in der drei oder vier Offiziere je ein Zimmer hatten. Wir gehörten verschiedenen Abteilungen an: man kannte sich kaum, begegnete sich höchstens im Badezimmer.

Bad Oeynhausen wimmelte von Militär und Verwaltungspersonal. Bürger gab es kaum, sie waren bis auf ein paar Dienstverpflichtete in die Randbezirke evakuiert. Der Mittagsfraß im Kasino war so scheußlich, daß ich meistens in den teueren, aber etwas besseren Offiziersclub ging. Manchmal besuchte ich den Bürgermeister Kronberg. Er war Jude, hatte im Ersten Weltkrieg einen Arm verloren und deshalb – vielleicht auch wegen seiner nichtjüdischen Frau – das Naziregime überlebt; ein liebenswürdiger, fähiger Mann. Wer wollte es ihm verdenken, daß es in seinem Haus Essen im Überfluß gab.

Im Militärlager war ich eigentlich nur, um meine Berichte zu schreiben; sonst befand ich mich fast ständig unterwegs. Schließlich war es mein Auftrag, mir Land und Leute anzusehen. Daneben suchte ich alte Freunde aufzuspüren und Besuche zu machen, um die mich deutsche Emigranten in England gebeten hatten. Vor allem aber nahm ich jede Gelegenheit wahr, nach Berlin zu reisen, zum einen, um meine Mutter zu besuchen, zum anderen, um die dortigen Parteiführer kennenzulernen, die zu dieser Zeit ihre Parteien noch als Reichsparteien verstanden und entsprechende Führungsansprüche erhoben.

Die ganze Atmosphäre in Berlin war aufgelockerter als in der Zone, das Verhältnis zwischen Deutschen und Besatzern ungezwungener, freundlicher, sogar herzlicher, und zwar auf allen Ebenen. Die Deutschen sahen in den westlichen Besatzern schon bald die Schutzmächte gegen die Sowjets, und Engländer und Amerikaner konkurrierten untereinander um die Gunst der Deutschen, nur die Franzosen hielten sich etwas zurück. Nachrichten über das Verhalten der einrückenden russischen Truppen, ihre Mordbrennereien, Plünderungen, Vergewaltigungen, waren nur langsam in den Westen gedrungen. In Berlin wurden wir »hautnah« damit konfrontiert. So sah ich ein paar Kinder »Russen spielen«: Zunächst klauten sie das Fahrrad dessen, der »Deutscher« spielte, dann riefen sie: »Frau, Frau, komm«, und zerrten das kleine Mädchen in einen Keller. Die West-Alliierten hatten die Berichte über russische Greuel zuerst als Lügenpropaganda von Goebbels oder der Bevölkerung abgetan. Als sie mit eigenen Augen sehen konnten, was sich vor ihrer Ankunft in Berlin und jetzt noch im russischen Sektor abspielte, korrigierten sie sich schnell. Die Beobachtungen vor Ort haben das Sowjet-Bild der West-Alliierten dem der deutschen Bevölkerung angeglichen, zumindest für eine gewisse Periode.

In Berlin, wo man sie mit den West-Alliierten vergleichen konnte, traten die Russen bald anders auf als in ihrer Zone, aus der ständig neue Nachrichten kamen über die rücksichtslose Herrschaft der sowjetischen Kommissare und der deutschen Kommunisten, über Unterdrückung, Ausbeutung und Ausschreitung. Für ihre Kontakte mit deutschen Politikern hatten die Sowjets allerdings einen äußerst fähigen Mann abgestellt, Oberst Tulpanow. Er beherrschte die deutsche Sprache perfekt, verfügte über politisches Gespür und war liebenswürdig, auch wo er hart war. Die Deutschen sprachen von ihm mit Hochachtung, überschätzten aber wahrscheinlich seinen Einfluß in Karlshorst, dem Sitz des russischen Hauptquartiers.

Meine Kollegen, die mich als Templers Mann freundlich aufnahmen, führten mich bei »ihren« deutschen Politikern in Berlin ein. Ich hatte bei ihnen keine Mission zu erfüllen, aber Templer interessierte sich für meine Eindrücke. Zunächst lernte ich den Führer der Sozialdemokraten in Berlin und der Ostzone, Otto Grotewohl, kennen. Er wirkte nachdenklich, intellektuell, eher zurückhaltend, konnte klug formulieren, hatte einen Hauch von Müdigkeit und Resignation um sich und war äußerlich von einer gewissen Eleganz: ein Mann von Präsenz, aber ein Zweifler und gewiß kein Praktiker. Ich wunderte mich, daß meine englischen Kollegen bis hinauf in hohe Positionen so große Stücke auf ihn hielten und ihn dem »Eiferer« Schumacher vorzogen. Ich fand schnell Kontakt zu ihm. Schon beim zweiten Treffen bat er mich um einen Gefallen: Sein Sohn sei in britischer Gefangenschaft in Munsterlager; ob ich ihn dort herausholen könnte. Ich versprach nichts, hatte mit meinen Bemühungen aber Erfolg. Kurz darauf ging Grotewohl auf die andere Seite über und arrangierte sich zum Entsetzen der Engländer am 22. April 1946 mit Ulbricht, dem Führer der Kommunisten. Unter dem Druck der sowjetischen Militäradministration entstand so aus der KPD und der ostzonalen SPD die Sozialistische Einheitspartei Deutschlands, die SED.

Jakob Kaiser, der ehemalige christliche Gewerkschafter aus dem Fränkischen, erinnerte auf den ersten Blick an einen mittleren Beamten: er war klein und hatte eine Totalglatze auf dem runden Schädel. Wenn er jedoch zu sprechen begann und man ihm in die weit geöffneten Augen blickte, dann spürte man das Charisma. Kaiser war erfüllt von seiner Mission, in einer CDU linkssozialen Gepräges die christlichen Arbeiter und den Mittelstand am Aufbau eines neuen Deutschland maßgeblich zu beteiligen. Er war überzeugt und überzeugend: So mobilisierte er die Massen in der Ostzone, und er hatte den Mut, den Sowjets sehr lange zu trotzen. Seine Aufrichtigkeit war bewegend und beeindruckte bis zur Überschätzung seiner Person. Seine Legitimation konnte Kaiser allerdings nur aus seiner Popularität in der Ostzone und seinem dortigen Einfluß herleiten. Als dieser schwand, war ihm im Westen der Boden entzogen.

Im sonst so nüchternen Berlin war im Angesicht der sowjetischen Bedrohung ein Pathos entstanden, das in den Westzonen fehlte und dort auch nicht hineingepaßt hätte. So war es typisch, daß die Berliner Politiker voneinander meist mit Nennung von Vor- und Nachnamen sprachen: Jakob Kaiser, Otto Suhr, Ernst Reuter usw. In der britischen Zone begnügte man sich mit Adenauer, Schumacher, Ollenhauer.

Ernst Lemmer hatte lange an Kaisers Seite gestanden. Seine rheinische Frohnatur und eine gewisse Wendigkeit machten es einem schwer, ihm seine Überzeugung und den Mut, mit dem er den Sowjets gegenüberzutreten behauptete, abzunehmen. Außer Kaiser mißtrauten ihm fast alle. Adenauer ging so weit, ihn für einen russischen Agenten zu halten. Im nachhinein läßt sich sagen, daß ihm mehr Tiefgang eigen war, als man angenommen hatte.

Wenig später lernte ich auch Franz Neumann kennen, einen Berliner Arbeitersohn, dessen bleibendes Verdienst es ist, entscheidend dazu beigetragen zu haben, daß die Berliner SPD die Verschmelzung mit den Kommunisten verweigert hat. Otto Suhr, ein professionell intellektueller Typ – eigentlich ein Mann des zweiten Gliedes –, mußte nach dem Tode Ernst Reuters als Bürgermeister von Berlin einspringen. In seiner warmherzigen Frau, die ihm ein geselliges Haus führte, hatte er eine große Stütze; dennoch war er damals überfordert. Ferdinand Friedensburg, von 1946–49 stellvertretender Oberbürgermeister von Berlin, war der klassische preußische hohe Beamte, ein Mann von außergewöhnlicher Brillanz und ebenso außergewöhnlicher und darum unerträglicher Eitelkeit.

Ein wichtiger Mann in Berlin war der CDU-Politiker Dertinger. Er war ehrgeizig und gleichzeitig merkwürdig verklemmt. Bei einer Party im Kasino beobachtete ich, wie er eine Büchse mit fünfzig ›Players‹ einsteckte. Als er merkte, daß ich es gesehen hatte, meinte er, er rauche so leidenschaftlich, und verschwand. Es wunderte mich nicht, bald darauf zu hören, daß er zum Osten übergelaufen war, vielleicht angelockt von noch mehr materiellen Vorteilen. Er brachte es zum stellvertretenden Außenminister, bis ihm wegen Korruption der Prozeß gemacht wurde.

Eine wichtige Rolle in Berlin spielte Arno Scholz, der Lizenzträger und Verleger des »Telegraf«. Scholz, ein kleiner, dicklicher Mann, mit großer, aber feiner Nase, ganz dünnen Lippen und dicker Hornbrille, war ein waschechter Berliner einfacher Herkunft: beweglich, agil, intelligent und ehrgeizig. Er war alter Sozialdemokrat, der sich mit großer Verve und Geschick in das Zeitungsgeschäft geworfen hatte. Der »Telegraf« war jahrelang die bestgemachte und auflagenstärkste Zeitung in Berlin, für ein breites Publikum geschrieben, aber nicht ohne Niveau. Natürlich war er nicht so anspruchsvoll wie der amerikanisch lizenzierte »Tagesspiegel« unter seinem trockenen, schwierigen, aber bedeutenden Chefredakteur Eric Reger und auch nicht so witzig und routiniert wie der französisch lizenzierte »Kurier« unter Paul Bourdin. Wie der »Kurier« unter ständiger französischer Einmischung litt, so Scholz unter der seiner Partei. Scholz setzte sich allerdings darüber hinweg und blieb auf der sozialdemokratischen Linie, so wie er sie interpretierte. Angesichts des großen Erfolgs des Blattes und der Finanzkraft von Arno Scholz, die auch der Partei zugute kam, gab sie seufzend nach. Er war mit allen Großen der Partei persönlich befreundet, und obgleich er mit seiner berlinischen Ausgesprochenheit als enfant terrible galt, wurde sein Rat geschätzt.

Bei Scholz traf ich zu meiner Überraschung Robert Maxwell, der 1941 kurz in meiner Pionierkorps-Einheit gewesen war, und gegen den ich einst ständig beim Siebzehn-und-Vier-Spiel verloren hatte. In der Tschechoslowakei geboren, hatte er ursprünglich einen tschechischen Namen getragen. Nach dem Kriege wollte er in England Geschäftsmann werden. Nun gab es eine Vorschrift, daß Direktoren auf ihrem Briefpapier ihre frühere Staatsangehörigkeit und ihren früheren Namen angeben mußten. Es wird behauptet, Maxwell habe zu diesem Zweck seinen tschechischen Namen zunächst in Du Maurier geändert und danach erst den Namen Maxwell angenommen, so daß auf dem Briefpapier würde stehen können: »Robert Maxwell formerly Du Maurier«. Er war Hauptmann und als einer der ganz wenigen Ausländer mit dem MC (Military Cross) ausgezeichnet worden, einem Tapferkeitsorden, der etwa dem Eisernen Kreuz I. Klasse entspricht. Jetzt war Maxwell Presseoffizier, hatte aber schon einen Vertrag mit Scholz vorbereitet, auf dessen Basis er nach seinem Ausscheiden aus der Armee sein späteres Verlagsimperium aufbauen sollte.

Am 25. Januar 1946 fand im Schloß von Oldenburg die nächste Sitzung des Gremiums statt. Der liebenswürdige Gastgeber der Konferenz, Ministerpräsident Tantzen, hatte mir als besondere Ehrung ein Zimmer im Schloß zugewiesen, so daß ich nicht im englischen Offizierskasino zu wohnen brauchte. Von diesem Zimmer führte eine schmale Wendeltreppe in einen turmartigen Anbau direkt zu den Repräsentationsräumen. Die Unterbringung hatte Stil, aber weder Heizung noch Warmwasser.

Wenige Tage später erhielt ich eine überraschende Nachricht. Der Länderrat der amerikanischen Zone mit Sitz in Stuttgart hatte deutsche Vertreter der britischen Zone zu seiner Tagung am 6. Februar eingeladen. Die Engländer hielten eine solche Interzonen-Kommunikation, die offenbar auf eine amerikanische Initiative zurückging, für verfrüht. Sie befürchteten, »ihre« Deutschen könnten auf dumme Gedanken kommen und zuviel Gefallen am amerikanischen System finden. Auch galt ihnen nach wie vor als oberstes Gebot, die Potsdamer Beschlüsse über eine gemeinsame deutsche Zentralgewalt nicht zu unterlaufen und dadurch die Arbeit des Kontrollrats zu erschweren. Dennoch konnten die Engländer ihre Zustimmung nicht verweigern. Um dem Treffen jedoch Gewicht zu nehmen, hatte Templer entschieden, nur Kopf und Lehr zu entsenden. In aller Eile wurde festgelegt, daß ich als Wachhund die beiden begleiten würde. Dazu ein anderer Offizier, der wohl wiederum auf mich aufpassen sollte.

Das Treffen mit dem Länderrat in Stuttgart wurde für alle Beteiligten zu einem bedeutenden, für die Deutschen zu einem erregenden Ereignis. Die an den Kräften zehrende Bewältigung der drängenden Tagesprobleme im besiegten und zerstörten Land hatte das Verlangen nach der Wiedervereinigung nicht mindern können; noch dachte man im Begriff des Deutschen Reiches, von dem man nicht glauben wollte, daß es endgültig zerbrochen sei. Acht Monate nach der Kapitulation hatten jetzt zum ersten Mal Amtsträger einer Zone die der anderen besuchen können. Schon der äußere Rahmen hatte etwas Imposantes: Die Villa Reitzenstein, in der getagt wurde, ist ein monumentaler, wenn auch nicht übermäßig schöner Prachtbau aus dem Beginn des zwanzigsten Jahrhunderts. Der Länderrat war eine Koordinierungsinstanz der drei Länder der US-Zone. Die Spitze bildeten die drei Ministerpräsidenten: Reinhold Maier (FDP Württemberg), Wilhelm Hoegner (SPD Bayern) und Karl Geiler (parteiloser Liberaler, Hessen). Ihnen stand ein Generalsekretariat unter dem Sozialdemokraten Rossmann zur Verfügung.

Hoegner, ein kleiner drahtiger Mann mit schwarzem Schnurrbart und Zwicker, war für die beiden anderen offenbar ein schwieriger Partner. Er führte dauernd »den bayerischen Löwen spazieren« und schien aus Prinzip stets ein wenig anderer Meinung zu sein als seine Kollegen. Trotz seines ausgeprägten Humors wirkte er im Vergleich zu ihnen kleinkariert. Geiler war ein gut aussehender Professor, ein soignierter Großbürger, mit einem braunen Schnurrbart, der seine elegante Erscheinung noch unterstrich. Reinhold Maier wurde allgemein der schwäbische Patriarch genannt; mit dem gebogenen Rücken, den randlosen Brillengläsern über den listigen Augen erinnerte er ein wenig an eine Eule. Auch er trug einen graumelierten Schnurrbart; eigentlich hatten damals fast alle einen – es muß das Jahrzehnt der

Schnurrbärte gewesen sein. Der große Liberale aus Württemberg führte den Vorsitz und beherrschte die Szene.

An der Spitze des amerikanischen Stabes beim Länderrat stand der Verfassungsrechtler Professor Pollock, ein energischer und geschickter Intellektueller jüdischer Herkunft. Er war nicht bloß ausführendes Organ des Militärgouverneurs: General Clay hörte sehr auf ihn, und so lag Pollocks Rat manchen seiner Entscheidungen zugrunde.

Die Amerikaner und wir beiden Engländer nahmen an der Sitzung zunächst nicht teil; gegen Mittag wurden wir jedoch eingehend unterrichtet. Ich vermute, die Amerikaner haben dies so arrangiert, da sie wußten, daß »ihre« Ministerpräsidenten sowieso in ihrem Sinne sprechen und »unsere« sich freier fühlen würden, wenn wir nicht dabei wären.

In seiner Begrüßungsansprache hatte Geiler den amerikanischen Weg der Dezentralisierung als geeigneten Unterbau für das Reich bezeichnet; ein Zusammengehen mit der britischen Zone halte er für angezeigt, vorher müsse dort aber ebenfalls eine länderratähnliche Institution geschaffen werden. Der in Hamburg geplante Zonenbeirat entspräche dieser Vorstellung nicht. Lehr erklärte die Rückständigkeit der staatlichen Entwicklung in der britischen Zone diplomatisch geschickt aus ihrer größeren Zerstörung; gab dann aber zu erkennen, daß die Briten seiner Meinung nach Angst hätten vor dem Neuaufkommen wirtschaftlicher Macht in Deutschland. Er betonte, daß man an Rhein und Ruhr am Reichsgedanken festhalte. Kopf und er würden ihren Kollegen empfehlen, sich für die Bildung eines Länderrats auch in der britischen Zone einzusetzen. Maier schloß sich Lehr an und versicherte, nicht nur in Württemberg-Baden, sondern auch in der französischen Zone denke man genauso. Kopf hatte ebenfalls zugestimmt, war dann aber sogleich auf sein Hauptanliegen gekommen: Es müßten aus der Tatsache, daß Preußen nicht mehr bestünde, Schlußfolgerungen gezogen werden. Erstens: das niedersächsische Gebiet müsse den Status eines eigenen Landes erhalten, zweitens: die Reichsmittelbehörden, deren Oberhoheit bei der Militärregierung lag, müßten den einzelnen Ländern unterstellt werden.

Die Briten sahen in den von ihnen ernannten Ministerpräsidenten und Oberpräsidenten eher Beamte als Politiker. Der demokratische Aufbau sollte ihrer Meinung nach von unten erfolgen, und deshalb müßten die Deutschen in Wahlen die Amtsträger erst bestätigen.

Die Amerikaner hingegen hatten den deutschen Politikern schon sehr viel weiterreichende Funktionen übertragen. Dem Generalsekretariat wuchsen immer mehr Vollmachten zu. Trotz heftigen bayerischen Einspruchs und des Beharrens auch der beiden anderen Länder auf Wahrung ihrer Eigenständigkeit, entwickelte sich die Tendenz zu einer Zonenregierung, was die Amerikaner nicht ungern sahen.

Ich selber war in einer problematischen Lage. Die britische Rücksichtnahme auf die Beschlüsse von Potsdam, das hieß praktisch auf die Russen, fand ich verkehrt. Ich war für jeden Schritt, der Deutschland der Einheit näherbrachte und Verantwortung zurück in deutsche Hände legte. Das aber wurde durch die britische Haltung hinausgezögert. Andererseits hatte mir Schumachers These eingeleuchtet, die deutsche Einheit dürfte nicht von den »Länderfürsten« verordnet, sondern müsse in einem demokratischen Prozeß angestrebt werden; dies wiederum deckte sich mit den Vorstellungen der Engländer.

Zunächst gelang es mir, Kopf und Lehr zu überzeugen, nur für sich selbst zu sprechen, da es keineswegs sicher sei, daß alle Mitglieder des Gremiums ihre Meinung teilen würden; auch gegenüber dem britischen Hauptquartier hielte ich dies für taktisch geschickter. Ich sah großen Ärger voraus, wenn Templer mit einer Entschließung konfrontiert würde, die gemeinsam von Kopf, Lehr und den Amtsträgern der US-Zone unterzeichnet wäre. So schlug ich Pollock vor, einfach zwei getrennte Entschließungen zu formulieren, die jeder der beiden Besatzungsmächte von »ihren« Deutschen überreicht werden würde. Er akzeptierte, obwohl er meine Haltung natürlich als hinderlich empfand und offenbar vermutete, daß mein Vorgehen auf Mangel an Vollmachten beruhte. In den Entschließungen, die nach langem Hin und Her zustande kamen, wurde für die Errichtung von Ländern in allen vier Besatzungszonen »im Rahmen des Reiches« plädiert. So lange keine Reichsgewalt bestünde, sollten die Länder die Reichsverwaltungen leiten: »Der ... Länderrat ist eine beispielhafte Einrichtung auch für die anderen Zonen«, hieß es in der für die Briten bestimmten Entschließung und noch provokanter: »Zonenbeiräte wären neben solchen Länderräten entbehrlich.« Da war mir nun wirklich einiges aus den Händen gelaufen. Über die Möglichkeit weiterer Treffen äußerte ich mich denn auch vorsichtig. Daß ich dann bei Templer energisch für eine Fortsetzung des Dialogs plädieren würde, stand auf einem anderen Blatt.

Die Engländer ließen sich von dem Drängen der Vertreter beider Zonen nach Bildung eines Länderrates in der britischen Zone und nach Übertragung der Reichsmittelbehörden in deutsche Hände nicht beeindrucken; andererseits erhielt ich auch keine neuen Weisungen, um derartigen Bestrebungen entgegenzuwirken.

In der zweiten Februar-Woche 1946 überzeugte ich meine Vorgesetzten, daß es nützlich wäre, sich über das Für und Wider einer zentralen Föderalregierung unter alliierter Besatzung zu informieren, wie sie in Österreich seit einiger Zeit bestand; auch für Deutschland liege eine solche Entwicklung im Bereich des Möglichen. Hauptmotiv für meine

Reise nach Wien war allerdings der dringende Wunsch, endlich Tante Gustl wiederzusehen.

Mit dem entsprechenden Auftrag in der Tasche flog ich ein paar Tage später in einer der berühmten alten DC 3, die der Länge nach mit Holzbänken ausgestattet war, von Hannover nach Wien. Die winterliche Stadt, deren Straßen von dreckigen Schneehaufen gesäumt waren, strahlte trotz ihrer zerbombten Schäbigkeit internationalen Glanz aus, wenn man sie mit der Misere der Städte in den deutschen Besatzungszonen verglich. Gustl Mayer ging es nach den Schrecken des Krieges wieder gut, sie arbeitete jetzt für den Theater-Offizier der Amerikaner, einen liebenswürdigen Junggesellen namens Hogan, der in den ehemaligen Stallgebäuden der Hofburg elegant und geschmackvoll einquartiert war.

Die Alliierten gingen großherzig davon aus, der Anschluß Österreichs ans Dritte Reich sei zwangsweise erfolgt und Österreich daher ein Opfer Hitlers. Die Österreicher waren schnell auf diese Geschichtsklitterung eingegangen, und ihr Charme tat das übrige, die Ecken der historischen Wirklichkeit des »Gaues Ostmark« zu glätten. Die Besatzer vermochten dem nicht zu widerstehen: »Bittschön, Sir«, »Servus Sir«, »einen Handkuß für die Frau Majorin« – an »Heil Hitler« dachte niemand mehr. Fast alle englischen Offiziere von Stand waren in Windeseile vom österreichischen Adel vereinnahmt worden; sie begannen Deutsch im nasalen Adelsdialekt zu sprechen, was im übrigen nicht schlecht zum »Oxford accent« paßte. Kaum eine Gräfin oder Baronin, die nicht ihre Beziehung zu einem Besatzer hatte und »Persil«-Scheine, Legitimationen für Reisen, Benzin, Extra-Rationen und was immer an Vorteilen durch Besatzerbriefe zu erlangen war, »richten« konnte. So haben eigentlich die Österreicher nachträglich den Krieg gewonnen, indem sie die Engländer »austrianisierten«. Das gesellschaftliche Leben blühte, und über der ganzen Stadt lag ein Hauch von Festen.

Mit meinem fadenscheinigen Auftrag begab ich mich zum Sitz der britischen Hohen Kommission in Schloß Schönbrunn, wo der blendend aussehende Hochkommissar General McCreery die Napoleon-Gemächer bewohnte. Ich stieg eine schöne, breite Marmortreppe mit vergoldeter Balustrade hinauf, die den Blick auf eine Flucht von großzügigen Räumen freigab. Dann aber hörte die Pracht auf. Mit Papp- und Sperrholzwänden waren die notwendigen Unterteilungen vorgenommen worden. Der Andrang von Bittstellern war so beträchtlich, daß die Besatzungsgeschäfte nur nebenbei betrieben werden konnten. Dennoch erhielt ich präzise Aufklärung darüber, wie die österreichische Regierung funktionierte und wie sie durch die vier Besatzungsmächte kontrolliert wurde.

Um meinem Auftrag irgendwie gerecht zu werden, schien es mir nützlich, auch die Meinung des österreichischen Kabinetts einzuholen. Mit leichter Hand traf ein englischer Major eine Verabredung für mich bei Bundeskanzler Figl. Das Bundeskanzleramt liegt am geschichtsträchtigen Ballhausplatz: Alles etwas schäbig, aber eben »Ballhausplatz« mit Blick aus dem Fenster des Vorzimmers auf die Hofburg. Der Dipl.-Ing. Figl – selbst der Name des Bundeskanzlers wird in Österreich nie ohne den akademischen Titel genannt – war ein kleiner Mann mit listigen Augen und einem blöndlichen Schnurrbart. »Meinen« Oberpräsidenten konnte er, wie mir schien, nicht das Wasser reichen. Aber später sollte sich seine große Geschicklichkeit erweisen: In einem günstigen Moment erhandelte und »ersoff« er den Abmarsch der Russen und die Neutralität des Landes. Mit dem »Captain Thomas« unterhielt er sich zum einen, weil das britische Hochkommissariat darauf Wert gelegt hatte, zum anderen, weil man ja nie wissen konnte, welche Rolle ein solcher Emissär spielte, und schließlich, weil er im Verlauf des Gesprächs ein gewisses Vergnügen an mir fand. Nachdem ich beim Regierungschef gewesen war, stellten Besuche bei den Ministern kein Problem dar. Außenminister Gruber, ein blonder, eher reservierter Mann von nur sechsunddreißig Jahren, war zweifellos intelligenter als sein Kanzler und hatte über den Kirchturm der Wiener Besatzungsprobleme hinweg die weltpolitischen Zusammenhänge erfaßt. Auch der sozialdemokratische Vizekanzler Schärf, der später Bundespräsident wurde, sowie sein Parteigenosse, Innenminister Helmer, hatten augenscheinlich größeres Kaliber als Figl.

Eine bemerkenswerte Figur war der einzig verbliebene Kommunist im Kabinett (im ersten provisorischen hatte es mehrere gegeben), der Minister für Elektrifizierung und Energiewirtschaft, Dr. Karl Altmann. Dieser ebenfalls verhältnismäßig junge, sehr verschlossene, aber fähige Mann war – um im Bild seines Ressorts zu sprechen – energiegeladen. Allgemein wurde daher befürchtet, daß er den bereits zurückgedrängten Einfluß der Kommunisten wieder zur Geltung bringen würde. Im Gespräch mit mir legte er den Akzent auf die sachlichen Aufgaben seines Ministeriums und nicht auf weltanschauliche Fragen. Er gab sich als österreichischer Politiker und nicht als Sachwalter der russischen Interessen. Welch ein Unterschied zu den partei-chinesischen Litaneien von Max Reimann in Deutschland.

Im Vorzimmer von Figl hatte ich Baron Löbenstein kennengelernt, mit dem ich eine Rundfahrt durch Wien machte. Als ich ihm sagte, daß die Verwüstungen in den deutschen Städten wesentlich schlimmer wären, erwiderte er, leicht gereizt: »Ja, aber die haben auch den Krieg angefangen.« Diese opportunistische Distanzierung von Deutschland brachte auf das Prägnanteste die Position des neuen Österreich zum Ausdruck – »tu felix Austria«!

Die Exkursion nach Wien war für mich unerwartet lehrreich gewesen. Den Österreichern war Ähnliches gelungen wie Talleyrand nach den napoleonischen Kriegen: Die Sieger weigerten sich, Land und Volk mit seiner jüngsten Geschichte zu identifizieren. Politisch gesehen war diese Reise ermutigend: In Wien hatte ich begriffen, daß eine Bundesregierung unter Viermächtekontrolle geschickt in die Freiräume der Uneinigkeit zwischen den Besatzungsmächten eindringen und ihre eigene Politik bis zu einer erstaunlichen Selbständigkeit entwickeln konnte. Einen Augenblick lang glaubte ich, daß es für Deutschland ähnliche Hoffnungen gäbe. Diese erwiesen sich zunächst jedoch als trügerisch.

Für den 28. Februar war eine Gegeneinladung des Gremiums an die Mitglieder des Länderrats ergangen. Getreu seiner Politik der bayerischen Eigenstaatlichkeit war Hoegner nicht erschienen; statt seiner kam, aber inoffiziell, der bayerische Bevollmächtigte beim Länderrat, Konsul Seelos, der mit einer sehr hohen, enervierenden Stimme lautstark die bayerischen Belange vertrat. Auch Pollock sowie Generalsekretär Rossmann waren gekommen.

Die Sitzung fand im Gästehaus des Senats, dem heutigen Parkhotel, statt – was für damalige Verhältnisse ein luxuriöser Rahmen war. Für mich sollte es ein schlimmer Tag werden. Zunächst hatte ich mich verfahren und kam zu spät. Dann war zu meinem Erstaunen noch ein weiterer britischer Offizier anwesend, ein Oberst Brazier, Verbindungsoffizier in Hannover, von dem ich nicht wußte, wer ihn geschickt hatte. Etwas nervös und meiner Sache nicht sicher, referierte ich die Stellungnahme des Templerstabes zu den Anträgen und Beschlüssen der Oldenburger Konferenz. Es war keine Glanzleistung. Ich erinnere mich, daß Geiler sich anschließend wegen meiner Jugend und meines niedrigen Ranges kritisch äußerte; beim Länderrat war ein voller Oberst der Ansprechpartner und häufig standen für Gespräche Generäle zur Verfügung. Allerdings wurde Geiler von den Gremiumsmitgliedern heftig widersprochen; es wurde deutlich, welches Vertrauen ich genoß.

Sodann wurde Lehrs und Kopfs schriftlicher Bericht von der Sitzung in Stuttgart diskutiert. Zunächst äußerten Tantzen milde und Petersen heftige Kritik, wobei letzterer besonders betonte, daß eine derart negative Beurteilung des noch nicht einmal zusammengetretenen Zonenbeirats einen Affront gegen die britische Militärregierung darstelle. Im weiteren Verlauf der Debatte schwenkten aber beide auf die Linie des Berichts ein. Dann wurde gemeinsam mit den Gästen die Verabschiedung einer Resolution diskutiert, mit der die britische Militärregierung gebeten werden sollte, eine länderratähnliche Institution ins Leben zu rufen. Dabei klang nicht nur der Wunsch nach Intensivierung der Kontakte mit den Ländern der US-Zone durch, es wurde sogar eine Institutionalisierung der Zusammenarbeit angesprochen, ohne daß die Beteiligten jedoch auf einen Zusammenschluß abzielten. Nun ergriff Colonel Brazier das Wort – wie er sagte, im Auftrag der britischen Kontrollkommission – und legte den den Insidern bekannten britischen Standpunkt dar: Über die politische Zukunft Deutschlands könne nur von den vier Alliierten im Kontrollrat entschieden werden. Engländer und Amerikaner seien die besten Freunde der Welt, aber in der britischen Zone entschieden die Briten allein. Die Regierung müsse durch das Volk direkt ausgeübt werden. Das Konzept der Dezentralisierung werde einerseits durch die Regierungen der Länder und Provinzen, andererseits durch die Ämter getragen. Eine Machtkonzentration würde nicht gestattet werden.

Ich hörte den Ausführungen dieses sturen Militärs – Kaisen hat ihn in seinen Erinnerungen als »versteinerten alten Oberst« bezeichnet – mit wachsender Wut zu. Die Gedankengänge waren mir bekannt, aber ich konnte nicht glauben, daß Templer eine so knallharte und gänzlich undiplomatische Übermittlung autorisiert hatte. Die Amerikaner waren gröblich vor den Kopf gestoßen; die Deutschen waren sprachlos. Hatte es überhaupt noch einen Sinn, die vorgesehene Entschließung zu fassen? Mir war klar, daß die Ausführungen Braziers die britische Militärregierung sowohl bei den Amerikanern als auch bei den deutschen Amtsträgern in Mißkredit gebracht hatten. Ich wußte, wie gesagt, nicht, von wem Brazier tatsächlich beauftragt worden und mit welchen Vollmachten er ausgestattet war. An meinem Rückhalt hatte ich Grund zu zweifeln, doch ich beschloß, Brazier zu desavouieren.

Ich ergriff das Wort und erklärte, der Zonenbeirat sei in gewisser Weise doch ein Gegenstück zum Länderrat und stelle als solcher einen Verhandlungspartner dar. Eine Institutionalisierung der Zusammenarbeit durch einen Nordsüdrat sei allerdings ein heißes Eisen, eben weil er die Zuständigkeit des Kontrollrats berühre. Engste Fühlungnahme zwischen den deutschen Amtsträgern in beiden Zonen sei dagegen selbstverständlich erwünscht. Ich nähme sogar an, daß Vertreter aus Süddeutschland an den Sitzungen des Zonenbeirats teilnehmen würden und umgekehrt. Gleichzeitig verteilte ich die Einladungen zur Eröffnungssitzung des Zonenbeirats am 6. März sowie den Organisationsplan. Zuletzt schwächte ich noch die Aussagen Braziers über die Reichsmittelbehörden ab: es sei lediglich eine Tendenz, sie nicht den Ministerpräsidenten und Oberpräsidenten unterstellen zu wollen (eine klare Entscheidung war in der Tat noch nicht gefallen; das Problem sollte sich – wie so viele andere – eines Tages mit der Bildung der Bizone lösen). Mit allem, was ich gesagt hatte, hoffte ich, den Ausführungen Braziers die Spitze zu nehmen. Zu meiner Befriedigung schwieg er. Er hatte irgend jemandes Auftrag erfüllt und seine Erklärung abgeschnurrt, aber zu einer weiteren Stellungnahme war er vermutlich gar nicht fähig.

Das Gremium und die Länderratsgäste verabschiedeten wieder zwei getrennte, vorsichtig formulierte Entschließungen. In beiden wurden der Wille und die Notwendigkeit betont, die Beziehungen und den Meinungsaustausch, unter anderem durch wiederholte gemeinsame Beratungen, auszubauen. In der Entschließung des Gremiums wurde der Lehr-Kopf-Bericht gebilligt und damit also auch dem Wunsch nach einem Länderrat in der britischen Zone Ausdruck verliehen.

Auch später in Bad Oeynhausen gelang es mir nicht herauszufinden, wer hinter der Brazier-Mission gesteckt hatte. Mein Chef, Oberstleutnant Gilpin, war mit meinem Verhalten einverstanden, bagatellisierte den auch ihm unbekannten Brazier und versprach, daß ein derartiger Doppelauftrag sich nicht wiederholen würde.

Meine Kritik an der Besatzungspolitik, mein Einsatz für den deutschen Wiederaufbau, für eine deutsch-britische Zusammenarbeit und für die Integration eines wirtschaftlich und politisch gesundeten Deutschland in eine westliche Gemeinschaft waren im britischen Hauptquartier umstritten. Die einen sahen in mir einen sonderbaren Vogel, andere neideten mir die Gunst General Templers und meinen direkten Zutritt zu ihm. Aber ich hatte auch Freunde. Meine Memoranden, Berichte, Kontakte und meine Verhandlungsführung hatten Gilpin bereits im Oktober bewogen, meine Beförderung zum Major vorzuschlagen, obwohl ich erst im Juli zum Hauptmann befördert worden war, ein weiterer Dorn im Auge der Gegner.

Die beiden wichtigsten Feinde hatte ich inzwischen ausgemacht: Zum einen war da Oberstleutnant Leo Long, tätig im unmittelbaren Stab des Intelligence-Chefs Brigadier Williams, beziehungsweise dessen Nachfolger, Generalmajor Lethbridge. Sein Einfluß war mithin größer als der von Gilpin. Long unterstand die »schwarze« Intelligence, die ihrer Natur nach von Geheimnissen umwittert war. Unter ihm war Major Abbott zuständig für die Internierten in den Lagern und für das gewaltige Archiv. Mit diesem sturen Pauker war ich zum erstenmal im Falle Schlange-Schöningen und seitdem öfter zusammengerasselt. Irgendwann hatte Lehr erzählt, sein Freund Günther Henle, der Schwiegersohn von Peter Klöckner, dem Gründer und Inhaber des Klöckner-Konzerns, sei verhaftet worden und säße in Bad Nenndorf. Ob ich gelegentlich seine Frau empfangen würde? Ich bat Lehr, sie möge rechtzeitig ihren Besuch ankündigen, damit ich am Tor zum militärischen Sperrgebiet in Oeynhausen den Einlaß sicherstellen könne. Wenige Tage später erhielt ich einen Anruf der Wache: Es stünde da eine weinende Frau, die mich sprechen wolle und die nicht abzuweisen sei. Kurz darauf saß mir die blonde Dame völlig aufgelöst und schluchzend gegenüber. Ich versprach, mein Möglichstes zu tun, ohne ihr große Aussichten zu machen. Auch Otto Lenz, der bereits damals in der Berliner CDU eine wichtige Rolle spielte und später unter Adenauer Staatssekretär im Kanzleramt wurde, hatte mich gebeten, einen Mann aus Bad Nenndorf herauszuholen, der offenbar aufgrund einer Namensverwechslung verhaftet worden war.

Unter ziemlichen Schwierigkeiten verschaffte ich mir Zutritt zur Zentralpersonalkartei. Sie befand sich in einem großen Mietshaus der Stadt mit mehrfach gesichertem Zugang; die Akten durfte ich mir nur unter Aufsicht ansehen. Teilweise war das Material hervorragend, die Daten waren mit Akribie verzeichnet, und es blieb mir unerklärlich, wie der englische Geheimdienst es angestellt hatte, auch über verhältnismäßig unbedeutende Deutsche bis ins kleinste Detail unterrichtet zu sein. Gemeinsam mit den Amerikanern war eine sogenannte »weiße Liste« erstellt worden. Andererseits gab es in diesen Akten auch zahllose Berichte von Agenten, die sich wohl nur wichtig machen wollten und daher Angaben und Anschuldigungen erfanden oder Tatsachen total verdrehten; häufig beruhten die Berichte auch auf wertlosen, ressentimentgeladenen Aussagen von Emigranten.

Ich war schockiert, daß solches Material die Grundlage für die Beurteilung von Persönlichkeiten bildete und auf welch leichtfertige Weise hier über das Schicksal von Menschen vorab entschieden wurde. Nach dem Motto, ein Geheimdienstler gibt nie seine Quellen preis, wurden die Betroffenen über derartige Angaben grundsätzlich nicht in Kenntnis gesetzt und konnten sich insofern auch nicht gegen sie wehren. Die Militärregierung erhielt die Mitteilung, daß gegen einen Kandidaten etwas vorlag, in der Regel ohne nähere Begründung. Ihr blieb dann die dankbare Aufgabe überlassen, dem Betreffenden einen abschlägigen Bescheid zu geben. Die fragwürdigen Überprüfungsmethoden beschränkten sich jedoch nicht allein auf Deutsche, sondern wurden auch beim eigenen Personal angewandt. Ein brillanter Kollege von mir, den ich recht gut kannte, war Sergeant geblieben, weil er laut Akte als Schüler politisch unangenehm aufgefallen war. Schließlich gewann er den Kampf um seine Rehabilitierung und wurde im Eiltempo zum Major befördert. Diese etwas unbeholfene Wiedergutmachung führte dazu, daß von einem Tag auf den anderen für mich aus einem Untergebenen ein Vorgesetzter wurde.

Mit den aus den Akten erworbenen Kenntnissen über meine Schützlinge zog ich zu Abbott. Er war überzeugt von der Bedeutung und Berechtigung seiner Aufgabe, wirkte kalt und schien ohne menschliche Regung. Im Falle Henle versuchte ich ihm klarzumachen, daß dieser als Vierteljude aus dem Auswärtigen Amt habe ausscheiden müssen und auch bei seinem Schwiegervater Klöckner nur eine inoffizielle Position habe einnehmen können. Zu Beginn seiner Laufbahn bei Klöckner habe – so Abbott – Henle soundsoviel Reichsmark verdient und bei Kriegsende das Doppelte: Mithin sei er ein Nutznießer des Naziregimes und seine Inhaftierung gerechtfertigt. Ihn auf die Absurdität dieser Argumentation festnagelnd, meinte Abbott unwirsch, im Internierungslager würde er wenigstens ernährt. »Im übrigen, wo gehobelt wird, da fliegen Späne«, sagte er schließlich wegwerfend. »Das habe ich irgendwo schon mal gehört«, bemerkte ich ebenso kalt. »Wo?« fragte er zurück. »Bei der Gestapo«, sagte ich trocken.

Henle wurde bald darauf freigelassen: Das Verdienst seiner Entlassung hat er allerdings einem Exdiplomaten namens Werkmeister zugeschrieben. Ebenso gelang es mir, den völlig unbelasteten Freund von Otto Lenz herauszubekommen. Unmittelbar nach seiner Freilassung machte er sich auf den mühseligen Weg nach Bad Oeynhausen, nur um sich zu bedanken. Im langen ledernen Offiziersmantel der Wehrmacht stand er vor mir. Offenbar hatte er Vertrauen gefaßt, denn eben aus dem englischen Lager entlassen, machte er vor einem englischen Offizier, den er nicht weiter kannte, plötzlich Andeutungen über die dortigen Zustände. Ich glaube, in diesem Moment war ich erregter als er. Ich ließ nicht locker und wurde nun mit den haarsträubenden Vorgängen in Bad Nenndorf konfrontiert. – Folterungen bei Verhören! Nazimethoden in den eigenen Reihen! Ich traute meinen Ohren nicht.

Einer der Mitbewohner meines Quartiers in Bad Oeynhausen war Intelligence-Offizier. Beiläufig hatte er beim Rasieren im Bad erwähnt, daß er Verhöre im Internierungslager Bad Nenndorf durchführe. Dort saßen vor allem Angehörige der sogenannten »automatischen Arrestkategorien«, Nazis und Beamte ab einem bestimmten Rang, Generalstabsoffiziere und andere. Ich wußte, daß die Verpflegung in den Lagern miserabel war, aber ich hatte keine Ahnung von den Verhörmethoden, bei denen, wie man später erfuhr, Grausamkeiten und Folter vorkamen. Und mit einem der Verantwortlichen hatte ich monatelang das Badezimmer geteilt.

Wer aber hätte mir meine Unkenntnis geglaubt? Seither kann ich mir vorstellen, daß es selbst im Reichssicherheitshauptamt Leute gab, die »von alledem nichts gewußt« haben.

Gegen den dringenden Rat meiner Kollegen habe ich unverzüglich einen umfangreichen Bericht über Nenndorf eingereicht und obendrein sichergestellt, daß er nicht in den Akten verschwand. Ob meine Intervention den Anstoß zu den Verfahren gegen die Nenndorf-Offiziere gegeben hat, weiß ich nicht, jedenfalls empfand ich es als Befriedigung, daß im Rechtsstaat England gegen die Übeltäter vorgegangen wurde, wenn auch mit ziemlicher Milde.

Long, dem meine Recherchen in der Personalkartei und meine zum Teil erfolgreichen Interventionen hinsichtlich unschuldig Internierter ein Dorn im Auge gewesen sein müssen, besaß anders als Gilpin großes Durchsetzungsvermögen. Dieser brillante Absolvent der Universität Cambridge war fortwährend am Intrigieren und kannte keinerlei Skrupel. Etwa dreißig Jahre alt, groß, schlank, mit schwarzem Haar, einem süffisanten Mund, dunklen, stechenden Augen – und natürlich einem Schnurrbart –, wirkte er alles in allem wie der Schurke im Film. Wir waren uns kaum begegnet, als die gegenseitige Abneigung zum offenen Haß wurde.

In der Politik sind wie in allen großen Organisationen Meinungs- und Richtungskämpfe systemimmanent. Der Andersdenkende wird dann zum Gegner, ja zum Feind. Umgekehrt kann aber auch persönliche Abneigung zu sachlichen Gegenpositionen führen. Gewöhnlich besteht eine Wechselwirkung zwischen persönlicher und sachlicher Gegnerschaft, wobei oft noch das Element des Kampfes um die Macht hinzu kommt. Das war bei Long nicht der Fall, denn ich war für ihn schon der Hierarchie nach keine Bedrohung. Sachliche Meinungsunterschiede und persönliche Antipathien waren wohl gleich stark. Long verfocht die Linie einer jahrzehntelangen Knebelung Deutschlands. Er gehörte zum britischen Establishment, mit dem er eine gewisse Arroganz gegenüber »bloody foreigners« teilte. Long erreichte es auf schwer faßbare Weise, das von Templer und anderen in mich gesetzte Vertrauen zu erschüttern. Dabei exponierte er sich nie. Ich traf häufig auf die Spuren seines Wirkens, ohne ihn selbst jedoch greifen zu können. Ein einziges Mal ging er zu weit: Im Herbst 1945 hatte ich meine kranke Mutter mit einer Militärmaschine aus Berlin ausfliegen lassen, um sie für drei Monate bei einer alten Freundin in Bad Eilsen unterzubringen. Leo Long bestellte mich zu sich und verwarnte mich. Ich wies seine Vorwürfe zurück: Ich hätte ordnungsgemäß die Erlaubnis meines Vorgesetzten eingeholt, und die entsprechenden Dienststellen seien offiziell unterrichtet worden, sonst hätte der Flug gar nicht stattfinden können. Long: »Das ändert nichts.«

Mein zweiter Feind neben Long war Templers Stabschef Brigadier Britten, ein Bilderbuch-Offizier der britischen Armee, der die stärkste Persönlichkeit in der Umgebung des Chefs war und dessen Einfluß größer war als der ranghöherer Offiziere. Mir mißtraute er, und die Tatsache, daß ich in der Gunst Templers stand, störte ihn. Er herrschte mich an, wie ich dazu käme, ohne seine Erlaubnis zum General zu gehen. Das sei ordnungswidrig. »Wenn ich einen Befehl vom General habe, kann ich Sie doch nicht vorher fragen, ob ich dem Befehl nachkommen darf.« »Es bleibt dabei«, meinte Britten, ich hätte mich an ihn zu halten. »Jawohl, Sir, wenn *ich* den General sehen möchte. Wenn *er* mich ruft, muß ich gehorchen.« Ich konnte mir keinen Vers auf den Vorfall machen.

Es war jetzt Winter 1945/46. Millionen hatten im Kriege alle persönliche Habe verloren. Die meisten deutschen Männer liefen in den traurigen Resten ihrer ehemaligen Uniform herum, da es neue Kleidung nicht gab. Die englischen Ideologen waren davon besessen, man müsse den Deutschen jede Erinnerung an ihre nationalsozialistische Vergangenheit nehmen. Zu dieser Vergangenheit gehörte unter anderem die Uniform. Mitten im Winter erging nun der Befehl, die Uniformen müßten eingefärbt und die Schaftstiefel über den Knöcheln abgeschnitten werden; die Käppis und Afrika-Mützen wurden ganz und gar verboten. Anfang Januar erbat ich, auf dem Dienstweg über Britten, einen Termin bei Templer und wurde in dieser Sache vorstellig.

Erstens hätte ich bei der Offiziersausbildung gelernt, man solle nie einen Befehl erteilen, dessen Durchführung man nicht kontrollieren und sicherstellen könne; dies sei hier der Fall.

Zweitens erinnerten die Uniformstücke nicht an vergangenen Ruhm, sondern machten in ihrem schäbigen Zustand nur die Misere der Niederlage deutlich.

Drittens seien die Farbstoffe, die die Engländer lieferten, so schlecht, daß sie beim ersten Tragen ausliefen und das bißchen Unterwäsche, das die Leute noch hätten, verdürben.

Viertens sei es unsinnig, Schaftstiefel abzuschneiden, weil sie dann am Fuß keinen Halt mehr hätten.

Fünftens sei die Uniform-Mütze die einzige Kopfbekleidung, die die Leute hätten. Was sollten sie denn statt dessen tragen?

Templer war irritiert. Ich mische mich in Angelegenheiten, die mich nichts angingen. Die Mütze des Afrika-Korps sei fabelhaft, er wünschte, wir selbst hätten sie gehabt, aber wie die Knobelbecher und die Uniformröcke sei sie eine Reminiszenz an den Militarismus. Das Verbot werde aufrechterhalten. Damit erklärte er die Unterhaltung für beendet. Natürlich scheiterte die Durchführung des Befehls am stillen Widerstand der Bevölkerung.

Ich erinnere mich nicht an die nachfolgenden Begegnungen mit Templer, aber es blieb mir nicht verborgen, daß ich nicht mehr in der gleichen Gunst stand wie ehedem. Auf meine Tätigkeit und meine Selbständigkeit hatte dies zunächst keinen erkennbaren Einfluß, wohl aber auf das mir entgegengebrachte Vertrauen.

In dieser Zeit ging es um die Besetzung der britischen Verbindungsstelle beim Zonenbeirat. Mir wurde bedeutet, daß ich für diesen Posten nicht in Frage käme; angeblich war ich in meiner gegenwärtigen Tätigkeit unentbehrlich. So nahm ich zwar an der mit Spannung erwarteten Eröffnungssitzung der neuen Institution durch General Robertson sowie an den meisten folgenden Zusammenkünften teil, aber nur als inoffizieller Beobachter des Hauptquartiers. Andererseits wurde ich auch mit offiziellen Missionen betraut, die den Zonenbeirat betrafen; so begleitete ich beispielsweise die Delegierten zum zweiten Treffen mit dem Länderrat in Stuttgart.

Etwa zwei Jahre später, als ich bereits Zivilbeamter der Kontrollkommission war, traf ich zufällig in der Eisenbahn Generalmajor Lethbridge, den seinerzeitigen obersten Intelligence-Mann der Besatzungsbehörden. Obwohl wir uns zum ersten Mal begegneten, war ihm mein Name merkwürdigerweise sofort ein Begriff. Wir sprachen von »alten Zeiten«. Plötzlich schaute er mich an und sagte mit Bedauern in der Stimme: »Hätte ich Sie damals gekannt, wäre vieles anders gelaufen.«

Wieder einige Jahre später – 1953 oder 1954, ich war längst in der Wirtschaft – erhielt ich einen Anruf meines alten Feindes Leo Long. Er war zuletzt britischer Intelligence-Chef in Nordrhein-Westfalen gewesen, wo er manches Unheil angerichtet hatte; nun, nach seinem Ausscheiden aus dem Militärdienst, war er Direktor einer englischen Firma geworden. Er besuchte mich in meiner Düsseldorfer Wohnung. Sofort sprach ich ihn auf unsere alten Fehden an. »Ach, lassen wir das, das ist doch alles vorbei und vergessen«, meinte er. Dann machte er eine artige Bemerkung über meine Bibliothek: »A very gentlemanly library.« Im Laufe des Abends fragte ich ihn: »Wer hat nun recht gehabt mit seiner Meinung über die von England einzuschlagende Deutschland-Politik?« Er antwortete nur: »My dear Michael, one has to be right at the right time.« 1982 verschlug es mir die Sprache, als ich im Zusammenhang mit dem Blunt-Skandal in den Schlagzeilen der englischen Presse seinen Namen las. Leo Long hatte also auch zu jenen brillanten Cambridgestudenten gehört, die von Anthony Blunt als Sowjetspione rekrutiert worden waren und diese Tätigkeit bis über den Krieg hinaus ausgeübt hatten.

Das größte Vergnügen aber bereitete mir ein anderes Erlebnis: Am 5. Juli 1956 saß ich in Ankara in der schäbigen Halle des »Ankara Palace Hotel«. Dort wohnte auch der zum Chef des Generalstabs aufgestiegene Gerald Templer, der dem türkischen Verteidigungsminister einen offiziellen Besuch abstattete. In leichter Schräglage ging der trinkfreudige General an mir vorbei und blickte mich aus etwas glasigen Augen an, ohne den Zivilisten zu erkennen und dessen Gruß zu erwidern. Minuten später erschien ein schmucker Adjutant und fragte mich, ob ich Major Thomas sei. »Der General möchte Sie sehen.« Templer saß mit seiner Frau im Garten. Noch nie war er so herzlich gewesen. Unter anderem erzählte ich ihm die Uniformgeschichte. Er war inzwischen völlig nüchtern. »Mein Gott«, sagte er, »Sie blamieren mich vor meiner Frau. Was bin ich für ein Esel gewesen; und wie klug waren Sie!« »Nein«, erwiderte ich, »Sie waren fabelhaft, und ich nehme keine besondere Klugheit für mich in Anspruch. Ich kannte die Verhältnisse, das war ganz natürlich. Nur haben Sie statt auf meinen Rat auf den Ihres Stabes gehört.« Er stimmte mir zu und erzählte dann nicht ohne Stolz, wie ihm eines Tages zu Ohren gekommen war, daß sein Vorgesetzter, der Militärgouverneur Luftmarschall Sir Sholto Douglas, deutsche Schlösser ausraubte und die Beute flugzeugweise nach England transportierte. Er habe unverzüglich ein schon beladenes Flugzeug beschlagnahmen und den Inhalt an die geplünderten Orte zurückbringen lassen.

Ohne Templer wäre der Winter 1945/46 für die Bevölkerung der britischen Zone zur Katastrophe geworden. Im Mai 1946 hat er Deutschland verlassen. Die Labourregierung, deren Instruktionen er loyal ausgeführt hatte, strebte damals in Deutschland eine radikale Landreform an, die letztlich nur von den Amerikanern verhindert wurde. Templer als irischer Großgrundbesitzer war der Meinung, er könne eine solche Maßnahme nicht verantworten. Nachdem er einige hohe Positionen in England durchlaufen hatte, wurde ihm die Befriedung des vom Guerilla-Krieg heimgesuchten Malaya übertragen. Diese Aufgabe löste er glanzvoll, indem er die Mao-Taktik unterlief und die Bevölkerung auf seine Seite zu ziehen wußte. Zum Lohn wurde er zum Obersten Militär Englands ernannt, später zum Feldmarschall.

Von General Templer habe ich bis heute eine hohe Meinung. Er war eine außerordentliche Persönlichkeit, entscheidungsfreudig, wenn auch bisweilen zu impulsiv, und von unermüdlichem Arbeitsdrang. Von seinem Stab, einschließlich der Generäle, forderte er das gleiche Engagement. Seine Detailkenntnis war gefürchtet. Andererseits war er eingebunden in die Urteile und Vorurteile seiner Welt irischer Grundbesitzer und Militärs, oft stur, ja kommißköpfig. Von der Presse hielt er nichts und behandelte Journalisten wie aufmüpfige Untergebene. Kein Wunder, daß er häufig eine schlechte Presse hatte. Als Vorgesetzter war er angenehm, weil er zuhören konnte und häufig Ratschläge annahm, aber anders als bei Montgomery wurde man bei ihm selten befördert. Wenn seine Offiziere gut waren, behielt er sie lieber, als daß er sie für höhere Positionen freistellte.

Während meine Mutter in Bad Eilsen war, sah ich mir den nahegelegenen »Jugendhof Vlotho« von Klaus von Bismarck an. Bei meinem Besuch der Waldersees auf Waterneversdorf im August 1945 hatte mich Major Philipp von Bismarck auf seinen älteren Bruder aufmerksam gemacht, der sich um junge Deutsche kümmere, die durch das Regime, den Krieg und den Zusammenbruch völlig aus dem Geleise geworfen worden seien.

Klaus Bismarck, im Kriege Oberstleutnant, Kommandeur eines Infanterieregiments, Träger des Ritterkreuzes mit Eichenlaub, war nach seiner Flucht von seinem Gut Kniephof in Pommern mit seiner Familie im Schlößchen eines entfernten Verwandten, des Landrats von Lahr, aufgenommen worden. Es war ein hübscher, einfacher Bau, in dessen Gesindeflügel die Bismarcks zusammen mit anderen Flüchtlingsfamilien aus dem Osten hausten.

Bismarck kam mir über den kopfsteingepflasterten Hof entgegen und führte mich in seine ärmliche Behausung. Er und seine Frau, die hoch in Umständen war – schon damals hatten sie drei Söhne, später sollten es acht Kinder werden –, waren heiter, unbeschwert und optimistisch. Im Gegensatz zu seinem extrovertierten, glanzvoll auftretenden jüngeren Bruder war Klaus still, besinnlich und von tiefer Religiosität. Der mittelgroße Mann mit dem typischen Schädel der Bismarcks und den klugen, aber etwas verträumten Augen hatte so gar nichts von einem schneidigen Offizier.

Die Besatzungsbehörden hatten Bismarck gebeten, seine Gedanken hinsichtlich der Zukunft Deutschlands zu Papier zu bringen. In einem Memorandum hatte er erläutert, wie sinnlos es sei, einfach da fortzufahren, wo man 1933 aufgehört hatte. Man müsse Lehren aus den vergangenen dreizehn Jahren ziehen, sich aus allen Verkrustungen und Ideologien lösen, die jungen Deutschen müßten sich daran gewöhnen, andere Standpunkte kennenzulernen, sich in Toleranz zu üben. Der Jugend, die man nicht mit zu vielen Theorien über Reeducation und Demokratisierung überschütten dürfe, müsse man vor allem Selbstvertrauen geben.

Ich war von Klaus von Bismarck und seinen Ideen beeindruckt, auch wenn sie mir zunächst ein wenig hochfliegend und romantisch zu sein schienen. Die örtlichen englischen Stellen in Herford zeigten, nachdem sie sich im Hauptquartier in Bad Oeynhausen Rückendeckung verschafft hatten, rasch Interesse an Bismarcks Thesen. Schon im Herbst 1945 wurde er Leiter des Kreisjugendamtes in Herford, und im Frühjahr 1946 schaffte man ihm den äußeren Rahmen für die Verwirklichung seiner Ideen, indem man ihm die ehemalige Hitlerjugend-Bannführerschule in Vlotho übergab. Bismarck bat sich aus, von der Kontrolle durch die Intelligence befreit zu werden.

Der eigentliche Unterricht spielte zunächst eine untergeordnete Rolle; größere Aufmerksamkeit wurde dem Handwerklichen und Künstlerischen gewidmet, dann dem einfachen Zusammenleben, den gemeinsamen Mahlzeiten, den Diskussionen am Abend.

Bei meinem ersten Besuch in Vlotho, gleich nach der Gründung des Jugendhofes, fiel mir ein Zwanzigjähriger auf, der etwas scheu um den britischen Hauptmann schlich. Ich nahm ihn beiseite; verwirrt erklärte er mir, daß er Angehöriger der Waffen-SS gewesen sei. Bismarck genoß bei den Besatzungsbehörden ein solches Vertrauen, daß er es sich leisten konnte, auch solche Jungen aufzunehmen. Was besonders auffiel, war eine merkwürdig religiös-sittliche Atmosphäre. Sie war wohl der gemeinsame Nenner für die verschiedenen Konfessionen und divergierenden politischen Ansichten. Hinzu kam eine gewisse bündische Tradition: Es wurde gemeinsam gesungen, und danach reichte man sich im Kreise die Hände.

Die Faszination von Vlotho sprach sich herum: zu den Besuchern zählten unter anderen der damalige FDJ-Führer Erich Honecker und das heutige Politbüro-Mitglied Hermann Axen.

Bei einem späteren Besuch traf ich hier einen französischen Erziehungsoffizier aus dem Hauptquartier in Baden-Baden; es war Joseph Rovan, der als Kind mit seinen Eltern nach Frankreich emigriert war. Gemeinsam stellten wir fest, daß wir beide gleichermaßen frei von den Ressentiments der Emigranten waren und nahezu identische Auffassungen von Deutschland und seiner Zukunft hatten. Unabhängig von mir hat Rovan auch die Freundschaft von Carlo Schmid gewonnen. Heute ist er Professor an der Sorbonne und neben Alfred Grosser wohl der beste Deutschland-Kenner in Frankreich. In früheren Jahrhunderten, als das politische, kulturelle und gesellschaftliche Leben noch überschaubar war, kannten sich die Angehörigen der Führungsschichten aller Länder untereinander, aber selbst heute, da die Verhältnisse weitaus komplizierter sind, ist das keine Ausnahme geworden.

Klaus von Bismarck, der später Intendant des Westdeutschen Rundfunks wurde und heute Präsident der Goethe-Institute ist, hat den »Jugendhof Vlotho« bis 1949 geleitet. Eine Reihe von späteren Führungspersönlichkeiten der Bundesrepublik ist in Vlotho wesentlich geformt worden, und mitunter scheint mir, daß von dort wichtige Impulse für das gesamte soziale und politische Gefüge der Bundesrepublik ausgegangen sind.

Im Anschluß an den ersten Besuch von Kopf und Lehr beim Länderrat in Stuttgart und aufgrund des Wunsches der gemeinsamen Bremer Konferenz fand am 3. April in Stuttgart eine gemeinsame Sitzung des Länderrats mit einer großen Delegation des inzwischen konstituierten Zonenbeirats statt. Es kamen Kaisen, Petersen, Kopf, Lehr, Steltzer, die meisten von ihnen mit mehreren Mitarbeitern; von Parteiführern erschienen Adenauer (mit Josef Löns, dem späteren Generalsekretär der CDU, dann Personalchef im Auswärtigen Amt), Schumacher, Reimann, Heile; von den aus den Reichsmittelbehörden hervorgegangenen Zentralämtern Grimme und Lingemann.

Die Militärregierung hatte das Treffen genehmigt und für den Transport nach Stuttgart einige kleine Flugzeuge zur Verfügung gestellt. Als Abgesandter des Hauptquartiers flog ich, gemeinsam mit Schumacher, der während des ganzen Fluges seinen beißenden Witz sprühen ließ. Auf dem Rückflug fing der Motor plötzlich an zu stottern. Der Pilot informierte uns, daß eine Notlandung bevorstehe. Schumacher blieb vollkommen kühl und setzte die Unterhaltung gelassen fort. Er muß im Ersten Weltkrieg, in dem er seinen Arm verlor, ein sehr besonnener Offizier gewesen sein. Zum Glück fand der Pilot schnell eine kleine Militärpiste ganz in der Nähe von Hannover, auf der wir problemlos landen konnten.

In der Villa Reitzenstein begegnete ich zum ersten Mal Ludwig Erhard, der in seiner Funktion als bayerischer Wirtschaftsminister gekommen war, reserviert, sehr konzentriert und damals noch ziemlich schlank. Zum ersten Mal traf ich auch den charmanten Gesandtschaftsrat von Herwarth, der später Botschafter und Staatssekretär wurde und als »Johnny« Herwarth der Liebling der Bonner Diplomatengesellschaft war.

Seit die Deutschen wieder erste Schritte einer eigenen Politik unternahmen, hatte sich das Klima zwischen der Bevölkerung und der Besatzungsmacht erheblich verschlechtert. Ärger, Wut und Verzweiflung begannen sich aufzustauen, und die verantwortlichen Deutschen machten diesen Gefühlen Luft. Ich sehe noch Lehr vor mir, wie er sorgenvoll und mit mühselig beherrschter Erregung sagte: »Aus der Presse und sonstigen Veröffentlichungen geht hervor, daß man in den KZ-Lagern die Leute langsam absterben ließ. Man kann das auch außerhalb der KZ tun, wenn man die Kalorien zu niedrig ansetzt. Das deutsche Volk geht langsam, aber unaufhörlich zurück, mit 1014 Kalorien kann der Mensch auf die Dauer nicht bestehen. Ein Mensch, der arbeiten muß, kann auch bei 1500 Kalorien nicht bestehen... Es ist bisher in der Welt noch nicht vorgekommen, daß ein Volk, vollständig besiegt, in schlechten Wohnungen, bei schlechter Ernährung, ohne zureichende Bekleidung, vielfach auf der Flucht, seinen eigenen Wiederaufbau leisten und noch zum Wiederaufbau Europas beitragen soll.«

Nach ihm erhob sich Petersen. Mit vollkommener Ruhe legte er dar, daß die Alliierten gegen ihre eigenen Interessen handelten: »Wir sind nichts anderes als Konkursverwalter. Und wenn ein Gläubiger von seinem Schuldner etwas haben will, so muß er ihm zuerst etwas Ruhe gönnen, um sich zu erholen. Eine Gesundung der Weltwirtschaft kann man nur erreichen, wenn man auch Deutschland wieder eingliedert. Wenn die Ernährungslage so schlecht ist, so muß man alle Möglichkeiten erwägen, um zu helfen... Erst muß einmal die Produktion wieder anlaufen und die Währungsfrage gelöst sein, dann erst kann Deutschland seinen Beitrag zum Aufbau Europas leisten.«

Nach diesen Beiträgen zur gegenwärtigen Lage ging es um die staatliche Zukunft der Deutschen. Maier plädierte für die Bildung eines starken Bundesstaates, und Schumacher kam auf seine Grundüberzeugung zurück, es dürfe keine Erkältung oder Erstarrung gegenüber dem Reichsgedanken eintreten: »Wenn wir von Deutschland sprechen, meinen wir nicht einen neuen Nationalismus, kein neues nationalistisches Deutschland, das sich abgrenzt gegen Europa, sondern im Gegenteil, das im Rahmen der europäischen Notwendigkeit steht, das aber auch gleichgeachtet und gleichberechtigt in die vereinigten Staaten von Europa eingegliedert wird... Deutschland ist ein Land ohne Macht, ohne Außenpolitik und mit einer Innenpolitik, die nicht viel mehr ist als die Politik der betreffenden Besatzungsmacht.«

Am Ende wurde eine gemeinsame Entschließung zur politischen und wirtschaftlichen Einheit Deutschlands gefaßt. Auf Veranlassung meines Kollegen Major Gibb, des britischen Verbindungsoffiziers beim Zonenbeirat, wurde auf jede Kritik an den Besatzungsmächten, besonders an der britischen, verzichtet: ebenso wurden die Hinweise auf die Notwendigkeit einer gegebenenfalls auf die Westzonen beschränkten Währungs- und Finanzreform gestrichen. Diese inhaltliche Einschränkung sowie die Art des Vorgehens entsprachen bis zu einem gewissen Grade kolonialem Herrschaftsstil, Autorität nicht in Frage stellen zu lassen.

Es war auf dieser Konferenz, daß Adenauer von seinen süddeutschen CDU-Kollegen beauftragt wurde, bei der britischen Kontrollkommission Schritte zwecks einer Vereinigung der CDU beider Zonen einzuleiten.

Adenauer fragte mich noch in Stuttgart, mit welcher Reaktion er rechnen könne. Nach Rücksprache mit General Templer teilte ich Adenauer am 9. April mit: »... daß die Frage, die Sie mir in Stuttgart stellten, hier grundsätzlich positiv beantwortet und daß sie nunmehr in Berlin mit den Amerikanern besprochen wird. Ich könnte sogar sagen, daß man noch positiver eingestellt wäre, wenn sich Ihr Vorschlag nicht nur auf zwei Zonen, sondern auf das gesamte Reichsgebiet erstrecken würde...«

Templer war sich natürlich darüber im klaren, daß die Russen niemals eine »Reichs-CDU« mit Sitz im Westen zulassen würden. Vielleicht wollte er mit einem Vorschlag in dieser Richtung auch nur die Franzosen unter Druck setzen. Der Gedanke wurde aber bald wieder aufgegeben. Adenauer antwortete mir: »... Für Ihren Brief vom 9. d. M. danke ich Ihnen vielmals. Bitte geben Sie mir Nachricht, wann und wohin ich einen offiziellen Antrag stellen soll. Etwas erstaunt bin ich über Ihre Mitteilung, daß man noch positiver eingestellt wäre, wenn sich mein Vorschlag auf das gesamte Reichsgebiet erstrecken würde. Col. Annan hatte mir vor einigen Wochen eine entgegengesetzte Mitteilung gemacht. Natürlich würden wir prinzipiell durchaus dazu bereit sein. Ich darf Ihnen aber sehr vertraulich mitteilen, daß die Entwicklung der CDU in der russisch besetzten Zone uns Sorge macht. Das liegt zum größten Teil an der dort herrschenden Atmosphäre. Wir fürchten, daß es der CDU dort auf die Dauer so gehen wird wie der SPD. Ich höre auch zuverlässig, daß schon Sondierungen wegen einer Einheitsliste bei der CDU gemacht worden sind. Es kommt ein zweites hinzu: Herr Kaiser hat Anschauungen, die in vielen Kreisen der CDU, insbesondere in süddeutschen Kreisen, nicht geteilt werden. Ich bin in Stuttgart beauftragt worden, dieserhalb mit ihm Fühlung zu nehmen. Diese Fühlung hat stattgefunden und im großen und ganzen auch zu befriedigenden Ergebnissen geführt. Die Bedenken bestehen namentlich in Süddeutschland. Ich glaube aber, daß diese Spannungen alle zu überwinden sind. Ich bin dafür eingetreten, daß das Parteitreffen der CDU in Berlin, das für Mai vorgesehen ist, von Süddeutschland und Westdeutschland auch beschickt wird, nachdem eindeutig klargestellt war, daß es sich nicht um ein Reichsparteitreffen, sondern um ein Treffen der Berliner und der russisch besetzten Zone handelt und daß die den übrigen Zonen angehörigen Persönlichkeiten nicht stimmberechtigt sein würden... Ich habe sehr bedauert, daß wir in Stuttgart gestört wurden. Es gibt wirklich *sehr* wesentliche Dinge, die man in Ruhe einmal besprechen müßte. Col. Annan hatte mir seinen Besuch hier in Rhöndorf in Aussicht gestellt. Es scheint aber nichts daraus geworden zu sein. Jedenfalls würde ich mich freuen, Sie oder ihn bald einmal in Ruhe sprechen zu können...«

Im April kam ich endlich in den Genuß meiner Beförderung zum Major, datiert auf den 3. Dezember 1945, rückwirkend gültig. Nie habe ich erfahren, welche internen Auseinandersetzungen zu dieser Verzögerung geführt hatten. Jedenfalls fuhr ich erst einmal auf Urlaub nach England. Der Sprung vom Hauptmann zum Major ist in der britischen Armee ziemlich groß, weil man von der Gruppe der »Junior Officers« überwechselt zu den »Field Officers«. Das bringt eine Reihe von Annehmlichkeiten und Privilegien mit sich. So bekam ich bei der Überfahrt nach England eine Einzelkabine, bei der Ankunft in Harwich wurde mein Name ausgerufen, und ich durfte als erster das Schiff verlassen. Ein Soldat lud meine Koffer in einen Wagen, mit dem ich zum Zug gebracht wurde, wo ich ein Einzelabteil bis London hatte. Aber ich wußte, daß die Herrlichkeit nicht sehr lange dauern würde, denn im Zuge der Auflösung der Streitkräfte stand im Spätsommer meine »Demobilisierung« bevor.

Zurück in Bad Oeynhausen, schrieb ich an Adenauer, daß ich leider nicht ins Rheinland kommen könne, da ich vorübergehend nach Berlin versetzt worden sei. Meinem Brief fügte ich eine Anlage[7] bei, die Adenauers größtes Interesse fand. »Ihren Brief vom 22. d. M. erhielt ich heute. Ich bedauere, daß Sie einstweilen nicht nach dem Rheinland kommen. Ich weiß wohl, daß augenblicklich in Berlin außerordentlich interessante Vorgänge sich abspielen, und daß es für Sie sehr ehrenvoll ist, dort arbeiten zu können. Aber ich betrachte es als einen Verlust für uns, daß man Sie so selten hier sieht. Die Abschrift Ihres Briefes habe ich mit größtem Interesse gelesen. Ich würde Sie sofort in die CDU aufnehmen und würde Sie nach dem Lesen dieses Briefes bitten, dort eine leitende Stelle einzunehmen!....«

Natürlich habe ich mich über Adenauers Brief gefreut. Um so ernüchterter war ich, als er wenige Tage später in einer Rede heftig über Besatzungsoffiziere deutschen Ursprungs herzog, die von Rachegefühlen motiviert seien. Er hätte unterscheiden müssen: Bei den Amerikanern gab es im Gegensatz zu den Engländern verhältnismäßig viele Offiziere deutscher Herkunft und unter diesen eine ganze Reihe, auf die der vom Volksmund geprägte Ausdruck »Rachebengel« sicherlich zutraf. Daß Adenauer alle in einen Topf warf, verbitterte und enttäuschte mich. In diesem Sinne schrieb ich ihm. Vierzehn Tage später bekam ich auf dem blauen Briefpapier, das er damals benutzte, einen acht Seiten langen handgeschriebenen Brief: »Lieber Herr Thomas! Ihr Brief vom 13. d.M. kam gestern in meine Hände. Ich beeile mich, Ihnen zunächst zu danken für die Offenheit Ihrer Ausführungen. – Zunächst muß ich Ihnen sagen, daß ich weder bei meinen Ausführungen irgendwie an Sie gedacht habe, noch jetzt Sie unter die ›Emigranten‹ rechnen würde. Ich habe bei meinen Ausführungen an ganz bestimmte Leute gedacht – die Namen könnte ich Ihnen gelegentlich mündlich sagen – sowie an eine Gruppe von Emigranten in London, die von dorther unkontrollierbare Einflüsse ausüben. – Sie haben Ihre Nationalität aus triftigen Gründen gewechselt. Wenn ich es gekonnt hätte, würde ich es vielleicht auch getan haben. Sie kommen jetzt zurück und treten offen und ehrlich auf als das, was Sie nunmehr sind, als britischer Staatsangehöriger deutscher Herkunft. Sie sind für meinen Begriff kein Emigrant. Ich kann das nur nochmals wiederholen. – Ich darf Ihnen noch weiter sagen, daß ich Ihre Tätigkeit, die objektiv und ehrlich erfolgt, besonders begrüße. Sie haben eine deutsche Erziehung genossen, Sie haben auch noch den Nationalsozialismus selbst kennengelernt. Ich halte Sie geradezu dafür berufen, in unserem Deutschland zu wirken und glaube, daß Sie viel Segen stiften können. – Es drängt mich, bei dieser Gelegenheit Ihnen zu sagen, daß jede persönliche Begegnung mit Ihnen mir geradezu eine Freude gewesen ist. Ich bedauere aufrichtig, daß Sie jetzt aus der Zone heraus sind. Ich meine fast, Ihre Tätigkeit in der Zone würde wichtiger sein als Ihre Tätigkeit dort. Ich glaube nicht, daß Berlin der wichtigste Schauplatz der britischen Politik sein wird. Der Angelpunkt der britischen Politik liegt im Westen. Ich wünsche dann sehr, daß Sie recht bald wieder Ihre Tätigkeit in der britischen Zone aufnehmen könnten! – Ich glaube wohl, daß die Stimmung in Berlin positiver ist als hier. Es spricht ganz bestimmt auch mit der Unterschied in der Ernährung: denn Berlin ist, soviel ich weiß, ja besser ernährt als insbesondere hier das Rheinland und die großen Städte in der britischen Zone überhaupt. Der Hunger ist aber ein Faktor von größter psychologischer Bedeutung. Vielleicht kommt auch hinzu, daß gerade hier im Westen noch weitere Kreise sich etwas anderes vom Sturze des Nationalsozialismus erhofft hatten, als eingetroffen ist. Die Stimmung in der britischen Zone ist deswegen so außerordentlich lähmend. - Mit herzlichen Grüßen, auf ein baldiges Wiedersehen...«

Aus diesen Zeilen spricht erneut Adenauers alte Abneigung gegen Berlin. Er befürchtete die Überbewertung der Stadt als Sitz des Kontrollrates und Symbol der alliierten Zusammenarbeit. Insgeheim fürchtete er aber auch Bestrebungen auf deutscher Seite, Berlin wieder zur Hauptstadt zu erheben.

Bei einer der ersten Besprechungen in der Politischen Abteilung in Berlin lernte ich Major Nick Huysman kennen, der einen ganz anderen Eindruck machte als die üblichen Offiziere in den Stabspositionen der Militärregierung. Huysman war ein in England erzogener Südafrikaner, der dem Regiment der Royal Welch Fusiliers angehörte. Die Offiziere dieser Truppe trugen ein »Schiffchen«, an dem ein schwarzes Band befestigt war, welches in zwei Teilen unterschiedlicher Länge wie ein Zopf nach hinten hing. In der Tat sollte das Band auch einen Zopf symbolisieren, denn im achtzehnten Jahrhundert, als der Zopf bei der Armee im Mutterland abgeschafft wurde, war dieses Regiment gerade in Afrika stationiert. So trug man weiter seine Zöpfe.

Huysman, Mitte Dreißig, mit rötlich-blondem Schnurrbart und gelichtetem Haar, war eine geheimnisvolle Erscheinung. Als »Assistant Director Press and News Policy« kam er erst an etwa vierter Stelle der Hierarchie der »Information Services Division«, der für die Medien zuständigen Abteilung der Kontrollkommission. In Wirklichkeit war er aber die »graue Eminenz« der Abteilung und der absolute Zar des Lizenzwesens. Es gab keine Lizenz ohne Huysman und schon gar nicht gegen ihn.

Huysman, der stets leise, aber oft schneidend sprach, war selbst von seinen Vorgesetzten gefürchtet. Wie viele Angehörige der angelsächsischen Oberschicht war er französisch orientiert, fand die Deutschen ungeschliffen und mochte sie nicht besonders. Aber im Gegensatz zu anderen konservativen Engländern war ihm reaktionäres Denken ausgesprochen zuwider, und dies unterstellte er jedem Deutschen politisch rechter Richtung. Trotz seines sarkastischen Witzes, vielleicht sogar gerade deswegen, war jedes Zusammensein mit ihm amüsant und interessant.

Ich war gerade nach Bad Oeynhausen zurückgekehrt - es muß im Juni gewesen sein -, als mich Huysman anrief, ob ich Zeit hätte, in sein Hauptquartier im benachbarten Bünde herüberzukommen; er erwarte Besuch von einem der wenigen Deutschen, mit denen es Spaß mache, sich zu unterhalten. Am nächsten Tage fuhr ich nach Bünde, wo Nick Huysman einen gewissen Axel Springer empfangen wollte. Es erschien ein im Gegensatz zu den meist abgerissenen Deutschen recht eleganter, großer blonder Mann, Anfang Dreißig, mit auffällig lebhaften Augen und bemerkenswert zartem Teint. Der junge Mann war heiter, unbefangen und ohne jede Spur von Devotheit. Springer hatte bereits eine Lizenz für eine Schriftenreihe erhalten. Seit April gab er unter Lizenznummer 68 die »Nordwestdeutschen Hefte« heraus. Nun hatte er um eine Lizenz für eine Programmzeitung nachgesucht und wollte von Huysman eine Entscheidung. In einer Explosion von Charme begründete er sein Begehren; er war so unbezwinglich, daß der sonst kühle und abweisende Nick – weniger durch die Argumente als durch die Art, wie sie hervorgebracht wurden – allmählich auftaute und sein Blick immer freundlicher auf dem jungen Mann ruhte, der da um sein Lebensglück zu reden schien. Am Schluß gab Nick seufzend sein Einverständnis, und als Springer gegangen war, meinte er zu mir: »Es ist richtig schwierig, dem etwas abzuschlagen.« – In Wirklichkeit aber waren für Huysman die sachlichen Gründe, die für eine Programmzeitschrift sprachen, ausschlaggebend. Er war den Deutschen gegenüber viel zu kritisch, um aus Sympathie heraus eine unsachliche Entscheidung zu treffen. Am 11. Dezember 1946 erschien die erste Nummer der »Hörzu«, der eigentliche Grundstein von Springers späterem Imperium.

Axel Springer war anders als die Deutschen seines Alters. Er war nicht etwa undeutsch, hatte auch keinen englischen Anstrich, er war einfach ganz undefinierbar anders. Meyer Weisgal, der Sekretär von Chaim Weizmann, dem seinerzeitigen Präsidenten Israels, sagte einmal: »Axel Springer is the most atypical German I have ever met.« Ich habe mit Springer weder dienstlich zu tun gehabt, noch war ich mit ihm befreundet. Im Laufe der Besatzungszeit bin ich ihm wenige Male begegnet, und auch in den folgenden Jahren habe ich ihn nur gelegentlich bei Dritten getroffen. Aber viele meiner damaligen Kollegen und Freunde standen in engem Kontakt mit ihm, und ich habe seinen Weg bis zu meinem Ausscheiden aus dem Militärdienst aufmerksam verfolgt.

Bei allem sprühenden Charme und aller offenkundigen Intelligenz hatte man zunächst nicht das Gefühl, es bei Springer mit einer bedeutenden Persönlichkeit zu tun zu haben, sondern eher mit einem »Leichtgewicht«. In einer merkwürdigen Mischung von Bescheidenheit und Eitelkeit schien er sich selbst als solches zu empfinden. Letztlich ist das aber falsch. Viele haben sich immer wieder gefragt, worin denn das Geheimnis seines Erfolges liege. Dieser Mann war nicht der Typ des »Überfliegers«, der die Ideen anderer verkauft; er war es selber, der die Ideen hatte und sie realisierte, bevor er die weitere Handhabung dann anderen überließ. Ich erinnere mich einer Begegnung Ende 1948. Das »Hamburger Abendblatt« war im Oktober auf den Markt gekommen, und Springer erzählte mir, wie er wochenlang von früh bis Mitternacht in der Redaktion gesessen und bis ins kleinste Detail des Umbruchs alles selber gemacht habe. Erst als das Blatt etabliert gewesen sei, hätte er sich zurückgezogen.

Seinen Freunden gegenüber war er von unbedingter Loyalität. Kein Besatzungsoffizier deutscher Herkunft, der es nach seinem Ausscheiden aus der Armee schwer hatte, beruflich Fuß zu fassen, dem Axel Springer nicht geholfen hat, manchem bis zum heutigen Tag. Kaum ein Mitarbeiter, von dem er sich trennte, dem nicht eine großzügige Regelung zuteil wurde, und mir ist keine menschliche Unanständigkeit bekannt. Seinen Erfolg verdankt er sicherlich sich selbst, seiner Klugheit, seinem Charme, seinem Instinkt, aber auch der glücklichen Auswahl der Mitarbeiter dieser Anfangszeit, allen voran seinem ersten Verlagsdirektor Voss.

Springer hat das größte Zeitungsunternehmen auf dem Kontinent aufgebaut, das nun schon vier Jahrzehnte besteht. Er verfolgt die für seine Blätter festgelegte Generallinie kompromißlos bis zur Starrheit: die Wiedervereinigung Deutschlands, die Freiheit Berlins, die Aussöhnung mit den Juden und die Unterstützung Israels; dazu kommen das Festhalten am Atlantischen Bündnis, die Bekämpfung extremer politischer Gruppierungen und die Verteidigung der freien sozialen Marktwirtschaft. Die unumschränkte Machtstellung, die er sich in seinem Imperium vorbehalten hat, führte allerdings zu einem einsamen Herrschaftsstil. Bei aller Relativierung seiner eigenen Bedeutung ist er von einem solchen Sendungsbewußtsein erfüllt, daß er wahrscheinlich seinen Konzern dafür geben würde, Deutschland wieder vereinigt zu sehen.

Dieser missionarische Eifer, inzwischen durch Melancholie gedämpft, hat ihn manchem selbständigen Geist entfremdet; die Selbständigkeit anderer wiederum hat er nicht ertragen können. Das unterschied ihn stets von Bucerius, dessen »Zeit« eigentlich nie auf seinem politischen Kurs gelegen hat, der aber seine Mitarbeiter gewähren ließ und sich darauf beschränkte, gelegentlich auf Seite 6 die gegenteilige Auffassung zu der seines Leitartiklers auf Seite 1 beizutragen.

Bald nach Gründung der Bundesrepublik begannen Springers Bemühungen, die Tageszeitung der britischen Militärregierung, »Die Welt«, zu erwerben. »Ich möchte eine deutsche ›Times‹ machen«, sagte er mir, »auch wenn das immer ein Verlustgeschäft bleiben sollte.« Hartnäckig hat er über Jahre verhandelt, bis er im September 1953 endlich am Ziel war. Aber eine »Times« ist »Die Welt« nicht geworden.

Weder die Angriffsflächen, die Springer als Person bieten mag, noch die »Bild«-Zeitung oder sein politischer Standort sind eine ausreichende Erklärung für den abgrundtiefen Haß, der diesem gutwilligen und erfolgreichen Mann entgegenschlägt wie kaum jemandem – sei es in Deutschland, sei es anderswo. Aber nicht nur die Fähigkeit, andere zu faszinieren, sondern auch die, andere zu perhorreszieren, gehört zum Geheimnis dieser Persönlichkeit.

Nach meiner Rückkehr aus Berlin im Juni 1946 war meine Arbeit im Grunde getan. Der Kontakt mit den deutschen Amtsträgern war hergestellt und institutionalisiert. Bis zur »Demobilisierung« Ende August wußte man mit mir nichts mehr anzufangen. So war es kein Wunder, daß ich mit Wirkung vom 9. Juli in den britischen Verbindungsstab beim Zonenbeirat versetzt wurde.

Der Zonenbeirat war konzipiert als ein Beratungsorgan für die Militärregierung in Sach- und Verwaltungs-, nicht aber in politischen Fragen. Die Militärregierung wollte das Heft mit solcher Entschiedenheit in der Hand behalten, daß selbst die Tagesordnung ihrer Genehmigung bedurfte. Noch vor den über kurz oder lang fälligen Wahlen sollte eine Körperschaft vorhanden sein, deren Mitglieder möglichst alle Bereiche und Interessen repräsentieren und die darüber hinaus persönliches Gewicht hatten. Die Militärregierung ließ keinen Zweifel daran, daß sie in diesem Beirat lediglich eine vorübergehende Institution sah, die eines Tages in verfassungsmäßigen Institutionen aufgehen sollte.

Aus dem kleinen Gremium war inzwischen eine Körperschaft von 27 Mitgliedern geworden, so daß die Ministerpräsidenten und Oberpräsidenten in die Minderheit gerieten; neu hinzu kamen die zehn Leiter der Zentralämter, darunter Hans Schlange-Schöningen, Victor Agartz und Adolf Grimme; außerdem zwei Gewerkschafter und sieben Parteienvertreter, darunter Adenauer, Schumacher, Max Reimann und später Franz Blücher. Leiter des britischen Verbindungsstabs wurde zunächst mein alter Vorgesetzter Oberstleutnant Gilpin, später Oberstleutnant Pearson. Das alte Gremium versuchte, seine eigenen Tagungen fortzusetzen. Die Militärregierung brachte aber unmißverständlich zum Ausdruck, daß sie die Ratschläge zweier verschiedener Institutionen nicht entgegennehmen könne; sie würde daher keine britischen Vertreter zu diesen Tagungen entsenden.

Zum Generalsekretär des Zonenbeirats wurde der der SPD nahestehende Gerhard Weisser gewählt, der sich als Mitarbeiter des braunschweigischen Ministerpräsidenten Schlebusch einen Namen gemacht hatte. Der bienenfleißige, etwas professorale Wirtschaftswissenschaftler wurde von Blankenhorn, seinem späteren Stellvertreter, seiner rastlosen Betriebsamkeit wegen »die Winterfliege« genannt, weil dieses dem Licht zustrebende Insekt bei seinem vergeblichen Bemühen, die Fensterscheibe zu durchdringen, in geräuschvollem Auf und Ab immer wieder gegen das Glas prallt. Vom ersten Augenblick an versuchte Weisser, die Kompetenzen des Rates zu erweitern und seine Struktur umzugestalten.

Nach den Gemeindewahlen in der britischen Zone vom 13. Oktober 1946 forderte Schumacher eine Vergrößerung des Zonenbeirats entsprechend dem Kräfteverhältnis der politischen Parteien. Im November 1946 wurden dem Zonenbeirat Richtlinien für seine Umgestaltung gegeben, die ihn dem Länderrat ein wenig angleichen und als dessen Gesprächspartner besser qualifizieren sollten. Im Januar 1947 schlugen die Mitglieder des Zonenbeirats vor, diesen in zwei Organe aufzuteilen: in einen politischen Beirat und einen Länderausschuß. Aber erst nach dem Scheitern der Moskauer Außenministerkonferenz vollzog die Militärregierung endlich die Umgestaltung – und dann nach ihren eigenen Vorstellungen. Die Mitglieder wurden von nun an durch die Landtage gewählt, die Kompetenzen wurden erweitert. Mit der Bildung der Bizone verloren Zonenbeirat und Länderrat ihr politisches Gewicht. Der Zonenbeirat wurde am 29. Juni 1948 förmlich aufgelöst, der Länderrat fristete bis zur Gründung der Bundesrepublik ein bedeutungsloses Dasein.

Der Zonenbeirat, der wegen seiner nur beratenden Funktion in seiner Bedeutung häufig unterschätzt worden ist, hat bis zur Gründung der Bizone ein ungeheures Arbeitsprogramm bewältigt. Seine Empfehlungen wurden von der Besatzungsmacht sehr ernst genommen und großenteils berücksichtigt. Darüber hinaus aber war er ein koordinierendes Forum, eine Stätte erster Begegnungen zwischen deutscher Verwaltung, Länderchefs, Zentralämtern, Parteien und Gewerkschaften. In diesem »Vorparlament« trafen sich jene Persönlichkeiten, die dann in der Bizone und schließlich in der Bundesrepublik eine Rolle spielen sollten.

Der Zonenbeirat hat das spätere politische Leben vielleicht mehr beeinflußt als der obrigkeitliche Länderrat. Hier kamen Blüchers Brillanz und Schlange-Schöningens Kompetenz zur Geltung, hier bewiesen Kopf und Lehr auch in größerem Rahmen ihre Stärke. Hier kreuzten zum erstenmal, obwohl sie sich in vielem nicht uneins waren, Adenauer und Schumacher die Klinge. Schumacher war eigentlich – in höherem Maße als Adenauer – die überragende Figur. Seine leidenschaftlichen Plädoyers für einen geeinten deutschen Bundesstaat und seine Definition der Länder als Bausteine setzten erste Akzente für die Arbeit des Parlamentarischen Rates. Gegenüber Schumachers Dynamik und Aggressivität geriet Adenauer fast immer in die Defensive. Obwohl CDU und SPD etwa gleich stark vertreten waren, fand sich Adenauer bei Kampfabstimmungen häufig in der Minderheit, manchmal mit nur einer Stimme. In solchen Momenten spiegelte sich Verärgerung, Enttäuschung und eine Spur von Beleidigtsein, vielleicht sogar Resignation in seinem Gesicht. Dabei waren angesichts der nur beratenden Funktion des Zonenbeirats Abstimmungen gar nicht zwingend: Es genügte, wenn der Besatzungsmacht die Haupttendenzen der Meinungen dargestellt wurden. Aber, für mich unverständlich, manövrierte sich Adenauer, dem der Ruf des großen Taktikers voranging, nicht selten in unnötige Niederlagen. Erst später im Parlamentarischen Rat hat er seine taktische Meisterschaft erreicht.

Unter den Mitgliedern des Zonenbeirats, die ich bis dahin noch nicht persönlich kennengelernt hatte, war vor allem der Kommunist Max Reimann. Er mochte Mitte Vierzig sein, war mittelgroß, dunkelhaarig, hatte scharf geschnittene Züge und war noch hohlwangiger, als es damals gang und gäbe war – wohl schon von Krankheit gezeichnet. Alles in allem war er gut aussehend und von einer gewissen Eleganz. Mit seiner meist etwas heiseren Stimme eiferte er unermüdlich und nahm jeden Anlaß wahr, um zu Tagesfragen gemäß dem Ritual der kommunistischen Doktrin Stellung zu nehmen. Dazu bedarf es keiner großen Intelligenz, und so erinnerten seine Tiraden denn auch ein wenig an tibetanische Gebetsmühlen. Trotzdem wirkte Reimann, der über keinen ausgesprochenen Charme verfügte, sympathisch und war einigermaßen wohlgelitten.

Franz Blücher war ein Phänomen: phänomenal intelligent und phänomenal eitel. Die Manifestationen seiner Eitelkeit beeinträchtigten den Respekt für seine Intelligenz. Er hatte das verquollene Gesicht und den Habitus eines spätpubertären Primaners. Ich schwankte oft zwischen Abscheu und Belustigung. »Wissen Sie, vorgestern habe ich vor Studenten gesprochen. Es gibt eben außer mir niemanden, der diesen Leuten unsere Probleme klarmachen und sie so begeistern kann wie ich. Ich weiß nicht, was werden soll, wenn ich mal nicht mehr da sein werde.«

Einmal hatte ich eine Verabredung mit Blücher in seinem Hotelzimmer. Als ich eintrat, befand er sich in einer verfänglichen Situation gleich mit zwei Damen, wohl Sekretärinnen. Er tat verlegen. Ich war mir im Zweifel, ob er sich mit Absicht von mir hatte überraschen lassen oder ob ihm der Vorfall wirklich peinlich war.

Nach der gewohnten Selbständigkeit und den Einflußmöglichkeiten meiner bisherigen Tätigkeit plötzlich eine Nummer drei oder vier in einem Verbindungsstab zu sein, war für mich um so mehr ein Abstieg, als ich schließlich einer der Inspiratoren der Gründung des Zonenbeirats gewesen war. Hinzu kam, daß mein neuer Chef, Oberstleutnant Pearson, ein dem Trunk ergebenes Wrack war. Da er wenigstens Deutsch konnte, hatten ihm alte Regimentskameraden diesen Job zugeschanzt. Er war nicht nur bemerkenswert beschränkt, sondern es mangelte ihm auch an jeglichem politischem Urteilsvermögen und Fingerspitzengefühl. Kein Mitglied des Stabes respektierte ihn, auch nicht sein fähiger Stellvertreter Oberstleutnant Pink; aber wie die Engländer so sind, man fand sich mit ihm ab. Selbst als er heimlich an unsere eigenen Rationen von Whisky und Gin ging, beschränkten wir uns darauf, die Etiketten unauffällig zu markieren, um festzustellen, wieviel er uns weggetrunken hatte. Es war peinlich, ihn in Verhandlungen mit dem glänzenden James Pollock zu sehen, der dem amerikanischen Verbindungsstab beim Länderrat vorstand.

Mich haßte Pearson vom ersten Augenblick an. Ich war für ihn der »jew boy«. Als ich meinen ersten Bericht ablieferte, sagte er: »Das ist doch miserabel, ich verstehe gar nicht, wie Ihre Berichte einen so tollen Ruf haben konnten, es ist ja nicht einmal alles in korrektem Englisch geschrieben.«

Das deutsche Generalsekretariat stöhnte und suchte mich, trotz meines niedrigen Ranges in der Hierarchie, als Gesprächspartner. Das wiederum ärgerte Pearson, der mir allen Ernstes verbieten wollte, den Korridor zum deutschen Sekretariat zu überqueren. Mein Trost war Herbert Blankenhorn, mit dem sich intensive politische Gespräche entwickelten; daraus wurde eine jahrzehntelange Freundschaft.

Blankenhorn war einer der ganz wenigen ehemaligen Angehörigen des Auswärtigen Amtes, denen es gelungen war, nach dem Krieg politisch Fuß zu fassen, was seine früheren Kollegen ihm zwar neideten, was sie jedoch nicht davon abhielt, bei ihm Schlange zu stehen, um ebenfalls einen Posten zu erhaschen. Man hat des öfteren versucht, ihm nachzuweisen, daß er während seiner Tätigkeit an der Deutschen Botschaft in Washington mit den Nazis sympathisiert habe, jedoch ohne Erfolg. Übrigens wußte Blankenhorn höchst amüsant aus seiner Vergangenheit zu erzählen. Als ganz junger Attaché war er bei einem festlichen Empfang in Berlin dem päpstlichen Nuntius Pacelli, dem späteren Pius XII., zur Betreuung zugeteilt. Der noch unerfahrene Nuntius hielt den befrackten Blankenhorn offenbar für einen Kellner. Als Blankenhorn ihn zum Wagen begleitete, kramte der Geistliche umständlich unter seiner Soutane ein Zweimarkstück hervor, welches Blankenhorn, um Pacelli nicht zu genieren, mit tiefer Verbeugung annahm.

In Washington war er die rechte Hand des früheren Reichskanzlers und späteren Reichsbankpräsidenten und von Hitler nach Amerika abgeschobenen Botschafters Luther gewesen, der schon reichlich verkalkt war und dessen Gedächtnis sehr zu wünschen übrig ließ. Wenn er nach einem Vier-Augen-Gespräch mit dem amerikanischen Außenminister Hull seinen Bericht schreiben sollte, rief er Blankenhorn an und bat ihn, die Depesche zu verfassen. Auf Blankenhorns Einwand, daß er doch gar nicht dabei gewesen sei, erwiderte Luther: »Aber Sie wissen doch, was ich dem Minister sagen wollte und Sie können sich seine Antworten vorstellen.«

Herbert Blankenhorn sprudelte von Temperament und Einfallsreichtum. Politik war seine Leidenschaft, die ihn Tag und Nacht fesselte und zu immer neuen Gedankengebäuden inspirierte. Adenauer erkannte sehr schnell seine Fähigkeiten, und daß er ihn im Mai 1948 als Mitarbeiter und Generalsekretär für die CDU anwarb, hat kaum jemanden verwundert.

Meine labourlastigen englischen Kollegen konnten nicht verstehen, daß der von ihnen hochgeschätzte Blankenhorn, auf dessen Zukunft sie große Stücke hielten, sich dem »reaktionären« Adenauer verschrieb, anstatt, wenn schon zur CDU, dann doch zu Jakob Kaiser zu gehen. Adenauer ernannte Blankenhorn schon bald zum Leiter der Verbindungsstelle zu den Alliierten, die den Nukleus des späteren Auswärtigen Amtes bilden sollte. Lange Zeit war er mein wichtigster Gesprächspartner in allen politischen Fragen. Sein Durchblick, seine Passion, sein Ideenreichtum und seine Überzeugungskraft haben mich immer beeindruckt. In seiner quecksilbrigen Quirligkeit entsprach er aber nicht meinen konventionellen Vorstellungen von einem gelassenen Botschafter: Ich sah seine Qualitäten vor allem in der Zentrale. So wohl auch Adenauer. Jahrelang hat er Blankenhorn nicht von seiner Seite gelassen. Zwar nahm Staatssekretär Globke, der große katholische Administrator, bei Adenauer die erste Stelle ein. Zwar machte er den systematischen, aber eher langweiligen Hallstein und nicht Blankenhorn zum Staatssekretär im Auswärtigen Amt. Doch ich bin sicher, daß Blankenhorns Ideen und Konzepte einen größeren Einfluß auf Adenauers außenpolitisches Verhalten hatten als die von irgend jemand anderem.

Einmal erzählte er mir lächelnd, wie er in einer Sitzung Adenauer entschieden widersprochen hatte. Da habe der Kanzler eine Pause gemacht, ihn prüfend angesehen und dann mit leiser Stimme gefragt: »Sagensemal, Herr Blankenhorn, weiß dat eijentlich Ihre Frau Jemahlin, dat Se abends so oft nach Köln fahren?« Das stammte offenbar aus den morgendlichen Berichten des Geheimdienstchefs Gehlen, die häufig pikante Details über das Privatleben der Mitarbeiter, Minister und Politiker enthielten, zumal sich der Kanzler sehr dafür interessierte.

Engster Mitarbeiter Blankenhorns im Zonenbeirat war Kai Köster. Was diesen allerdings mehr beschäftigte, waren seine in der Tat amüsanten Schwarzmarktabenteuer. Oft kam er mit lehmverschmierten Schuhen zum Dienst, weil er bei Bauern auf dem anderen Elbufer irgendwelche Nahrungsmittel organisiert und mit einem Ruderboot herangeschafft hatte. Er bestand darauf, daß ich seine Brüder und seine Mutter kennenlernte. Einer der Brüder hatte es übernommen, mich zur Familienvilla nach Blankenese zu lotsen. Er fuhr voraus. Mitten auf dem Nienstedtener Marktplatz blieb sein Wagen stehen – kein Benzin mehr. Er bat mich, ihm mit meinem Reservekanister, der sogenannten »Jerry Can«, aus der Patsche zu helfen. Auf die Abgaben von Armeebenzin an den Schwarzmarkt standen hohe Strafen; vorsorglich war das Armeebenzin rot gefärbt. Zwar handelte es sich hier nicht um eine Schwarzmarkt-Transaktion, aber das kostbare Benzin zu verschenken, war natürlich genauso verboten. Außerdem hätte mir niemand geglaubt, daß ich Benzin abgebe, ohne dabei einen anständigen Reibach zu machen. Und alles am hellichten Tag auf einem öffentlichen Platz! Aber ich holte meinen Kanister und füllte ein. Kaum war er leer, wollte der Bruder Kösters mal nachschauen, wie voll sein Tank geworden war, und hielt – man glaubt es kaum –, um besser sehen zu können, sein Feuerzeug an den Einfüllstutzen. In Sekunden stand der Wagen in Flammen. Kurz entschlossen ließ ich Köster und Kanister stehen und machte mich aus dem Staub.

Einen Tag nach meinem Eintreffen beim Verbindungsstab, am 10. Juli, begann eine zweitägige Sitzung des Zonenbeirats. Auf Vorschlag von Adenauer wurde Schumacher für drei Monate zum neuen Vorsitzer gewählt. Danach bewältigte der Rat ein Mammutprogramm von Detailfragen bis hin zur Besteuerung von Fahrrädern. Am zweiten Tag stieß eine Arbeitsdelegation des Stuttgarter Länderrats hinzu, angeführt von Generalsekretär Rossmann, der wieder einmal indirekt für eine Umgestaltung des Zonenbeirats plädierte. Schumacher pickte sich aus diesem Referat seines Parteigenossen einige Aspekte heraus, um sich aber gleich darauf seinem »Lieblingsthema« zuzuwenden: »Das Reich existiert nur als Idee und nicht als Tatsache... Wenn wir einmal zu einem geeinten Deutschland mit Ländern von beträchtlicher Kompetenz kommen – dies war eine diplomatische Verbeugung Schumachers, denn diese Kompetenz sollte eben nicht allzu beträchtlich werden –, dann wird auch die Einheit dieses Deutschland nicht die letzte Erfüllung unserer Wünsche sein, sondern... eine Europa-Föderation, in der Deutschland gleichberechtigt und gleichgeachtet ist.«

Wenige Tage nach der Zonenbeirats-Sitzung, am 17. Juli, sollte es zu einem letzten interessanten Erlebnis als Besatzungsoffizier kommen: Der stellvertretende Militärgouverneur General Robertson berief Schumacher und Adenauer zu einer Besprechung nach Berlin. Ich wurde beauftragt, Adenauer in der zweimotorigen Maschine der Royal Air Force zu begleiten. Wir fuhren vom Tempelhofer Feld durch die Berliner Trümmerlandschaft zum britischen Hauptquartier am Fehrbelliner Platz, und Adenauer sagte in einem Tonfall dramatischen Entsetzens: »Diese Stadt hat ihren Charakter verloren.« Ich konnte mich des Eindrucks nicht erwehren, daß er sich schon vorher entschlossen hatte, dieses Urteil zu fällen, denn Köln machte zu dieser Zeit einen zumindest ebenso zerstörten Eindruck.

Gegenstand der Besprechung war die Entscheidung der Militärregierung, die Provinzen Nordrhein und Westfalen zu einem Land zu vereinigen, dessen erster Ministerpräsident Amelunxen werden sollte; der alte Zentrumsmann war den Engländern genehmer als der eher deutschnationale Lehr. Die Entscheidung war ziemlich hastig getroffen worden, um französischen Plänen zur Abtrennung des Ruhrgebietes zuvorzukommen. Zwar stießen sich Schumacher und Adenauer daran, vor ein fait accompli gestellt zu werden, waren aber mit der Lösung selber ziemlich zufrieden.

Es war die erste Begegnung Robertsons mit Adenauer. Beide waren offenbar voneinander beeindruckt und mochten sich. Ihr Verhältnis wurde später vertrauter, und wir im britischen Stab sprachen vom »Dialog der Eisberge«, die sich wegen ihrer Artgleichheit so gut verstanden.

Meine Entlassung aus dem Militärdienst war für Ende August vorgesehen, und ich hatte mir natürlich seit langem Gedanken über meine berufliche Zukunft gemacht. Für die Wiederaufnahme meines 1937 abgebrochenen Jurastudiums fühlte ich mich mit einunddreißig zu alt. In England hatte ich Fühler in der Wirtschaft ausgestreckt und unter anderem einen Kontakt, den ich 1939 mit dem Bankier Siegmund Warburg angeknüpft hatte, wieder aufgenommen. Aber die Masse der zurückströmenden Soldaten und Offiziere setzte den Arbeitsmarkt unter Druck, und die Aussichten waren nicht besonders rosig.

Mein alter Traum, der Traum, der in meinem Elternhaus genährt worden war und den ich mir auch über zwölf Jahre Nationalsozialismus bewahrt hatte, war die Politik: im politischen Leben Deutschlands eine Rolle zu spielen. Adenauer und Schumacher waren mir wohlgesonnen. Beide kannten meine Bemühungen um eine gemeinsame deutsch-englische Zukunft. Adenauer hatte mir eine leitende Position in der CDU angeboten, Schumacher einen Posten als Ministerialrat in Nordrhein-Westfalen.

Ein langes Gespräch mit Blankenhorn gab den Ausschlag: »Welchen Sinn hat es denn, daß Du hierherkommst, um mit uns zu hungern? Du bist einer der ganz wenigen, die unsere Probleme verstehen; Du kannst den Engländern unseren Standpunkt mit mehr Unbefangenheit als wir selbst deutlich machen. Dieses Kapital dürfen wir nicht ungenutzt lassen. Also komm zurück in die britische Zivilverwaltung.« (Eugen Gerstenmaier hat einmal bei einer Veranstaltung Blankenhorn und mich vorgestellt: »Das ist Herr Blankenhorn, der Mann, den uns die Engländer geschickt haben, und das ist Herr Thomas, der Mann, den wir den Engländern geschickt haben.«)

Blankenhorns Rat kam meinen Neigungen entgegen. So traf ich in seinem Sinne meine folgenschwere Entscheidung. Das Verrückte war, daß ich als Major im britischen Generalstab meine deutsche Staatsangehörigkeit hatte behalten können, als Zivilbeamter der Kontrollkommission aber Engländer sein mußte, was ich eigentlich nie hatte werden wollen. Da es abzusehen war, daß Colonel Pearson sich entweder zu Tode trinken oder abberufen würde, lag es nahe, mich um eine höhere Position bei jenem Verbindungsstab zu bewerben, bei dem ich zuletzt als Offizier gedient hatte. Dieser Stab unterstand dem Sekretariat des Militärgouverneurs in Berlin. Die Zuvorkommenheit, mit der mir Pearson dort einen Termin verschaffte, war verdächtig. So war ich nicht erstaunt, als mir das »hohe Tier«, das mich empfing, geradezu mit Eiseskälte einen Korb gab, nicht ohne durchblicken zu lassen, daß ich einst ein Günstling General Templers gewesen sei. Brigadier Britten und Leo Long hatten fürs erste gesiegt.

Am 2. September 1946 schiffte ich mich zur Entlassung aus der Armee nach England ein, fast auf den Tag genau sechs Jahre, nachdem ich Soldat geworden war. Das Wiedersehen mit Deutschland war in mancher Hinsicht eine Erfüllung gewesen. Am 3. September hatte mir Adenauer geschrieben: »Haben Sie vielen Dank für Ihren Abschiedsgruß, der hoffentlich aber kein endgültiger ist! Sie wissen, wie hoch ich Ihre Arbeit einschätze und daß ich daher den dringenden Wunsch habe, Sie bald wieder in Deutschland zu sehen.«

Auf dem Transporter, der mich über den Ärmelkanal brachte, war ich nicht, wie drei Monate zuvor, als privilegierter Urlauber, sondern als einer unter vielen in der Masse zu entlassender britischer Soldaten und Offiziere. Britischer? Die Wegweiser im Hafen sollten mich eines Besseren belehren. Die einen zeigten zu den Abwicklungszelten für britische, die anderen zu denen für Offiziere fremder Nationalität. Zum erstenmal in meiner Offizierszeit erlebte ich die offizielle Diskriminierung. Vor dem Feind hat es sie nicht gegeben; »zu Hause« begann wieder die Paria-Behandlung. Ich holte tief Atem, halb deprimiert, halb ingrimmig. Heute würde ich schmunzeln über die wohl unausrottbare Arroganz.

Das notwendige Gesuch um Verleihung der britischen Staatsangehörigkeit hatte ich eingereicht, die Mühlen der Behörden fingen an zu mahlen. Meine Einstellung als Zivilbeamter in die Kontrollkommission war mir zugesagt worden. Nach Monaten des Zweifels an der Richtigkeit meiner Entscheidung wurde ich Ende November vor die Einbürgerungskommission beim Innenministerium geladen. In einem kargen, muffigen Raum, einer Art Gerichtszimmer, stand ich einer Reihe mich abschätzig musternder Beamter gegenüber. Die mir gestellten Fragen gaben der Veranstaltung den Charakter eines Verhörs, bei dem meine politische und moralische Gesinnung geprüft werden sollte. Das Ganze erinnerte mich sofort an das Tribunal von 1939. Die Fragen waren zumindest für mein Empfinden so feindselig gestellt, daß ich einen Augenblick überlegte, ob ich meinen Antrag zurückziehen sollte. Ich beherrschte mich und erklärte mit einer gewissen Schärfe: »Wenn ich gut genug gewesen bin, als Soldat und Offizier an der Front zu dienen, ist die Frage des Vertrauens doch wohl kaum am Platz!« Wie es bisweilen geschieht, wenn man die Rolle des Bittstellers nicht mitspielt und statt dessen als Forderer auftritt, war nach kurzem Raunen und Rascheln der Papiere die Verhandlung beendet. Am 4. Dezember 1946 wurde ich britischer Staatsangehöriger.

Einen Monat später, zum Jahreswechsel 1946/47, bekam ich einen Brief von Adenauer: »Haben Sie vielen Dank für Ihre guten Wünsche zu Weihnachten und das Neue Jahr. – Ich hatte in der letzten Zeit viele Sorgen um den Gesundheitszustand meiner Frau. Es geht aber jetzt wieder einigermaßen. Ich habe mich wiederholt nach Ihnen erkundigt und dann gehört, daß Verhandlungen schwebten über Ihre Rückkehr. Es würde mich sehr freuen, wenn diese Verhandlungen nun bald zu einem positiven Abschluß gelangen würden. Sie sind einer der wenigen Männer, die Deutschland und die England kennen und verstehen. Ich glaube, daß Sie, an der richtigen Stelle eingestellt, wirklich sehr segensreich wirken können... Ich hoffe, daß wir uns bald nach Ihrer Rückkehr, gleichgültig, wohin Sie gestellt werden, sprechen können.« – Und noch einmal am 19. Januar: »Hoffentlich sehe ich Sie bald.«

Die alten Freunde
(1933-1939)

Seit Kindertagen hatte ich Deutschland, das man damals noch ungebrochen als Vaterland bezeichnete, ganz selbstverständlich geliebt. Vielleicht war ich als Kind von der aufkommenden Woge des Patriotismus erfaßt worden, vielleicht suchte ich auch nur den Gegensatz zu meinem Vater, der sich betont als Weltbürger gab. Bereits als Vierzehnjähriger war ich leidenschaftlich politisch interessiert, las zu Hause mehrere Zeitungen von der ersten bis zur letzten Seite und war sowohl über die Ereignisse als auch über die Akteure informiert. Ich neigte zur liberal-konservativen Rechten; die Volkskonservative Reichspartei des Grafen Westarp war mir am sympathischsten. Moeller van den Brucks Begriff der konservativen Revolution faszinierte mich, und mit Begeisterung las ich erst die »Tägliche Rundschau« und später »Die Tat«.

Seit jeher war es beschlossene Sache, daß ich meine wirtschaftliche Existenz als Strafverteidiger begründen würde, und Max Alsberg hatte mit meinem Vater vereinbart, daß ich bei ihm meine Referendarzeit absolvieren sollte - anschließend wollte ich in die Politik gehen; mein jungenhafter Traum war es, eines Tages vielleicht Außenminister zu werden. 1933 war alles aus: Deutschland, das ich so liebte, wollte mich nicht mehr! Selbst einen Antrag auf Zulassung zum Wehrdienst stellte ich vergeblich. Rückblickend scheint es mir entwürdigend, vor einer Kommission erschienen zu sein, welche mich wohlwollend eher dem sephardischen als dem askenasischen Typ zuordnete. Ich habe meine halbjüdische Abstammung nie verleugnet, auch nicht, als dies Nachteile mit sich brachte, und obwohl mir eine innere Beziehung zum Judentum immer gefehlt hat. Ab 1936 etwa wollte ich aber mit allem, was mit dem Regime verbunden war, nichts mehr zu tun haben. Ich habe mich später oft gefragt, ob ich ohne jüdische Vorfahren vielleicht doch Nazi geworden wäre. Aber alle meine nach 1933 gewonnenen Freunde, mit deren meisten - soweit sie noch leben - ich bis heute eng verbunden bin, waren entschiedene Gegner des Nazitums. Da ich als Zwanzigjähriger so gänzlich in ihrem Banne stand, scheint es mir auch von heute aus undenkbar, daß ich jemals den Weg ins Dritte Reich gefunden hätte.

Zum Abitur hatte mir meine Mutter eine Seereise mit dem Hapag-Dampfer »Oceana« ins westliche Mittelmeer geschenkt. Im April 1933 ging es von Hamburg über Boulogne, Ceuta, Malaga, Palma de Mallorca nach Genua. Auf dem Schiff war ein netter Junge, ebenfalls

Abiturient, etwa zwei Jahre älter als ich. Wir bewohnten dieselbe Kabine, und er schien mir stets etwas bedrückt. Eines Tages erzählte er mir seine Geschichte: In der Kleinstadt, aus der er stammte, gab es einen Juden; er und einige Kameraden hatten ihn im Überschwang der »nationalen Erhebung« gehänselt. Je verzweifelter der verängstigte Mann reagiert habe, desto mehr hätten sie sich in den Rausch hineingesteigert; schließlich sei der Jude davongelaufen, die Meute der Halbwüchsigen hinterher. In einem Kornfeld sei er erschöpft zusammengebrochen. Ein Schlag folgte dem anderen, Schläge, Tritte, so hätten sie ihn totgeschlagen, und nun plage ihn das Gewissen. Sein Vater, der zu den Honoratioren der Stadt gehörte, habe nur einen Gedanken im Kopf gehabt: »Der Junge muß raus«, und so sei er erst einmal auf dieses Schiff gekommen. Ob er je nach Deutschland zurück könne, wisse er nicht. Damals verfuhren die Gerichte ja noch nach rechtsstaatlichen Prinzipien; wenig später würden sie die Tat vertuscht oder milde beurteilt haben, und Partei und SA hätten aus dem Jungen einen Helden gemacht.

Die Geschichte hatte mich aufgewühlt; ich war entsetzt, hatte aber dennoch Mitleid. Hinterher schämte ich mich, ihm von meiner halbjüdischen Abstammung nichts gesagt zu haben. Kurz darauf warnte mich die Krankenschwester des Schiffs vor dem schlechten Einfluß des Jungen. Sie hatte ihn mit einem Mädchen hinter einem Rettungsboot ertappt. Aber was hieß das schon...

In Genua, wo ich Freunde hatte, die mich aufnahmen, fand ich Post von meiner Mutter, die mir dringend riet, angesichts des sich rasch verschlechternden politischen Klimas nicht nach Deutschland zurückzukehren. Mein Vetter habe einen Studienplatz in Edinburgh für mich reserviert, und ich solle direkt dorthin fahren. Ich schrieb zurück, daß mein Platz in Deutschland sei, und wenn ich schon nach England gehen sollte, dann vielleicht nach Oxford, aber bestimmt nicht nach Edinburgh. Es folgten beschwörende Telegramme und schließlich die Bitte, wenigstens nach Wien zu fahren und mich dort mit meinem Onkel zu besprechen. Dieser zeigte weder großes Interesse noch hatte er irgendwelche neuen Argumente, und so kam ich rechtzeitig nach Berlin, um mich für das Sommersemester als Student der Jurisprudenz, mit Volkswirtschaft als Nebenfach, an der Friedrich-Wilhelms-Universität Unter den Linden zu immatrikulieren. Am Tor der Universität kontrollierte ein Portier den Einlaß: »Wat willste denn hier, mein Junge? Haste denn schon Abitur jemacht?« Als »Nichtarier« bekam ich einen gelben Studentenausweis, die bei jeder Gelegenheit vorzuweisende Diskriminierung.

Ich neigte seit jeher dazu, nicht für den Staat, sondern für die Schwächeren Partei zu nehmen, und so stand für mich außer Frage, daß ich Strafverteidiger werden wollte. Von der Brillanz der Verteidigung eines Max Alsberg, der in meinem Elternhaus verkehrt hatte, war ich ebenso beeindruckt wie von dem vielleicht ein wenig schauspielerischen Auftreten des berühmten Strafverteidigers Frey. Das Studium machte mir viel Spaß, und im Gegensatz zur Schule waren meine Resultate gut. In der Volkswirtschaft belegte ich unter anderem eine Vorlesung des bereits emeritierten Nationalökonomen Werner Sombart. Bei allem Ruhm, der ihm vorauseilte, waren seine Vorlesungen schrecklich langweilig. Eines Tages war es besonders schlimm, und eine ganze Reihe von Studenten verließ während der Vorlesung den Hörsaal. Sombart hielt inne und sagte: »Ich scheine heute mit fortlaufendem Erfolg zu lesen.«

Brillant dagegen waren die Kollegs von Professor Dovifat. Er war Zeitungswissenschaftler und las über Rhetorik; ein hochgewachsener rheinischer Katholik mit dichtem schwarzen Haar, einer hervorspringenden Nase und einem bedeutenden Künstlerkopf. Er hatte ein Holzbein, ging am Stock und hielt seine Kollegs im überfüllten Auditorium maximum stehend. Sie waren nicht nur deshalb so überlaufen, weil er ein großartiger Redner war, sondern auch, weil er – teils versteckte, teils offene – Kritik am Regime übte. Im alten China, so erzählte er einmal, hätte der Kaiser eine Einrichtung geschaffen: Einmal im Jahr wurden die Glocken geläutet, und während sie läuteten, konnte jeder seine Meinung aussprechen, ohne fürchten zu müssen, hernach dafür belangt zu werden. »Wo«, rief er beinahe dramatisch aus, »läuten im heutigen Deutschland die Glocken?« Die Partei antwortete bald. Dovifat wurde unter Druck gesetzt, verzichtete auf politische Anspielungen und beschränkte sich auf den Lehrstoff.

Ein besonderes Vergnügen waren auch die Vorlesungen des großen Juristen Martin Wolff: Ein zwergenhaftes Männchen, das mit leiser Stimme seine kluge Einführung ins Bürgerliche Recht wie die Offenbarung eines Geheimnisses vortrug. Wenn er in einer der hintersten Reihen irgendeinen Studenten erblickte, der eingeschlafen war, nicht aufpaßte oder schwätzte, dann hielt er kurz inne und sagte: »Ich bitte den Herrn in der 24. Reihe, Platz 5 von links, das Auditorium zu verlassen.« Erst wenn seine Anweisung befolgt war, begleitet vom begeisterten Klopfen und Trampeln der übrigen Studenten, setzte er seine Vorlesung fort.

Im Sommersemester 1934 kam es zu ersten Störungen des Wolffschen Kollegs. Der Rektor der Universität, der konservative Strafrechtler Professor Kohlrausch, eilte herbei und erklärte in der Manier eines schneidigen Kavallerie-Offiziers: »Professor Martin Wolff ist eine der großen juristischen Kapazitäten Deutschlands. Er übt eine zugelassene Lehrtätigkeit aus. Wenn nicht sofort die Ruhe im Kolleg wiederhergestellt ist, werde ich den zuständigen Behörden mitteilen, daß die Studentenschaft versagt.« Noch zog das. Bald sollte es anders werden.

Schon früh veranstaltete der NS-Studentenbund Razzien nach politisch unerwünschten Elementen, unverhohlenen Psychoterror. Dabei wurden zahlreiche Studenten von der Stelle weg vorübergehend festgenommen, allen voran natürlich die Inhaber gelber Ausweise. Die nationalsozialistische Welle hatte nicht nur die Rabauken unter den Studenten erfaßt, sondern auch ausgesprochen intellektuelle Köpfe. Bei einer Kontrolle sah ich mich einem energischen SA-Führer höheren Ranges gegenüber. Verächtlich betrachtete er meinen Ausweis, dann trafen sich unsere Blicke. Er hielt dem meinen nicht stand: »Gehen Sie«, sagte er verlegen.

Ich habe die Demütigungen nicht geschluckt und schon gar nicht gekuscht, sondern immer versucht, mich dagegen aufzulehnen. Stets habe ich unaufgefordert auf meine Abstammung hingewiesen und mich dabei nicht selten sinnlos exponiert. Einmal löste ich eine Fahrkarte, und der Beamte fragte mich obligatorisch: »Es ist Ihnen doch wohl recht, wenn ich einen Betrag für die Winterhilfe abziehe?« Nein, das wäre mir keinesfalls recht, denn als Halbjude könne ich mich nicht dazu verstehen, eine nationalsozialistische Organisation zu unterstützen...

Im Jahre 1934 oder 1935 wurden wohlhabende jüdische Familien in den Berliner Villenvororten von einem Hauptmann der Luftwaffe namens Jentsch aufgesucht, der von ihnen Spenden für den Reichsluftschutzbund erpreßte. Eines Tages erschien er auch bei uns. Von der Uni zurückkommend, fand ich meine verängstigte Mutter im Gespräch mit ihm. Ich erklärte kategorisch, daß er keinen Pfennig bekommen würde, da mein verstorbener Vater diffamiert werde und ich als Halbjude im Naziregime benachteiligt sei. »Göring hat gesagt: ›Wer Jude ist, bestimme ich‹«, meinte der Hauptmann, und um mir zu beweisen, daß dem so sei, böte er mir die Stelle eines Blockwarts im Reichsluftschutzbund an. Ich lehnte ab. Darauf wurde er unangenehm: »Wenn Sie keine Spende machen, muß ich entsprechend berichten, und dies kann sich für Sie nachteilig auswirken.« Ich erhob mich. »Herr Hauptmann, ich dachte, in der Wehrmacht gäbe es noch gewisse Ehrbegriffe...« Der Offizier wurde rot, entschuldigte sich und ging; wir haben nie wieder etwas von der Sache gehört.

Als etwa um dieselbe Zeit ein SS-Führer und Ministerialdirektor im Innenministerium namens Best das Andenken meines Vater verunglimpfte, indem er ihn als typisches Beispiel für einen jüdisch-zersetzenden Kritiker hinstellte, wollte ich ihn zum Duell fordern. Es gelang meinen Freunden, mich von diesem selbstmörderischen Unsinn abzuhalten.

Zum Entsetzen meiner Mutter, die nicht zu Unrecht vermutete, daß bei Wahlen die Geheimhaltung nicht gesichert sei, hatte ich beim Volksentscheid über den Anschluß Österreichs mit nein gestimmt.

Als der Wahlleiter mein Couvert etwas zu lang in der Hand behielt, wurde mir doch ein wenig mulmig. Viele meiner spontanen Reaktionen waren unbedacht und schienen gefährlich, aber merkwürdigerweise haben sich Mut und Standfestigkeit bezahlt gemacht. Vor allem waren solche kleinen Triumphe ein Trost und halfen, die Misere besser zu ertragen.

Im Wintersemester 1933 lernte ich bei einem Florettfechtkurs einen um einige Jahre älteren Medizinstudenten kennen: Jo Frehn aus Aachen. Er war mittelgroß, blond, hatte ein bleiches Gesicht, scharf geschnittene, blaue, leicht verschleierte Augen und einen etwas hochmütigen Mund – im ganzen ein interessanter Kopf. Jo behandelte mich mit einer Mischung von Überlegenheit und Spott, Zurückhaltung und Interesse, und das übte auf mich eine gewisse Faszination aus. Eines Tages fragte er, ob ich schon einmal von Stefan George gehört hätte. Meine Antwort war ein im Elternhaus aufgeschnapptes, eher abwertendes Urteil. Jo nahm es zur Kenntnis und kam eine Weile nicht mehr auf das Thema zurück. Statt dessen erzählte er viel von seinen Freunden, einer Runde künstlerisch und dichterisch begabter Menschen. Mit besonderem Respekt sprach er von dem ältesten, Percy Gothein, einem Historiker, der sich auf die venezianische Frührenaissance konzentriert und im Jahr zuvor ein Buch über den Humanisten Francesco Barbaro publiziert habe. Jo erzählte auch viel von Wolfgang Frommel, der am Rundfunk in Berlin unter dem Intendanten Walther Beumelburg tätig war, dem Bruder des damals bekannten konservativen Autors von »Sperrfeuer um Deutschland«. Nach Lage der Dinge hätte ich in Frommel einen Nazi vermuten müssen: Das aber konnte nicht sein, weil Jo sich stets verächtlich über das Regime geäußert und mir versichert hatte, seine Freunde seien alle einer Meinung.

Eines Tages brachte Jo Percy Gothein zu mir nach Hause mit. Er war siebenunddreißig, kräftig gebaut und hatte einen riesigen Kopf mit gemeißelten, wunderschönen Zügen; ein wenig erinnerte er an den Colleoni in Venedig, im Ganzen eine Figur, die dem Jüngsten Gericht des Michelangelo entstiegen schien. Er sprach langsam und leise, melodisch und durchdringend. Dem Eindruck seiner Persönlichkeit konnte man sich kaum entziehen. Meine Mutter war von ihm zunächst sehr begeistert, was sich aber schlagartig änderte, als Percy, vollkommen unbekümmert, fragte, wann es denn zu essen gäbe. Auch schüttete er Unmengen Zucker in seinen Tee, und gleich beim zweiten Besuch reichte er meiner Mutter seine Jacke mit der Bitte, einen Knopf anzunähen.

Beide, Percy und Jo, hatten schwere Motorräder, Jo eine 500er Zündapp, Percy eine 500er BMW. Für Percy war das Motorradfahren eine Leidenschaft; er erklärte, es habe etwas »Mythisches«. Im April

1934 traten Jo und ich eine Motorradreise an, die über Oberitalien, Venedig nach Nordjugoslawien, zurück über Budapest und Prag führte. Wir waren vier Wochen unterwegs, aber – heute unvorstellbar – wir siezten uns bis zum letzten Tag. Als wir zurückkamen, erklärte mir Jo ziemlich brutal, er sähe in mir einen verwöhnten Jungen aus Berlin-W, und er könne mit mir wenig anfangen. Vielleicht läge das an ihm, er wolle mich deshalb mit seinem Freund Wolfgang Frommel zusammenbringen.

Kurz darauf wurde ich aufgefordert, in die Bamberger Straße zu kommen. Dort wohnte Wolfgang Frommel bei einer jüdischen Witwe namens Hildesheimer, mit deren Sohn Billy er befreundet war. Es stellte sich heraus, daß ich Billy aus meiner Kindheit kannte. Der Knabe mit den auffallend edlen, leicht orientalischen Zügen hatte gelegentlich Eva, die Tochter des bekannten Schauspielers Paul Bildt, besucht, die bei uns im Gartenhaus wohnten. Gemeinsam waren wir Roller auf dem Bürgersteig gefahren. Ich war damals sehr eifersüchtig gewesen, weil er einen viel schöneren Roller hatte. Meine sparsamen Eltern hatten mir erklärt, den brauche er, weil seine Füße so groß seien. Jetzt, zehn Jahre später, saß ich Billy Hildesheimer gegenüber – im Kreis von einem halben Dutzend junger Leute, die alle etwas Bemerkenswertes, sozusagen Geistgeprägtes an sich hatten.

Schon rein äußerlich war eine gewisse Ähnlichkeit unter ihnen deutlich. Aber die Züge von Wolfgang Frommel waren feiner geschnitten und intellektueller als die von Percy Gothein, und im Gegensatz zu diesem sprach und bewegte er sich schnell. Seine hervorragend formulierten Sätze, mit leicht süddeutschem Akzent vorgetragen, sprudelten nur so. Nach kurzer Zeit forderte er mich auf, mit ihm an dem eine Stufe höher gelegenen Erkerfenster Platz zu nehmen. »Erzählen Sie einmal etwas von sich«, sagte Wolfgang, ohne mich darüber im unklaren zu lassen, daß Jo ihn zwar auf mich aufmerksam gemacht, aber nicht besonders günstig über mich berichtet hatte. So kam ein Gespräch in Gang, bei dem ich mich gegen das Vorurteil, ein »Berlin-W-Junge« zu sein, verteidigte. Nach einer Weile wurde ich ganz unvermittelt fortgeschickt. Vor dem Haus blieb ich stehen. Ich war erregt: Eine solche Atmosphäre miteinander verbundener Menschen, eine solche Leuchtkraft von Ausstrahlung hatte ich bis dahin nicht erlebt. Aber nicht nur auf uns Jüngere übte Wolfgang Frommel eine starke Wirkung aus. Seine ungewöhnliche Intelligenz, seine Fähigkeit, sich zu den abgelegensten Fragen mit treffenden Bemerkungen zu äußern, seine Dynamik, sein Charme, dabei die Unbefangenheit und Bescheidenheit seines Auftretens: das öffnete ihm die Herzen jeden Alters und jeden Standes. Er war einfach bezwingend; auch meine Mutter war von ihm hingerissen.

Percy besuchte mich bald häufiger, und gelegentlich durfte ich auch zu ihm kommen. Er wohnte am Kupfergraben, in einer großen Mansarde mit Blick auf die Museumsinsel. Dort war auch der Sitz des Verlags »Die Runde«, den Wolfgang mit einigen Freunden im Oktober 1930 gegründet hatte. Dort hatte Wolfgang unter dem Pseudonym Lothar Helbing seine Schrift »Der Dritte Humanismus« veröffentlicht, die dem Zeitgeist humanistisches Gedankengut entgegensetzen wollte, zur Tarnung unter Verwendung von zeitgemäßen Formulierungen. Diesen »Dritten Humanismus« verschlang ich ebenso wie den Gedichtband »Huldigung«, eine Anthologie, zu der sechzehn Freunde anonym beigetragen hatten.

Percy Gothein hatte jahrelang zum innersten Kreis um Stefan George gehört. Vier Gedichte in Georges »Stern des Bundes« sind an ihn gerichtet, ebenso das Gedicht »P« in den »Sprüchen an die Lebenden« im »Neuen Reich«:

Wer seines reichtums unwert ihn nicht nüzt
Muss weinen: nicht wer arm ist wer verlor . .
Du bist der gerte finder deren ruck
Verrät wo heilsam wasser steigen will
Und adern goldes in der tiefe ruhn.
Erschrick nicht staune nicht: ›warum denn ich?‹
Wirf nicht im trotz das wunderding beiseit
Weil du es nicht begreifst . . geniess und hilf
Solang der stab in deiner hand gehorcht.

1923, im Jahr ihrer ersten Begegnung, hatte Percy Gothein Wolfgang Frommel bei Stefan George in Heidelberg eingeführt. George wahrte ihm gegenüber Distanz: Für Wolfgang ein Ansporn mehr, sich in der Freundschaft mit Percy zu beweisen. Die jungen Menschen, die sich ab Mitte der zwanziger Jahre um Percy und Wolfgang scharten, fühlten sich inspiriert von dem Werk Stefan Georges, das ihnen die beiden Älteren in völlig unorthodoxer Weise als eine konsequente Lebenshaltung vermittelten. Diese neue »Runde« hat sich nie als Nachfolge des George-Kreises bezeichnet; solche Ansprüche erhob man nicht. Schon die Bezeichnung »George-Kreis« ist an sich irreführend, weil man hierbei unwillkürlich an eine festgefügte, mehr oder weniger organisierte Form von Gemeinschaft denkt. Wer dazu und wer nicht dazu gehörte, war schon immer schwer auszumachen; diejenigen, die danach drängten, dazu zu gehören, wurden am mißtrauischsten betrachtet.

Es ist heute schwer vorstellbar, daß ein als »Seher und Künder« auftretender Dichter das geistige Leben Deutschlands im ersten Drittel des 20. Jahrhunderts maßgeblich prägen konnte. Wohl kein zweiter Dichter hat so in die Geisteswissenschaften seiner Zeit hineingewirkt wie Stefan George. Es gab kaum eine Universität in Deutschland, an

der nicht Lehrstühle aus dem Umkreis Stefan Georges besetzt waren.
Eine der glänzendsten Erscheinungen war der Germanist und Goethe-Biograph Friedrich Gundolf in Heidelberg. Seine geflügelten Worte waren Legion. So entgegnete er, als ihn ein Professoren-Kollege wegen mangelnder wissenschaftlicher Akribie angriff, mit einem Spottgedicht: »Das Präparat vom Steiß der Mücke war eines seiner Meisterstücke«, und zu dem etwas unbedarften Sohn eines berühmten, aber in Gundolfs Augen ähnlich unbedarften Vaters, Thankmar: »Oh Thankomar, oh Thankomar, hier stellt sich Papas Manko dar.«

Studenten zogen mit dem »Stern des Bundes« im Tornister in den Ersten Weltkrieg; an den Lagerfeuern der Jugendbewegung wurden George-Gedichte in die Nacht hinaus gesprochen. Heute wird er kaum gelesen, und sein fünfzigster Todestag war gerade noch Anlaß, seine Gestrigkeit festzustellen. Auch zu meiner Studienzeit wurde er schon heftig befehdet, sein Elitarismus, sein Ästhetizismus, seine durch den jungen Maximin inspirierte Religiosität. Die einen bemängelten, daß er sich aus allen aktuellen Fragen heraus hielte, die anderen warfen ihm sein völkisches Erneuerungspathos vor, das die Nazis für sich in Anspruch zu nehmen versuchten. »Wir« schauten überlegen auf die Kritikaster hinab: elitär genannt zu werden, störte uns wenig, wir waren es. »Wir« wußten, was Maximin in den Augen Georges bedeutete und daß es keinen Maximin-Kult gab. »Wir« wußten, daß Georges »vaterländische« Aussagen nicht unmittelbar auf eine tagespolitische Entwicklung bezogen waren, daß George eben kein Vorläufer Hitlers war und nichts mit dessen vulgärer Massenhypnose gemein hatte. »Wir« wußten auch, daß George das Angebot von Goebbels, ein Ehrenamt der Dichterakademie zu übernehmen, abgelehnt und es vorgezogen hatte, in der Schweiz zu sterben. Ein paar seiner jüngeren Freunde haben vorübergehend Sympathien für das Nazitum bekundet, andere waren von Anfang an leidenschaftliche Gegner, und einer der in seinem Bann Stehenden hat am 20. Juli die Bombe gelegt: Claus Graf Stauffenberg.

In den ersten Wochen und Monaten las mir Percy hin und wieder mit leiser Stimme Gedichte von George vor. Auch wenn ich den Inhalt nicht immer verstand, der rhythmische Vortrag bewirkte ein eindringliches Erleben. Zu Hause las ich das Gedicht noch einmal nach, und bei Percys nächstem Besuch versuchten wir, dunkel Gebliebenes in gemeinsamer Auslegung zu klären. So ging mir langsam auf, wie das dichterische Wort bis ins Mark eindringen und die Seele erschüttern kann: Percy gab mir den Schlüssel zu einer neuen Welt. – Eine Zeile, deren Verfasser mir nicht bekannt ist, hat mich besonders berührt:

Tage lebten wir auf leichtem nachen,
Fernen öffneten sich hohen flöten.
Kann ein gleiten auf den abendröten,
Kann ein finger solche glut entfachen?

Wiederholt war unter den Freunden von einem geheimen Buch Percys die Rede, dem »Opus Petri«. Es gab davon nur ein einziges Exemplar, in Percys Handschrift, und nur Wolfgang hatte es als Ganzes gelesen. Es hieß, Percy habe darin die Geschichte seiner Erziehung durch George geschildert. Als vierzehnjähriger Sohn des Professors Eberhard Gothein war er dem Dichter in Heidelberg begegnet, und von diesem Tage an hat George seinen Lebensweg über Schulzeit, Soldatenzeit und Studium begleitet. Den Siebenundzwanzigjährigen hat er dann, wie es bei ihm häufiger geschah, fortgeschickt, damit er sich »draußen« bewähre; erst dann wolle er ihn wiedersehen.

Eines Abends hielt Percy den Moment für gekommen, mir aus seinem »Geheimbuch« vorzulesen. Am Schluß des Kapitels klappte er das Heft zu, sah mich lange an und schwieg. Meine bis dahin anhaltende Abwehr, mich mit einer Gemeinschaft zu identifizieren, war unter dem Eindruck der Vorlesung überwunden. Von nun an standen mir der Kupfergraben und die Bamberger Straße offen. Ich nahm an den gemeinsamen Lesungen Georgescher Gedichte teil – kurz: ich gehörte dazu. Dichtung und Freundschaft, eine von da ab nicht mehr zu trennende Einheit, hatten mich endgültig und vollständig in ihren Bann geschlagen. Gleichzeitig offenbarten sich mir auch auf anderen künstlerischen Gebieten neue Welten. Alles schien wie verwandelt, und ich war von einem großen Glücksgefühl getragen. Dennoch lebte ich keineswegs in einem Elfenbeinturm: anderen Menschen, neuen Eindrücken hielt ich mich stets offen.

Von George wurde nur als von »dem Meister« gesprochen. Aufgewachsen in einem kritisch-weltlichen Elternhaus, fiel mir jedes Pathos, jede Getragenheit schwer. So war mir diese Wendung fremd, ja mitunter peinlich, und ich versuchte, sie möglichst zu umgehen. Ich war schon so sehr einer von ihnen, daß mir die Freunde dies nicht mehr als »Berlin-W-tum« ankreideten. Mein weltlicher Freiraum wurde mir belassen, zumal für Wolfgang und Percy meine Ergriffenheit und meine Bereitschaft zu echter Feier außer Zweifel standen.

Meine Mutter und meine Tante waren zunächst besorgt über die Faszination, die meine neue Umgebung auf mich ausübte, und versuchten mit den bewährten Methoden des Familienspotts Barrieren aufzurichten. Meine Mutter machte eine Parodie im feierlichen Stil des frühen George:

Wenn du erwachst, mein sohn, beim letzten hahnenschrei,
Dann ist die frau, die dich gebar, schon längst gegangen
Zu kaufen edle spezerei
Und and're ihres sohns verlangen.

Ich war frei genug, in das Gelächter einzustimmen – ohne mich im geringsten beeinflussen zu lassen. Auch unter den Freunden ging es sehr heiter zu, es wurde viel gelacht, ebenso wie bei George selbst, dessen bei uns häufig zitierte Aperçus einen beißenden Witz verrieten. Von seinem engen jüdischen Freund, dem Kammergerichtsrat Ernst Morwitz, sagte er: »Ja, ja, der Ernst mag die Juden auch nicht leiden, aber er läßt nichts auf sie kommen.« Oder: »Wenn man den Tadzio in Thomas Manns ›Tod in Venedig‹ entkleidet, wird man plötzlich feststellen, daß er ein Mädchen ist.« Und: »Wenn ein Hund die Peterskirche anpinkelt, bleibt sie doch die Peterskirche.«

Es war natürlich, daß ich Gisbert Ruge, meinen engsten Freund seit acht Jahren, an meinem glückhaften neuen Leben teilhaben lassen wollte. Ich brachte ihn also zu Wolfgang, der ihn mit der gleichen Zurückhaltung behandelte, die zunächst auch mir widerfahren war. Gisbert wiederum führte mich bei einer Bekannten seiner Familie ein, der Malerin Sabine Lepsius. Diese imponierende, damals siebzigjährige Dame hatte um die Jahrhundertwende in ihrem Berliner Salon die ersten Lesungen von Stefan George veranstaltet. Das Gedicht »An Sabine« im »Siebenten Ring« ist ihr gewidmet, das Gedicht »Blaue Stunde« im »Teppich des Lebens« ihr und ihrem Mann Reinhold, der ebenfalls Maler gewesen war. 1935 gab Sabine Lepsius im Runde-Verlag ihre Erinnerungen an Stefan George heraus. Als sie hörte, daß Gisbert und ich Wolfgang Frommel kannten, erklärte sie emphatisch: »Welches Glück Sie haben! Wenn ich einen Sohn hätte, nichts würde ich mir mehr wünschen, als ihn von Wolfgang Frommel erzogen zu sehen.«

Als ich Gisbert zu Percy mitnahm, wurde bald deutlich, daß sein sprödes, verinnerlichtes Wesen, seine absolute Reinheit und der Mangel jeden Args Percy mehr lagen als meine eher intellektuelle Weltläufigkeit. So hatte Gisbert bei Percy bald den Vortritt, während meine Natur mehr derjenigen Wolfgangs entsprach. Ich war froh, daß Gisbert nun auch zu den Freunden gestoßen war. Im Frühjahr 1935 machte er sein Abitur, aber im Herbst verließ er uns, um in Princeton zu studieren, da es für ihn in Deutschland keine Zukunftsaussichten mehr gab.

Wolfgang sah ich jetzt häufig. Entweder er besuchte mich zu Hause, wo ich inzwischen das Chauffeurzimmer über der Garage bezogen hatte, oder ich ging in die Bamberger Straße. Meist las Wolfgang vor, Georgesche und andere Gedichte oder Prosa aus verschiedenen Epochen. Es wurde interpretiert und diskutiert, oft auch in größerem Kreis und fast immer bis in die frühen Morgenstunden, so daß ich nicht gerade taufrisch bei den Kollegs in der Universität erschien. Wolfgang war ein unermüdlicher Vorleser, ich ein leicht ermüdlicher Zuhörer. In diesen nächtlichen Séancen habe ich ein umfangreiches Bildungsgut aufgenommen, wenn auch manches nur von fern zu mir drang.

Besonders schön waren die Wochenendausflüge in meinem Paddelboot mit Gisbert oder Gerd Herrmann. Die Havel am Jungfernsee war damals noch wenig befahren; sie war umsäumt von Wiesen, dahinter lagen alte Bauernhöfe. Gelegentlich weitete sie sich zu mildverträumten Seen, über die wir uns in der heißen Sonne Brandenburgs treiben ließen. Die Nächte verbrachten wir im Zelt oder bei Bauern in der Scheune.

Einmal hatten wir uns mit Wolfgang in einem kleinen Ausflugslokal in der Gegend von Rathenow zum Mittag verabredet. Als wir auf den harten Gartenstühlen zu Tisch saßen, schlich ein bleiches, sommersprossiges, rothaariges Mädchen um uns herum. Von Wolfgang schien es magnetisch angezogen. Es stellte sich vor ihn hin und sagte unvermittelt: »Ich kann germanische Urnen finden.« Sie war die Tochter des Wirtsbauern und hatte auf den Feldern nach dem Pflügen im Laufe der Jahre Tonscherben, manchmal auch ganze Gefäße aus alter Zeit gefunden. Wolfgang schien gar nicht überrascht, er erklärte, das Mädchen sei zweifellos ein »Revenant«. Dann erzählte er uns von dem »Hausgeist« Alfred Schuler, der die Fähigkeit besaß, in der Erde verborgene Gegenstände aus römischer Zeit aufzuspüren.

In dieser Zeit der immer bedrückender werdenden Präsenz des Nationalsozialismus fand ich bei meinen Freunden die ersehnte Geborgenheit. Nebenher nahm ich den juristischen Lehrstoff in mich auf. Immer öfter besuchte ich die Vorlesungen und Seminare mit einem der Freunde, Gerd Herrmann. Er war es, der für einen Vortrag von Ernst Kantorowicz in Wolfgangs Mitternachtssendungen seinen Namen zur Verfügung stellte. Um Klausuren rechtzeitig vorzubereiten, arbeiteten wir die Nächte durch, fast ohne Schlaf. Und dann waren wir stolz, wenn wir bei einem so langweiligen Thema wie dem Zivilprozeßrecht beide mit »sehr gut« abschnitten. Aber auch in anderen Disziplinen hörte ich mich um. Ich erinnere mich an eine historische Vorlesung bei Walter Elze, dem Napoleon-Kenner, der der Reichswehr nahestand, und an eine psychologische bei Ludwig Klages, dem schillernden Philosophen, Graphologen und Protagonisten des »Eros der Ferne«. Beide ragten aus dem üblichen professoralen Rahmen heraus, beide hatten, wie ich später erfuhr, zum Umfeld Stefan Georges gehört.

Um diese Zeit entschloß ich mich, eine lange gehegte Absicht zu verwirklichen: mich katholisch taufen zu lassen. Da ich aus einer sogenannten »Mischehe« stammte, hatten meine Eltern mich nur in Bibelkunde unterrichten lassen und mir die Religionswahl mit meinem vierzehnten Lebensjahr freigestellt. Bestärkt durch unsere Köchin, die »fromme Pia«, neigte ich schon früh zur Religion meiner Mutter und hatte viele Jahre hindurch die Kirche besucht. Jetzt befaßte ich mich, geleitet von dem klugen Jesuitenpater Hoffmann, dem Rektor des Canisius-Kollegs, viele Monate lang mit den Grundlagen des Katholizismus. Bei ihm, diesem entschiedenen Gegner des Regimes, fühlte ich mich nicht nur religiös, sondern auch persönlich gut aufgehoben. Nachdem ich an bewegenden Exerzitien in einem schönen brandenburgischen Kloster teilgenommen hatte, wurde ich schließlich im Januar 1935 von Pater Georg, dem ältesten Sohn des ehemaligen Königs von Sachsen, getauft.

Im August 1935 traten Percy und ich von Berlin aus eine Italienreise an. Auf dem Soziussitz von Percys 500er BMW ging es in schneller, mir etwas zu schneller Fahrt durch das sommerliche Deutschland, durch die gegen Süden immer schöner werdenden, damals von der Industrialisierung noch kaum berührten Dörfer und Städte. Auf Jos Maschine hatte ich nie Angst, bei Percy zitterte ich. Er nahm die Hand von der Lenkstange, hielt sie vor den Mund und rief einem über die Schulter zu: »Wenn wir jetzt stürzen, bleibt nur noch ein Fettfleck übrig!«

Unsere erste Station war Tübingen. Dort wollte Percy Carlo Schmid besuchen. Percy und Wolfgang kannten Carlo über Ernst Morwitz. Im Herbst 1933 hatte Wolfgang beim Rundfunk in Frankfurt die Mitternachtssendungen »Vom Schicksal des deutschen Geistes« ins Leben gerufen. Hier sollte in verschlüsselter Form intellektuelle Opposition betrieben werden, indem man geistesgeschichtliche und historische, auf den ersten Blick jedenfalls unverfängliche Themen in Beziehung zu den gegenwärtigen Zuständen setzte. Carlo hatte in diesen Sendungen, die nach Mitternacht ausgestrahlt wurden, zweimal gesprochen: über »Friedrich und Rousseau« und über »Dante und Pierre Dubois«.

Wir übernachteten in seinem Haus in der Waldhäuserstraße, einer zweistöckigen Backsteinvilla mit ausgebautem Giebeldach, hochglänzenden Parkettfußböden und einfachen, schönen alten Möbeln. Carlo war Landgerichtsrat und hatte nebenbei eine Privatdozentur für Völkerrecht an der Universität Tübingen. Achtunddreißig Jahre alt, groß, ungeheuer dick, immer intensiv präsent und das Gespräch beherrschend, machte er auf mich einen starken Eindruck. Seine bebrillte, recht unattraktive Frau ließ deutlich erkennen, daß ihr die Einladung an die beiden Motorradfahrer ungelegen kam. Man hatte das Gefühl – wie Carlo selbst es ausdrückte –, daß sie ständig mit dem Staubtuch hinter den Gästen hermarschierte; Carlo machte kein Hehl aus seiner Abneigung. – Als ich ihm im Verlauf des Gesprächs erzählte, daß ich als Halbjude zwar kein Referendarexamen machen, wohl aber promovieren könne, daß es jedoch für mich äußerst schwierig sei, in Berlin einen Doktor-Vater zu finden, bot er mir spontan an, nach Tübingen zu kommen und bei ihm zu doktorieren. Das war mutig, denn wie die Dinge damals lagen, würde ihm das von den Nazis sicher angekreidet werden. Ich nahm auf der Stelle an.

Im weiteren Verlauf der Reise besuchten wir in Norditalien den berühmten Historiker und Philosophen Benedetto Croce, den Percy ebenfalls persönlich kannte. Er lebte aufgrund seiner Gegnerschaft zum Faschismus vollständig zurückgezogen in einer ländlichen Villa mit verwildertem Garten und empfand Percys Besuch offenbar als willkommene Abwechslung. Zunächst war ich ein wenig enttäuscht über die geringe Ausstrahlung dieses Mannes mit dem Gesicht eines ältlichen Bäckermeisters. Aber im Gespräch zwischen ihm und Percy über das Venedig der Renaissance lebte er auf, und ich staunte über sein universales Wissen.

Danach wollten wir den Übersetzer von Percys Buch, den Nobile Federigo Federici, besuchen. Die Percy angegebene Adresse lautete Carimate bei Cantu (zwischen Como und Mailand). In Cantu angekommen, fragten wir nach Carimate. Fast ehrfürchtig wies man auf einen Hügel, der das Städtchen beherrschte und auf dessen Gipfel sich ein Schloß befand. Carimate, von den Sforzas erbaut, war ein genaues Ebenbild des Mailänder Sforza-Schlosses, nur kleiner. Wir fuhren den Berg hinauf. Die Zugbrücke wurde heruntergelassen, und wir rollten in den rechteckigen Schloßhof, umgrenzt von einem zweistöckigen roten Backsteinkomplex, der überragt war vom Schloßturm. Es war nach zwei Uhr mittags.

Der Nobile wurde benachrichtigt und kam, offenbar vom Essen, mit der Serviette in der Hand über den Hof. Er freute sich, Percy kennenzulernen; ob wir schon zu Mittag gegessen hätten? Ich bejahte rasch, aber Percy sagte ungeniert »nein«. So wurden wir in den kleinen Eßsaal gebeten, wo die Familie gerade beim Obst angelangt war. Am Kopf des Tisches saß die Schwiegermutter, die Marchesa Buzzacharini (mit taubeneiergroßen Barockperlen in den Ohren, auf dem Lande zu Mittag!). Ihre Tochter war eine schöne, stille, dunkelhaarige Dame; die vier Kinder zwischen fünf und zwölf, geschniegelt und artig, hatten – was in Italien ungewöhnlich ist – hervorragende Tischmanieren. Zu meiner Überraschung schälten sie das Obst mit Messer und Gabel, ohne es mit den Fingern zu berühren. Dazu nun wir in unserer Lederkleidung!

Uns wurde nachserviert. Federici erzählte, daß der Generalsekretär der Faschistischen Partei, Starace, bei ihnen Gutsverwalter gewesen sei, und wenn er sie heute besuche, dann drehe er immer noch verlegen seine Mütze in den Händen, wie in alten Zeiten.

Nach Deutschland zurückgekehrt, traf ich meine Vorbereitungen für die Übersiedlung nach Tübingen. Von meiner Mutter bekam ich einen großzügigen Wechsel über RM 160,- im Monat. Davon gingen ab RM 32,- für die Ratenzahlung meiner 200 cbcm ZÜNDAPP, die ich mir inzwischen gekauft hatte, RM 12,- für Benzin, RM 12,- für Reiten, RM 10,- für eine Sammlung zugunsten eines baltischen Freundes. Blieben also RM 94,-. Meine Wäsche durfte ich jede Woche in einem Pappkoffer nach Hause schicken; gewaschen und gebügelt wurde sie mir immer prompt zurückgesandt. Aus Sparsamkeitsgründen - und weil ich sehr schreibfaul war - schickte ich meiner Mutter meist nur Postkarten. Der Briefträger las sie immer, bevor er sie bei uns einwarf, und hat dann mit meiner Mutter manchen Schwatz über mein Wohlergehen gehalten - 1935 in der Reichshauptstadt Berlin! Für RM 16,50 nahm ich mir eine billige Kammer außerhalb Tübingens, in Lustnau. Meine Wirtin war eine Witwe Steinmeyer, glühende Anhängerin einer schwäbischen protestantischen Sekte, geschäftstüchtig, aber herzensgut. Der Kalt-Wasserhahn befand sich im Keller; das Waschen im Winter kostete also Überwindung.

Von den verbleibenden RM 77,50 kaufte ich zunächst einmal ein Essen-Abonnement für RM 30,-, was mir eine warme Mahlzeit täglich sicherte. Gegen Monatsende mußte ich meist einige Essenmarken verkaufen, weil es sonst absolut nicht mehr gereicht hätte. Das Essen zu Hause wurde streng rationiert: Die Brotscheiben pro Mahlzeit wurden abgezählt, die 65 Gramm Butter pro Woche sehr dünn aufgetragen, ebenso der Aufschnitt, billigste Streichwurst; bei aller Kargheit aber leistete ich mir jeweils *ein* Luxusprodukt für *eine* Scheibe Brot. Gegen Ende des Monats brach stets die »Porridge«-Zeit herein: morgens, mittags, abends. Wenn Gäste kamen - vor allem Dieter Roser, der spätere Bürgermeister von Esslingen, und seine Braut - wurde fürstlich serviert, danach von den Resten gelebt und anschließend gehungert.

Tübingen war damals ein hübsches, etwas verträumt wirkendes Universitätsstädtchen, stark geprägt von der Alma mater und ihren 2300 Studenten (bei 30000 Einwohnern). Im Mittelpunkt stand die beginnende Freundschaft mit Carlo. Der Zeit mit ihm verdanke ich einen wesentlichen Einfluß auf meine Bildung und Formung. Ich stand im Bann seiner ungewöhnlichen Persönlichkeit, ohne blind für seine Schwächen zu sein. Bei aller Hochachtung haben mich anfänglich seine Eitelkeit, sein Pathos, seine intellektuelle Arroganz abgeschreckt, vielleicht sogar seine Physis. Auch eine gewisse Distanzlosigkeit, die in seiner bis zur Geschwätzigkeit gehenden Indiskretion und in der Bösartigkeit seiner abschätzigen Bemerkungen über alle, die nicht anwesend waren, zum Ausdruck kam, hat mich zunächst irritiert.

Der berühmte Völkerrechtler Viktor Bruns hatte den Dreißigjährigen 1927 als seinen Assistenten ins Kaiser-Wilhelm-Institut für ausländisches öffentliches Recht nach Berlin geholt. Wegen eines unautorisierten Artikels von Carlo war es zum Bruch gekommen, und so ging Carlo zurück ans Landgericht nach Tübingen. Ähnliches Pech hatte Carlo mit Reichskanzler Heinrich Brüning. Wie dieser hegte Carlo gewisse monarchistische Gefühle, die recht gut zu seinem konservativen, heilsgeschichtlichen Denken paßten. In einem vertraulichen Gespräch hatte Brüning mit Carlo die Möglichkeit eines führenden Postens, vielleicht sogar im Kabinett, diskutiert. Schnurstracks lief Carlo zu allen möglichen Leuten, denen er davon erzählte, worauf das Vorhaben platzte.

Auch an der Universität waren seine politischen Äußerungen häufig unvorsichtig und provozierend. Eine abfällige Bemerkung über Mitläufer trug ihm die Duellforderung eines gleichgeschalteten Verbindungsstudenten ein, die Carlo ziemliche Angst einflößte. Er verabscheute das Regime, und sein Mut, dies immer wieder öffentlich zu bezeugen, war beachtlich, wenn auch bisweilen leichtfertig; so führte etwa seine Bemerkung, die Rassenlehre sei eine am falschen Objekt angewandte Philosophie von Viehzüchtern, zu einer Vorladung bei der Gestapo.

Carlo Schmids Vorstellungen, wie man das Regime beseitigen könnte, waren abenteuerlich und von grenzenloser Naivität. Er plante ein Attentat auf Hitler; falls es mißlingen würde, wollte er in ein Waldversteck fliehen, und ich sollte dann für ihn die notwendigen Nahrungsmittel organisieren.

Carlo hielt sein völkerrechtliches Kolleg über den Versailler Vertrag und später über Machiavelli zweimal wöchentlich um sieben Uhr früh. An zwei anderen Tagen las Woldemar Graf Uxkull-Gyllenband ebenfalls um sieben über die römische Kaiserzeit, später über die Geschichte der antiken Historiographie und über die weltgeschichtliche Bedeutung des Mittelmeeres.

Woldi und Carlo waren befreundet; beide fühlten sich dem Geist Stefan Georges verpflichtet, dem Woldi in seiner Jugend nahegestanden hatte. Trotz der frühen Morgenstunde waren die Kollegs der beiden jungen Stardozenten stets gut besucht, wobei in Woldis Auditorium auffallend viele Studentinnen saßen. Er war ein großartiger Erzähler, tat sich mit dem Schreiben aber schwer. Auf seinem Tisch lag das Manuskript zu einem umfassenden Werk über die römischen Kaiser, das mit der Zeit immer dicker wurde. Die Publikation wurde von allen mit Spannung erwartet, aber Woldi schob sie immer wieder hinaus. Als er im Mai 1939 bei einem Autounfall ums Leben kam, stürzte man auf dieses Manuskript und mußte feststellen, daß nur die Titelseite existierte; alle anderen Seiten waren weiß. Seine herrlichen

Vorlesungen waren vollständig improvisiert gewesen, und irgendwelche Aufzeichnungen scheinen nie existiert zu haben.

Nach dem Kolleg wählten Woldi und Carlo regelmäßig einige Studenten aus, die sie ins Café Lamm am Marktplatz begleiten durften. Derjenige, der am Morgen nicht gelesen hatte, stieß gewöhnlich im Café dazu. Die Gespräche, teils nichtssagender Tratsch – man mußte sich hüten, zu dieser Zeit den Marktplatz zu überqueren – teils faszinierende Diskussionen im Anschluß an die in der Vorlesung angeschnittenen Themen, durfte man eigentlich nie missen. Nur litt Carlo an chronischem Geldmangel, und es war üblich, daß er sich seinen Kaffee und die vielen Tortenstücke, die er zu verzehren pflegte, jeweils von einem seiner Studenten bezahlen ließ. Das bedeutete für mich, daß ich mich gegen Monatsende nach dem Kolleg hinter einer Säule verstecken mußte, um nicht zu den Auserwählten zu gehören.

Das persönliche Verhältnis zu Carlo gestaltete sich immer enger. Er erzählte mir von seiner Jugend und seinen Erlebnissen im Ersten Weltkrieg. Die Photos zeigten einen großen, auffallend schönen zwanzigjährigen Leutnant mit einem bedeutenden Kopf – der unmäßig dicke Vierziger, der mir gegenüber saß, war hier kaum wiederzuerkennen. Auch zu dem Dante-Kolleg, das er einmal wöchentlich bei sich zu Hause abhielt, wurde ich eingeladen. Zunächst las er mit entsetzlich deutschem Akzent Gesänge aus der »Divina Commedia«. Die Interpretationen aber waren erleuchtet, kenntnisreich und loteten die geheimnisvollen Tiefen des Danteschen Weltbildes aus; es war das Beste und Schönste, was ich je über Dante gehört habe.

Carlo war mir offenbar von Anfang an sehr zugetan, hat mir aber intellektuell wohl zuviel zugetraut. Für meine Dissertation hatte er mir ein Thema gestellt, das ich unmöglich bewältigen konnte: »Die Sicherheitsfrage im Nachkriegseuropa«. Das war praktisch die gesamte europäische Politik seit 1918, und ich fühlte mich außerstande, mit diesem Material fertig zu werden. Verzweifelt saß ich in den Bibliotheken – während des Wintersemesters 1936/37 fast ausschließlich in der Stuttgarter Weltkriegsbücherei – und versuchte, mich durch Wälzer und Akten durchzufressen. Das Ergebnis war eine siebzig Seiten lange Einleitung, die Carlo mit Recht vernichtend kritisierte, ohne seinen Glauben an meine Fähigkeiten zu verlieren.

In mir aber kamen grundsätzliche Zweifel ganz anderer Art auf: Nach den Nürnberger Gesetzen vom September 1935 war ich ein Mischling ersten Grades, die juristische Laufbahn war mir versperrt, was sollte mir der Doktortitel nützen? Es sah so aus, als ob ich mit oder ohne Titel auch in der Wirtschaft keine Position würde finden können. Da angesichts meines Dissertations-Themas an eine rasche Promotion sowieso nicht zu denken war, bedrängten mich meine Mutter und meine Tante, das Studium aufzugeben. Ich sollte mich um eine kaufmännische Lehre in einem Exporthaus bemühen, da dies vielleicht eine Brücke ins Ausland sein könnte.

Carlo verübelte mir meinen Entschluß nicht. Von Ostern 1937 bis zu meiner Ausreise aus Deutschland im Oktober 1938 blieb die Freundschaft zwischen uns bestehen. Wann immer er nach Berlin kam, besuchte er mich zu Hause. Es war mir ein Trost, daß er sein Interesse an mir nicht verlor, nur weil ich jetzt Lehrling geworden war, und ich wußte, daß ich in ihm einen wirklichen Freund hatte. Vielleicht sind mir seine Einmaligkeit, die Nähe unserer Beziehung, seine Bedeutung und was er mir bedeutete, eigentlich erst während des Krieges in England, im Rückblick und aus der Ferne, bewußt geworden.

Selbst eine Lehrlingsstelle zu finden, war 1937 nicht ganz leicht. Nach einem fehlgeschlagenen Gespräch mit Rudo Hahn, dem Inhaber der Hahnschen Röhrenwerke, empfing mich Fritz Warburg, einer der Teilhaber des Bankhauses. Dieser unglaublich häßliche Mensch saß wie eine Kröte hinter seinem großen, unaufgeräumten Schreibtisch, aber seine klugen Augen blickten gütig, und er strahlte Warmherzigkeit und Verständnis aus. Er verwies mich an das jüdische Exporthaus Loewenstein & Hecht. Es lag in der Inselstraße, direkt an der Spree. Das Einstellungsgespräch führte der Seniorpartner, Herr Krojanker, ein dicker, außerordentlich unsympathischer Mann, der die billige Lehrlingsware mit akademischem Hintergrund gerne einkaufte, nicht ohne sie erst einmal abzuwerten. »Schon reichlich alt sind Sie für einen Lehrling.« Viel jünger seien die meisten heute nicht, entgegnete ich, weil sie ja erst Wehrdienst leisten müßten. »Solche haben wir nicht«, sagte er bedeutungsvoll.

Ich trat in eine gänzlich fremde Welt ein. Die Firma war im wesentlichen als Einkäufer für amerikanische und kanadische Warenhäuser tätig. Die entsetzlichen »Trinket Sets«, Toilettengarnituren aus billigstem tschechischem Preßglas, sollten mein Alptraum werden. »Koofmichs« hatte ich bis dahin nicht gekannt. Als Student war ich gleichberechtigter Gesprächspartner der Professoren gewesen; nun war ich Lehrling und wurde behandelt, wie das damals üblich war. Zunächst Registratur: Ablegen, Bleistifte spitzen, Kaffee und Brötchen holen. Mein Chef, Herr Schulze, kam Punkt acht Uhr, hob mit der rechten Hand den linken Holzarm auf die Tischplatte, baute einen Wall von Aktendeckeln um sich herum, so daß man nicht sehen konnte, was auf dem Tisch vor sich ging, packte sein Stullenpaket aus und erklärte seufzend: »Et will schon wieda nich fümwe wer'n!« Als ich nach einer halben Stunde meine Ablage beendet hatte, herrschte er mich entsetzt an: »Mensch, det muß doch den janzen Tach reichen!« Nach wenigen Tagen gelang es mir, diese für drei Monate gedachte »Lernstation« zu verlassen und eine interessantere Aufgabe zugewiesen zu bekommen.

Wenn einer der Chefs über die Gänge schlurfte und durch die Glaswand die Tätigkeit seiner Angestellten inspizierte, fing alles an, eifrig auf der Maschine zu hämmern oder den Hebel der Rechenmaschine zu schwingen. Ich dagegen tippte mit zwei Fingern extra langsam meine Briefe weiter. Resultat: nach vierzehn Tagen wurde dem Lehrling eine Sekretärin zugewiesen. Eines Tages gab mir ein Angestellter einen Brief, den ich im Hotel Esplanade abgeben sollte. Ich hatte gerade meine »affige« Zeit. So zog ich langsam mein an einer schwarzen Seidenschnur befestigtes Monokel heraus, klemmte es ins Auge, musterte den Herrn und meinte: »Dort pflege ich zu soupieren, aber keine Briefe abzugeben.« Von da ab hieß ich nur der »Herr Lehrling«.

Überraschend war, mit welcher Loyalität sich die ganze Belegschaft – fast ausnahmslos Nichtjuden – gegenüber den wahrlich nicht sehr angenehmen und noch dazu knauserigen Inhabern verhielt. Es gab einen oder zwei Angestellte, die in einer anderen Firma mit Sicherheit bessere Positionen hätten haben können, die aber von ihren Aufgaben im unmittelbaren Umfeld so besessen waren, daß sie an einen Wechsel gar nicht dachten. Damals ist mir klar geworden, was ich später oft bestätigt fand: wie sehr es auf den beruflichen Einstieg ankommt. Wie viele Menschen habe ich getroffen, die »round pegs in a square hole« geblieben sind.

Ich habe in dieser Firma viel gelernt, aber Spaß hat es nicht gemacht. Den Ausgleich fand ich bei meinen Freunden.

Im April 1937 hatte man einen Freund von Jo Frehn, den Bildhauer Wolf Berthold, zur Musterung bestellt. Als er gefragt wurde, ob er sich freue, für Volk, Führer und Vaterland den Wehrdienst zu leisten, antwortete er ohne Umschweife: »Nein, das nicht.« Der Musterungsoffizier brüllte ihn an: »Was fällt Ihnen ein, Sie hergelaufener Künstler? Anstatt stolz zu sein, Führer und Vaterland dienen zu können. Außerdem sehen Sie aus wie ein Louis.« Da packte der baumlange Wolf den weißgescheuerten Tisch, hinter dem der Musterungsoffizier saß, stülpte ihn ihm mitsamt dem Tintenfaß über den Kopf, machte kehrt und lief davon. Atemlos erzählte er Jo, was vorgefallen war. Ohne zu überlegen, setzten sich die beiden auf Jos Maschine und fuhren zu Freunden nach Basel. Jo kehrte zurück und wurde kurz darauf wegen Beihilfe zur Fahnenflucht verhaftet.

Anfang August erhielt ich eine schriftliche Vorladung zur Gestapo. Meine Mutter war außer sich und suchte eine Wahrsagerin auf, die mir allerhand unsinnige Ratschläge gab. Sehr viel handfester waren die beiden Verhaltensmaßregeln, die ich vom Vater meines Freundes Gisbert bekam, dem Rechtsanwalt Ludwig Ruge: »Erstens, laß den Beamten nie merken, daß Du intelligenter bist als er. Zweitens, wenn Du etwas zu verbergen hast, bleibe bei der Generallüge, in jeder Einzelfrage aber sage die Wahrheit. Erstens weißt Du ja nicht, was die Leute schon wissen, zweitens kannst Du Dich sonst leicht in Widersprüche verstricken.« Jo war inzwischen entlassen worden, aber das Verfahren lief weiter, und im Zuge der Untersuchungen war man auf mich gestoßen. Am Abend vor dem Verhör kam Jo kreidebleich aus Heidelberg angereist. Ich brachte ihn bei Freunden unter und verabredete mich mit ihm für den nächsten Mittag um die Ecke vom Gestapo-Hauptquartier.

Zitternd ging ich morgens in die berüchtigte Prinz-Albrecht-Straße. Zu beiden Seiten der großen Eingangshalle, die mit roten Läufern ausgelegt war, patrouillierten bewaffnete SS-Leute. Ein Schalter für Juden, ein Schalter für Nichtjuden. Ich wählte den letzteren. Dann stieg ich die Treppe hinauf zum Verhörzimmer. Der Kommissar war ein kleiner, untersetzter Mann mit Bürstenhaarschnitt namens Fehling. Eine Sekretärin nahm alles zu Protokoll. Zunächst die Fragen zur Person; dann, ob ich Jo Frehn kenne, Wolf Berthold? – »Wann haben Sie zum erstenmal Devisen geschoben, um den Fahnenflüchtigen zu unterstützen?« Ich sah dem Nazi-Kommissar fest in die Augen und sagte ruhig: »Wenn Sie die Wahrheit von mir wissen wollen, warum richten Sie dann so offenkundig unnütze Fragen an mich?« Er sprang auf, kam auf mich zu, brachte sein Gesicht ganz dicht an meines und tobte los: »Was fällt Ihnen ein, mir so zu antworten? Und so was ist noch Halbjude. Mit Ihnen werde ich schon fertig werden!«

Ich blieb äußerlich vollkommen ruhig, ohne auch nur einen Moment meinen Blick von seinem abzuwenden. Er wechselte den Ton. Ich sei ja unschuldig, er wolle mir ja nur helfen, aber das könne er nur, wenn ich ihm alles erzählte. Es folgte eine jener bekannten Kunstpausen, die den Vernommenen zermürben sollen. »Haben Sie Frehn je Geld geschickt?« »Natürlich«, sagte ich. »Sehr merkwürdig«, sagte er gedehnt. »Wieso, Herr Kommissar, das ist doch ganz selbstverständlich. Würden Sie denn einen Freund im Stich lassen?« Er war sichtlich betroffen und schickte mich erst einmal hinaus. Nach einer quälenden Viertelstunde wurde ich wieder gerufen: »Wissen Sie, was ein KZ ist? Ich werde Sie hierbehalten, um Sie dort einzuliefern!« Er zog ein Schlüsselbund aus der Tasche, rasselte damit herum und schickte mich wieder hinaus. Dann kam ein höherer Beamter, vor dem das Ekel stramm stand: »Der Kerl ist völlig verstockt. Ich kann nichts aus ihm herauskriegen.« Wieder wurde ich hinausgeschickt.

In den wiederholten Pausen las ich auf dem Gang einen Krimi, ohne zu wissen, was ich eigentlich las. Es ging so weiter, sieben Stunden lang. Schließlich erklärte der Kommissar: »Sie sind unschuldig. Ich werde Sie freilassen, aber ich werde Sie überwachen, Ihre Post, Ihr Telefon, Ihre Kontakte, und Sie müssen einwilligen, Frehn nicht mehr zu treffen.« Jo wartete um die Ecke. »Das ist ganz ausgeschlossen«, sagte ich. »Ich kann doch meinen Freund nicht im Stich lassen.« Da brüllte er wieder los: »Das ist eine Provokation. Sie bleiben hier! Jetzt stelle ich den Haftbefehl aus. Raus!« Wieder stand alles auf dem Spiel.

Einer Eingebung folgend, öffnete ich einfach die Tür und trat wieder ein. So etwas war ihm offenbar noch nicht vorgekommen: Seine Hände fielen herunter, er glotzte mich nur an. »Herr Kommissar, ich kann Sie nicht verstehen. Sie sind ein deutscher Mann, und Sie kennen Nibelungentreue. Ich bleibe meinem Freunde treu. Das müssen Sie doch begreifen. Ich sage Ihnen das offen, und Sie können es jederzeit nachprüfen, denn Sie wollen mich ja doch überwachen. Welchen Sinn hat es, mich einzusperren?« Er starrte mich an. Die Sekretärin fing an zu kichern und riß den begonnenen Haftbefehl von hinten aus der Maschine. Das ratternde Geräusch der zurückschnellenden Walze kann ich bis heute nicht ertragen. Nach einem hilflosen Blick auf seine Sekretärin ließ mich Fehling gehen. Draußen traf ich den erleichterten Jo.

In der Tat wurden Telefon und Post überwacht, und bisweilen hatte ich auch das Gefühl, daß man mir folgte. In diesen Wochen fing ich an, meine Ausreise aus Deutschland vorzubereiten. Aber es sollte noch lange dauern, bis ich genügend Geld hinausgeschleust hatte, um meine Absicht verwirklichen zu können.

Im Sommer 1937 kam Gisbert aus Princeton auf Besuch nach Europa. Wir trafen uns bei seinem Onkel in Kandersteg. Auf meinem Motorrad streiften wir durch die spätsommerliche Berglandschaft der Schweiz. Dann besuchten wir Wolfgang, der mit einigen Freunden im Flachland Ferien machte. Am letzten Abend fragten wir in einem kleinen Hotel nach einem Zimmer. Man wies uns ab, es sei kein Bett mehr frei. Ich wollte die Maschine gerade wieder anlassen, als wir zurückgewunken wurden, es sei doch noch ein Zimmer da. Als wir nach dem Essen hinaufgehen wollten, irrte ich mich in der Tür und prallte zurück: Mitten im Nachbarzimmer stand ein Kindersarg aufgebahrt. Am nächsten Morgen trennten wir uns: Gisbert fuhr nach Venedig, um vor seiner Rückkehr nach Amerika Percy zu besuchen. Ich eilte auf meiner Maschine zurück nach Berlin, um meinen Frondienst bei Loewenstein & Hecht fortzusetzen.

In Berlin bekam ich Fieber, das ich aber schnell überwand. Ich hielt es für eine harmlose Halsentzündung; wenige Tage später jedoch wußte ich, welcher Gefahr ich da entgangen war: Gisbert war in Venedig an spinaler Kinderlähmung erkrankt. Wie sich später herausstellte, war in dem Schweizer Hotel, in dem wir übernachtet hatten, am Tage zuvor ein Kind an dieser Krankheit gestorben, aber die Wirtsleute hatten sich die Einnahme nicht entgehen lassen wollen. Das war der Sarg gewesen. Ich konnte Berlin nicht verlassen, aber Wolfgang eilte in die Lagunenstadt, um mit Percy gemeinsam ungeachtet der Gefahr einer Ansteckung an Gisberts Krankenbett zu wachen. In einem bewegenden Brief schilderte Wolfgang ausführlich Gisberts letzte Tage. Kurz vor seinem Tod hatten sie ihn gefragt, was er als das Schönste im Leben empfunden habe. Er antwortet, merkwürdigerweise auf französisch, das er sonst kaum sprach: »Peut être d'être enfant.« – Am 8. September 1937, im Alter von einundzwanzig Jahren, starb dieser wahrhaft reine Mensch, der engste Gefährte meiner Kindheits- und Jugendjahre, der Freund unter den Freunden, der mir bis heute gegenwärtig ist.

Die außenpolitische Lage spitzte sich durch die künstlich vom Zaun gebrochene sudetendeutsche Krise immer mehr zu. Ich war inzwischen zu dem Entschluß gekommen, mich auf keinen Fall in Deutschland vom Krieg überraschen zu lassen. So entschloß ich mich im Frühjahr 1938, kurz vor dem Nürnberger Parteitag, nach Dänemark zu reisen, um dort die Ergebnisse des Parteitags abzuwarten, von denen man sich Aufschlüsse über die weitere Entwicklung versprach.

In Kopenhagen stieg ich in einem kleinen, billigen Hotel ab und schaute sehnsüchtig aufs »Angeleterre«. Ein wenig ziellos streifte ich durch die schöne Stadt, aber mein Sinn stand nicht so recht nach Sehenswürdigkeiten. Der Tag der Hitler-Rede kam. Da es in meinem Hotel kein Radiogerät gab, rief ich die Deutsche Botschaft an, um zu fragen, ob es für die deutsche Kolonie einen Gemeinschaftsempfang gäbe. Nein, das sei nicht geplant, aber ich könnte gern in die Wohnung des Botschafters kommen.

Klopfenden Herzens machte ich mich auf den Weg in die Höhle des Löwen. Ich hatte es so eingerichtet, daß ich gerade rechtzeitig zu Beginn der Rede ankam, also nicht vorher in ein Gespräch verwickelt werden konnte. Anwesend waren der Botschafter, von Renthe-Finck, seine Familie und einige Mitarbeiter. Während der Hitlerschen Tiraden hielt ich mein Taschentuch vor mein Gesicht, einen Schnupfen vortäuschend, in Wirklichkeit, um meine, laut meiner Mutter so unverkennbar jüdische Nase zu verstecken. Das Hitlersche Gebell, aggressiv und provokatorisch wie immer, ließ dennoch eine gewisse Verhandlungsbereitschaft erkennen; eine unmittelbare Kriegsgefahr jedenfalls schien nicht zu bestehen. Kaum war der letzte Ton verhallt, sprang ich auf, küßte der Frau des Botschafters die Hand und verschwand, um jeglicher peinlichen Frage aus dem Wege zu gehen; dann kehrte ich nach Berlin zurück.

RM 3000,- hatte ich über die Jahre mühsam ins Ausland geschmuggelt, und im Herbst 1938 stand nach der Münchener Konferenz mein Entschluß fest, Deutschland zu verlassen. Es gelang mir, ein englisches Besuchsvisum zu bekommen. Ich deckte mich mit Wäsche und Kleidung für viele Jahre ein - noch heute trage ich einige Stücke davon - und reiste mit sieben großen Koffern nach Konstanz, um mich vor der Ausreise noch einmal mit meinem Studienfreund Gerd Herrmann zu treffen, der dort Referendar war. Am nächsten Morgen brachte er mich zur Bahn. Außer mir gab es kaum Reisende in die Schweiz. Die SS unterzog mich einer Leibesvisitation. Intelligenterweise hatte ich einen Zeitungsausschnitt aus dem »Daily Telegraph« bei mir mit einem Foto des ehemaligen österreichischen Kanzlers Schuschnigg im KZ. Der »Daily Telegraph« war damals in Berlin noch frei erhältlich, was man sich aber in Konstanz nicht vorstellen konnte. Meine Situation war nicht gerade günstig. Nun ging es an meine Koffer: Ich hatte darin Percy Gotheins Manuskript des »Opus Petri«, das unter keinen Umständen in die Hände der Nazis fallen durfte. Während die SS mit dem ersten Koffer beschäftigt war, öffnete ich meinen Hutkoffer, wandte mich meinem Freund zu und fragte ihn, indem ich meinen Zylinder aufsetzte: »Habe ich Dir den schon mal gezeigt?« »Nein«, gab er erstaunt zurück, »wozu brauchst Du denn sowas?« Betont leise, aber hörbar erwiderte ich: »Weil ich doch in Rom beim Botschafter wohne.« Der SS-Mann klappte meinen Koffer zu: Ich war durch. In der Tat sollte ich in Rom in einer Botschaft wohnen, in der chinesischen, bei meiner Freundin Bärbel, die zu meinem Leidwesen statt meiner einen chinesischen Doktoranden geheiratet hatte, der nun Geschäftsträger in Rom geworden war.

Nach einer herrlichen Reise quer durch Italien - in Florenz besuchte ich Wolfgang Frommel, der Deutschland ein Jahr zuvor verlassen hatte - kam ich schließlich nach Guethary bei Biarritz. - Dort lebte Guy Marson, ein englischer Maler, der im Frühsommer 1938 mit seiner Segelyacht in Kiel gewesen war. Wir hatten uns bei einem kleinen Devisengeschäft kennengelernt. Ich hatte ihm meinen Chagall mitgegeben, den er für mich in London verkaufen wollte. Mein Vater hatte das Bild - eine Heilige Familie, das Christuskind mit Bart - um 1920 in der Galerie »Sturm und Drang« gekauft. Chagall war gerade in Rußland; als er zurückkam, war er untröstlich über einige Bilderverkäufe der Galerie und jagte von Käufer zu Käufer, um die Bilder zurückzuerwerben. Mein Vater wollte sich von dem Bild nicht mehr trennen, lud aber Chagall zum Essen ein. Der fragte mich, ob ich Schach spielen könnte, und als ich bejahte, setzte er sich mit mir ans Brett. Nach einigen Zügen stand er empört auf, es sei unverfroren, ich wüßte gerade die Figuren aufzustellen. Offenbar spielte er sonst nur mit russisch-jüdischen Wunderkindern.

Am ersten Tag meines Besuches in Guethary streckte mich eine Gelbsucht nieder, die ich mir von Austern in Nîmes geholt hatte. So mußte ich vier Wochen liegen, was meinem Schulenglisch sehr zugute kam. Wann immer ich später in England gefragt wurde, wo ich mein Oxford-Englisch gelernt hätte, konnte ich mit Snob-Attitude antworten: »Actually, in France.« Guethary, das war die große, die elegante Welt, in die ich als Rekonvaleszent zum erstenmal in meinem Leben hineinroch. Vielköpfige Diplomatenfamilien, französischer, englischer, spanischer Adel, viel Geld, viele Rolls Royce, viele Chauffeure.

Zu diesem Jet-Set gehörte auch der inzwischen völlig verschuldete Guy Marson. Den Chagall hatte er bisher nicht verkaufen können. - Monate später, im Juli 1939, ich war inzwischen in Paris, begann ich wegen dieser Sache nervös zu werden. Guys Auskünfte am Telefon wurden immer nebulöser. So überredete ich meinen Freund, den Bildhauer Hans Gebhardt, zu einer gemeinsamen Fahrt nach Biarritz, um meinen Chagall abzuholen.

Guy hatte sich in seinem Haus verkrochen. Wenn er irgend jemanden besuchte, schlich er am Strand entlang, weil er sich vor lauter Schulden nicht mehr ins Dorf traute. Meine Ankunft versetzte ihm einen Schock: Er habe den Chagall für £ 5,- an Mrs. Hunt verkauft. Ich war sprachlos. Gebhardt und ich stürmten zu ihrer großen Villa, aber Mrs. Hunt war in den Staaten. Nur Saturnino Sargazazu, ihr Major Domo, war anwesend, ein Prachtexemplar von einem baskischen Schmuggler, mit dem ich mich bei meinem letzten Aufenthalt sehr gut verstanden hatte. Saturnino begriff sofort und versprach mir, daß ich den Chagall wiederbekäme, sobald Mrs. Hunt zurück sei. Zum Trost lud er Gebhardt und mich zu einem fürstlichen Mahl ein. Dabei servierte er aus dem Keller seiner Herrin einen Bordeaux aus dem Jahr 1897, der Schlüssel meiner späteren Liebe zum Rotwein.

Das Bild bekam ich natürlich nicht zurück, wohl aber die £ 5,- von Guy Marson, doch ist dies weder das Ende der Geschichte noch ihr Anfang.

Als achtzehnjähriger Student in Berlin war ich von dem Sohn eines reichen Bankiers zu einer Segelpartie auf dem Wannsee eingeladen worden. Auf dem Deck der 75 m^2-Yacht lag in der heißen Berliner Sonne eine wunderschöne, dunkelhaarige Frau, Wawa, eine russische Jüdin aus Odessa. Sie führte den eleganten Modesalon ihrer Mutter in der Uhlandstraße. Ich war enflammiert und fühlte mich sehr geschmeichelt, daß die um zehn Jahre ältere, von allen umworbene Frau mir Beachtung schenkte. Aus ihren vielen Freiern »kochte sie Wasser«, wie sie es nannte.

Wawa war ungezwungen und natürlich, ihr Akzent anziehend. Der Modesalon, möbliert mit vergoldeten, schweren russischen Möbeln, der Duft des Parfums, der in den Räumen hing, die warmen Teppiche, die rauschende Seide: es war eine exotische Welt, in die ich da eintauchte. Wawa und ich wurden gute Freunde und verbrachten zusammen eine sehr amüsante Zeit. Dann verlor ich sie aus den Augen. Mitten im Krieg traf ich sie plötzlich in London auf der Straße, und wir erneuerten die alten Bande. Einige Zeit nach dem Krieg teilte sie mir in einem Brief mit, sie habe Chagall geheiratet.

1965 gab es in Hamburg eine Chagall-Ausstellung. Im Katalog war »mein« Chagall abgebildet. »Im Besitz des Künstlers«, stand darunter. Ich schrieb sofort an Wawa, erinnerte sie daran, daß sie das Bild bei mir zu Hause gesehen hatte, und erzählte ihr, wie es mir abhanden gekommen ist. Obwohl ich das Bild nie besonders gemocht habe, wollte ich es als Erinnerung an mein Elternhaus wieder erwerben, und ich schlug vor, den Preis zu zahlen, zu dem es Chagall gekauft hatte. Keine Antwort.

Ein Jahr später war ich mit meiner Frau in Südfrankreich und rief Wawa an. Wir fuhren zu der Chagall-Villa in Vence. Dort war ein vollkommenes Tohuwabohu, Fernsehkabel, Lampen, Kameras: Chagall sollte gerade interviewt werden. Das Ehepaar begrüßte uns, und schon war Wawa verschwunden. »Wissen Sie«, sagte Chagall, »dieses Bild!« »Welches Bild?«, fragte ich. »Dieses Bild, das Ihr Vater chat gekauft bei mir. Es ist schrecklich! Meine Tochter chat gekauft in Amerika. Teuer, teuer, viel zu teuer. War ich entsetzt! Aber chabe ich es nun.« Ich grinste und sagte, ich sei nicht wegen des Bildes gekommen. Chagall sprang auf und rief: »Wawa, Wawa, kannst Du kommen zurick. Ist er nicht gekommen wegen Bild.«

Wawa kam, verlegen, aber erleichtert. Dann waren wir allein, während Chagall sein Interview gab. Es war ihr alles schrecklich peinlich. Chagall wolle sich von dem Bild um keinen Preis trennen. Ich solle mir etwas anderes aussuchen, mit Händler-Rabatt. Ich lehnte ab; es genügte mir, sie wiedergesehen und sie mit meiner Frau bekannt gemacht zu haben.

Nachdem ich meine Gelbsucht überstanden hatte, fuhr ich direkt von Biarritz nach England, wo ich von meiner Halbschwester Eva und ihrem Mann Josef Jolles aufgenommen wurde. London war überlaufen von deutschen und europäischen Emigranten jeden Alters. Mein vordringliches Anliegen, einen Job zu finden, war ein fast hoffnungsloses Unterfangen. Mit den vielen Empfehlungen, die ich in der Tasche hatte, machte ich mich dennoch auf den Weg. Innerhalb einer Woche fand ich tatsächlich eine Anstellung in einem Londoner Metall-Handelsunternehmen namens F. Surén. Das Gehalt von £ 5,- pro Woche weckte nur ungläubiges Kopfschütteln, die Regel waren £ 1 oder £ 2.

Surén mußte einen Antrag auf Arbeitserlaubnis stellen. Dazu mußte ich England aber wieder verlassen, denn ein Arbeitsvisum bekam man nur, wenn man damit auch einreiste. Ich fuhr also nach Paris. Drei bis fünf Wochen sollte es dauern, aber von Surén hörte ich nichts mehr. Auf meine verschiedenen Anfragen bekam ich keine oder ausweichende Antworten. Er hat den Antrag nie gestellt.

Die Wartezeit in Paris, von Februar bis August 1939, verschwimmt wie kaum eine andere Etappe meines Lebens im Nebel. Was habe ich eigentlich den ganzen Tag über getan? Ich hatte das dumpfe Vorgefühl großer, alles verändernder Ereignisse, aber das Warten lähmte jegliche Initiative. In einer Mischung aus Angst und Unsicherheit, Heimweh nach Deutschland und Hoffnung lebte ich dennoch intensiv.

Wolfgang Frommel hatte sich inzwischen in Paris etabliert, und auch Otsch Drescher, Frommels Mitarbeiter am Rundfunk, mit dem ich mich in Berlin besonders angefreundet hatte, war nach Paris gegangen. Von meinen RM 3000,- hatte ich in den vier Monaten seit meiner Ausreise aus Deutschland nur sehr wenig verbraucht. Wir lebten ärmlich; Otsch hatte gar nichts und Wolfgang noch weniger. Wir wohnten in winzigen Kammern im obersten Stock des popeligen Hotels »Du Pantheon«, direkt gegenüber dem schönen Kuppelgebäude, mit einem Blick über die Dächer von Paris. Von der Stadt kannte ich eigentlich nur das linke Seine-Ufer und dort wieder nur das Quartier Latin, die Boulevards St. Michel und St. Germain. Bei der Alliance Française hatte ich mich zum Sprachstudium eingeschrieben, aber ich kann mich nicht erinnern, oft dort hingegangen zu sein. Die Abende vergingen in langen Gesprächen über die politische Situation, über Dichtung, über geistige Dinge; manchmal las Wolfgang etwas vor, und dann interpretierten wir.

Unser Freundes- und Bekanntenkreis erweiterte sich. Otsch begegnete dem leidenschaftlichen Patrioten Martial de la Fournière. Er entstammte einer Adelsfamilie mit generationenlanger Marinetradition, worauf er recht stolz war. Es war für ihn sehr wichtig, ob jemand »du monde« also »von Welt« war und wie die Marine über eine bestimmte Sache dachte. Später sollte er Diplomat und Chef de Cabinet der Premierminister Pierre Messmer und Chaban Delmas werden.

Nachdem wir uns eine Weile mißtrauisch berochen hatten, weil der eine im anderen einen Nazi vermutete, machte ich im Hotel die Bekanntschaft von Klaus Valentiner. Klaus, der in Paris studierte, war der Sohn des bekannten U-Boot-Kommandanten aus dem Ersten Weltkrieg, der nun im Marineamt in Berlin tätig war. Sein Bruder, der bekannte Kunsthändler, lebte jetzt in New York. Klaus, der »nach Hitler« in den auswärtigen Dienst gehen wollte, strahlte einen stillen bezwingenden Charme aus und war der anregendste und aufmerksamste Zuhörer, den man sich vorstellen kann. Ohne selbst kreativ zu sein, strahlte er einen undefinierbaren Hauch von Empfänglichkeit aus, was Künstler und Literaten seine Gesellschaft suchen ließ. Während des Krieges führte er als einfacher Soldat einen kleinen Salon in Paris, den sein geschäftstüchtiger jüngerer Bruder mit einem Briefmarkenhandel und schwarzen Transaktionen finanzierte; auch Ernst Jünger hat dort während der Besatzungszeit viel verkehrt. Am Ende des Krieges ist Klaus in Rußland gefallen. Wolfgang und Klaus wiederum brachten deutsche und französische Figuren aus dem literarischen Paris in unsere Runde.

Im Hotel wohnte auch der zwielichtige Jacques de Bressac, Student der Rechte, päpstlicher Kammerherr mit recht unfrommem Lebenswandel. Einmal waren wir wieder zum Mittagessen verabredet; ich klopfte an seine Tür. »Herein!« Ich wich zurück: Er lag mit einem Jungen im Bett. »Ich komme gleich«, sagte er. Kurz darauf kam er, allein. »Und wo ist Dein Freund?«, erkundigte ich mich ein wenig verlegen. »Welcher Freund?« erwiderte er. »Na ja, der von eben.« »Das ist doch kein Freund, mit so was schläft man, aber man nimmt es doch nicht zum Mittagessen mit.«

Überhaupt überraschten mich die lockeren Sitten in Paris. Mein Freund Philippe Königswerther, aus einer reichen, vornehmen jüdischen Familie, erzählte mir, wie er als Vierzehnjähriger aus einem Bordell herauskam und vor der Tür den Wagen seines Vaters sah. Der Vater, der seinerseits den Sohn gesehen hatte, meinte am nächsten Morgen beiläufig, man müsse ja nicht unbedingt zur gleichen Zeit dorthin gehen. Ganz gern besuchte ich bisweilen den großen Saal des Bordells SPHINX, das damals in aller Munde war. Man konnte dort auch bürgerliche Ehepaare treffen, die sich von recht sympathischen Damen beraten ließen.

Ich kannte einige Leute aus der sogenannten Gesellschaft, Otsch kannte von Deutschland her den Erben des »Credit Lyonnais«, den leicht profaschistischen Schriftsteller André Germain und dessen angenehmen Freund Etienne de Masseyk. André Germain, ein winzig kleiner, verschrumpelter Mann mit einem Toupet, das gelegentlich verrutschte, hatte Deutschland in diesen Jahren mehrmals besucht und sich vom Schwung der Bewegung und dem blonden Ariertyp der SS mitreißen lassen, was ihm später viel Ärger eintrug. Mit seiner großen Bildung und seiner Beherrschung des Deutschen à la Riccault de la Marinière war er eine Inkarnation französischen Esprits. In einer verfallenen Gasse der Île St.-Louis betrat man durch ein schäbiges Tor einen gepflegten Vorhof; dort lag sein »Hotel«, ein herrliches Stadtpalais mit zauberhaftem Mobiliar, wo »tout Paris« verkehrte. Bei seinen Empfängen machte er über jeden Ankömmling eine boshaftwitzige Bemerkung. Wenn man nicht hinging, wurde noch indiskreter und schlechter über einen geredet: »Ah, La Duchesse de X; aber wo ist ihr neuer Liebhaber, der Chauffeur von XY?« Oder beim Eintritt eines gutaussehenden jungen Herrn: »Pierre Z. Er steigt, er steigt... über das Bett des Ministers...«

Reizend war das Zusammensein mit Regina Purrmann, der Tochter des Malers, den ich aus Florenz kannte; sie hatte einen charmanten schwäbischen Akzent und war eine vorzügliche Reiterin. Besonders gerne traf ich mich mit Friedelind Wagner, die sich gerade mit ihrer Familie verkracht hatte und die so interessant von »Onkel« Hitler erzählen konnte. Als Kind habe sie öfter auf seinem Schoß gesessen; er sei immer ganz reizend zu ihr gewesen und habe darauf bestanden, »Onkel« genannt zu werden; überhaupt habe er sich in Wahnfried sehr locker gegeben. Im Gegensatz zu ihrer Familie hatte sie sich aber schon früh gegen ihn gesperrt.

Eines Tages wurde ich von einem reichen jüdischen Mädchen namens Françoise Oppenheim zum »Bal de la Marine« eingeladen, oder besser gesagt, die Eltern luden mich ein. Dieser Ball galt als außergewöhnlich exklusiv. Meinen Frack hatte ich in London gelassen, und im Smoking kam ich mir vor wie ein Aschenputtel. Zum erstenmal in meinem Leben bekam ich ein Carnet de Bal, auf dem die Tänze mit Françoise abgehakt wurden. Zwischen den Tänzen wurde auf der Bühne die Geschichte der französischen Marine dargestellt: eine lange Reihe von Niederlagen, die auf rührende Weise verherrlicht wurden; ein etwas makabrer Vorgeschmack auf künftige Zeiten. Es galt als schick, nach solchen Nächten in den frühen Morgenstunden durch »Les Halles« zu streifen und im Milieu der Fleisch- und Gemüselieferanten einen kleinen Imbiß zu nehmen, natürlich im Smoking. Das anschließende Frühstück wurde im »La Coupole« eingenommen, mit Croissants oder Brioches.

Es war eine gespenstische Zeit. Paris schien von den Nazis unterwandert. Allenthalben traf man auf Franzosen, die irgendwelche Verbindungen nach Deutschland hatten. Die politischen Verhältnisse machten einen ebenso miserablen, beängstigenden Eindruck wie die Politiker selbst; die allgemeine Korruption war offensichtlich. Zu alledem breitete sich Fremdenfeindlichkeit aus. Studenten marschierten lärmend über den Boule Miche und skandierten: »A bas les métèques«, »Nieder mit den lästigen Ausländern«. Gemeint waren in erster Linie Juden und Schwarze.

Als Ende April 1939 endgültig sicher war, daß aus dem Job bei Surén in London nichts werden würde, kümmerte ich mich um eine Aufenthaltserlaubnis für Frankreich. Philippe Königswerther hatte mich bei Madame Brunswick eingeführt, einer sozialistischen Ex-Ministerin und bedeutenden Dame der Gesellschaft. Mit ihrer Hilfe hatte ich ein sogenanntes »Récépissée« bekommen, die Vorstufe zur Aufenthaltserlaubnis. Ein solches Papier war Gold wert! Als ich es verlängern mußte, erfuhr ich zum erstenmal, was Beziehungen bedeuten. Vorbei an einer endlos langen Schlange Wartender wurde ich direkt zum Schreibtisch des zuständigen Beamten geführt, der mir in Minuten gab, worum andere, wenn sie es überhaupt bekamen, oft monatelang betteln mußten. Schwieriger war es mit meinem deutschen Paß: Er lief ab, und ohne gültigen Paß konnte ich kein neues Visum für England beantragen. Otsch kannte jemanden an der Deutschen Botschaft, der mich bei der zuständigen Dame im Konsulat einführte, einer herrischen, blonden Frau, die im Ruf eines Drachens stand. »Sie wollen Ihren Paß verlängern? Das ist unmöglich. Außerdem geht das höchstens für einen Monat. Aber auch das nur, wenn ich in Berlin rückfrage.« »Das ist zwecklos«, sagte ich und blickte ihr in die Augen. Sie schien zu begreifen. »Geben Sie mir Ihren Paß, und kommen Sie in vierzehn Tagen wieder.« Um diese Zeit nützlich zu verbringen, fuhren Otsch und ich zum Skilaufen in die französischen Alpen.

Zurück in Paris, machte ich mich mit zitternden Knien auf den Weg zum Konsulat. »Hier ist Ihr Paß«, sagte die Dame. Ich schlug ihn auf. Verlängert um ein Jahr! Ich war sprachlos. »Gott sei Dank«, sagte ich, »nun kann ich nach Deutschland fahren.« »Sie sind wahnsinnig!« erwiderte sie. Ich erklärte ihr, daß ich ein englisches Besucher-Visum bräuchte, und dies bekäme man nur an seinem Wohnsitz. Sie fragte, wo ich die Grenze überqueren wollte. »Mit dem Auto bei Saarbrükken.« »Nein«, sagte sie, »da ist man am Schlimmsten.« »Über welche Grenze soll ich denn fahren?«, fragte ich hilflos. »Nun geht's aber zu weit«, empörte sie sich. Ich ging, kaufte einen Blumenstrauß und trat wieder bei ihr ein: »Welche Grenze?« »Wiessembourg«, antwortete sie und wies mir die Tür.

Nach dem Kriege hörte ich, daß sie als leidenschaftliche Nazi-Gegnerin längst mit den Amerikanern zusammengearbeitet hatte. Wiessembourg war ein ausgezeichneter Rat; ohne die geringsten Schwierigkeiten kamen Klaus Gebhardt und ich durch. Äußerlich hatte sich in den acht Monaten seit meiner Ausreise nichts verändert. Ich freute mich, meine Mutter, meine Tante und einige Freunde wiederzusehen, wenn auch über allem die Angst und die Unsicherheit lagen. Zufällig fiel mir eine Nummer des »Schwarzen Korps« in die Hand. Hier stieß ich auf einen Artikel über Moskauer Verhandlungen zwischen Engländern, Franzosen und Russen; es solle um einen Allianzvertrag gegen Deutschland gehen. Die Gespräche wurden in diesem Artikel leicht ironisch abgewertet, in einem sonderbaren Tonfall selbstgewisser Zuversichtlichkeit. In diesem Moment schoß mir das Undenkbare durch den Kopf: Die Nazis könnten selber mit Rußland verhandeln!

Tatsächlich gelang es mir, das englische Visum zu bekommen; der

Zweck meiner Reise war erreicht. Gebhardt und ich beschlossen, über Genf zu reisen und uns dort die Prado-Ausstellung anzuschauen. Der deutsche Grenzbeamte studierte ausführlich meinen Paß. Dann sah er mich an und erklärte, hier ginge etwas nicht mit rechten Dingen zu: »Ihr Paß ist in Paris um ein Jahr verlängert worden. Dies ist unstatthaft. Die Konsulate haben keine Befugnis für Verlängerungen, die drei Monate überschreiten.« Meine Entgegnung, daß das Konsulat zweifellos in Berlin rückgefragt habe, ließ er nicht gelten. Es war klar, daß er sich selbst in Berlin vergewissern wollte. Nach alter chinesischer Art wechselte ich das Thema. Auf der Schweizer Seite sah man große Bunker. Ich fragte, was das denn zu bedeuten hätte. »Stellen Sie sich vor«, meinte er, »das sind Verteidigungsanlagen gegen uns.« »Nein«, sagte ich, »diese Idioten, als ob der Führer ihre Neutralität verletzen würde.« Er nickte befriedigt und reichte mir meinen Paß. Mit etwas zittrigen Knien bestieg ich wieder das Auto, und wir fuhren nach Genf, um Bosch und El Greco zu huldigen.

Ende Juni war ich wieder in Paris. Auf der Straße traf ich den Dichter und Übersetzer Peter Gan. Ich erzählte ihm von meiner Reise nach Deutschland. Ich sei der Überzeugung, daß die englisch-französischen Verhandlungen mit Rußland zu nichts führten, daß es vielmehr zu einem Vertrag zwischen Hitler und Stalin kommen werde. In düsteren Farben malte ich Gan die Zukunft Europas: wie die Hitlersche Walze alles überrollen würde, einschließlich Frankreichs. Wir standen in der Rue du Panthéon, jener schönen Straße, die vom Boulevard St. Michel zu dem großartigen Kuppelbau hinaufsteigt. Gan wurde unruhig, seine Augen flackerten. Plötzlich brach es aus ihm heraus: »Sie sind ein unerträglicher Defaitist. Sie verdienen es gar nicht, in Frankreich sein zu dürfen. Gehen Sie doch nach Deutschland zurück!« Und ohne ein weiteres Wort ließ er mich abrupt stehen.

Die Situation wurde von Woche zu Woche brenzliger; die Franzosen trafen Vorbereitungen zur Mobilisierung. Was sollten wir tun? Klaus entschied sich, nach Deutschland zurückzugehen, Wolfgang reiste nach Holland, Otsch hoffte, daß Martial ihn vielleicht auf das elterliche Schloß bei Limoges mitnehmen würde, Gebhardt war unentschieden. So auch ich: Emotional konnte ich mich von Deutschland schwer lösen, andererseits wollte ich mich nicht weiteren Diskriminierungen aussetzen. Mitten in diese Zweifel platzte der Anruf meiner Schwester, die mich bat, ihre Kinder aus Belgien nach England zu bringen.

Als ich 1945 in britischer Uniform nach Deutschland zurückkehrte, suchte ich den Kontakt mit den alten Freunden so schnell wie möglich wiederherzustellen. Von vielen wußte ich nicht einmal, ob sie überhaupt noch am Leben waren, und es war nicht immer einfach, herauszubekommen, wo sie sich aufhielten; der Krieg hatte sie überallhin verschlagen. Aber bereits acht Tage nach der Kapitulation konnte ich in Amsterdam das Wiedersehen mit Wolfgang Frommel feiern; bis zum Oktober 1945 besuchte ich ihn fünfmal. Im März 1946 holte ich ihn in Holland ab, nach neun Jahren betrat er zum erstenmal wieder deutschen Boden. Mir machte es großes Vergnügen, ihn in meinem britischen Stabswagen herumzukutschieren und gemeinsam die alten Freunde zu überraschen.

Am 26. März mußte ich zur Sitzung des Zonenbeirats in Hamburg sein. Bürgermeister Petersen lud mich zum Mittagessen in Reinbek ein. Ich lehnte ab, weil ich Wolfgang zu Gast hatte. Ohne zu zögern und ohne an seine Essenmarken zu denken, bat mich Petersen, ihn mitzubringen. So fuhren wir zu der auf einem Hügel gelegenen schloßartigen Villa des alten Handelsherrn. Wie in solchen Kaufmannsfamilien sonntags üblich, war eine große Familiengesellschaft versammelt, an ihrer Spitze die würdige, liebenswerte und warmherzige Frau Petersen. Ich erinnere mich an eine riesige langgestreckte Tafel, an der das überaus einfache Mahl serviert wurde, als handele es sich um ein Festessen. An der lebhaften Diskussion über die gegenwärtigen Umstände und die Zukunft beteiligten sich alle; nur Wolfgang Frommel blieb ein aufmerksamer Zuhörer. Plötzlich wandte sich Petersen an Wolfgang, dessen künstlerische Erscheinung mit dem guten Kopf und den langen, nach hinten gekämmten Haaren ihn sichtlich beschäftigte: »Verzeihen Sie, was machen Sie eigentlich?« Wolfgang erzählte, daß er während der deutschen Besetzung in Amsterdam junge Illegale, meist Juden, versteckt gehalten und zusammen mit holländischen Widerständlern einen Kreis aufgebaut hatte, in dem man unter der Naziherrschaft die Liebe zu deutscher Dichtung und Kultur gepflegt habe. Nun wolle er sehen, ob das, was unter diesen extremen Bedingungen im kleinen möglich gewesen war, in der Heimat in institutionellem Rahmen fortgesetzt werden könnte. »Sehr richtig«, rief Petersen, »das habe ich immer gesagt, so lange das mit der Wirtschaft nicht geht, muß man in Kultur machen.« Wolfgang verschlug es ob dieser typisch hamburgischen Weisheit die Sprache. Ich brach in Gelächter aus, und schließlich stimmten die anderen ein.

Anfang November konnte ich endlich auch Carlo Schmid besuchen. Zehn Jahre zuvor war ich mit Percy auf dem Soziussitz seiner BMW von Berlin nach Italien gefahren, bei Carlo in Tübingen hatten wir genächtigt. Sechs Jahre waren vergangen seit unserer letzten Begegnung. Jetzt folgte ich den alten Spuren in meinem Stabswagen mit meinem englischen Fahrer. Die französische Zone war eine andere Welt; die Deutschen, aber auch britische und amerikanische Besatzungsoffiziere fühlten sich hier beinahe wie im Ausland. Der »seidene Vorhang«, wie man es später nannte, war heruntergelassen. Doch die imposanten Stempel des britischen Hauptquartiers Bad Oeynhausen nötigten einen zackigen Salut ab. Mit Herzklopfen fuhr ich durch meine alte Universitätsstadt und dann den Hang hinauf zur Waldhäuserstraße 43. Der vollkommen überraschte Carlo umarmte mich. Er war abgemagert, seine Züge erinnerten mich plötzlich an die Photografie des schönen jungen Leutnants aus dem Ersten Weltkrieg.

Was hatten wir uns nicht alles zu erzählen. Von der Zeit, als er in Lille als Militärverwaltungsrat bei der Oberfeldkommandantur versucht hatte, den Franzosen das Besatzungsschicksal zu erleichtern und das Schlimmste zu verhindern. Sein Wirken stand ganz im Zeichen seiner humanitären Grundeinstellung: Leid tragen, Leid verhüten, Leid mildern. Die Franzosen haben ihm dies hoch angerechnet: Bald nach dem Einmarsch beriefen sie ihn in führende Positionen, und einige der von ihm geretteten Résistance-Angehörigen haben ihren Dank lange nach dem Kriege in bewegender Weise abgestattet.

Carlo Schmid hatte und hat in Frankreich einen beinahe legendären Ruf. In den unruhigen Wochen der ersten Besatzungszeit hat das aber nicht verhindern können, daß er wegen seines würdigen Auftretens von einem schnöseligen Offizier während eines Verhörs geprügelt wurde. Mit der Altersweisheit, die seine Erinnerungen kennzeichnet, erwähnt er dieses Ereignis, von dem er manchmal erregt erzählt hatte, nur andeutungsweise.

Als ich Carlo wiedersah, trug er zum erstenmal wirkliche politische Verantwortung. Die Dinge begannen auf ihn zuzulaufen; endlich brauchte er nicht mehr frustriert zu sein, endlich hatte er eine vielversprechende politische Zukunft vor sich. Mit dem Titel Staatsrat stand Carlo an der Spitze der deutschen Verwaltung des französisch besetzten Württemberg-Hohenzollern, das wiederum Teil des von den Amerikanern besetzten Württemberg war. Dort war Reinhold Maier deutscher Regierungschef.

Carlo hatte nie einer Partei und schon gar nicht der SPD angehört, aber in der allgemeinen Not und Zerstörung nach dem Zusammenbruch schien vielen der Wiederaufbau eher unter sozialistischem Vorzeichen denkbar. Noch 1947 finden sich im Ahlener Programm der CDU Ansätze in dieser Richtung. Die Rechte hielt man aufgrund der Kollaboration des Bürgertums und der Deutsch-Nationalen mit den Nationalsozialisten für verbraucht und untragbar. Die SPD dagegen hatte dem Ermächtigungsgesetz nicht zugestimmt; ihre Anhänger und Führungskräfte waren jahrelanger Verfolgung ausgesetzt gewesen, oft ins KZ gesperrt und hingerichtet worden.

Carlo erzählte mir, daß auch er einen Neubeginn am ehesten mit den Männern der Linken für möglich halte, vorausgesetzt, daß die SPD ihre ideologische Einbindung in den Marxismus überwinde. Schon in den ersten Nachkriegswochen hatte er mit Persönlichkeiten der SPD, von denen er im schwäbischen Bereich viele kannte, Kontakt aufgenommen. Als ich Carlo Anfang 1946 wieder besuchte, war die Entwicklung weitergegangen. Noch ohne Mitglied der sich bildenden Partei zu sein, hatte er am 10. 2. 1946 auf ihrem Landesparteitag in Reutlingen eine große programmatische Rede gehalten. Die Geschichte sei keine dialektische Abfolge von Klassenkämpfen, wie Marx sie sähe, sondern sie werde bewegt von den »schöpferischen Akten sich auswirkenden moralischen Bewußtseins des Volkes«. Anfang März 1946 kam Schumacher nach Stuttgart und hielt dort seinerseits eine programmatische Rede, in der er sich leidenschaftlich gegen eine Zusammenarbeit mit den Kommunisten aussprach. An diesem Tage kam es zum ersten kurzen Treffen zwischen Carlo und Schumacher, und wenig später wurde Carlo offiziell in die Partei aufgenommen.

Inzwischen hatte ich Adenauer auf Carlo Schmids Reutlinger Rede angesprochen, die in Auszügen vorlag, und ihm erzählt, daß ich Carlos Schüler und Freund sei. Adenauer sagte nachdenklich: »Dieser Mann jehört eijentlich zu uns. Schade, daß der SPD is. Können Se nich mal mit ihm reden?« Als ich Carlo darüber berichtete, dachte er eine Weile nach und meinte dann: »Wir stehen an einem Neubeginn. Parteien bilden sich. Die Ausgangslage ist gleich. Die Motivationen sind ähnlich. Man kann auf mehreren Wegen zum Ziel kommen. Mir scheint eine Sozialdemokratie, die den Marxismus überwindet, dem Fühlen und Denken der Zeit am meisten zu entsprechen. Außerdem habe ich mich Schumacher bereits verpflichtet. Ich kann jetzt nicht mehr zurück.«

Carlo hatte es sich nicht leicht gemacht. Die Liberalität, die Loyalität und auch die Distanz zur Partei, die aus dieser ersten Äußerung herausklingen, sind ihm immer eigen geblieben. An seinem 80. Geburtstag hat er in seinen Reden mehrfach erklärt: »Die SPD war nie meine geistige Heimat, aber meine Familie, die man nicht einfach wechseln kann, wenn es einmal Krach gibt oder nicht alle in der gleichen Richtung rudern.« Vielleicht war seine Entscheidung sogar richtig, vielleicht war in der SPD mehr Raum für ihn als in der CDU. Wäre ihm hier auch ein so weitgehender Einfluß vergönnt gewesen? Zwar hat ihm Adenauer nie seinen Respekt versagt und, wie Carlo berichtete, einmal treffend formuliert: »Der Unterschied zwischen uns ist, daß ich die Menschen verachte und Sie sie lieben.« Aber hätte er einen Mann von solchem Rang neben sich dulden wollen?

Carlo stürzte sich in einen verzehrenden Einsatz, ohne sich Hemmungen des Verzehrs aufzuerlegen, in keinerlei Hinsicht. So fand er auch schnell wieder zur alten Körperfülle zurück. Mit seinem Faktotum und Chauffeur Rölling jagte er landauf, landab, von Rede zu Rede, von Konferenz zu Konferenz, von einem Abenteuer zum anderen. Die Frauen, denen er begegnete, waren stets interessant, aber oft etwas verquer. Carlo lebte aus dem Vollen, barock, und da blieb manches auf dem Weg: Man durfte hier nicht mit der gewöhnlichen Elle messen. Rölling sorgte – vielleicht zu gut – für die Aufbesserung der Rationen; er kannte Carlos intimste Bedürfnisse und alle seine Beziehungen, und so wurde die nötige Distanz nicht immer gewahrt, wurde das Verhältnis »kumpelhaft«. Geschlafen wurde auf der Fahrt im Wagen; sonst gab es nur Arbeit und Abenteuer, Begeisterung in beidem, Atemlosigkeit. Wir sahen uns häufig, anfangs meist in Hannover, wenn Carlo Schumacher besuchte, danach, als die SPD sich auf alle drei Zonen erstreckte, auch in Bremen und später in Bonn.

Der Einfluß Carlos auf die Meinungsbildung innerhalb der Partei dieser Jahre bei der Entwicklung der Grundpositionen und auch sein direkter Einfluß auf Schumacher sind kaum zu überschätzen. Insbesondere die außenpolitischen, verteidigungspolitischen und verfassungsrechtlichen Vorstellungen hat Carlo entscheidend mitgestaltet, auch über die SPD hinaus. Zwar hatte Schumacher letztlich immer das Sagen, aber in vielem war Carlo der Mentor, dem es bisweilen sogar gelang, die Leidenschaft des Parteivorsitzenden zu zügeln. Nicht selten beharrten beide auf ihren gegensätzlichen Auffassungen. Es war die Europa- und Frankreich-Politik, in der ein echter Dissenz zwischen Schumacher und Carlo herrschte. Carlos Gedanken gingen in die gleiche Richtung wie die der europäischen Bewegung: Integration in die westeuropäische Gemeinschaft auf der Basis der deutschfranzösischen Aussöhnung schien ihm das Gebot der Stunde. Schumachers Vorbehalte, daß damit die Einheit Deutschlands gefährdet würde, und seine Forderung, es müßten westliche Gegenleistungen herausgeschlagen werden, überzeugten ihn nicht. Aber schweren Herzens bekannte er sich öffentlich zu Schumachers Linie.

Carlos umfassende Bildung, sein großes Wissen, seine Kenntnis geistiger und historischer Zusammenhänge, seine Weltläufigkeit und seine machtvolle Ausstrahlung machten es Schumacher nicht immer leicht. Zudem sah er in Carlo nicht den »alten Genossen«, und letztlich konnte er ihn wohl nicht so recht einordnen. Im intimen Kreis nannte er ihn »unseren kleinen Schwindler«. Carlo dagegen hegte für ihn eine freundschaftliche, ja liebevolle Verehrung, und dank seines ausgleichenden Naturells blieb das Verhältnis lange ungetrübt. Während Schumachers Krankheit, die ihn von März 1948 bis April 1949 ans Bett fesselte, gehörte Carlo zum innersten Kreis.

Ganz zu Anfang der Bundesrepublik, als Schumachers Leidenschaft und Ehrgeiz ihn zu blindem Haß gegen Adenauer trieben, spätestens, als er in der Bundestagsdebatte vom 24.11.1949 das böse Wort vom »Bundeskanzler der Alliierten« in den Plenarsaal schrie, da blickten viele gemäßigte Sozialdemokraten auf die einzige intellektuellpolitische Kraft, die, so schien es, Schumacher Paroli bieten konnte. Carlo muß sich hier, durch Eitelkeit verführt, eine Blöße gegeben und eine taktische Ungeschicklichkeit begangen haben. Jedenfalls fand Schumacher eine Gelegenheit, mit ihm coram publico abzurechnen und ihn auf seinen Platz zu verweisen. Carlo kämpfte nicht. Er unterwarf sich, zur Enttäuschung seiner Anhänger; aus Loyalität, wie er sagte, aber so entsprach es seinem Naturell. Politisch hat ihn dieser Vorgang gebrochen. Obwohl weiter im Parteivorstand, rückte er ins zweite Glied, wurde sogar von seinen Kollegen, die seine Dimension zum größten Teil überhaupt nicht erfaßten, gelegentlich belächelt. Carlo hat nie eine Hausmacht in Partei und Fraktion aufgebaut. Dennoch gab er der SPD neue Inhalte und erschloß neue Wählerschichten; meisterhaft präsidierte er dem Bundestag, dessen Vizepräsident er lange Jahre gewesen ist. Das Grundgesetz trägt seine Handschrift; mit Recht ist er als einer der Väter bezeichnet worden. Auch bei den sich entwickelnden internationalen Kontakten war er maßgeblich beteiligt. So hat Carlo das Gesicht der Bundesrepublik mitgeprägt und ihr Ansehen im Ausland gemehrt.

Um die Jahreswende 1949/50 verliebte er sich – zunächst unglücklich – in seine spätere Lebensgefährtin Hanne, die Sekretärin seines politischen Opponenten Bucerius (der sie mit der ihm eigenen Großzügigkeit auf ihrem Posten beließ). Carlo, der stets einen Sinn fürs Dramatische hatte, erzählte mir, wie er abends auf der Bonner Rheinbrücke stand, von wo aus er das Licht in Hannes Fenster sehen konnte, und wie er leidend dort verharrte, wenn er Besuch bei ihr wähnte. »Wie ein Primaner«, sagte er und gefiel sich darin.

Im November 1956, nach einer Hetzjagd durch Indien und manch ausgedehnter Nacht, ereilte ihn in einem primitiven Flugzeug ohne Druckausgleich ein Schlaganfall. Er war rechtsseitig gelähmt. Ich besuchte ihn an seinem Krankenlager auf dem Bonner Venusberg, wo ich seine in dieser Stunde – aus welchen Gründen auch immer – herbeigeeilte Frau zum erstenmal seit 1937 wiedertraf. Vor sich hatte er einen Block, auf dem er erste Schreibversuche unternahm. Er hatte, ohne zu wissen, daß ich kommen würde, meinen Namen, »Uli«, darauf gekritzelt. Mit ungeheurer Energie und mit Hilfe einer asiatischen Krankenschwester hat er die Folgen des Schlaganfalls gänzlich überwunden.

Im Oktober 1957 wurde er Patenonkel meines ersten Kindes, meiner Tochter Gina: Die Pflichten des Paten nahm er liebevoll wahr, und nie vergaß er einen Geburtstag. An meinem 60. Geburtstag im November 1965 hielt er in meinem Haus in Hamburg eine spontane Rede auf unsere Freundschaft.

Ende der sechziger Jahre nahmen Carlos körperliche Kräfte ab, und er verfiel in eine gewisse Lethargie, ohne jedoch geistig zu erschlaffen.

Die erstaunliche Wiedergewinnung seiner Kräfte Anfang der siebziger Jahre ist Hanne zu verdanken, gegen deren Überwachung er sich aber immer wieder aufbäumte. Zu Carlos 75. Geburtstag 1971 gab Willy Brandt ein großes Festessen im Kanzler-Bungalow. Brandt hielt eine schöne Rede, um gleich danach wieder teilnahmslos vor sich hinzustarren. Carlos Verhältnis zu Brandt war stets ambivalent. Er wußte um Brandts Begabung, behandelte ihn aber von Anfang an mit einer gewissen Distanz.

Anfang der fünfziger Jahre besuchte mich Carlo zweimal in meiner Berliner Wohnung. Brandt hatte ihn jedesmal bis vor die Tür begleitet, aber Carlo hatte ihn niemals aufgefordert, mitzukommen, sondern nur gebeten, ihn zu einer bestimmten Zeit wieder abzuholen. Brandt seinerseits hatte wohl nicht genug Gespür für Carlos Größe; er neigte eher zur Kritik. Nach seiner Rede 1971 machte er mir gegenüber eine ironische Bemerkung über die Art, in der Carlo seine Bildung vor sich hertrage. Aber es war auch wieder Brandt, der zum 80. Geburtstag Hannes großartige Idee aufnahm, einhundertfünfzig Freunde und Bekannte von Carlo durch Siegfried Lenz zu bitten, ihr Lieblingsgedicht aufzuschreiben. Die Handschriften wurden faksimiliert und Carlo in einem Sammelband überreicht. Der 80. Geburtstag brachte eine Lawine von Ehrungen. Das Festessen in der Villa Hammerschmidt war sehr bürgerlich, mit recht ungelenken Kellnern. Nach einer reizenden Rede von Scheel würdigte Carlo die Persönlichkeit aller Anwesenden – es war ein kleiner Kreis von vierundzwanzig Personen – und schilderte kurz sein Verhältnis zu jedem einzelnen. Am folgenden Abend in der Parlamentarischen Gesellschaft gab es kurze Reden von Brandt, Augstein und mir, dem wohl ältesten anwesenden Freund und Schüler.

In seinen letzten Jahren war Carlo überzeugt, daß der Parteivorstand ihn loswerden wollte und bereits Signale gesetzt hatte. Auf dem Parteitag in Hannover im April 1973 erhielt er zur Vorstandswahl nicht mehr die nötigen Stimmen. Die von ihm mitgeformte Partei hatte sich mit ihm geschmückt, ihm aber keines der Ämter zu geben vermocht, die ihm auf den Leib geschrieben schienen. Er war weder Außenminister noch Bundespräsident noch Bundestagspräsident geworden. Der Abschied von der aktiven Politik, die Versetzung auf das »Altenteil«, haben Carlo verbittert, wenn er dies in seinen Memoiren auch nicht zum Ausdruck bringt.

Seit 1964 waren wir in Südfrankreich Nachbarn und verbrachten viel Zeit miteinander: Wir schwammen, saßen am Strand und abends am Kamin. Das zentrale Thema, das uns beide stets fesselte, war die Politik. Carlo litt unter der Entwicklung und besonders unter der seiner Partei. Er bedauerte, daß die studentische Revolte jeden Augenmaßes entbehrte, und war verzweifelt über die Schwäche, mit der die

Träger des traditionellen sozialdemokratischen Gedankenguts sich von den Jusos zurückdrängen ließen. Er beklagte die Feindseligkeit der linken Kräfte gegenüber den Errungenschaften unseres Staates sowie dessen Autoritätsverfall. War sein persönliches Verhältnis zur Machtausübung auch brüchig geblieben, hat er auch nicht vermocht, darum zu kämpfen, so wußte er doch instinktiv und aufgrund seiner langen Beschäftigung mit der Geschichte die Mechanik der Machtverhältnisse richtig zu beurteilen. Aus Verpflichtungen könne man nicht einfach aussteigen: Viele idealistische Vorstellungen trügen den Keim künftigen Unheils.

Wenn wir nicht von Politik sprachen, dann beantwortete er geduldig die vielen Fragen meiner Familie. Ob es sich um deutsche, französische oder englische Literatur handelte, um alte oder neue Geschichte, nie war er um die Antwort verlegen. Den Blick nach oben gerichtet, die Augen dennoch niedergeschlagen, den Kopf ein wenig schief haltend, belehrte er uns mit leiser, etwas singender Stimme. Im Kreise meiner Familie saß ich ihm wieder zu Füßen wie vierzig Jahre zuvor an der Universität Tübingen und in der Waldhäuser Straße. Wenn die hohe Gestalt, mit wehendem weißen Haar, im T-Shirt durch die Straßen von Saint Tropez schritt, dann blieben die Leute stehen und blickten ihm nach, und sie zeigten Ehrfurcht, wenn er mit ihnen sprach, auf jeden in gleicher herzlich-gemessener Weise eingehend.

Einmal hatten wir Carlo in Hamburg zu Tisch mit Marion Dönhoff. Sie hatte ihre Nichte Christine Hatzfeld mitgebracht. Wie er es gelegentlich tat, schaute unser Freund Enno Marcard auf dem Heimweg vom Reiten zum schwarzen Kaffee bei uns herein. Sogleich entspann sich zwischen ihm und Christine die übliche Adelsunterhaltung über alle Bekannten und Verwandten, die Puckis und Putzis, die Nachis, Jojos, Lulus und Bumis. Marion nahm halbherzig teil, Carlo verfiel in gelangweiltes Schweigen. Als die Rede auf Tante Balli kam, kniff er die Augen ein wenig böse zusammen, legte den Kopf zur Seite und fragte leise: »Ist das die von den Schuhen?« »Nein«, sagte Christine arglos, »das ist die Gräfin Meran.« »Ach«, sagte Carlo, »ich dachte, die von den Schuhen ist auch wer ganz Feines.«

Im Herbst 1979 besuchte er uns zum letztenmal in Frankreich; am 15. November verbrachten wir einen schönen Abend mit ihm bei dem ehemaligen Bürgermeister Weichmann und seiner Frau in Hamburg. Auf dem Parteitag in Berlin, wo er eine große Rede hielt, wurde er stürmisch gefeiert: Es war der 3. Dezember, sein 83. Geburtstag. Acht Tage später war er tot.

Wissend um sein Leiden und gezeichnet, aber in seiner Magerkeit schön wie als junger Leutnant, hatte er vor uns gestanden: eine der überragenden Gestalten unserer Zeit. Wir fuhren alle zum Staatsbegräbnis nach Bonn und nahmen Abschied. Die Feier war ein wenig trist: Willy Brandt hielt eine Parteirede und brachte es nicht über sich, dem Protokoll gemäß von dem anwesenden Bundespräsidenten Carstens Notiz zu nehmen. Die Wachen der Bundeswehr – Heer, Luftwaffe und Marine – störten die Reden, indem sie sich ständig ablösten. Ein Schulungskurs bei den Garden in England oder Frankreich hätte notgetan. Peinlich auch die Zurücksetzung, die der treuen Hanne widerfuhr, gemildert nur durch die fürsorgliche Betreuung von Loki Schmidt, der Frau des Bundeskanzlers, der eine schöne Rede hielt.

Am 8. November 1945, gleich anschließend an meinen ersten Nachkriegsbesuch bei Carlo Schmid, ging es weiter nach Italien. Von Wolfgang hatte ich erfahren, daß sich Otto Drescher am Comer See versteckt hielt. Nun stand ich vor dem langgestreckten ockerfarbenen Palais »La Passalaqua« in Moltrasio, öffnete das schwere Portal und stand etwas verloren in der Halle. Da kam Otsch eilends die Marmortreppe herunter. Er erkannte den völlig Unerwarteten sofort und umarmte mich. »Schade, daß Du nicht gestern gekommen bist, da habe ich nämlich geheiratet«, waren seine Begrüßungsworte.

Otsch war im September 1939, kurz nach unserer Trennung in Paris, von der Straße weg als »Spion« verhaftet worden. Nach Monaten im Gefängnis wurde er in ein Internierungslager gesperrt und kam von dort in eine Art freiwilligen Arbeitsdienst mit militärischem Status. Es war ihm also bis dahin ähnlich ergangen wie mir. Beim Zusammenbruch Frankreichs war es ihm gelungen, sich rechtzeitig aus dem Staub zu machen. In Paris traf Otsch alte Bekannte, die in der Propagandakompanie Dienst taten und die ihm einen Posten als Referent und Spielleiter beim Radio Paris verschafften. Er war einer der wenigen, die echte Begeisterung für die französische Literatur mitbrachten. Nach einer soldatischen Grundausbildung in Potsdam durfte er als »Sonderführer« im Offiziersrang an den Sender zurückkehren. Nun hatte er fast nur noch mit Franzosen zu tun: Cocteau, Montherlant, Fabre-Luce, Paul Elouard, alles was Rang und Namen hatte im Paris der ersten Besatzungsjahre.

Bald kam es anders. Er wurde an die Front bei Leningrad geschickt, wo er umgekommen wäre, wenn ihn nicht Freunde um Stauffenberg als Frankreich-Spezialisten in die sogenannte »Division Brandenburg« zunächst nach Paris geholt hätten. Die Offiziere der »Brandenburger« waren mit besonderen Vollmachten ausgestattet. Eines Tages hörte Otsch, daß unser gemeinsamer französischer Freund Martial als Widerstandskämpfer verhaftet worden war. Zusammen mit achtzehnhundert Mitgliedern der Résistance war er bereits zum Abtransport nach Deutschland verladen worden, aber im Chaos der bevorstehenden Räumung von Paris stand der Zug noch auf einem Verschiebebahnhof. In einer abenteuerlichen Einzelaktion holte Otsch den Freund in letzter Minute aus dem Zug heraus.

Als die »Division Brandenburg« in die SS integriert wurde, war Otsch, der glühende Antinazi, vom einen auf den anderen Tag »SS-Sonderbeauftragter des Reichssicherheitshauptamtes«. Bei Kriegsende befand er sich mit einigen Untergebenen in Norditalien. Wie sollte er das SS-Image loswerden? Ein junger englischer Intelligence-Offizier in Mailand spürte, daß es sich nur der Form nach um einen SS-Mann handelte, und tippte eine Empfehlung an die italienische Quästur, Otsch eine Aufenthaltserlaubnis zu bewilligen. Mit seiner Wehrmachtsfreundin Gerda tauchte er in Como unter, aber immerhin nicht so tief, als daß sie nicht gelegentlich in einer Bar einen Espresseo tranken. Dort wurde eine ältere Dame auf die beiden Deutschen aufmerksam und sprach sie an: »Sie haben es sicher zur Zeit nicht leicht, kommen Sie zu mir. Bei mir in Moltrasio sind Sie gut aufgehoben.« Es war eine Engländerin, die während des Krieges Partisanen und Juden vor den Deutschen versteckt hatte und die jetzt Otsch vor eben diesen Partisanen schützte.

So wurde Otsch Sekretär der am ganzen Comer See bekannten »Baronessa«. Morgens saß er an ihrem Baldachinbett und besprach die Tagesarbeit: Was gekocht werden sollte, was die fünf Gärtner im Park zu tun hatten, welcher der sechzig Räume der Villa von wem in Ordnung zu bringen war. Ganz konnte das Geheimnis um die »Baronessa« nie geklärt werden: War sie Baltin oder Schottin? Aus welchen Verhältnissen kam sie? Was waren ihre wirklichen Motive? Ihr Sohn war Diplomat in Rom; sie war großzügig und hilfsbereit, dann wieder von erschreckendem Geiz. Ihre Dienerschaft war schlecht oder gar nicht bezahlt, aber dieser kauzigen Romanfigur dennoch ergeben.

Otsch, einer meiner besten Freunde, war immer ein Lebenskünstler gewesen, und so stand er auch im November 1945 vor mir. Er genoß diese Randsituation vielleicht besonders, und er dachte gar nicht daran, in das zerbombte und hungernde Deutschland mit seinen Entnazifizierungsproblemen zurückzukehren, zumindest nicht so lange ihn die Baronin behütete.

Control Commission

Im Februar 1947, fünf Monate nach meinem Ausscheiden aus dem Militärdienst, kam ich als Zivilbeamter im Rang eines Majors nach Deutschland zurück. Hier hatte sich inzwischen vieles verändert. Am 6. September 1946 war mit der berühmten »Stuttgarter Rede« des amerikanischen Außenministers Byrnes eine neue Phase der amerikanischen Deutschland-Politik eingeleitet worden. Engländer und Amerikaner, die nicht mehr an eine Einigung mit den Sowjets glaubten, hatten die Bizone ins Leben gerufen und wollten langfristig auf eine Integration Westdeutschlands in Westeuropa hinarbeiten. Der unmittelbare Schock der militärischen Niederlage war abgeklungen, aber die desolate Ernährungslage im Hungerwinter 1946/47, die Entnazifizierungsverfahren und der Besatzungsdruck lasteten auf der Bcvölkerung und ließen Haß aufkommen. Nur die Verkündung des Marshallplanes im Juli 1947 brachte einen Hoffnungsschimmer.

Charakteristisch war die Reaktion auf den Nürnberger Kriegsverbrecherprozeß, dessen Urteile am 1. Oktober 1946 gefällt worden waren. Zehn Monate lang hatte die Öffentlichkeit den Prozeß mit großem Interesse verfolgt. Grundsätzlich war jedermann dafür, daß die Schuldigen zur Verantwortung gezogen wurden; aber die Wirkung wurde gemindert durch die als ungerecht empfundene einseitige Anwendung von »Siegerrecht«.

Diese Meinung teilte ich. Darüber hinaus schien mir das Vorgehen unweise; vor allem widerstrebte mir der Verstoß gegen eines der wichtigsten Rechtsprinzipien der zivilisierten Welt: Nulla poena sine lege. In Nürnberg wurde rückwirkend ein neu geschaffenes Gesetz in Anwendung gebracht für eine Tat, die zum Zeitpunkt ihrer Begehung noch nicht als Straftat definiert war. Im Grunde bedeutete dies eine Umkehr der Rechtsordnung, denn mit einem nachträglich auf eine bestimmte Straftat zugeschnittenen Gesetz ist das Urteil schon gefällt.

In Kenntnis der vom Stalinregime über Jahrzehnte verübten Schrecknisse war es ein Hohn, die Vertreter der Sowjetunion im Richterkollegium sitzen zu sehen. Auch auf seiten der West-Alliierten gab es Vergehen, die zumindest damals nicht verfolgt wurden. Dennoch schien mir der Prozeß mit allen seinen Fehlern eine politische und moralische Notwendigkeit – sowohl für die Deutschen als auch für die Alliierten.

Zu meinem Schrecken kam ich zum »Area Intelligence Office« nach Bremen, was ich als Verbannung an die Peripherie empfand. Dabei war es ein angenehmer Posten: Die höheren Chargen bewohnten ein schönes Haus im gediegenen Vorort Oberneuland, und das Büro war in einer großen Jugendstilvilla in der Stadt untergebracht, Moltkestraße 5.

Ich hatte einen neunzehnjährigen Fahrer namens Jochen, einen Prachtkerl, dem der Schalk in den Augen saß. »Die Amerikaner können ja kein Englisch«, sagte er, »bisher habe ich einen Ami gefahren, dem mußte ich immer englische Grammatik beibringen.« Er war ein Meister des Schwarzhandels, stets zu Streichen aller Art aufgelegt, und unausgesetzt mußte ich meine Hand über ihn halten. Irgendwo hatte er das Gerippe eines Mercedes 170 V aufgetan. Seine ganze Freizeit verbrachte er damit, sich die nötigen Teile zu beschaffen und ein fahrbares Auto zusammenzubasteln. Eines Tages fuhr er stolz damit vor. Bei aller Bewunderung für das Meisterstück mußte ich beide Augen zudrücken – kaum ein Teil schien mir auf redliche Weise erworben! Mir war er zwar treu ergeben, aber auf Dauer war dieser Draufgänger nicht zu halten. Irgendwann verschwand er. Mit seiner Tüchtigkeit müßte er es weit gebracht haben.

Die Aufgabe der Dienststelle war Beobachtung und Analyse der politischen Entwicklung des Landes Bremen, der amerikanischen Enklave in der britischen Zone. Zugleich war sie Verbindungsstelle zur amerikanischen Militärregierung. Die Berichterstattung umfaßte alle Aspekte der öffentlichen Meinung; die Aufmerksamkeit galt den politischen Parteien bis hinunter zum kleinsten Funktionär, den Gewerkschaften, den Jugendorganisationen, den Kirchen, jedem Ereignis und jeder Persönlichkeit, die in irgendeiner Weise auffielen. Die Monatsberichte an die vorgesetzte Dienststelle wuchsen manchmal bis auf sechzig Seiten. Es ist kaum vorstellbar, daß diese Gutachten, so klug und so gut formuliert sie auch waren, jemals wirklich gelesen und verarbeitet worden sind.

Schon beim Länderrat in Stuttgart hatte mich die Kompetenz der amerikanischen Militärregierung beeindruckt. Aber daß die Amerikaner auch hier in der Provinz durch Leute von intellektuellem Format und politischem Gespür vertreten waren, überraschte mich doch. Ihr Umgangston mit den Deutschen war weniger barsch, als ich es von meinen englischen Kollegen her gewohnt war. Obwohl Bremen zur US-Zone gehörte und unsere Dienststelle in erster Linie ein Verbindungsstab war, machten die Amerikaner von den Kenntnissen, die ich in meinem ersten Jahr als Besatzer erworben hatte, gern und häufig Gebrauch, vor allem auch von meinen Beziehungen zu den deutschen politischen Spitzen. Nach einer Wahlrede hatte ich junge Amerikaner mit Carlo Schmid zusammengeführt; sie begegneten ihm mit einem Respekt, den weder Deutsche noch Engländer ihm in diesem Maße zuteil werden ließen. Als er gegangen war, sagte einer: »Der wird mal Kanzler.«

Die beherrschende Figur auf der deutschen Seite war natürlich Bürgermeister Kaisen, den ich von den Sitzungen des Zonenbeirats kannte. Der wichtigste Mann nach ihm war die »Graue Eminenz«, Senatssyndikus Renatus Stier tom Möhlen. Seine Position entsprach etwa der der Staatssekretäre im Bundespräsidial-, Bundeskanzler- und Auswärtigen Amt zusammen; tom Möhlen war sogar berechtigt, den Bürgermeister zu vertreten, und zeitweilig rangierte er vor den Senatoren. Fünfunddreißig Jahre alt, in Deutschland, Chile und Frankreich aufgewachsen, Volljurist, hochintelligent, fähig und ungeheuer ehrgeizig, hatte er trübe, beinahe mongolische Augen und den Hals einer Schildkröte. Er wirkte ein wenig dekadent, dafür um so arroganter und eckte dementsprechend häufig an. Politische Überzeugung, Alter und Position waren ähnlich denen von Gerhard Schröder und Herbert Blankenhorn. Schon 1946 hatte sich eine Art »Dreigestirn« der jungen Ratgeber entwickelt; auf den zahlreichen Konferenzen hatten sie Gelegenheit, sich abzusprechen und ihre Chefs in Bremen, Düsseldorf und Hamburg in gleichem Sinne zu beeinflussen. Bürgermeister Kaisen stützte sich weitgehend auf tom Möhlen, mußte ihn aber später wegen einer nie ganz geklärten Fragebogenfälschung fallenlassen.

Eines Tages las ich in einem Bericht der »schwarzen« Intelligence, es gäbe ein neonazistisches Komplott, dessen Hauptakteure tom Möhlen, Schröder und Blankenhorn seien. Die Quelle war ein übler Agent, der unter dem Namen Nansen operierte. Der Gouverneur der Nordrhein-Provinz hatte Lehr diesen Mann als persönlichen Referenten empfohlen. Lehr zögerte und holte meinen Rat ein. »Ich habe mir den Mann angesehen«, sagte er, »mir gefällt er nicht. Muß ich ihn nehmen?« Ich erklärte ihm kategorisch, daß er dazu nicht gezwungen sei und daß ihm aus der Ablehnung keine Nachteile erwachsen würden. Der Name Nansen war mir kein Begriff, aber ich versprach, mich zu erkundigen. Schnell fand ich heraus, daß es sich um einen ehemaligen SS-Offizier handelte, Zech-Nentwig, der gegen Ende des Krieges wegen unsauberer Geschäfte in der SS geschaßt worden war und sich dann über Schweden nach England durchgeschlagen hatte, wo man ihn nun für den eigenen Geheimdienst anwarb. Leo Long wollte ihn offenbar »im Zentrum der Macht« plazieren. Ich setzte mich sofort mit Lehr in Verbindung; sein Mißtrauen sei berechtigt. Leider gab er dann aber doch in einem schwachen Moment dem englischen Druck nach und stellte Zech-Nentwig ein.

Die Geschichte von dem angeblichen Komplott war eine der vielen Machenschaften dieses Dunkelmannes. Ich warnte sofort meine drei Freunde und sandte eine ausführliche Darstellung mit entsprechender Abwertung der »Quelle« auf dem Dienstweg ins Hauptquartier.

1947 erreichte es Nansen, zum Legationsrat ernannt zu werden – eine Absurdität, da es noch gar kein Auswärtiges Amt gab. Er wurde dem nordrhein-westfälischen Innenminister Menzel zugeordnet, dem Schwiegersohn Severings, den ich im Januar 1946 in Oldenburg kennengelernt hatte. Die Engländer hatten Menzel »die graue Maus« getauft, was von den Deutschen übernommen wurde: ein kleiner, im Alter zur Dicklichkeit neigender Mann mit schmalem Mund, zusammengekniffenen Augen, beweglich, unauffällig und undurchsichtig. Sein Amt als Innenminister erforderte es vielleicht, daß er enge Beziehungen zum britischen Geheimdienst unterhielt: Dies entsprach aber auch seiner Mentalität. Nansen jedenfalls schlug die Brücke zwischen Menzel und Leo Long, und beide arbeiteten mit diesem zwielichtigen Agenten wohl gerne zusammen.

Als Adlatus von Menzel war Nansen auch Kollege von Gerhard Schröder, der inzwischen persönlicher Referent von Ministerpräsident Arnold geworden war. Schröder durchschaute den suspekten Nansen und führte einen erbitterten Kampf gegen ihn, der auch von Erfolg gekrönt war. Nansen wurde aus dem Staatsdienst entlassen, blieb insgeheim jedoch der Vertrauensmann von Menzel und Long. Schröder aber hatte es sich in den Kopf gesetzt, Nansen vollkommen auszuschalten. Ich riet ihm, sich mit seinem Triumph zu begnügen und die Dinge nicht auf die Spitze zu treiben, aber Schröder war unerbittlich. Eines Tages erschien in einer rheinischen CDU-Zeitung ein längerer anonymer Artikel, in dem die schäbige Vergangenheit Nansens und seine zweifelhaften Geheimdienstaktivitäten geschildert wurden. Dies bedeutete indirekt auch einen Angriff auf den Innenminister Menzel. Dem war sofort klar, daß dieser Artikel nur aus der Feder Schröders stammen konnte. Als Schröder auf einer Dienstreise war, nutzte der clevere Mann die Gelegenheit, dessen Sekretärin anzurufen. Er erklärte sein Bedauern, daß Schröder nicht anwesend sei, aber vielleicht könne sie ihm helfen: Sicher hätte sie noch eine Kopie oder das Stenogramm von Schröders Nansen-Artikel. Das ahnungslose Mädchen schickte dem Minister diensteifrig eine Kopie, und dieser holte nun zum Schlag gegen Schröder aus. Er mußte gehen; er ging – in die Politik! Vielleicht wäre er sonst Beamter geblieben.

Ich war später noch häufig mit Schröder zusammen, bis ich ihn kurz nach Gründung der Bundesrepublik im Wandelgang des Bundeshauses traf und er mich praktisch schnitt. Ein enger und noch dazu öffentlicher Kontakt mit einem Besatzungsoffizier schien ihm damals offenbar nicht mehr opportun.

Soweit es mir möglich war, habe ich in meiner Bremer »Verbannungszeit« meine alten Kontakte aufrechtzuerhalten versucht. Dies wurde mir insofern erleichtert, als eine Reihe meiner Freunde aus dienstlichen Gründen mehrfach nach Bremen kamen, so Hinrich Wilhelm Kopf, Theodor Steltzer, Carlo Schmid, Kurt Schumacher, Jakob Kaiser, Ernst Lemmer. Andere wiederum machten meinetwegen einen Abstecher nach Bremen, wie zum Beispiel Herbert Blankenhorn. Häufig kamen alte Freunde zu mir nach Hause, wo bei gutem Essen und reichlichen Getränken bis tief in die Nacht hinein diskutiert wurde.

Im April kam auch Kopf zu uns. Zu vorgerückter Stunde wurde über die Todesstrafe gestritten. Als Ministerpräsident hatte Kopf das Gnadenrecht. Er erklärte, daß er es mit seinem Gewissen nicht vereinbaren könne, für die Hinrichtung eines Menschen verantwortlich zu sein und daß er daher in jedem Falle begnadige. Der liberalkonservative Wirtschaftssenator Harmssen entgegnete, die Gesellschaft habe einen Anspruch darauf, vor Menschen, die dem geltenden Recht nach zum Tode verurteilt seien, geschützt zu werden, und der amtierende Staatsmann dürfe sich dieser Forderung nicht entziehen. Ein wenig mühsam erhob sich Kopf aus seinem Sessel, schaute Harmssen leicht schwankend tief in die Augen, erhob sein Glas und sagte mit seiner durchdringenden Stimme: »Herr Senator, Sie scheinen mir Marxist zu sein.«

Ebenfalls im April besuchte der »Ochsen-Sepp«, der bayerische CSU-Chef Josef Müller, Bremen. Obwohl er seinen Zenit schon überschritten hatte, war er noch immer beeindruckend. Ich hatte mir den ehemaligen Mitarbeiter des deutschen Abwehrchefs Canaris als intriganten Taktiker vorgestellt, aber der kleine, dickliche, häßliche Mann mit der großen Säufernase und den listigen Äuglein hatte ein beachtliches intellektuelles Niveau mit einem breiten geistig-philosophischen Themenkreis. Er setzte christlichen Individualismus gegen Kollektivismus; das primitive Christentum habe den römischen Sklavenkapitalismus gestürzt durch Bekehrung sowohl der Sklaven als auch der Herren. Im Gespräch über den Generationenkonflikt meinte er, die alte Generation habe die Lösung ihrer Nöte im Nationalsozialismus gesehen; nun wende sie sich zurück zum ursprünglichen Zustand und befände sich deshalb in einem zwitterhaften romantischen Sehnen nach den Zuständen von 1914, verbunden mit engstirnigen Eigeninteressen. Die junge Generation habe sich aggressiv von den Ideen der zwanziger Jahre abgewendet und sei in der Erfahrung des Naziregimes und durch das Kriegserlebnis gereift; er bezeichnete sie als äußerst kritisch, aber nicht als nihilistisch. Mit seiner sehr menschlichen Ausstrahlung und mit der Eindringlichkeit, mit der er sprach, fesselte Müller jeden Partner. Sein Führungsanspruch war hoch, und ich glaubte herauszuhören, daß er sich vorstellen konnte, im Streit zwischen Adenauer und Kaiser der lachende Dritte zu werden.

Wenige Monate nach Gründung der SED hatte die amerikanische Militärregierung Pieck und Grotewohl, den beiden Chefs der Partei, die Erlaubnis erteilt, Bremen zu besuchen und dort öffentlich zu reden. Die Briten hatten sich auf eine Durchreiseerlaubnis beschränkt, sehr zum Ärger Grotewohls, dem kein Abweichen von der Reiseroute gestattet worden war, so daß er seine Verwandten in Braunschweig nicht besuchen konnte. Die Amerikaner dagegen gaben für die beiden – die wir als die »Zwillinge« bezeichneten, weil sie wie Kastor und Pollux stets zusammen genannt wurden und stets zusammen auftraten – am 30. Mai ein Mittagessen in kleinem Kreis, zu dem sie mich einluden.

Rein äußerlich schien Grotewohl seine Allianz mit Ulbricht bekommen zu sein: Er war inzwischen gut genährt und in einen eleganten Glencheck gekleidet. Als ich ihn begrüßte, konnte er eine leichte Befangenheit nicht verbergen. Ich hatte ja bei der Freilassung seines Sohnes aus dem Kriegsgefangenenlager mitgewirkt. Und irgendwie hatte es den Anschein, als plage ihn das schlechte Gewissen. Ich konnte es mir nicht verkneifen, pointiert zu fragen, wie es seinem Sohn ginge. Hastig und mit einem, wie mir schien, flehenden Blick, von dem einstigen Consensus mit den Briten nichts verlauten zu lassen, erklärte er mir, der Sohn sei bei ihm und folge ganz den Fußstapfen des Vaters. Ich setzte nicht nach.

Bei den Unterhaltungen führte deutlich Grotewohl das Wort; der einfache, saturiert wirkende Pieck war nicht immer auf der richtigen Wellenlänge. Alle seine Aussagen stammten stereotyp aus dem Parteilexikon. Dennoch hatte man den Eindruck, daß Grotewohl in Piecks Schatten stand und sich dessen Zustimmung stets versichern zu müssen glaubte. Er argumentierte – im Gegensatz zu früher – rabulistisch, ja heuchlerisch und schien unglaubwürdig. Es war phänomenal, wie sehr er sich seiner neuen Umgebung angepaßt und sogar den monotonen rituellen Singsang angenommen hatte, der für geschulte Kommunisten so charakteristisch ist. Haben nicht alle Priester einen ihrer Religion eigenen Tonfall? Die beiden versuchten geschickt – sowohl während des Essens als auch in den anschließenden Reden –, die Zustände in der sowjetisch besetzten Zone als denen in der britischen überlegen darzustellen. Daran spann sich eine lebhafte Diskussion über Entscheidungsprozesse im demokratischen und im kommunistischen Lager. Pieck bemühte sich um den Nachweis, daß bei den Kommunisten jeder Entscheidung eine ausführliche Diskussion voranginge und erst danach die Festlegung erfolge. »Aber was geschieht«, fragte ich, »wenn nach einer solchen Festlegung ein Teilnehmer auf seiner abweichenden Meinung beharrt?« »Der wird erschossen!«, platzte Pieck heraus. Peinliches Schweigen, dann meinte Grotewohl beflissen: »Der Genosse Pieck meint das natürlich symbolisch.«

Bewegend war mein Wiedersehen mit Kaiser und Lemmer am 28. Juni. Kaiser war ausgezehrt und verzweifelt. Die Russen machten ihm das Leben immer schwerer; sie verübelten ihm sein gutes Verhältnis zu den Engländern. Aber den Verdacht der SPD, er würde sich vielleicht doch dem russischen Druck fügen, wies er entrüstet zurück: Schließlich sei es der SPD-Führer Grotewohl gewesen, der vor den Russen kapituliert habe. Am Schluß unseres Gespräches sagte er allerdings seufzend, Adenauer scheine ihm ein schlimmerer Feind zu sein als mancher SPD-Politiker. Auch Ernst Lemmer, von dem damals noch viele glaubten, er habe sich mit den Russen arrangiert, klagte sein Leid und wurde nicht müde, Einzelheiten zu erzählen, wie der russische Geheimdienst ihn einzuschüchtern versuche.

Auch meinen Kontakt mit Adenauer habe ich während der Bremer Zeit aufrechterhalten. Es war mir seit einiger Zeit ein Dorn im Auge, daß die englische Besatzungsmacht – sowohl in der Zone selbst als auch in England – verhältnismäßig gute Verbindungen zur SPD hatte, daß aber so gut wie gar keine Beziehungen zur CDU bestanden und daß dies in England den falschen Eindruck erwecken konnte, das politische Leben in Deutschland sei allein von der SPD bestimmt. In England war die Labour Party an der Regierung. In ihren Augen war die Demokratisierung der Deutschen mit Hilfe der sinnesverwandten Linken leichter; die Rechten in Deutschland waren ihnen noch unsympathischer als die Konservativen im eigenen Land. So wurden die Sozialdemokraten kräftig gefördert: Es entwickelte sich ein reger Besuchsverkehr von Deutschland nach England – mehrfach wurde Schumacher eingeladen, später auch viele andere SPD-Größen –, und es kam zu einer Art Kumpeltum. Fast alle Direktiven der Militärregierung spiegelten die Favorisierung der Sozialdemokraten wider.

Was mich anlangt, so habe ich in meinem Verkehr mit meinen deutschen Freunden äußerste Neutralität zu wahren versucht. Wie Blankenhorn mir erzählte, habe Adenauer bis zuletzt gezweifelt, ob ich nicht doch im Grunde ein Labour-Mann sei, während Schumacher mich immer der CDU zurechnete. (Bis zum heutigen Tage habe ich übrigens mehr persönliche Freunde in den Reihen der SPD als in der CDU.) Die offensichtliche Bevorzugung der SPD hatte auch ihre Kehrseite: In den Augen der Bevölkerung war die Partei damit als Besatzungspartei abgestempelt. Um so nationalistischer gebärdete sich Schumacher.

Im April 1947 machte ich Adenauer den Vorschlag, für ihn eine Einladung der britischen Konservativen zu erwirken. Er nahm dies mit einer gewissen Zurückhaltung auf, vielleicht weil er sich nicht ganz sicher war, ob er nicht durch einen Besuch in England seine Rolle als Stiefkind der Besatzungsmacht gefährden würde. Aber es schien ihm auch nicht recht zu sein, die CDU gewissermaßen als »Schwesterpartei« der Konservativen erscheinen zu lassen. Jedenfalls wollte er

sich die Sache überlegen. Im Mai schrieb er mir dann aber doch, daß er es begrüßen würde, eine entsprechende Einladung zu erhalten.
Inzwischen hatte ich in England meine Bemühungen aufgenommen; die Einladung sollte nicht von Partei zu Partei, sondern durch eine neutrale Organisation erfolgen, und auch nicht spezifisch an Adenauer und die CDU, sondern in einem breiteren Rahmen. Dies wiederum mißfiel Adenauer: »Ein solches Zusammenkommen würde den traurigen Ausgang nehmen, daß eine deutsche Partei die andere angreift.« Daraufhin nahm ich einen neuen Anlauf. Mein wichtigster Gesprächspartner in London war ein damals führender konservativer Politiker, der spätere Luftfahrtminister Lennox-Boyd. Nach vielen Schwierigkeiten von beiden Seiten kam es schließlich nach einem Jahr doch noch zu einer Einladung der Konservativen Partei. Eine Woche vor dem geplanten Besuch hielt Adenauer eine kritische, wenn nicht sogar aggressive Rede gegen die Besatzungspolitik. Damit hatten die Labour-Leute einen willkommenen Anlaß, die Reise zu verhindern. Ich wurde zum politischen Berater Kit Steel nach Berlin beordert. Dort hatte man inzwischen von meinen Besuchen bei den Konservativen erfahren, und ich bekam eine fürchterliche »Zigarre«, verbunden mit der Drohung, daß ich im Wiederholungsfalle meinen Posten verlieren würde. Dennoch hatte ich das Gefühl, daß Steel mit der Idee einer Reise Adenauers nach England sympathisierte und daß nur meine Privatinitiative als ordnungswidrig empfunden wurde. Wohl zur Strafe wurde ich beauftragt, Adenauer von der Zurücknahme der Reiseerlaubnis persönlich zu unterrichten. Adenauer stand im Wahlkampf und sollte am 28. Mai 1948 in Essen eine Rede halten. So fuhr ich dorthin.
Die Rede war hervorragend, vielleicht die wirkungsvollste, die ich bis dahin von ihm gehört hatte. Er wandte sich gegen die von SPD und KPD propagierte Sozialisierung der Kohlewirtschaft durch die Besatzungsmacht. Schon im März 1947 hätte die CDU die Militärregierung darauf hingewiesen, daß die Entflechtung der Großindustrie und die Neuordnung des Verhältnisses zwischen Arbeitnehmern und Arbeitgebern nur vom deutschen Volk selbst auf demokratischem Wege vorgenommen werden könnten. Die immer noch anhaltenden Demontagen bezeichnete er angesichts der gleichzeitigen Aufbaumaßnahmen des Marshall-Plans als widersinnig. Und dann forderte er die Bildung einer europäischen Union: Gelänge es nicht, Europa als ausgleichenden Faktor zwischen die Weltmächte einzubauen, dann wäre ein Absinken Europas unabwendbar. England solle sich darauf besinnen, daß es zu Europa gehöre und berufen sei, Europa zu führen.
Im Anschluß an seine Rede suchte ich ihn in einem Büroraum der riesigen Sporthalle auf. Überraschenderweise nahm er das Reiseverbot gelassen hin: sein Interesse an dem ganzen Unternehmen war

wohl inzwischen abgeflaut. Dennoch konnte ich es mir nicht versagen, ihm Vorwürfe zu machen: Warum er, nachdem ich mich so lange und so intensiv für die Sache eingesetzt, erhebliche Unannehmlichkeiten riskiert und auch zu spüren bekommen hätte, so kurz vor der Verwirklichung diese Rede hatte halten müssen, statt bis nach dem Besuch zu warten. Er schwieg einen Moment, sah mich milde an und sagte dann langsam: »Wissense, dat muß ich Ihnen eijentlich saren: Ihr politisches Urteilsvermöjen ist doch in letzter Zeit sehr jewachsen.« Ich war sprachlos und wütend. Als das Kompliment, das er mir wohl hatte machen wollen, konnte ich diese Bemerkung kaum interpretieren; ich sah darin eine Relativierung der Schätzung, die er seit Oktober 1945 für mich gehegt hatte. Das war natürlich nicht seine Absicht gewesen. Die Reaktion spiegelte eher seine Menschenverachtung wider, seinen Glauben, mit einer Schmeichelei jeden umgarnen zu können.

Danach habe ich Adenauer nicht mehr oft gesehen, das letzte Mal kurz vor der Gründung der Bundesrepublik. Er war Präsident des Parlamentarischen Rates und kreuzte einen langen Korridor des Bundeshauses, von dessen anderem Ende ich herkam. Wir waren beide allein. Von weitem grüßte ich, war mir aber nicht sicher, ob er den Gruß erwiderte. Die räumliche Distanz symbolisierte die persönliche: Zwei Jahre zuvor hatte er ungeduldig auf meine Rückkehr gewartet, nun hatte ich ihm nichts mehr zu bieten.

Im Juni besuchte mich Major Nick Huysman. Im Hauptquartier in Berlin, so erzählte er mir, habe man registriert, daß die Einstellung der Bevölkerung zur Besatzungsmacht unfreundlicher geworden sei und daß sich in der deutschen Öffentlichkeit, vor allem auch in der Presse, Kritik und Widerstand regten. Man führe dies teilweise auf einen Mangel an Informationen aus erster Hand zurück, im Grunde auf einen Mangel an Kontakt mit kompetenten britischen Gesprächspartnern. Die örtlichen Vertreter der PRISC (Public Relations and Information Services Control) bezogen ihre Informationen vom Hauptquartier auf dem Umweg über verschiedene Dienststellen, so daß sie bei Eintreffen veraltet waren.

Huysman berichtete, daß auf sein Betreiben General Robertson ein neues Konzept gebilligt habe, der deutschen Presse den britischen Standpunkt überzeugend zu vermitteln. Man brauche dafür einige politisch denkende, vertrauenswürdige Leute, die die deutsche Sprache vollkommen beherrschen und denen jeweils einige Zeitungen zugeteilt werden müßten. Im Hauptquartier in Berlin würden sie auf hoher Ebene ihre Informationen und Richtlinien erhalten, die sie dann unverzüglich ihren Zeitungen weiterzuleiten hätten. In den Redaktionen sollten sie mit den Chefredakteuren und leitenden Mitarbeitern die Tagesereignisse diskutieren und sie durch ihr Wissen zu überzeugen versuchen, damit die englischen Ansichten ihren Niederschlag in den Zeitungen fänden. Offiziell sollten diese Leute »Presseverbindungs-Offiziere« heißen, aber angesichts ihrer dauernden Rundreisen fände er, Huysman, »Wanderprediger« viel treffender. Rangmäßig sollten sie eine Stufe höher angesiedelt sein, als ich es im Augenblick war, also als Oberstleutnants.

Ich war glücklich, daß Huysman, obwohl wir gar keinen näheren Kontakt miteinander hatten, gerade auf mich verfallen war, und sagte sofort zu. Das bedeutete das Ende der Bremer »Verbannung«, hieß, den Wohnsitz in Berlin zu haben, in der Nähe meiner Mutter, und würde äußerste Mobilität mit sich bringen, also die Gelegenheit, alle privaten und politischen Freunde häufig zu sehen und – nicht zuletzt – eine interessante Aufgabe.

Meine beiden Kollegen wurden Peter Seckleman und Marion Bieber, die Huysman in anderen Abteilungen aufgetan hatte: drei ehemalige Deutsche also. Seckleman führte eine gute Feder, Marion Bieber war eine recht außergewöhnliche Persönlichkeit, klein, ein bißchen mollig, ehrgeizig und dominierend, aber dennoch fraulich und voller Charme. Sie war eine überzeugte Anhängerin der Labour Party, was trotz unserer freundschaftlichen Bande fast täglich zu heftigem Streit führte.

Schon im Juli traten wir unseren Dienst in Berlin an. Meine Aufgabe als »Wanderprediger« brachte mich in eine vollkommen neue Situation. Die Jahre in England hatten mir, bei aller diskriminierenden Behandlung als »bloody foreigner«, Bewunderung für englisches Denken und englische Zähigkeit eingeflößt. Gelitten hatte ich nicht so sehr unter den entwürdigenden Bedingungen meines Emigranten- und Soldaten-Sklaven-Daseins als vielmehr darunter, daß mir die Möglichkeit, einen meinen Leidenschaften und Fähigkeiten gemäßen Beitrag zu leisten, lange verwehrt worden war.

Bisher hatte ich zwischen der Militärregierung und den deutschen Politikern und Amtsträgern vermittelt und beim Wiederaufbau der deutschen Institution geholfen. Dabei hatte ich bis zu einem gewissen Grade auch die Willensbildung auf beiden Seiten beeinflussen können. Jetzt plötzlich sollte es meine Aufgabe sein, den britischen Standpunkt zu verkaufen, einen Standpunkt, den ich in mancher Hinsicht nicht teilte. Ich fühlte mich als Europäer mit deutscher und englischer Wurzel, als Deutscher und Engländer. Von »uns Engländern« habe ich ebensowenig gesprochen wie von »uns Deutschen«. Die Voraussetzung meines »Verlöbnisses« mit England war, daß der Krieg nicht gegen Deutschland, sondern gegen die Nazis geführt wird. Jetzt sollten Deutschland und England zu einer Verständigung kommen, und da waren allerhand Trümmer wegzuräumen.

Ich sympathisierte auf so vielen Gebieten mit der deutschen Kritik an der Besatzungspolitik, daß ich mich fragte, wie ich diese Politik den Deutschen gegenüber vertreten sollte. Gegenseitige Mißverständnisse auszuräumen, dies machte ich mir für die folgenden Monate zur dringendsten Aufgabe. Nur so schien es mir möglich, nicht gegen meine Überzeugung handeln zu müssen und meine Loyalität wahren zu können. Von den Chefs der Abteilungen erhielt ich meine Informationen (briefings) über die wichtigsten aktuellen Fragen: ein höheres Industrieniveau, als zwischen den West-Alliierten bisher diskutiert worden war, eine Verbesserung der Ernährungssituation, den Kommunismus, die Entnazifizierung, die Demontagen und manches andere.

Huysman teilte mir meine Zeitungen zu, offensichtlich das interessanteste Bouquet: »Westdeutsche Rundschau« (FDP), »Handelsblatt« (unabhängig), »Aachener Volkszeitung« (CDU), »Rheinische Post« (CDU), »Freiheit« (KPD) – alle Düsseldorf; »Abendpost«, Hannover (SPD), »Spiegel«, Hannover (unabhängig), »Hamburger Echo«, Hamburg (SPD), »Zeit«, Hamburg (unabhängig), »Volksecho«, Detmold (KPD). – Dieses »Paket« war natürlich viel zu groß. Allein die Redaktionen von »Spiegel«, »Zeit« und »Abendpost« nahmen mich so in Anspruch, daß ich mich bald völlig auf diese drei Blätter konzentrierte. Überdies waren es die interessantesten, während mich die anderen – mit Ausnahme der kommunistischen Zeitungen – ziemlich langweilten.

Trotz der Blockierung des Alliierten Kontrollrats durch Franzosen und Russen und der daraufhin wachsenden Tendenz der Amerikaner und Engländer, in ihren eigenen Zonen selbständiger vorzugehen, hatte sich das Gewicht der britischen Zivilverwaltung dennoch nach Berlin verlagert. Nur wenige Stellen, darunter die Intelligence-Abteilungen, hatten ihr Hauptquartier weiterhin in der britischen Zone. Die Control Commission British Element residierte in den riesigen Nazibauten, die den Fehrbelliner Platz halbkreisförmig umschließen. Die Amerikaner hatten ihren Apparat weitgehend in Frankfurt belassen und hielten in Berlin nur eine Art von vorgeschobenem Gefechtsstand, ebenso die Franzosen, deren Hauptquartier Baden-Baden blieb; die Russen saßen in Berlin-Karlshorst.

Montgomerys Nachfolger als Militärgouverneur, Luftmarschall Sir Sholto Douglas, war glücklicherweise abgelöst und durch General Robertson, den bisherigen Chef des Stabes, ersetzt worden. Robertson, sein persönlicher Mitarbeiter sowie die Chefs der zahlreichen Abteilungen hatten ihre Büros im Hauptgebäude, dem »Lancaster House«, einem riesigen Tummelplatz für Offiziere und Zivilisten aller Ränge. Die Zivilisten hatten das Recht, Uniform zu tragen, wovon aber nur diejenigen Gebrauch machten, die ihre Anzüge schonen wollten.

Das »Allerheiligste«, Robertsons Büro, und einige andere lagen abseits vom allgemeinen Betrieb und waren nicht jedem zugänglich. »Political Adviser« und wichtigster Mann nach Robertson war Sir William Strang, ein trockener, aber fähiger Diplomat, der später Staatssekretär im Foreign Office wurde; Leiter der Politischen Abteilung war noch immer Christopher Steel. Sehr schnell sollte ich lernen, welches Nest von Intrigen ein großer Apparat darstellt. Vor allem wurde mir bewußt, welch bedeutende Rolle die unmittelbare Entourage der Mächtigen spielt, nicht nur ihre nächsten Mitarbeiter und Sekretärinnen, sondern auch das gewöhnliche Personal, der Chauffeur, der Gärtner, der Diener. Der »Vorraum zur Macht«, jener geniale Begriff, den mein Berliner Staatsrechtslehrer Carl Schmitt geprägt hatte, wurde hier ad oculos demonstriert.

Ich war nun Mitglied der PRISC, jener immensen Organisation, die zuständig war für sämtliche Medien. In jeder Provinz- oder Landeshauptstadt saßen ihre Vertreter, meist im Range von Obersten, und deren Stäbe. Bis Ende 1946 war ihr Chef Generalmajor Alec Bishop gewesen, der inzwischen zum Nachfolger von General Templer ernannt worden war. Bishop nahm gleichzeitig nominell die wichtige Position des »Präsidenten der Regierungskommission« wahr (Governmental Subcommission), der praktisch die gesamte Verwaltung unterstand, außer Wirtschaft und Finanzen. Deren eigentlicher Chef war ihr stellvertretender Präsident. Die Labour-Regierung hatte einen Abgeordneten des linken Parteiflügels entsandt, Austen Albu, der den konservativen Militärs und Beamten Paroli bieten sollte und die politische Entwicklung auf deutscher Seite im Labour-Sinne zu beeinflussen hatte. Albus Unkenntnis der Problematik der deutschen Situation wurde nur durch seine Arroganz überboten; zwischen ihm und mir herrschte von Anfang an eine unüberwindliche gegenseitige Abneigung.

Zu Beginn meiner Tätigkeit in Berlin war ein ziemlich unbeleckter Mann von Anfang Dreißig Chef von PRISC geworden, Raymond Gauntlett, Protegé irgendeiner Labour-Größe. Nachdem er genug Verwirrung angerichtet hatte, verschwand er. Ende 1948 oder Anfang 1949 folgte schließlich einer der ehemaligen Stellvertreter von Bishop, Brigadier Gibson, der Gibbo genannt wurde. Diesen habe ich menschlich sehr respektiert: zurückhaltend, bescheiden und kompetent, war er, wenn auch nicht sehr ideenreich, so doch ein exzellenter Administrator. Wiederum erstaunte mich, wie sehr sich diese Berufssoldaten mit Aufgaben und Problemen vertraut zu machen wußten, mit denen sie vorher nie in Berührung gekommen waren. Gibbo verkörperte jenen Typ von Amtsträgern, die nicht bestrebt sind, zur Mehrung der eigenen Macht und des eigenen Ruhmes ihre Behörde aufzublähen, sondern die im Gegenteil versuchen, den Apparat – und sogar sich selbst – wegzurationalisieren. Wahrscheinlich hat es dieser hochbegabte

Mann vor allem deshalb nicht über den Rang des Brigadiers hinaus gebracht, weil er mit der Relativierung seiner Person zu erfolgreich war.

»Director of Information Services« war ein kultivierter und kluger Offizier namens Michael Balfour, der später Leiter der Öffentlichkeitsarbeit im Britischen Handelsministerium, danach Universitätslehrer für Informationswesen und schließlich ein berühmter Historiker wurde und neben dem hervorragenden Buch »Viermächtekontrolle in Deutschland« eine exzellente Biographie »Wilhelm II.« schrieb.

Als Untergebener mußte man vor allem sehen, in dem erbarmungslosen Kampf zwischen Balfour und Huysman nicht unter die Räder zu geraten. Huysman, von dem das Ganze wohl ausging, war als »Assistant Director Press Services« eigentlich unter Balfour angesiedelt, nahm aber die Funktion des »Directors« wahr, und war als solcher zuständig für das gesamte Lizenzierungswesen, also vor allem für die Erteilung von Lizenzen zur Gründung und zum Vertrieb von Zeitungen und Zeitschriften. Aber sein Einfluß ging weit über seinen Rang hinaus: Er war mehr als der Lizenzierungs-Zar, als der er bekannt war; er war die »Graue Eminenz« von PRISC.

Huysman war nicht beliebt, weder bei den Deutschen noch bei den Engländern. Im Grunde befangen mit allen konventionellen Vorurteilen gegen Deutschland, glaubte er in der Wochenschrift »Die Zeit«, und dort vor allem in der Gräfin Dönhoff, das häßliche Antlitz der deutschen Reaktion zu erkennen. Augstein und den »Spiegel« mochte er schon deswegen nicht, weil die Lizenz angeblich von Balfour erteilt worden war. Henri Nannen nahm er gar nicht erst ernst; auch paßte ihm dessen liberale Richtung nicht. Alle drei Blätter versuchte Huysman gelegentlich durch Drosselung der Papierzuteilung abzuwürgen. Trotz dieser Einstellung hatte er ein Ohr für mich, und so lange er da war, hat er mich gefördert und gegen viele Angriffe – auch seiner eigenen Vorgesetzten – abgeschirmt.

Die Aufgabe von PRISC galt in erster Linie der Medienkontrolle. Eine Zensur hatte es nur ganz am Anfang gegeben; nun war dafür Sorge zu tragen, daß keine Nazis in die Medien eindrangen, daß die Lizenzen an die richtigen Leute vergeben wurden, und daß der Rundfunk nach englischen Prinzipien, das heißt demokratisch und überparteilich aufgebaut würde. Die eigene Besatzungszeitung, »Die Welt«, sollte mit gutem Beispiel vorangehen: Nachrichten und Kommentare waren strikt zu trennen, und das sorgfältige Recherchieren der Journalisten mußte stets gewährleistet sein.

Das Gros der Lizenzen war zu dieser Zeit bereits erteilt. Voraussetzung für eine Lizenz war, daß die Tageszeitung einer Partei zugeordnet war (Wochenzeitungen konnten »unabhängig« sein) und daß die Partei wiederum Personen vorschlagen mußte, die dann nach Überprüfung ihrer Personalien die Lizenz erhielten. Die Parteien hatten auf Mitglieder zurückgegriffen, die unbelastet waren und denen die Bewältigung der journalistischen Aufgaben zuzutrauen war. Aber nicht die Parteien, sondern die Personen waren Träger der Lizenz – für diese selbst bedeutete das bares Geld, für die Parteien ein doppeltes Risiko: würden die Leute gut genug sein und auch bei der Stange bleiben?

Die Bevölkerung hungerte nach Zeitungen; aufgrund des Papiermangels konnte der Bedarf gar nicht gedeckt werden. Das Papier war so knapp, daß die Zeitungen zu den wesentlich höheren Schwarzmarktpreisen des Altpapiers gehandelt wurden; der »Spiegel« erzielte bis zu zehn Reichsmark. Als sich der Markt später beruhigte, verlangte man interessante Lektüre, und die Langeweile einer strikten Parteilinie hatte wenig Aussichten auf Erfolg. Der Druck auf die Lizenzträger, marktgerecht zu handeln, mußte natürlich zum Dauerkonflikt mit den Parteizentralen führen, ein Dilemma, das man auch ohne Lizenzsystem kennt.

Bei der Auswahl von Lizenzträgern für unabhängige Zeitungen galten im wesentlichen Kriterien wie unbelastet, demokratisch gesinnt, vertrauenswürdig, fachlich qualifiziert; natürlich mußte das vorgelegte Projekt überzeugen. Die Lizenz stellte eine große materielle Vorgabe dar, aber wer sie unter den Konkurrenzbedingungen journalistisch und ökonomisch nicht zu wahren wußte, wurde eliminiert. Viele der damals ausgewählten Lizenzträger und viele ihrer Blätter haben die Jahrzehnte überlebt, darunter die »Zeit«, der »Spiegel«, der »Stern«, »Hörzu« und das »Abendblatt«. Ein Beweis mehr, wieviel Instinkt Huysman und seine Mitarbeiter in einer Zeit äußerster Konfusion entwickelten.

Die »Welt« wurde geleitet von einem Schotten namens Steele McRichie, einem Managertyp ohne journalistische Erfahrung. Für Huysman war er ein enfant terrible, bockig widersetzte er sich den Einmischungen der Zentrale und sicherte seinen englischen und deutschen Mitarbeitern (darunter der glänzende Julius Hollos) den Freiraum zur Gestaltung einer ausgezeichneten Zeitung, deren Berichte über Deutschland ein besseres Vorbild abgaben als die entsprechenden Kolumnen der englischen Presse.

Abgesehen von Ausnahmen wie Bob Stevens vom »Observer«, Terence Prittie vom »Manchester Guardian«, Buist von der »Times« und wenigen anderen waren die Korrespondenten der englischen Blätter in dem besetzten Deutschland voller Vorurteile über Deutschland. PRISC war in ihren Aufgaben nichts als ein Propagandaministerium, und es war schwer, ihnen irgendwelche anderen Aufgaben begreiflich zu machen. Sie wollten ihre Leser nicht unterrichten, sondern schreiben, was diese hören wollten. So heizten sie die deutschfeindliche

Stimmung zu Hause an, indem sie die Deutschen als unverbesserliche Nazis schilderten, die von der unfähigen Kontrollkommission verhätschelt würden.

Die meisten Journalisten hatten sich in Berlin installiert, weil es sich dort am bequemsten leben ließ, aber auch weil ihnen Berlin wegen der Nähe der Sowjetzone am prickelndsten erschien. Viele schienen mir beruflich nicht qualifiziert; sie machten eher den Eindruck von Skandalreportern als von politischen Publizisten in einem besetzten Land. Man ließ sich gern von deutschen »Stringers« informieren, schrieb viel voneinander ab und saß am liebsten beim Whisky im Presseclub, der in der komfortablen Anlage des ehemaligen Berliner Tennisclubs im Grunewald untergebracht war. Kopfschüttelnd lasen wir am nächsten Morgen ihre ungenauen, unzulänglichen und meist aufgebauschten Artikel.

Als eine der wichtigsten Aufgaben galt der Aufbau des Rundfunks in der britischen Zone; der erste Sender hatte seinen Sitz im Hause des ehemaligen Senders Hamburg am Mittelweg. Erste Anregungen waren schon 1945 von Ralph Poston gegeben worden, aber seine Nachfolger waren weder politisch noch administrativ mit der Aufgabe fertig geworden. In dieser Notlage entschloß sich Bishop zu einem sehr geschickten Appell an den Generaldirektor der BBC, Sir William Hayley, er möge seinen besten Mann delegieren, der Zweitbeste reiche nicht aus. Hayley schickte schweren Herzens Hugh Carleton Greene, den Bruder des Schriftstellers.

Greene, Mitte Dreißig, hochgewachsen, mit einem quadratischen Kopf, der eine gewisse Ähnlichkeit mit dem Churchills hatte, aber durchgeistigter und liebenswürdiger wirkte, war schon damals eine überragende Persönlichkeit; nicht umsonst wurde er später Generaldirektor der BBC, eine der begehrtesten und einflußreichsten Positionen des britischen Establishments. Greene war ein Manager von hohen Graden und vor allem fähig, rasche Entscheidungen zu treffen. Er übernahm den desorganisierten »Flohzirkus«, aus dem der NWDR hervorgehen sollte. Greene hatte praktisch eine Blanko-Vollmacht, aber er war ohnehin von einem Schlag, der sich auch über Beschränkungen hinwegsetzte. Durch und durch Rundfunkjournalist, war für ihn die Nachricht alles, und er brachte sie, auch wenn das Hauptquartier Kopf stand. Als der Erzbischof von Köln, der spätere Kardinal Frings, in der großen Kohlennot des Winters 1946/47 das Siebente Gebot als für den »Kohlenklau« ungültig erklärte, gab Greene über den Rundfunk die Route und Ankunftszeiten der Kohlenzüge bekannt.

Greenes Konzeption für den NWDR folgte dem Modell der BBC, war aber angepaßt an deutsche Verhältnisse. Der Hauptunterschied besteht darin, daß in England die Regierung den Board of Governors aus den Reihen führender Köpfe des öffentlichen Lebens ernennt, aber keine parteiabhängigen Politiker; der Board wiederum ernennt den Generaldirektor, der nicht unbedingt ein Mann vom Fach zu sein braucht. Es gibt keinen Parteienproporz und also kein entsprechendes Gerangel bei der Postenbesetzung. Zweieinhalb Jahre hat Greene mit Ausdauer und List für dieses Konzept gekämpft, ist aber schließlich an dem engstirnigen parteipolitischen Denken der Deutschen und an ihrem Parteienklüngel gescheitert. In Adolf Grimme hatte er einen zwar lauteren und klugen, aber den Intrigen nicht gewachsenen Intendanten gefunden. Dennoch hat Greene den NWDR aufgebaut, großenteils mit Menschen seiner Wahl besetzt, mit seinem Geist erfüllt und über die britische Zone hinaus zu einem Vorbild für andere Sendeanstalten gemacht. Bei denen, die mit ihm zu tun hatten, lebt sein Name weiter wie der von wenigen Besatzungsoffizieren.

Robert Birley, der Leiter des Erziehungswesens, war zwar völlig verschieden von Greene, aber ebenfalls eine außergewöhnliche Persönlichkeit. Als Typ eher professoral, war er ein Idealist, mit handfesten, wenn auch nicht immer ganz präzisen Ideen, zur Verzweiflung der Machthaber jeder Administration unfähig, aber voller Überzeugungskraft, von unbezwinglichem Charme und absoluter Lauterkeit. Birley war so tolerant, daß er seine Stellvertretung einem fähigen jungen Kommunisten, Tom Creighton, anvertraute. Als Chef der »Education Branch« war ihm der Gedanke der Reeducation ein Greuel; er gebrauchte den Begriff nie. Ihm kam es darauf an, die im Naziregime verschütteten deutschen Traditionen wiederzubeleben und ihnen ein bißchen englischen Geist einzuhauchen. Er war unermüdlich in seinem Einsatz, die Kultusminister aller Zonen aus ihrem kleinkarierten Föderalismus heraus und auf eine einheitliche Linie zu bringen. Fast jedes Wochenende besuchte er sie oder hatte sie bei sich zu Gast. Birley wurde geachtet, ja geliebt, aber er schwebte zu sehr über den Wolken, um wirklich praktische Resultate zu erzielen.

Langsam wandelte sich die Kontrollaufgabe von PRISC. Die »richtige« Darstellung des britischen Standpunkts in den Medien rückte immer mehr in den Mittelpunkt (dementsprechend wurde im Oktober 1948 PRISC umbenannt in ISD, Information Services Division). Wir drei »Wanderprediger« bekamen angemessene Büros mit Sekretärin im »Lancaster House«, und ich bezog im Hausmeisterflügel einer großen Grunewald-Villa in der Bismarckallee eine hübsche Drei-Zimmer-Wohnung. Gegessen wurde im Kasino einer nahegelegenen Villa; besser, aber teurer aß man im Offiziersclub oder im Presseclub.

Die Familien der britischen Kolonie verkehrten vorwiegend untereinander, bei Wahrung der gesellschaftlichen und militärischen Hierarchie. Mit Deutschen kamen sie wenig in Berührung, meist nur mit dem Personal; auch zu Amerikanern und Franzosen gab es kaum Kontakte. Diese Ghetto-Mentalität britischer Auslandskolonien besteht noch heute in der ganzen Welt, war damals aber besonders stark, zum einen, weil auch nach Aufhebung der Non-Fraternization-Bestimmung eine Hemmschwelle bestand, zum anderen, weil die Deutschen schon vom Materiellen her Gastfreundschaft nicht im gleichen Maße erwidern konnten. Wenn man deutsche Familien besuchte, brachte man eben selber die Speisen und Getränke mit.

Flirts mit deutschen Mädchen, auf den unteren Ebenen zahlreich, wurden nach oben seltener, aber wenn sich dort etwas entwickelte, dann wirkte der deutsch-englische Verkehr besonders meinungsprägend. Es ergaben sich hier zum Teil phantastisch anmutende Konstellationen: So wohnten Tony Marrecco, ein Barrister im Range eines Brigadegenerals, und sein Assistent Adrian Liddle-Hart, der Sohn des Militärschriftstellers, bei Lally Horstmann, der attraktiven Schwester des Bankiers Schwabach, der Witwe eines Diplomaten. Die große, mit Kunstschätzen angefüllte, etwas düstere Wohnung am Steinplatz wurde zum Kasino deklariert. Tony empfing dort zu vorzüglichen Diners, die bei Kerzenlicht zelebriert wurden und bei denen der zum Glück taube Horstmannsche Butler servierte.

Tony war ein auffallend gutaussehender Mann. Eines Tages hatte ich etwas mit Elizabeth Thorneycroft zu besprechen, der Schwester des späteren konservativen Parteiführers. Die resolute Dame, selbst Rechtsanwältin und ebenfalls im Range eines Brigadiers in der Rechtsabteilung, glaubte, Tony habe mich zu ihr geschickt: »Ich stimme mit nichts überein, was Tony vorschlägt. Aber er ist so schön, daß ich ihm auch beim größten Unsinn nicht widerstehen kann.«

Da ich sehr viel zu reisen hatte, war mein eigener gesellschaftlicher Verkehr zunächst beschränkt. Auf deutscher Seite sah ich die alten und manche neuen Freunde, Politiker und Journalisten; auf englischer Seite meist Offiziere und Diplomaten. Jede Gelegenheit nutzte ich zum Reiten und nahm auch an Spring-Turnieren teil. Bei einem M-Springen wurde ich mit viel Glück Zweiter und war sehr stolz, mich vor dem amerikanischen Stadtkommandanten Brigadier Howley, einem Kavalleristen, placieren zu können. In meiner kleinen Wohnung sah ich häufig Gäste, Künstler, Politiker aller Parteien, Journalisten, auch Besucher aus der Zone. Einmal kam Wolfgang Harich, zusammen mit dem Kultursenator aus Ost-Berlin. Noch funktionierte, wenn auch krächzend, die Viermächteverwaltung der Stadt, die Kommandantura. Noch konnte man bei viel Alkohol bis spät in die Nacht diskutieren und scherzen, wenn auch nichts dabei herauskam.

Das interessanteste Ereignis des Tages war meist, womit er begann: »Morning Prayers« in der Politischen Abteilung bei Kit Steel. Die Political Division nahm die Aufgaben einer Botschaft wahr und war am Ende fast durchweg mit Foreign-Office-Beamten besetzt. Gemäß der Tradition des Foreign Office hielt der Botschafter oder sein Stellvertreter die Morgenkonferenz ab, im deutschen Auswärtigen Amt ebenfalls »Morgengebet« genannt. Kit, groß, kräftig gebaut, mit hellen Augen, Schnurrbart und von rosigem Teint, war ein typisches Produkt der englischen Eliteerziehung. Obwohl er nicht Labour-Mann war, stand er als Berufsbeamter seiner Regierung strikt loyal gegenüber. Teilnehmer der morgendlichen Runde waren alle Mitglieder der Political Division bis zum jüngsten Attaché herunter und dazu stets ein leitender Mann von PRISC und mindestens einer von uns »Wanderpredigern«, fast immer ich. Falls die Kompetenz von Fachabteilungen erforderlich war, wurden deren Vertreter hinzugezogen. Im ganzen waren es zehn bis fünfzehn Leute, die sich allmorgendlich einfanden; sie setzten sich, wo sie gerade Platz fanden, auf Stühle, Sofas, die Fensterbank oder den Fußboden, Kit hinter seinen Schreibtisch.

Zunächst wurde die deutsche Morgenpresse durchgesprochen, wobei vorausgesetzt wurde, daß jeder alle Blätter gelesen hatte, und dazu die wichtigsten Tagesereignisse. Jeder, auch der Jüngste, konnte und sollte berichten, was er für bemerkenswert hielt. Meist handelte es sich um Informationen, die der jeweilige Referent von deutschen Politikern bekommen hatte, viel innerparteiliche Angelegenheiten, aber auch manche Nachrichten über russische Maßnahmen und Absichten. Am Schluß folgten die Anweisungen. Das Ganze vollzog sich rasch und zwanglos, von Kit straff und mit viel Witz geleitet.

Die Kompetenz des Foreign Office und seiner Mitarbeiter war für mich überraschender und eindrucksvoller als alles, was ich in der Verwaltung kennengelernt hatte.

Die Angehörigen der Auswärtigen Ämter der meisten Länder hören es nicht ungern, wenn man von ihnen sagt, daß sie sich von der übrigen Beamtenschaft unterscheiden. Offiziell streiten sie das natürlich ab, zumal darin der Vorwurf anklingt, dünkelhaft zu sein. In der Tat werden sie nach anderen Gesichtspunkten ausgewählt. Da sie nicht sehr zahlreich sind, kennen sie sich, auch aufgrund der häufigen Versetzungen, fast alle untereinander. Man war schon auf denselben Eliteschulen und Universitäten, nennt sich beim Vornamen, hat vieles gemeinsam, einschließlich des Korpsgeistes, und ist stolz auf das »Office«. Die Auslese ist besonders streng; gute Universitätsexamina – am besten von Oxford oder Cambridge – sind Voraussetzung. Es wird Wert gelegt auf die Fähigkeit, in langen Fristen zu denken, auf ein ausgewogenes Urteilsvermögen und auf strikte Selbstdisziplin. Emotionen und menschliche Regungen sind verpönt, was dem »Office« bisweilen den Ruf des Zynismus einträgt. Die Auslieferung der Wlassow-Armee an die Sowjets zum Beispiel hat das Foreign Office gegen den empörten Widerstand der britischen militärischen Führung erzwungen. Mit diesem Utilitarismus, mit dieser Art »Staats-Räson« findet sich der humanitär eingestellte Durchschnittsengländer nur ungern ab. Werden ihm solche Praktiken im nachhinein bekannt, setzt er alles daran, sein Gewissen und das, was ihm die Ehre des Landes dünkt, zu salvieren. So wurde vor kurzem dem Wlassow-Kapitel große Publizität geschenkt: Die Namen der seinerzeit Verantwortlichen wurden ins Rampenlicht gestellt und ihr Verhalten gebrandmarkt.

Die Fähigkeit der schriftlichen Darstellung hat im Foreign Office einen besonderen Stellenwert. Einem der brillantesten jungen Captains, David Royce, gelang es zunächst nicht, vom Foreign Office übernommen zu werden. Er war nicht gut genug »on paper«. Kontaktarme Diplomaten können aufgrund der literarischen Qualität ihrer Berichte wichtige Botschafterposten bekommen. Es ist dann Aufgabe ihrer Untergebenen, Kontakte zu schaffen und zu pflegen. Ende der siebziger Jahre entbrannte in London eine heftige Kontroverse darüber, ob der Bonner Posten mit einem Kontaktler oder einem Berichterstatter besetzt werden sollte.

Der Grundton ist konservativ, und als Labour-Mann hat man es wahrscheinlich nicht ganz leicht. Auch herrscht ein unterschwelliger, allerdings nicht sehr virulenter Antisemitismus; einem jüdischen Foreign Office-Mitglied bin ich jedenfalls nie begegnet. Das Verhalten untereinander ist auch zwischen höchsten Vorgesetzten und jüngsten Untergebenen kameradschaftlich, locker, möglichst humorvoll, und dennoch wird Respekt großgeschrieben. Der Botschafter hat Anspruch auf den Titel »Exzellenz«, und die Untergebenen sprechen von ihm nur als von »H. E.« (»His Excellency«), eine Mischung aus Nonchalance und Ehrfurcht.

Jeder junge Attaché bekommt Gelegenheit, Sachprobleme eigenständig zu behandeln. Er wird gehalten, mindestens zwei, möglichst aber mehrere Lösungsvorschläge anzubieten, wobei er sich für einen entscheiden muß. Tut er das nicht, geht die Akte an ihn zurück. Ich habe den Durchlauf solcher Akten mehrfach beobachten können. Sie gingen jeweils zum nächsten Vorgesetzten, der wiederum verpflichtet war, seine Kommentare zu geben und sich seinerseits für eine der vorgeschlagenen Lösungen zu entscheiden oder selber eine weitere hinzuzufügen. Das setzt sich fort bis hinauf zum Außenminister, damals Ernest Bevin. Von ihm kam die Akte dann mit der endgültigen Entscheidung zurück. (So ist auch mein Bericht über die Situation der deutschen Jugend vom Sommer 1945 an das Foreign Office weitergeleitet worden und mit Randbemerkungen versehen bis zum Minister gelangt.) Aufgrund dieses Systems ist es möglich, daß dem Minister die Qualität eines jungen Attachés auffällt, wodurch sich dessen Karrierechancen erhöhen.

In der Political Division war, wie gesagt, eine Elite versammelt, und fast alle sind in hohe Positionen aufgestiegen. Kit Steel selbst wurde erst Botschafter in Wien, dann bei der Nato. Con O'Neill, zeitweise

Stellvertreter von Kit, der zweimal seine Diplomatenkarriere unterbrach, um das politische Ressort der »Times« zu leiten, wurde der Verhandlungsführer für Englands EG-Beitritt, ein fähiger Mann, mit dem ich auf keinem guten Fuß stand. Duncan Wilson, ein großer, schlanker Akademiker, war damals mit Anfang Dreißig schon Botschaftsrat; später wurde er Botschafter in Moskau. Der etwas steife Denis Laskey wurde Botschafter in Bukarest, der ehrgeizige, derbvergnügte John Killick Botschafter in Moskau, der kleine, leicht hinkende Dugald Stuart Botschafter in Belgrad. Er legte zu unserem Vergnügen Wert darauf, direkt von den Stuarts abzustammen – »ich bin kein englischer gentleman, sondern ein schottischer nobleman«.

Große Bedeutung wurde umfassender Berichterstattung beigemessen. Gleichgültig, wie spät eine Sitzung geendet hatte, das oft meisterhaft formulierte Telegramm wurde noch in derselben Nacht abgefaßt, General Robertson schrieb manchmal bis in die frühen Morgenstunden an seinen Berichten; auch er war ein großartiger Stilist. Das Foreign Office seinerseits unterrichtete General Robertson und den Political Adviser durch Kopien seiner Korrespondenz mit Botschaftern und anderen Regierungen, soweit sie die Deutschland-Politik betraf. Das Niveau dieser Kommunikationen war bestechend, und wann immer ich konnte, stöberte ich in diesen Akten, weil der Zugang zu den weltpolitischen Ereignissen über die Quellen viel aufregender war als die Zeitung. Besonders bestechend waren die Telegramme des amerikanischen Außenministers Dean Acheson.

Im August machte ich mich mit einem Jeep auf meine erste Reise als »Wanderprediger«, wieder einmal schwer beladen mit Lebensmittelpaketen aus England, die ich zu besorgen versprochen hatte. Die erste Station war Hannover. Der »Spiegel«, noch in Hannover ansässig, war erst wenige Monate alt. Ein dreiundzwanzigjähriger englischer Major der Pressestelle hatte das Projekt eines Nachrichten-Magazins nach dem Muster von »News Review« entworfen. Dazu hatte man den ebenfalls erst dreiundzwanzigjährigen ehemaligen Leutnant Rudolf Augstein als Redakteur des von Kurt Schumacher herausgegebenen »Neuen Hannoverschen Kurier« entdeckt. Augstein hatte den Engländern gefallen, und am 15. 9. 1946 hatten sie mit ihm – gewissermaßen in einem gemeinsamen Handstreich – das unter Besatzungsregie erscheinende Magazin »Diese Woche« auf den Markt gebracht. Das Blatt machte sich durch Keckheit bald mißliebig, und schon Weihnachten traf aus Berlin die Weisung ein, das Magazin innerhalb von vierundzwanzig Stunden einzustellen oder aber in deutsche Hände überzuleiten. Am 1. Januar 1947 erhielten Augstein und zwei Partner, der Photograph Roman Stempka und der Redakteur Gerhard Barsch, die provisorische Lizenz, nunmehr für ein Magazin namens »Der Spiegel«. Michael Balfour – der im übrigen Huysmans Behauptung bestritt, bei der Lizenzerteilung nicht dabei gewesen zu sein – hatte die Lizenz unterschrieben, am nächsten Tag jedoch Bedenken bekommen. Er hatte aber die Lizenz nicht widerrufen können, weil sie bereits an Augstein weitergeleitet worden war.

Die Büros des »Spiegel« lagen in der obersten Etage des Pressehaus-Turms mit einem weiten Blick über die Stadt. Entgegen meiner Bitte, höchstens zwei Mitarbeiter hinzuzuziehen, war die gesamte Redaktion dicht gedrängt in Augsteins Zimmer versammelt. Vielleicht sollte den Mitarbeitern demonstriert werden, wie souverän der Chef den Abgesandten des britischen Hauptquartiers abfertigen würde.

Der schmächtige, bleiche Jüngling mit dem Silberblick saß hinter einem riesigen Schreibtisch, der mit Papieren und Photos beladen war. Neben ihm standen seine beiden Partner Stempka und Barsch und um ihn herum ein Haufen junger Mitarbeiter im sogenannten Heimkehrer-Look; darunter waren Detlef Becker und Theo Brawand. Augstein war trotz seiner Anfang Zwanzig zweifelsohne die dominierende Figur, und es war sogleich erkennbar, daß er das Sagen hatte. Selbst seine Mit-Lizenzträger behandelten den viel Jüngeren deutlich als Vorgesetzten; Augstein führte im wesentlichen das Wort.

Wir stießen schnell zum Kern der damals alle bewegenden Probleme vor, und die Diskussion wurde immer lebhafter. Schon bald hatte sich eine Atmosphäre des Vertrauens und der Sympathie, ja des Einverständnisses entwickelt. Der mich begleitende PRISC-Offizier gestand mir später, daß er seine Skepsis sehr schnell aufgegeben habe. Augstein begleitete mich zum Fahrstuhl, der in dieser Zeit der Stromsperren merkwürdigerweise funktionierte. Wir hatten wohl beide das Gefühl, daß in der Debatte manches ungesagt geblieben war. Im Gang waren wir ohne Publikum. Ich weiß nicht mehr, von wem es ausging, jedenfalls bedeuteten wir uns gegenseitig Respekt und Zuneigung und gaben uns zu verstehen, daß wir uns bald wiedersehen müßten. Etwas befangen holte ich aus meiner Hosentasche ein Stück Seife und drückte es ihm in die Hand. Er nahm es an, ebenso verlegen.

Diesem ersten Besuch folgten viele weitere. Bald lernte ich auch seine erste Frau kennen, aber damals war schon Katharina Luthardt im Kommen – Katrin, eine sinnliche und begabte Journalistin, die Rudolf um Haupteslänge überragte. »Was macht man, Michael, wenn man gerade geheiratet hat und dann die Frau seines Lebens trifft?«

Zwischen beiden Augsteins und mir entwickelte sich eine wirkliche Freundschaft, und mitunter fuhren wir auch gemeinsam in die Ferien. 1950, noch während meiner Dienstzeit, unternahmen wir unsere erste gemeinsame Italienreise. Wir fuhren in seinem für damalige Verhältnisse pompösen amerikanischen »Kaiser-Frazer« bis nach Positano. Im nächsten Jahr ging es wieder gemeinsam nach Italien, in den damals unentdeckten Fischerort Porto Venere. Ich führte die Kasse, und so lebten wir außerordentlich sparsam und kamen einschließlich des Benzins mit zwölf Mark am Tag aus; eine Übernachtung für 4,50 war Luxus. Dabei war Augstein schon damals wohlhabend, wenn nicht sogar reich. Als allerdings Katrin die nicht gegessene Frühstücksbutter für unser Strandpicknick einpackte, ging mir das zu weit.

Ich erinnere mich eines Gesprächs auf den Felsen der »Grotta Byron«, als die Wellen bis zu uns hinauf schlugen: »Weißt Du«, sagte er, »ich habe im Leben alles erreicht, was man erreichen kann. Der ›Spiegel‹ fängt an mich zu langweilen. Das einzige, was mich wirklich noch reizen würde, wäre eine Tageszeitung.« Er war damals 27! Jedes Zusammensein mit Augstein und Katrin, die ihn intelligent widerspiegelte, und später zu viert mit meiner Frau (die mich intelligent nicht widerspiegelte) war anregend und bereichernd. Der junge Augstein hatte nichts von dem miesepetrigen Ton und den Negativismen des »Spiegel«; der Umgang mit ihm war von Lebensfreude und Lebensgenuß geprägt, viel Heiterkeit und Witz. Einmal sprachen wir über Klimmzüge. »Wetten«, sagte er, »daß ich mehr schaffe?« Wir zogen beide unsere Jacken aus. Er ließ mir den Vortritt. Ich brachte sechs zustande. Da zog er sich seine Jacke wieder an: »Danke, Du hast gewonnen!«

Mit wem man auch zusammentraf, stets war Augstein der Mittelpunkt, die beherrschende Figur. Bestechend war seine unglaubliche Belesenheit. Mit Katrin, die die intellektuellen Voraussetzungen mitbrachte, der es aber an Kenntnissen mangelte, paukte er regelrecht Bildung. Augstein trug in allen Debatten den Sieg davon; er brauchte nicht recht zu haben, er gewann eben. Seine unbestrittene Führungsstellung im »Spiegel«, seine öffentliche Reputation, sein Einfluß, sein Reichtum, auch seine Erfolge bei Frauen, all das vermochte seine jungenhaft schüchterne Unsicherheit nicht zu kompensieren. Der Zwiespalt zwischen glänzenden Erfolgen und mimosenhafter Sensibilität hat Augstein früh gekennzeichnet und ihn in rastlose Unruhe getrieben.

Rudolf verhielt sich mir gegenüber lange als der Jüngere, der nicht kritiklos meine Meinungen übernahm und schon gar nicht meine politischen Ansichten; ganz nüchtern suchte er von meinen Erfahrungen zu profitieren. Er benutzte das gleiche Haarwasser, die gleiche Seife, die gleiche Zahnpasta und ging zum selben Schneider: »Warum soll ich mich anstrengen und noch einmal alles ausprobieren, wo Du es doch schon getan hast.« Als seine dritte Frau ihn zu einem anderen Schneider führte, fand ich ihn allerdings nicht mehr gut angezogen. Natürlich meine ich, daß das in gewissem Sinne auch für seine politischen Ansichten galt, als sie um 1950/51 von meinen zu divergieren begannen.

Bis dahin bestand zwischen uns ein politischer Grundkonsens. Wir hielten die deutsche Wiedervereinigung für das oberste Ziel deutscher Politik, das auf dem von Adenauer eingeschlagenen Wege verfolgt werden müsse. Wir hatten beide Hochachtung vor Schumacher, wir waren uns einig in der Notwendigkeit einer deutschen Wiederbewaffnung, und wir hielten beide in unserer Kritik an der Besatzungspolitik nicht zurück. Dann aber begann Augstein, gegen Adenauer, gegen die Wiederbewaffnung und gegen vieles andere zu polemisieren. Er wollte für das Nachrichten-Magazin ein anderes Gesicht und schrieb von nun an unter den Pseudonymen Moritz Pfeil und Jens Daniel politische Essays und pointierte Leitartikel. Daneben hielt er zahlreiche Vorträge, die dann auf gelb getöntem Papier in die jeweilige Nummer eingefügt wurden. Der eigenwillige, oft brillante Stil seiner Artikel, die überraschenden Perspektiven und die meist apokalyptischen Visionen erregten Aufsehen; in seiner fast immer negativ-kritischen Betrachtungsweise nahm der »Spiegel« das Denken der 68er Generation vorweg. Der Sprachstil des »Spiegel«, der den gesamten deutschen Journalismus beeinflußt hat, ist von Augstein allein geschaffen, wie der »Spiegel« ja überhaupt fast ganz sein Werk ist. Bis heute, fast vierzig Jahre lang, ist Rudolf Augstein die beherrschende Figur des Magazins.

Anfangs versuchte ich, Augstein vor seinem neuen Kurs zu warnen. Ich schrieb ihm, wir beide seien zwar nur acht Jahre auseinander, aber ich fühlte mich dem Denken zwanzig Jahre älterer Männer näher als dem seinen. Er widersprach heftig, aber es war wohl doch so. Unsere persönliche Beziehung wurde von den politischen Meinungsunterschieden nicht berührt. Erst nach der Trennung von Katrin sahen wir uns seltener. Jeder war in eine andere Umgebung eingetaucht; ihn reizte der Umgang mit der Protestgeneration. Ihn irritierte auf die Dauer der Mangel an grundsätzlicher Übereinstimmung, und ich langweilte ihn wohl auch; die Kontinuität meiner Ansichten machte meine Reaktionen vorhersehbar. Déjà vu. Dennoch, wie er es einmal in einem Brief an mich ausdrückte, »erreicht der Ruf des einen den anderen, wenn es not tut.«

Nach dem Besuch beim »Spiegel« ging ich zu Henri Nannen, dem Lizenzträger der FDP-nahen »Abendpost«. Nannen war mehr zufällig zu dieser Partei gestoßen, weil er eine Lizenz haben wollte und die FDP eben auch. So koppelten sich beide zusammen oder besser: sie wurden gekoppelt. Der FDP-Chef, der eitle und stieselige, aber sehr kluge »Buchhalter« Franz Blücher, war für Nannen schwer erträglich. Huysman hatte mich in seiner voreingenommenen Art abschätzig auf Nannen vorbereitet gehabt. Er sei bei der Wehrmacht in Italien gewesen, zeitweise sogar zu Mussolini persönlich abgestellt, aber es liege nichts Besonderes gegen ihn vor. Nannen sei begabt und witzig, aber ganz ernst könne man ihn nicht nehmen.

Die Büros der »Abendpost« waren in einer halbzerstörten Mietskaserne untergebracht. Der große, damals sehr schlanke, gutaussehende dreiunddreißigjährige Mann sprudelte von Ideen; sein Redefluß war unaufhaltsam, ohne eine Minute langweilig zu sein. Dabei wirkte er auf liebenswerte Weise unseriös: eine Mischung von Charmeur und Hans Dampf in allen Gassen; ich konnte verstehen, daß Nick Huysman die Nase rümpfte. Aber Nannen hatte etwas Genialisches, und die »Abendpost« war eine recht gut gemachte Zeitung, um die sich das Publikum riß. Für Nannens Ambitionen war sie allerdings nicht die geeignete Plattform (die FDP war eine kleine Partei und entsprechend knapp war die Papierzuteilung) und so ging er mit der Idee einer illustrierten Zeitschrift um. Schon bei einem unserer ersten Treffen zeigte er mir ein Dummy des Blattes, von dem er träumte. Eine Reihe von Namen standen für die Illustrierte zur Wahl. In Italien war gerade der »Uomo qualunque« im Schwange, und Nannen mit seinen italienischen Assoziationen fand »Jedermann« zunächst einen guten Titel, obwohl ihm das ein bißchen zu sehr nach Hofmannsthal schmeckte. Aus »Jedermann« entwickelte sich dann »Unsereiner«; auch der Titel der von Nannen inzwischen übernommenen Jugendzeitschrift »Zickzack« stand eine Weile zur Debatte. Das klang ihm aber wiederum zu sehr nach »zickezacke, zickezacke, hoi hoi hoi«, und am Schluß verkaufte er den Besatzungsbehörden sein Zickzack-Emblem unter dem Namen »Stern«: Man müsse der Jugend so etwas wie einen Stern der Hoffnung bieten, sagte der stets einfallsreiche Mann. Mir erzählte er das alles voller Humor und mit einer selbstverständlichen Vertrautheit, als ob ich sein Lizenzpartner wäre.

Zwischen zweien meiner Besuche war er wegen irgendeines kritischen Kommentars bei der Besatzungsmacht angeeckt, und so war seine schon karge Papierzuteilung weiter beschnitten worden. Das kam damals einem Todesurteil gleich, doch er ließ sich nicht unterkriegen. Nannen fuhr nach Ost-Berlin, erstand zehn Ostzonen-Schreibmaschinen und brachte sie in den Westteil der Stadt. Aber wie sollte er die in den Westen bringen? »Können Sie die nicht in Ihren Jeep packen? Sowie ich die drüben habe, kann ich sie gegen Papier eintauschen, und die Abendpost kann weiter erscheinen.« Das war zwar etwas gewagt, aber ich spielte mit. Bald danach bekam Nannen wieder offiziell Papier.[8]

Von Hannover ging es nach Hamburg zur »Zeit«. Sie hatte schon damals einen hervorragenden Ruf, nicht zuletzt, weil sie mit mehr Mut als fast alle anderen Publikationen auch die Besatzungsmacht und deren Maßnahmen kritisierte. Sie wurde von der gesamten gebildeten Schicht und von allen ernsthaft politisch Interessierten gelesen. In den ersten Nachkriegsjahren war sie vielleicht das einflußreichste Medium der politischen Meinungsbildung. Das war um so erstaunlicher, als die

Lizenzträger selber und auch die meisten Redakteure Dilettanten im Verlagswesen und Journalismus waren. Die Runde, die sich traf, war eine reichlich bunt zusammengewürfelte Gesellschaft. Richard Tüngel, vierundfünfzig, klein und mit Glatze, war stets zu aggressiven Diskussionen aufgelegt, von Beruf aber Architekt. Ehemals Baurat in Hamburg unter dem berühmten Stadt-Baudirektor Schumacher, hatte er sich unter den Nazis als Schriftsteller durchgeschlagen – ein intellektueller Bohemien konservativer Prägung, der durch seine Aufgabe als Chefredakteur Statur gewann. Seinen Haß gegen die Naziobrigkeit übertrug er auf die neue Besatzungsobrigkeit; in seinen Leitartikeln engagierte er sich immer mehr für die nationale Sache und entwikkelte dabei eine Unbedingtheit, die seiner Natur eigentlich nicht entsprach und die er in der Redaktionsführung auch nicht durchhalten konnte. Die Konferenzen mit ihm wurden immer länger, uferten in Trinkgelage aus und belasteten trotz aller Impulse, die von ihm ausgingen, die journalistische Arbeit.

Verleger war ein bulliger Mann namens Schmidt di Simoni, der im Krieg Seeoffizier gewesen war. Er hatte etwas Geld, vor allem aber den ersten Chefredakteur Samhaber mitgebracht, einen ruhigen, klugen und sympathischen Mann, der seinen Posten aber bald aufgeben mußte, weil sich herausstellte, daß er in Goebbels' »Reich« mitgearbeitet hatte. Lovis Lorenz, den Tüngel aus Berlin kannte, war der einzige vom Fach. Er kam vom Hugenbergschen Scherl-Verlag, wo er Chefredakteur der Illustrierten »Die Woche« gewesen war.

Spiritus rector des ganzen Unternehmens war der Rechtsanwalt Bucerius. Ende Dreißig, klein, bebrillt, sehr intelligent und immer zappelig, wobei er den Kopf auf charakteristische Weise hin und her warf, waren die Unterhaltungen mit ihm zugleich anregend und entnervend, weil er das Gesprächsthema dauernd wechselte. Sein praktischer Sinn hatte sich schon darin bewiesen, daß er die Räumlichkeiten im Pressehaus am Mohlenhof zu beschaffen gewußt hatte. Zunächst hielt sich Bucerius im Hintergrund.

Unter den Redaktionsmitgliedern ragte eine herbe, glänzend aussehende preußische Dame heraus, Dr. Marion Gräfin Dönhoff, eine diplomierte Volkswirtin, Angehörige des Widerstandes. Während des Krieges hatte sie die großen Familiengüter in Ostpreußen verwaltet und war im letzten Augenblick vor den Russen in den Westen geritten. Nun war sie einigermaßen plötzlich Journalistin in der politischen Redaktion der »Zeit« geworden. Der Leiter der Wirtschaftsredaktion, Erwin Topf, war ein Österreicher, der trinkfreudige Müller-Mahrein ein Rheinländer, ursprünglich Kapellmeister gewesen. Im Kriege als Kampfflieger ausgezeichnet, liebte er es endlos Anekdoten zu erzählen.

Etwas später holte Tüngel noch Ernst Friedlaender, der schließlich zum stellvertretenden Chefredakteur bestellt wurde. Der nach außen gelassene, innerlich leidenschaftliche Mann mit einem bedeutend wirkenden Kopf war ehemals ein erfolgreicher Kaufmann gewesen, der als Halbjude seit 1929 im Ausland gelebt und den Krieg in Liechtenstein verbracht hatte. Nun war er in das hungernde Deutschland zurückgekehrt. Von dem Bewußtsein einer politisch makellosen Vergangenheit erfüllt, attackierten seine Leitartikel, kleine stilistische Meisterwerke, die Maßnahmen der Besatzungsmächte auf das schärfste. Besonders negativ beurteilte er die von den Besatzungsbehörden verordnete Art der Entnazifizierung. Unsere ersten Begegnungen standen im Zeichen solcher verbissenen Vorwürfe; erst später konnte ich als »Engländer« sein Vertrauen gewinnen.

Die Lizenzträger hatten ursprünglich eine Tageszeitung machen wollen, aber in der zufallsbestimmten Art, mit der die zuständigen Besatzungsstellen damals handelten, war aus der Tageszeitung eine Wochenzeitung geworden. Der Leiter der Hamburger PRISC-Stelle hatte mich darauf vorbereitet, daß ich einen schweren Stand haben würde. Um mir ein wenig Rückendeckung zu verschaffen, hatte er den Vorschlag gemacht, die widerspenstige Redaktion zu Getränken und belegten Broten in sein Kasino am Leinpfad einzuladen. Ohne diesen Anreiz wäre sie vielleicht gar nicht erschienen. Es kamen Samhaber, der schon nicht mehr Chefredakteur war, sein Nachfolger Tüngel, Topf, Müller-Mahrein und die Gräfin Dönhoff. In dem behaglichen Wohnzimmer der Patriziervilla saßen wir im Kreise, und ich spürte die Kampfstimmung. Gott sei Dank gab es die Getränke und die Brote. Man soll schwirige Verhandlungen ja nie mit leerem Magen führen; damals galt das doppelt. Nachdem ich meine Mission erklärt hatte – unterbrochen von feindlichen Zwischenfragen, ob hier der Versuch einer Zensur gemacht werde –, ging ich zum Angriff über. Ich konnte nachweisen, daß einige kürzlich erschienene Artikel zur Ernährungslage und Demontagefrage auf falschen Behauptungen basierten und daß die Fehler bei einigermaßen sorgfältigen Recherchen vermeidbar gewesen wären. Das sei schlechter Journalismus und passe kaum zu dem Anspruch, den das Blatt erhebe. Die Diskussion wurde hitzig, Attacke folgte auf Gegenattacke, und wiederholt wurde ich in die Enge getrieben. Am unangenehmsten waren nicht die formal zwar brillanten, aber doch sehr emotionalen Angriffe Tüngels, sondern die leisen, hintergründigen Fragen der Gräfin Dönhoff.

Ich habe die Redaktion der »Zeit« noch häufig besucht, und unsere Diskussionen fanden nicht selten ihren Widerhall im Blatt. Aber wichtiger als solche Erfolge meiner Mission blieben mir über die Jahre hin die menschlichen Beziehungen zu Richard Tüngel, Ernst Friedlaender und vor allem zu Marion Dönhoff. Ihre und meine eigenen politischen Ansichten unterschieden sich bis in die frühen fünfziger Jahre kaum. Häufig haben wir das jeweilige Thema ihrer Leitartikel am Telefon miteinander diskutiert, auch später noch, als sie sich »wegen der fehlenden Ostpolitik« von Adenauer abgewandt und den mehr linken Ideen ihrer Studienzeit zugeneigt hatte, als sie »die rote Gräfin« genannt worden war. Oft wurden aus den Zwiegesprächen Kontroversen, aber unserer Freundschaft tat dies keinen Abbruch.

Marion Dönhoff war und blieb die eigentliche Gestalterin des Blattes, sie hat der »Zeit« ihren Stempel aufgedrückt. Mit ihrer moralischen Autorität, ihrem unerbittlichen Urteil, ihrem Ideenreichtum, ihrer Begeisterungsfähigkeit (stets novarum rerum cupidus), ihrer Menschlichkeit und ihrer Fähigkeit, die unter Tüngel trinkfreudige Redaktion auf Kurs zu halten, blieb sie die beherrschende, die geliebte und gefürchtete Figur. Dazu kam ihre Gabe, Nachwuchs zu finden und heranzuziehen, so Claus Jacobi, Theo Sommer, Hans Gressmann, Rolf Zundel, Haug von Kuenheim. Respektvoll sprach Tüngel von ihr als dem »Besen«. Der politische Teil des Blattes war jahrzehntelang Marion Dönhoff, aber Marion Dönhoff mit dem internationalen Ansehen, das sie genießt, ist mehr als die »Zeit«. Bucerius und sie haben alle anderen Gründungsmitglieder überdauert.

Nur mit Friedlaender blieb ich auch politisch auf der gleichen Wellenlänge. Nachdem er aus der »Zeit« ausgeschieden war, bediente sich Adenauer seiner eine gewisse Zeit lang als Berater und Sprachrohr. Ende 1949 erzählte mir Friedlaender, wie es zu Adenauers und Schumans Konzeption der deutsch-französischen Aussöhnung im Rahmen der Adenauerschen Europa-Politik gekommen sei. Der Hergang ist wenig bekannt und mutet geradezu abenteuerlich an. Ende Oktober 1949 hatte Friedlaender als Mitglied des »Rats der europäischen Bewegung« um ein Interview mit Adenauer nachgesucht, das in der »Zeit« erscheinen sollte. Adenauer empfing ihn, mußte kurz darauf aber zu Verhandlungen mit den alliierten Hochkommissaren auf den Petersberg. Friedlaender sollte sich an seinen, Adenauers, Schreibtisch setzen und sich das Interview selbst ausdenken. Wenn er zurückkäme, könnten sie es dann gemeinsam durchsprechen.

Friedlaender versetzte sich in die Mentalität Adenauers und formulierte Grundlagen einer Frankreich- und Europa-Politik, die seinen eigenen und, wie er glaubte, auch Adenauers Wünschen und Vorstellungen entsprachen. Blankenhorn, dem Friedlaender das Interview zu lesen gab, stimmte zu, meinte aber, der Zeitpunkt sei wohl verfrüht. Als Adenauer Stunden später vom Petersberg zurückkam, las er das fiktive Interview und unterzeichnete es mit geringfügigen Änderungen.

Die Opposition, allen voran Schumacher, tobte und meinte, Adenauer habe deutsche Positionen ohne Gegenleistung aufgegeben. In Paris wurde dem Interview große Publizität geschenkt. Friedlaender gelang es dann, ein wirkliches Interview mit dem französischen Außenminister Robert Schuman zu bekommen, in welchem er den »Adenauerschen« Ball auffing und die Gedanken weiterspann. Kurz nach der Publikation dieses Gesprächs in der »Zeit« am 22. 12. 1949 kam Schuman zum ersten Mal nach Bonn; er und Adenauer feierten Friedlaender als denjenigen, der sie zusammengebracht hatte.

Auf meiner vierten Rundreise im November 1947 wurde ich aufgefordert, vor dem Regional Commissioner von Nordrhein-Westfalen und anderen hohen Offizieren und Beamten, darunter auch Austin Albu, die Tätigkeit der »Wanderprediger« darzustellen. Ich muß das recht ungeschickt angefangen und einen miserablen Eindruck hinterlassen haben. Wie ich später hörte, wollte Albu die Gelegenheit nutzen, mich loszuwerden. Aber Huysman stellte sich vor mich. Dabei gab er mir einen klugen Rat, den ich nie vergessen habe: Kämpfe nie für dich selbst, man ist selbst sein schlechtester Anwalt, überlasse das immer deinen Freunden.

Die nach wie vor entsetzliche Ernährungslage war der Hauptgrund für das sich mehr und mehr verschlechternde Klima zwischen Bevölkerung und Besatzung. Auch nahm die Bereitschaft ab, von der Besatzungsmacht vorgeschlagene Reformen zu akzeptieren. Das ohnehin unglückliche Wort von der Reeducation wurde zum Ziel des allgemeinen Spotts. Assoziationen mit der Kontinentalsperre, Erinnerungen an ähnliche Maßnahmen der Engländer im Ersten und Zweiten Weltkrieg brachten weite Kreise zu der Überzeugung, daß England die Zone mit Absicht aushungere. Bald kursierten die wildesten Gerüchte über angebliche Ausfuhren von Nahrungsmitteln und Kohle, was angesichts der Demontagen vielen auch glaubwürdig schien. Es war dringend erforderlich, der Bevölkerung ein paar Fakten vor Augen zu führen.

Anfang 1948 unterbrach der neue stellvertretende Chef der PRISC, George Gretton, den ich als Vorgesetzten und auch menschlich hoch schätzte, unsere Reisetätigkeit. Wir wurden beauftragt, hieb- und stichfestes Material zusammenzutragen, das die Deutschen von der Irrigkeit der Ansicht überzeugen sollte, England plündere die Zone aus. In wochenlanger Arbeit im Hamburger Mohlenhof, nahe dem Pressehaus, erstellten wir eine Broschüre, die bewies, daß die das Existenzminimum noch nicht einmal erreichenden Rationen keineswegs Ausfluß einer Bestrafungspolitik waren.

Das Hauptproblem war die Fettversorgung: Fett war auf dem Weltmarkt knapp und außerdem teuer; es war für die Engländer nicht nur schwierig, die nötigen Mengen zu bekommen, sondern auch, sie zu bezahlen. Seit 1946 gaben die Engländer achtzig Millionen Pfund im

Jahr für die Versorgung der Zone aus, für das ausgeblutete Land eine enorme Summe, 0,46 Prozent des damaligen britischen Sozialprodukts (nach heutiger Rechnung also etwa fünf Milliarden D-Mark). Die britische Regierung hatte diesen ungeheuren Aufwand für die Besiegten, der zu den Besatzungskosten noch hinzukam, gegen eine starke Opposition zu vertreten. Auch in England selbst herrschte ja Nahrungsmittelknappheit und eine weitgehende, wenn auch nicht ganz so strenge Rationierung. Die Zeitungen nahmen unsere recht lesbare Broschüre mit Interesse auf, aber sie kam nicht richtig zur Wirkung, da sie kurz vor der Währungsreform erschien. Diese aber veränderte die Lage schlagartig: mit einemmal tauchten nicht nur gehortete Nahrungsmittel auf, die die Ernährungslage entspannten, auch der deutsche Export begann anzulaufen.

Mit am stärksten erregte die Gemüter die Frage der Entnazifizierung, weil fast jeder unmittelbar oder mittelbar davon berührt war. Entnazifizierung im weitesten Sinne war lange vor der Kapitulation eines der Besatzungsziele; dasselbe wollten die Deutschen zunächst auch. Die Alliierten gingen in ihren jeweiligen Zonen nach verschiedenen Methoden vor, aber nur bei den Russen, die die Entnazifizierung als Hebel zu gesellschaftspolitischen Veränderungen benutzten, gab es klare Vorstellungen; am radikalsten gebärdeten sich die Amerikaner, am wenigsten ideologisch gingen die Franzosen vor. Aber auch innerhalb der Zonen herrschte keine einheitliche Linie; alles hing von den örtlichen Behörden ab. Im Oktober 1946 übernahmen die Engländer und widerwillig sogar die Franzosen das amerikanische Modell von fünf Kategorien: Hauptschuldige, Belastete, Minderbelastete, Mitläufer, Entlastete sowie das Spruchkammern-System mit wachsender deutscher Selbstbeteiligung.

Bald stöhnten alle deutschen Behörden, weil ihnen wichtige Mitarbeiter »wegentnazifiziert« wurden. Das ganze Land wurde von Fragebogen überschwemmt, aber gleichzeitig setzte ein schwunghafter Handel mit »Persilscheinen« ein, und am Ende schlüpfte ein großer Teil gerade der Hauptschuldigen und Belasteten durch die Maschen. Die deutsche Bevölkerung, auch jener Teil, der eine Entnazifizierung gewünscht hatte, wurde der Flut der Verfahren bald überdrüssig, und es gab Einzelfälle, in denen man sich mit den Betroffenen solidarisierte. Die Deutschen fühlten sich um die Früchte der Niederlage betrogen. Das Ganze schleppte sich jahrelang hin: Lange, bevor es offiziell für beendet erklärt wurde, war es versandet. Aber sowohl für die Öffentlichkeit in den von Hitler heimgesuchten Ländern als auch in Deutschland selber wäre es moralisch und politisch untragbar gewesen, den Versuch einer Reinigung nicht zu unternehmen.

Die Aufgabe war von vornherein unlösbar, welches Verfahren auch immer man angewendet hätte. Ich habe es in der Regel nicht fertiggebracht, jemand für sein Engagement im Dritten Reich zur Rechenschaft zu ziehen; es gab fast immer verständliche Gründe. Wenn eine direkte Beteiligung an Verbrechen nicht vorlag, blieb allein ausschlaggebend, wie sich jemand im menschlichen, im privaten Bereich benommen hatte. Aber wie schwer war es schon im eigenen Bekanntenkreis, auf den Grund der Dinge zu kommen und richtig zu urteilen.

Das andere Thema, das die Öffentlichkeit bewegte, waren die Demontagen. Es sollte nicht nur das industrielle Kriegspotential demontiert werden, sondern auch alle Kapazität, die zur Aufrechterhaltung eines noch festzulegenden deutschen Industrieniveaus nicht benötigt wurde. Im Oktober 1947 hatte mir Adenauer wegen der drohenden Demontagen geschrieben.[9] Natürlich konnte ich politische Entscheidungen in London nicht beeinflussen. Aber einmal konnte ich im Rahmen der zuständigen Kontrollkommission CCG auf die katastrophalen Auswirkungen der Demontagen hinweisen, zum anderen publizistische Unterstützung in England mobilisieren.

Ein typischer Fall ereignete sich 1948, als es einer englischen Konkurrenzfirma gelungen war, die Demontage der Kammfabrik »Kolibri« zu erwirken. Ein Produktionsbetrieb für Kämme war nun wahrlich kein Rüstungsunternehmen, aber in der CCG saßen eben auch Interessenvertreter der britischen Industrie, die über die politischen Ziele hinaus ihre eigenen Interessen verfolgten. Der Fall »Kolibri« war dem englischen Verleger Victor Gollancz hinterbracht worden. Gollancz, Mitglied der Labour Party, war davon überzeugt, daß die Besatzungspolitik in großen Teilen Unsinn war und nur darauf hinauslief, Deutschland in die Arme der Sowjets zu treiben; auch lehnte er sich aus humanitären Gründen gegen eine Ausplünderung der besiegten Nation auf.

Schon im Hungerwinter 1946/47 hatte sich dieser unabhängige Geist im »News Chronicle« erregt: »Die Schamlosigkeit der Regierung wird immer größer. Puter und Geflügel, Extrafleisch, Süßigkeiten und Zukker kündigt Mr. Strachey (der britische Ernährungsminister) für Weihnachten an ... Haben denn diese christlichen Staatsmänner nicht die geringste Vorstellung von dem, was augenblicklich in Deutschland vorgeht?« Der geschickte Augstein druckte den Artikel in »Diese Woche« nach, ohne daß die Militärregierung ihm etwas anhaben konnte: Schließlich war es ein Zitat aus einer englischen Zeitung.

Mit seinem beträchtlichen politischen und verlegerischen Einfluß startete Gollancz eine Kampagne unter dem Motto »Save Europe now«. In dieser Kampagne wurde er von dem erfolgreichen Unternehmer Richard Stokes unterstützt, der ebenfalls Labour-Abgeordneter war. Gollancz und Stokes nahmen sich des Falles »Kolibri« an und machten daraus den Skandal, der er war. Die Regierung mußte klein beigeben, und die Maschinen wurden nach Deutschland zurück verschifft.

Von dem Erfolg dieser Kampagne ermutigt, suchte ich Gollancz in London auf. Der große massige Mann, ein praktizierender Jude, empfing mich in seinem typisch englischen, schäbigen Verlagsbüro in der Henrietta Street. Er fing sofort Feuer und nahm begeistert Material über kolibri-ähnliche Fälle entgegen. Im Laufe der Zeit bin ich mehrmals bei ihm gewesen, auch auf seinem Landsitz, der bescheidenen Wohlstand ausstrahlte. Eines Tages erklärte er mir, in Deutschland kämen jetzt keine größeren Ungerechtigkeiten der Besatzungsmacht mehr vor; Deutschland sei für ihn abgehakt, er wende sich nun anderen Themen zu.

Aus Protest gegen die Beschlüsse der Londoner Konferenz der sechs westlichen Außenminister, ein föderatives West-Deutschland in das europäische Wiederaufbauprogramm einzugliedern, verließen die Russen am 20. März 1948 den Kontrollrat. Die westlichen Besatzungsmächte schickten sich nun an, die von den Deutschen lang ersehnte Währungsreform vorzubereiten. Da aber die Viermächteverwaltung von Berlin – die Kommandantura – wenn auch mehr schlecht als recht noch funktionierte, wurde Berlin in die geplante Reform zunächst nicht einbezogen; die Frage wurde einfach in der Schwebe gelassen. Unter größter Geheimhaltung – die Russen durften keinen Wind davon bekommen – bereitete man sich auf den Eventualfall vor, daß die Einführung der »Deutschmark« auch in Berlin notwendig werden würde. So wurden die drei Stadtkommandanten beauftragt, durch ihre Finanzberater eine Lösung ausarbeiten zu lassen, die den besonderen Verhältnissen der geteilten Stadt gerecht werden sollte. Genau wie in den westlichen Zonen, mußte dies unter Mitwirkung deutscher Experten erfolgen. Um die Geheimhaltung sicherzustellen, wurde beschlossen, die deutschen Experten vom 15. Juni an in einem Gebäude am Fehrbelliner Platz, dem sogenannten York-Haus, neben dem britischen Hauptquartier, dem Lancaster House, zu kasernieren.

Ich wurde beauftragt, einige deutsche Währungsexperten aus dem britischen Sektor gewissermaßen zu verhaften und dorthin zu bringen. Ich erinnere mich noch, wie ich zum Beispiel bei dem mir bekannten Gerd von Einern, der als Journalist für die Öffentlichkeitsarbeit an den Beratungen teilnehmen sollte, erschien und ihm sagte, worum es sich handelte; dann bat ich ihn, seine Sachen zu packen und seiner Frau zu sagen, daß er in dringendem Auftrag nach Frankfurt reisen müsse und erst in ein paar Tagen zurückkommen werde.

Am Abend war alles in einer eher kärglichen Unterkunft, aber bei einigermaßen anständiger Verpflegung versammelt: Dr. Fritz Paersch, Rudolf Gleimius, Bankenbeauftragter der britischen Militärregierung, später Präsident der Landeszentralbank Berlin, Dr. Erich Trost, Friedrich Spennrath, Vorstandsvorsitzer der AEG, Dr. Friedrich Ernst, der

»Banken-Ernst«, Reichskommissar für das Bankwesen unter Brüning, Chef des Bankhauses Delbrück, und Schickler – der Sachverständigste unter den Sachverständigen. Die meisten hatten ihre Familien im dunkeln lassen müssen und machten sich deshalb Gedanken. Ich setzte mich verbotswidrig ans Telefon und stellte die Verbindungen zu den einzelnen Haushalten her. Dabei meldete ich mich als »Militärische Telefonzentrale Frankfurt. Ich verbinde mit Ihrem Mann«.

Die Diskussionen zwischen den deutschen und alliierten Herren waren hitzig. Es stellte sich heraus, daß die Berliner Finanzoffiziere von der ihnen gestellten Aufgabe vollkommen überfordert waren. Der Amerikaner Fisher-Freeman von der Bank of Hongkong and Shanghai verstand als einziger ein wenig von dem Metier. Ihre Chefs konnten nur sporadisch aus den drei Zonen nach Berlin kommen, weil sie noch mit den letzten Fragen der Währungsreform der Trizone befaßt waren. Der absolute Star des ganzen Unternehmens war der Amerikaner Tannenbaum, eigentlicher Architekt der Währungsreform, ein genialer, noch sehr junger Emigrant, der früh verstarb.

Die politischen Überlegungen standen im Vordergrund. Man wollte einen Bruch mit den Russen unbedingt vermeiden, aber niemand machte sich Illusionen, daß die Einführung einer westlichen D-Mark diesen Bruch herbeiführen mußte. Am 16. Juni 1948 zogen die Russen aus der Kommandantura aus. Aber auch noch, als die Alliierten erfuhren, daß die Sowjets im Begriffe standen, in ihrer Zone ebenfalls eine Währungsreform und zwar unter Einschluß ganz Berlins vorzunehmen, erklärten sie am 22. 6. ihre Bereitschaft, die neue Ostwährung zu akzeptieren, wenn deren Einführung unter gemeinsamer Kontrolle erfolge. Die deutsche Seite hatte von alledem noch keine Ahnung.

Ich war inzwischen zum Vorsitzer der Drei-Mächte-Kommission für die Öffentlichkeitsarbeit der Berliner Währungsreform ernannt worden. Die ins Auge gefaßte Lösung schien mir politisch lebensgefährlich, und so eilte ich am 22. 6. zu Ernst Reuter, natürlich ohne Wissen meiner Vorgesetzten. Reuter, zum Oberbürgermeister von ganz Berlin gewählt, jedoch wegen des russischen Vetos von der Alliierten Kommandantura nicht bestätigt, wirkte mit seiner Baskenmütze wie ein politischer Intellektueller aus der Weimarer Zeit; er war ziemlich hochfahrend und eher kühl. Ich habe nie so recht Zugang zu ihm gefunden, sei es, weil wir uns nicht lagen, sei es, daß ich für ihn als Freund Schumachers abgestempelt war, mit dem ihn außer der gemeinsamen Parteizugehörigkeit wenig verband. Wie immer bei solchen Rivalitäten, war nicht festzustellen, ob die persönliche Abneigung zu den grundsätzlichen Meinungsverschiedenheiten geführt hat oder ob umgekehrt die gegenseitige Abneigung aus den verschiedenen Überzeugungen resultierte.

Reuter hatte eine starke Ausstrahlung, der auch ich mich nicht entziehen konnte; in seiner Gegenwart fühlte ich mich in gewissem Maße befangen. Als ich ihn über die alliierten Absichten informierte, verlor er beinahe die Fassung und tobte. Ich riet ihm, um ein Gespräch mit dem britischen Stadtkommandanten nachzusuchen. Der Termin wurde für den nächsten Tag, den 23. Juni morgens, festgelegt. Gleichzeitig informierte ich mein »Gegenüber« auf der US-Seite, Captain Biel, der seinerseits den amerikanischen Stadtkommandanten, den mutigen Kavallerieoberst Howley, motivierte, welcher ein gutes politisches Gespür hatte.

Am Morgen des 23. Juni erzählte mir der britische Finanzoffizier Oberstleutnant W. J. H. Curtis, daß das Gespräch abgesagt worden sei. Aber Curtis war noch nicht am Ende. Er hatte zwar nicht die geringste Ahnung von Finanzen, was er auch ganz offen zugab. Als ich ihn fragte, wie er denn dann zu dieser Position gekommen sei, kicherte er und sagte: »Wissen Sie, ich war in der chinesischen Zollverwaltung, und da war man offenbar der Meinung, daß ich für diesen Job geeignet sei.« Er besaß jedoch politische Bauernschläue und hatte sofort verstanden, worum es jetzt ging. Er zeigte mir einen großen Stoß Akten, in den er den Befehl zur Absage des Treffens hineingeschoben hatte. Die Anweisung, meinte er, müsse wohl irgendwie verlorengegangen sein.

Kurz darauf erschien Ernst Reuter. Ich meldete ihn beim Stellvertretenden Stadtkommandanten, dem verständnisvollen Brigadier »Lofty« Benson. »Aber um Gottes willen, das Gespräch ist ja abgesagt.« »Abgesagt?«, fragte ich, »wer hat es abgesagt?« »Ich habe es abgesagt.« Ich gab mich vollkommen überrascht. »Aber davon weiß niemand etwas.« »Sie müssen Reuter wegschicken.« »Aber, Sir, das ist ganz unmöglich. Wir können doch nicht den gewählten Lord Mayor von Berlin wegschicken.«

Also wurde Reuter vom Stadtkommandanten empfangen. General Herbert war ein Troupier, nicht dumm, aber unsicher und nervös. Der Rolle des Stadtkommandanten, zumal in einer politisch so heiklen Situation, war er nicht gewachsen. Viel lieber steuerte er eine Straßenbahn bei der Wiederinbetriebnahme einer Linie. Bei einer anderen Besprechung, als ich einen ihm nicht genehmen Standpunkt vertreten hatte, sprang er auf mich zu, ergriff meine Jackenaufschläge und schüttelte mich regelrecht hin und her; zehn Minuten später ging er einigermaßen zahm auf meine Empfehlungen ein. Die entschiedene Erklärung Reuters versetzte ihn in Panik, was glücklicherweise dazu führte, daß unverzüglich ein Termin mit den beiden anderen Stadtkommandanten und den Finanzberatern aus den Zonen angesetzt wurde. Die Situation wurde als so brisant geschildert, wie sie wirklich war, und die hohen Herren eilten unverzüglich herbei.

Zwei Stunden später saßen alle Alliierten in einem Saal des Lancaster House an einem langen Tisch; parallel wurde ein kleiner aufgestellt. An diesem Katzentisch nahm Reuter mit seinen Beratern Platz: Otto Suhr, der Vorsitzer der Stadtverordnetenversammlung, Karl Huber Schwennicke, der Chef der FDP, sowie der Stadtkämmerer Haas. Auf britischer Seite nahm auch der stellvertretende Leiter der Politischen Abteilung in Berlin, der immer ausgleichende Duncan Wilson teil. Ich schob ihm einen Zettel zu, daß es beschämend sei, die Deutschen an den Katzentisch zu verbannen. Er nickte; aber es war zu spät, daran etwas zu ändern.

Reuter erhob sich und richtete an die Herren die Frage, ob Gerüchte stimmten, denen zufolge die Alliierten bereit seien, die neue Ostwährung auch in den Westsektoren anzuerkennen, und daß sie auf die Einführung der D-Mark verzichten wollten. Die Alliierten antworteten ausweichend, aber Reuter ließ nicht locker. Als kein Zweifel mehr bestand, daß ein solches Angebot an die Russen tatsächlich beschlossen und vielleicht schon gemacht worden war, gab er in festem Ton eine kurze Erklärung ab. Ein Verzicht auf die West-Mark komme einer Kapitulation gleich. Man solle zur Kenntnis nehmen, daß er als verantwortlicher Bürgermeister der Stadt Berlin eine solche Entscheidung nicht mittragen, sondern öffentlich davon abrücken werde und daß er auch den Rücktritt nicht scheue. Nach kurzer, aber heftiger Debatte wurde die Sitzung vertagt; lange Gesichter und große Aufregung. Ein Rücktritt Reuters wäre politisch nicht zu verkraften gewesen. Es begann ein hektischer Telefon- und Telegrammverkehr mit den Militärgouverneuren in den Zonen, wahrscheinlich auch mit London, Washington und Paris. Aber am Ende wurde den Russen am Nachmittag das Angebot doch noch unterbreitet.

Schon am nächsten Morgen fand die neue Sitzung statt; diesmal saßen die Deutschen am selben Tisch wie die Alliierten. Die Russen hatten das Angebot inzwischen abgelehnt, aber ohne Reuters entschiedenes Auftreten hätten die Alliierten möglicherweise einen weiteren Kompromiß vorgeschlagen. So aber war inzwischen die Entscheidung gefallen: Die D-Mark wurde in den Westsektoren eingeführt, versehen mit einem auf die Geldscheine gestempelten »B«. Es war nicht nur Reuters große Stunde: gerade drei Jahre nach der Kapitulation hatte ein Vertreter der Besiegten die Entscheidungen der Sieger beeinflußt. Am 25. Juni trat die Währungsreform in Berlin in Kraft. Meine Gefangenen konnten nach Hause gehen.

Neben der D-Mark wurde die neue Ostwährung zugelassen; ein dreiviertel Jahr lang, bis März 1949, gab es in Berlin zwei Währungen. Den Experten sträubten sich darob die Haare, und sie zitierten Greshams law: »Das schlechte Geld vertreibt stets das gute.« Berlin würde ein fürchterliches Loch, dessen Sog die gerade erst gefestigte D-Mark der Trizone in die Ostzone abziehen würde. Aber die düsteren Voraussagen erfüllten sich nicht.

In den Tagen der Entscheidung war die Lage in Berlin äußerst gespannt. Stündlich rechnete man mit drastischen Schritten der Russen. Jeder befand sich in Alarmbereitschaft, der sowieso zur Dramatisierung neigende General Herbert war Tag und Nacht erreichbar. Wir brauchten nicht lange zu warten. Am 24. Juni begann die sowjetische Blockade Berlins. Aber die Alliierten blieben fest; ihre Antwort war die Luftbrücke.

Die Blockade aber veränderte auch das Klima zwischen Deutschen und Alliierten entscheidend. Zwar war es in Berlin schon vorher offener, zwangloser und herzlicher zugegangen als in den Zonen, aber die Entbehrungen, der beinahe mythische Einsatz der alliierten Versorgungsflugzeuge und die gemeinsame Abwehr der russischen Bedrohung schweißten Bevölkerung und Besatzung jetzt auf besondere Weise zusammen. Auch die Alliierten unterwarfen sich bis zu einem gewissen Grade den Entbehrungen. Die Rationen wurden eingeschränkt, die Privatquartiere und Büros wenig oder gar nicht beheizt, die Fahrstühle eingestellt. Mühsam stiegen wir die vielen Treppen des Lancaster House hinauf und saßen mit Wintermänteln an unseren Schreibtischen. Mit den Berlinern genossen wir den unaufhörlichen Lärm der startenden und landenden Flugzeuge, bewunderten die Präzision der Minutenfolge und zitterten, wenn das Wetter die Flüge einschränkte.

Bald nach den Berliner Ereignissen fuhr ich zu Professor Edgar Salin nach Basel. Der berühmte Nationalökonom und bedeutende Geisteswissenschaftler, was eine seltene Kombination ist, war Schüler von Friedrich Gundolf und schon vor dem Ersten Weltkrieg dem George-Kreis verbunden gewesen. Der kräftige Mann mit der hohen, gewölbten Stirn und dem strengen Blick wirkte in seiner Art, den Kopf meist leicht nach oben zu richten, hochmütig. Aber er war eine eindrucksvolle Persönlichkeit, und vor allem in den USA nahmen ihn viele einflußreiche Personen als Freund und Ratgeber.

Vor dem Krieg hatte Marion Dönhoff zu seinen bevorzugten Studenten gehört. 1946 habe ich ihn auf Anraten von Wolfgang Frommel das erstemal aufgesucht und bis zu seinem Tode im Jahr 1974 keine Gelegenheit ausgelassen, ihn zu treffen. Salin war auch befreundet mit dem Testamentsvollstrecker und Nachlaßverwalter Stefan Georges, Robert Boehringer, zu dem ich ebenfalls 1946 gegangen war und dem ich vom Schicksal Percys und Wolfgang Frommels berichtet hatte. Der wohlhabende, mit Ehrenämtern überhäufte Mann lebte mit Frau und Tochter in äußerster Zurückgezogenheit in Genf. Es war eine Ehre, überhaupt empfangen zu werden, und trotz des bürgerlichen Ambientes hatte man das Gefühl einer Audienz bei Hof. Einige Jahre stand ich mit diesem merkwürdigen, besonderen Mann in Kontakt.

In diesem Sommer 1948 saß bei Salin gerade der Hamburger Bankier Brinckmann. Als wir auf die Währungsreform zu sprechen kamen, wiegte er bedeutungsvoll den Kopf und meinte, das alles sei miserabel gemacht worden, die neue Währung würde innerhalb von sechs Monaten zusammenbrechen, die Kopfquote sei viel zu hoch angesetzt. Wochenlang hatte ich mich mit der ganzen Problematik befaßt und empfand Brinckmanns Meinung als abwegig, was ich ihm mit dem Respekt des Laien vor dem Fachmann auch zu verstehen gab. Rückschauend gesehen ist es interessant, mit wieviel Skepsis damals aufgenommen wurde, was als »großer Wurf« in die Geschichte eingegangen ist.

Anfang 1948 waren in zunehmendem Maße Nachrichten über den paramilitärischen Charakter der von den Russen in ihrer Zone organisierten Polizei in den Westen gedrungen. Am 3. Juni wurde die Gründung der »Kasernierten Volkspolizei«, der Vorläuferin der Nationalen Volksarmee, öffentlich verkündet. Auch wenn die Demilitarisierung Deutschlands aus der Sicht der Alliierten verständlich war, so habe ich sie doch von Anfang an für einen Fehler gehalten. Ich fand, daß ein zukünftiger deutscher Staat ohne Verteidigungsfähigkeit keine Stimme im westlichen Lager haben würde. Noch war das Thema in Besatzungskreisen tabu, und auch die Mehrzahl der Deutschen zeigte wenig Lust, wieder an Uniformen zu denken. Die Alliierten hatten den Deutschen unablässig beizubringen gesucht, daß bei ihnen alles Soldatentum zwangsläufig in geistlosen und aggressiven Militarismus entarte. Der Beruf des Militärs war einschließlich der soldatischen Tugenden verfemt worden. Aber vor allem saß die militärische Niederlage den Deutschen noch in den Knochen.

Diese Fragen der Zweckmäßigkeit, Notwendigkeit und Machbarkeit eines deutschen Verteidigungsbeitrags besprach ich oft mit Marion Dönhoff; ihre Gedanken bewegten sich auf der gleichen Linie. Die Hauptschwierigkeit lag zunächst natürlich darin, geeignete Führungspersönlichkeiten für eine neue deutsche Armee zu finden. Sie mußten einerseits militärisch qualifiziert, aber ihre Vergangenheit mußte in politischer Hinsicht unzweifelhaft sein, sie mußten das Vertrauen von Deutschen und Alliierten gleichermaßen gewinnen können.

Marion kannte den ehemaligen Panzergeneral Gerhard Graf von Schwerin. Der gebildete Mann hatte vor dem Kriege die Vereinigten Staaten und England bereist und dort Verbindungen zu politischen Kreisen angeknüpft. Als Leiter der Gruppe England und Amerika in der Abteilung »Fremde Heere West« im Generalstab des Heeres hatte er im Sommer 1939 von General Oster den Auftrag erhalten, während seines Urlaubs in England einigen führenden Leuten klarzumachen, daß mit Hitler anders umgegangen werden müsste: Schickt ein Flottengeschwader nach Danzig, zeigt dem deutschen Luftwaffenchef eure neu aufgebaute Luftflotte, treibt den Militärpakt mit der Sowjetunion voran. Das einzige, was Hitler von weiteren Abenteuern abhalten kann, ist die Gefahr des Zweifrontenkrieges. Bekanntlich stieß dieser Rat des deutschen Widerstands, wie andere auch, auf taube Ohren.

Bald nach dieser Englandreise war Schwerin aus dem Generalstab entfernt worden, weil er in seinem Bericht vor militärischen Abenteuern gewarnt hatte. Im Kriege hatte er sich an der Westfront, in Nordafrika und an der Ostfront ausgezeichnet und das Ritterkreuz mit Eichenlaub und Schwertern erhalten. Bei den Kämpfen um Aachen im September 1944 war er wegen Nichtbefolgung von Führerbefehlen verhaftet und vor ein Kriegsgericht gestellt worden, aber mit einer Strafversetzung nach Norditalien davongekommen, wo er dann das 76. Panzerkorps befehligte. Am 25. 4. 1945 hielt er jeden weiteren Widerstand für zwecklos und kapitulierte auf eigene Faust, auch mit der Absicht, seinen Vorgesetzten den Entschluß zur Einstellung des längst aussichtslos gewordenen Kampfes zu erleichtern.

Im Herbst 1948 besuchte ich Graf Schwerin in einem Krankenhaus. Groß, schlank, mit sehr blauen Augen, gut geschnittenen, allerdings etwas weichen Zügen machte er auf mich einen besonders sympathischen Eindruck. Seine Haltung war straff, dabei hatten seine Bewegungen Grazie; er muß ein inspirierender Truppenführer gewesen sein. Seine anti-nationalsozialistische Gesinnung und sein Mut zur befehlswidrigen Kapitulation qualifizierten ihn ohne Zweifel sowohl bei Deutschen als auch bei den Alliierten für eine militärische Führungsaufgabe. Seine Vorstellungen über den Weg zu einem deutschen Wehrbeitrag schienen mir allerdings ein wenig naiv.

Schwerin hielt engen Kontakt mit seinen früheren Offizieren und Mannschaften und versuchte, sie durch ein privat gedrucktes Blättchen mit dem ominösen Titel »Werwolf« bei der Stange zu halten. Ich erklärte ihm vorsichtig, daß ich von diesem Erzeugnis nichts hielte und schon gar nichts von dem Namen »Werwolf«, der fragwürdige Assoziationen wecke. Nachdem ich mich wiederholt mit Schwerin getroffen hatte, ging ich zu Kit Steel und erzählte ihm von meinen Initiativen auf eigene Faust. Er war begeistert: »Das ist genau das Richtige. Wir werden einen solchen Mann brauchen, aber jetzt ist es noch zu früh. Ich werde dem Office nichts sagen. Halten Sie Kontakt, aber berichten Sie mir regelmäßig.«

Im Winter 1949/50 hatte die Idee eines deutschen Beitrags zur Verteidigung Westeuropas soweit Gestalt angenommen, daß die Alliierten auf die Institutionalisierung von militärischen Kontakten mit den Deutschen drängten. So war Kit Steel im Frühjahr 1950 bereit, den Grafen Schwerin kennenzulernen. Die Begegnung fand in meiner »Villa Spiritus« in Bonn statt (inzwischen war das Hauptquartier der Control Commission von Berlin nach Wahnerheide verlegt worden). Anwesend waren nur wir drei. Nachdem man sich gegenseitig abgetastet hatte, entspannte sich die Atmosphäre, wurde schließlich herzlich, Kit Steel stellte ein Treffen mit Robertson in Aussicht.

Anschließend fragte ich beide nach ihren Eindrücken. Die Antworten waren bezeichnend. Kit Steel: »A very nice and intelligent person. And such a gentleman.« Schwerin: »Sehr positiv, sehr vielversprechend, sehr liebenswürdig. Herr Thomas, das erste Mal, daß ich nach dem Kriege von einem Alliierten, noch dazu einem hochgestellten, mit ›Herr General‹ angeredet worden bin.«

Kurz darauf brachte Steel Graf Schwerin zu General Robertson, und dieser entschloß sich sofort, ihn Adenauer zu empfehlen. Zunächst aber wurde er an Blankenhorn verwiesen, der das ganze Vorhaben jedoch zurückhaltend beurteilte. Nach guter AA-Manier forderte er jedoch Schwerin auf, ein Memorandum über Sicherheitsfragen der Bundesrepublik anzufertigen.

Am 24. 5. 1950 wurde Schwerin dann von Adenauer empfangen. Trotz seiner Skepsis gegenüber Generälen war der Kanzler vom Grafen angetan und bat ihn bereits in dieser ersten Begegnung, die Funktion eines »Beraters des Bundeskanzlers in Sicherheitsfragen« zu übernehmen und einen kleinen Stab aufzubauen. Schwerin stellte zwei Bedingungen, die Adenauer nur widerstrebend akzeptierte. Die Amerikaner müßten seiner Berufung zustimmen, und er müsse das Recht haben, Schumacher über seine Arbeit auf dem laufenden zu halten. Das war geschickt und weitsichtig, aber auch Adenauer gebührt Hochachtung, daß er sich angesichts des Hasses zwischen Schumacher und ihm zunächst damit abfand.

Die Ernennung Schwerins stand im Grunde nicht im Einklang mit alliiertem Recht. Und welcher Widerspruch: Da verkünden drei Hochkommissare ein drastisches Gesetz zur industriellen Entwaffnung der Bundesrepublik, während sie gleichzeitig die Errichtung einer militärischen Kontaktstelle forcierten. Das Büro Schwerin wurde denn auch unter dem Decknamen »Zentrale für Heimatdienst« im Bundeskanzleramt geführt und vor der Öffentlichkeit geheimgehalten. Schwerins Position wurde niedrig eingestuft, im Range eines Ministerialrats, wie denn überhaupt die Militärs in der Bundesrepublik noch lange rang- und besoldungsmäßig unter den Komplexen der jungen Demokratie zu leiden haben sollten.

Schwerin entfaltete unverzüglich eine rege Tätigkeit und zog sich einen Stab hervorragender Mitarbeiter heran. Mit den meisten machte er mich noch vor ihrer Ernennung bekannt, so auch mit dem Major Axel von dem Bussche. Von dem Bussche hatte sich den Verschwörern im November 1943 erboten, Hitler bei der Vorführung einer neuen Uniform zu ermorden. Mit Sprengstoff, den er auf der Brust trug, wollte er sich und Hitler in die Luft sprengen. Aber am Tag zuvor war bei einem Luftangriff auf Berlin die neue Ausrüstung vernichtet worden, so daß die Vorführung abgesagt worden war. Schwerin zog auch den Major Achim Oster, den Sohn des nach dem 20. Juli hingerichteten Generals Hans Oster, dann den Major Horst Krüger, den Grafen Kielmannsegg und als Adjutanten den Oberleutnant Brandt, den späteren Generalinspekteur der Bundeswehr, zu sich: lauter entschlossene Offiziere der ehemaligen Anti-Hitler-Fronde.

Von Anfang an hatten die Generale Speidel und Heusinger, die sich ebenfalls der Schätzung des Bundeskanzlers erfreuten, die Ernennung Schwerins mit Mißtrauen und Unwillen betrachtet. Trotz aller Versuche der Geheimhaltung gab es in Presse und Öffentlichkeit bald Gerüchte über die »Zentrale für Heimatdienst«. Adenauer dementierte sie, verweigerte aber jede konstruktive Publizität. Die Kritik von Heusinger, Speidel und anderen, das Argument, daß Schwerin als Nichtgeneralstäbler für die notwendigen Planungsaufgaben nicht qualifiziert sei, seine Kontakte zu Schumacher und nicht zuletzt eine Geradlinigkeit, die auf diplomatische Ungeschicklichkeit hinauslief, unterminierten seine Position bei Adenauer. Als sich Schwerin im Oktober 1950 in seiner Privatwohnung mit ausgewählten Journalisten zu einem Hintergrundgespräch zusammensetzte – sicher ein naiver Einfall, den Gerüchten zu begegnen –, war das für Adenauer ein willkommener Anlaß, sich seiner wegen Indiskretion zu entledigen.

Längst hatte Adenauer in Gestalt des christlichen Gewerkschafters, Bundestags-Abgeordneten und Weltkriegs-Reserveoffiziers Theodor Blank einen Nachfolger gefunden. Die »Zentrale für Heimatdienst« hieß von nun an »Dienststelle Blank«, von Schwerin wurden nur einige Mitarbeiter übernommen. Dennoch war es Schwerin, der die Vorarbeit geleistet und den Grundstein für das spätere Bundesverteidigungsministerium gelegt hat. Aber nicht genug damit, daß der Bundeskanzler ihm einen unfairen und sogar schäbigen Abschied gegeben hat; seine Gegner im Offizierskorps haben ihm bei der Gründung der Bundeswehr auch die Reaktivierung verweigert.

Im Winter 1949/50 hatte ich zum erstenmal Hans Günther Sohl getroffen. Er und seine Kollegen Schwede und Linz waren als unbelastete ehemalige Vorstände der Vereinigten Stahlwerke von der Militärregierung zu deren »Entflechtern«, also Liquidatoren bestellt worden. Lehr hatte mich gebeten, ihnen ein Gespräch mit General McReady, dem Wirtschaftsberater des britischen Hochkommissars, zu vermitteln. Die Herren luden mich feierlich zum Essen ein. Sohl, der jüngste der drei, war sympathisch und wirkte außerordentlich kompetent. Unvergeßlich bleibt mir seine Antwort auf meine Frage, was er eigentlich nach der Entflechtung der Vereinigten Stahlwerke zu tun gedenke. Ohne zu zögern, sagte er: »Ich will Vorstandsvorsitzer der August-Thyssen-Hütte werden.« »Aber«, entgegnete ich, »die habe ich mir selbst angesehen, die ist doch hoffnungslos zerstört.« »Eben deshalb«, erwiderte er. Kein Wunder, daß ein Mann, der sein Ziel so klar vor Augen hatte, einer der großen Wirtschaftsführer des Wiederaufbaus geworden ist.

Nach der Bildung der Bizone, nach der Überwindung vieler französischer Vorurteile und der Befreiung von den Fesseln des Kontrollrats beschleunigte sich die verfassungspolitische Entwicklung Westdeutschlands. Schon im April 1949 hatten die Alliierten sich auf ein Besatzungsstatut geeinigt und beschlossen, an die Stelle der Militärregierung eine Hohe Kommission treten zu lassen. Die Gouverneure hießen fortan Hohe Kommissare. Die Idee einer solchen Selbstbeschränkung hatte Carlo Schmid aufgrund seiner eigenen Erfahrungen als Besatzungsoffizier in Frankreich mit großer Verve vorangetrieben.

Seit September 1948 beriet in Bonn – anfangs im Museum König für ausgestopfte Tiere – der Parlamentarische Rat über ein Grundgesetz. Am 23. Mai 1949 konnte es verkündet werden, im August wurde der erste Bundestag, am 15. September der Bundeskanzler gewählt. Für die britische Verwaltung war es höchste Zeit geworden, aus Berlin an den Rhein zu übersiedeln. Im Spätsommer 1949 fand der Umzug in die unmittelbar am Flugplatz Wahn gelegenen Kasernen von Wahnerheide statt. General Robertson, jetzt britischer Hochkommissar, nahm Residenz im benachbarten Schloß Röttgen, das der Familie Mülhens gehörte, den Eigentümern der Firma 4711; die meisten Besatzungsbeamten wohnten in Bad Godesberg. Ich selbst hatte das Glück, eine Drei-Zimmer-Wohnung im Dachgeschoß der sogenannten »Villa Spiritus« zu bekommen. Sie hieß nach ihrem früheren Besitzer, einem Bürgermeister von Bonn, und lag unmittelbar am Rheinufer, an derselben Straße, an die auch das Palais Hammerschmidt grenzte. Die Villa diente General Robertson als Gästehaus, in dem er gelegentlich, aber selten, deutsche Politiker bewirtete. Praktisch stand mir also das ganze Gebäude, einschließlich der Küche, des Personals und der Gesellschaftsräume, zur Verfügung; nur die Bedienung ließ zu wünschen übrig; sie erinnerte mehr an ein Ausflugslokal.

George Gretton hatte inzwischen meine Beförderung zum Vergleichsrang eines Oberst und meine Ernennung zum Leiter der Abteilung Grundsatz und Planung des Medienwesens durchgesetzt. Marion Bieber, die mir nun unmittelbar unterstellt war, wohnte in Godesberg, und jeden Morgen fuhren wir gemeinsam in meinem Dienstwagen nach Wahnerheide, unterwegs fast immer streitend, aber vor der Ankunft stets wieder versöhnt. Sie hatte guten Kontakt zu den Labour-

Politikern, die in regelmäßigen Abständen nach Deutschland geschickt wurden, unter anderem zu meinem Erzfeind Austin Albu; auch bei der SPD ging sie ein und aus. Marion Bieber war es, die mich in der Halle des Bundeshauses mit Willy Brandt bekannt machte. Nie werde ich die halb witzig gemeinten, halb hellseherischen Worte dieses außergewöhnlich intelligenten Mädchens vergessen: »Dies ist Willy Brandt, der zukünftige Bundeskanzler.«

Der Titel meines Amtes war wohlklingend und hochtrabend, aber ich kann mich kaum erinnern, was ich eigentlich den ganzen Tag getan habe, jedenfalls habe ich nicht das Gefühl, daß das Amt besonders wichtig gewesen ist. Neuere Publikationen rufen mir vage in die Erinnerung zurück, daß ich mit den Intrigen um den NWDR befaßt gewesen bin und Geheiminformationen über die Sowjets mit dem mir befreundeten Ludwig Freiherrn von Hammerstein, Jakob Kaisers Mitarbeiter im Gesamtdeutschen Ministerium, ausgetauscht habe.

Dagegen ist mir die erregende Pionier- und Aufbruchstimmung im Bonn jener Tage noch gegenwärtig. Mit viel List war es Adenauer gelungen, das Universitäts- und Rentnerstädtchen im Schatten des Kölner Doms und zu Füßen seines Hauses in Rhöndorf zur provisorischen Hauptstadt wählen zu lassen. Nun wurde Bonn zum Tummelplatz der Besatzungsmächte und der werdenden deutschen Institutionen.[10]

In der »Villa Spiritus« konnte ich ein gastliches Haus führen. Ich erinnere mich eines Abends Mitte 1950, nachdem Graf Schwerin zum Sicherheitsberater des Bundeskanzlers ernannt worden war. »Dodl« Wechmar, damals Korrespondent von UPI, prostete mir aus Spaß mit dem Glas am zweiten Westenknopf zu. Ohne Sinn für die humorig gemeinte Geste schoß der einbeinige Axel Bussche, auf seine Krücken gestützt, herbei und kanzelte Wechmar und mich ab: »Sind wir schon wieder soweit, fängt das schon wieder an?«

Das Klima zwischen der Besatzung und den heranwachsenden deutschen Institutionen verbesserte sich zunehmend. Hatte ich bis dahin, teils im geheimen, teils offen, die Besatzungspolitik bekämpft und für eine deutsch-englische Allianz geworben, so wurde mein persönliches Anliegen allmählich zum Ziel der offiziellen Politik. Waren meine vertraulichen Kanäle – bei allem Mißtrauen, das mir auf britischer Seite entgegenschlug – doch bei vielen Gelegenheiten nützlich gewesen, so konnte ab Ende 1949 eigentlich fast alles von den offiziellen Stellen, das heißt in erster Linie von den Leuten des Foreign Office, wahrgenommen werden. In gewissem Sinne war das ein Triumph; andererseits war ich damit überflüssig geworden. Hinzu kam, daß George Gretton zur BBC zurückging, so daß ich den Intrigen meiner Gegner von nun an verhältnismäßig schutzlos ausgesetzt war. Schon in Berlin hatte mich die Schauspielerin Heidemarie Hatheyer auf einem gemeinsamen Ausritt einmal unvermittelt gefragt, wie ich mir denn eigentlich meine Zukunft vorstelle und wie lange ich mich noch im Glanze meiner inzwischen doch recht sinnlosen Position sonnen wolle.

Dies alles hat zu einer realistischen Einschätzung meiner Lage beigetragen, und als ich mich im Frühsommer 1950 in London auf Urlaub befand und zufällig in Whitehall spazierenging, folgte ich einer plötzlichen Eingebung, ging ins Hauptquartier der Control Commission und kündigte zum Jahresende.

Zurück in Deutschland, fing ich an, mich ernsthaft nach einem Job umzusehen. Angebote der »Zeit« und anderer Medien, mit denen ich in Verbindung stand, lehnte ich ab, zum einen, weil ich mich nicht zum Journalisten berufen fühlte, zum anderen, weil ich es als schlechten Stil empfunden hätte, meine Beziehungen als Besatzungsoffizier nun privat für eine Karriere zu nutzen. Zweierlei stand fest: Ich wollte in Deutschland bleiben, und ich wollte in die Wirtschaft.

In dieser Situation erzählte mir Edgar Salin von einem Studienfreund, Dr. Heinrich Oberheid. Oberheid sei Nazi gewesen, und deshalb habe er sich mit ihm überworfen; nun hätten sie sich wieder ausgesöhnt. Seit kurzem sei er in einem interessanten Hamburger Exportunternehmen tätig, und ich solle ihn unbedingt aufsuchen. - Oberheid wohnte in einem kleinen Häuschen unterhalb der Burg von Bad Godesberg. Es war Juli. Frau Oberheid stand auf einer Leiter im Garten und pflückte Beeren. Und dann trat einer der außergewöhnlichsten Menschen auf mich zu, denen ich je begegnet bin. Auf dem kurzen, untersetzten und dennoch zarten Körper saß ein mächtiger, bedeutender Kopf mit niedriger wulstiger Stirn, buschigen Augenbrauen, einem verschleierten, geheimnisvollen Blick. Er wirkte wie ein Urmensch: mit der Erde verwurzelt und den Kräften der Natur auf magische Weise verbunden.

Schon mit fünfundzwanzig war er Stinnes-Direktor gewesen, hatte dann Theologie studiert, war Pfarrer geworden und lange vor 1933 der NSDAP beigetreten. Oberheid war der Erfinder und eigentliche Führer der »Deutschen Christen« - der »Reibi«, Reichsbischof Müller, war nur sein Strohmann -, jener von den Nazis unterstützten Bewegung, die die evangelische Kirche auf ein nationales Christentum einschwören wollte, in der geheimen Hoffnung, auch die Katholiken für die Idee einer gemeinsamen Nationalkirche zu gewinnen. Erst neuerdings ist bekannt geworden, daß Oberheid mit Kardinal Schulte ernsthafte Verhandlungen über eine mögliche Kooperation geführt hat; ob mit oder ohne Wissen des Vatikans bleibt im dunkeln. Nach der Ermordung von Röhm im Juni 1934 hatte Oberheid - aus Empörung über das Vorgehen Hitlers - alle seine Ämter niedergelegt und war aus der Partei ausgetreten. Er wurde Landpfarrer, zog fünf Jahre später als Offizier in den Krieg, wurde, als er bereits vor einem Erschießungskommando der französischen Résistance stand, von amerikanischen Panzertruppen befreit und als Kriegsgefangener in die USA verbracht.

Nach seiner Entlassung kehrte Oberheid in seinen ursprünglichen Beruf zurück und trat 1950 in zunächst untergeordneter Position in die Düsseldorfer Niederlassung des Hamburger Stahlhandelshauses Coutinho, Caro & Co. ein. Obwohl seine Tätigkeit als junger Direktor bei Stinnes fast zwanzig Jahre zurücklag, hatte er sich einen legendären Ruf bewahrt. Da er zwischendurch evangelischer Bischof gewesen war, nannte man ihn den Eisenbischof, in Anlehnung an den Erzbischof. Welcher Verhandlung er auch beiwohnte, nach einer halben Stunde sprachen alle Teilnehmer nur noch zu ihm, ohne daß er selber das Wort zu ergreifen brauchte.

Der Funke zwischen uns zündete sofort. Für ihn bestand gar kein Zweifel, daß ich zu seiner Firma stoßen müsse. Keine vierzehn Tage später erschien der Firmeninhaber Herbert Coutinho in der »Villa Spiritus« zum Abendessen. General Robertsons Küche tischte ein hervorragendes Essen auf, besonders die Ente war gelungen. Der eher schüchterne Herbert Coutinho erwies sich als belesen, gebildet und besonders sympathisch. Es war ein heißer Augustabend, und bis nach Mitternacht saßen wir auf der Terrasse über dem Rhein. Dann endlich räusperte sich Coutinho und fragte: »Ich höre, Sie wären bereit, in meine Firma einzutreten.« Er ließ keinen Zweifel daran, daß er mich haben wollte; auch akzeptierte er meinen Wunsch, den Nahen Osten zu bearbeiten. In einer Woche könnten wir in Hamburg den Vertrag aufsetzen. Ich erwiderte, daß ich bereits meinen Urlaub geplant hätte und mich Ende September melden würde. In Wirklichkeit hatte mir das rasche Angebot den Atem verschlagen. Später sollte ich lernen, daß der überaus fähige Mann grundsätzlich die Auffassung vertrat, man dürfe für prospektive Führungspositionen nie nach Leuten suchen, die etwas Ähnliches schon einmal gemacht hätten, sondern müsse begabte junge Leute mit neuen Aufgaben konfrontieren, eine übrigens sehr englische Einstellung. Mein Anfangsgehalt betrug DM 800,– netto. (An seinem 50. Geburtstag 1966 hielt Herbert Coutinho eine Rede, in der er sagte, er würde mich jederzeit wieder zu meinem damaligen Gehalt einstellen.)

Am 2. Januar 1951 begann ich meine Tätigkeit bei Coutinho, Caro & Co., wo ich fünfundzwanzig Jahre bleiben sollte, bis ich mich mit dem Sohn des 1970 verstorbenen Freundes überwarf. Andreas Coutinho – dritte Generation – war von Anfang an bestrebt, das Erbe zu verkaufen, was er inzwischen getan hat.

Mein Abschiedsfest holte ich Anfang 1951 nach. Ich lud meine deutschen und englischen Freunde ins Weinhaus Streng in Bonn. Inzwischen hatte ich bei Oberheid den Staatsrechtler Carl Schmitt persönlich kennengelernt, mit dem Oberheid seit Jahrzehnten befreundet war. 1933/34, als ich in Berlin Kollegs von Schmitt besuchte, hatte ich in diesem kleinen, dicklichen, selbstzufriedenen Mann, dessen Zunge ständig über seine Lippen strich, einen direkten Gegner gesehen. So unsympathisch er mir auch war, so faszinierte er mich doch durch seine bestechende Intelligenz. Jetzt, 1951, saß Carl Schmitt da, ein gescheiterter Opportunist, der die Morde des 30. Juni 1934 staatsrechtlich legitimiert hatte, so recht zwischen allen Stühlen, wie er es auch verdiente. Seiner Stellung, seines Einflusses, jeglicher Macht und Wirkungsmöglichkeit beraubt, war er noch immer ein faszinierender Gesprächspartner und wiederum Opportunist genug, um mit mir rasch einen gemeinsamen Boden zu finden. Auch in diesem Fall siegten für mich die »mildernden Umstände«, und ich lud ihn zu meinem Abschiedsfest ein.

Es herrschte eine gelöste, anregende Stimmung; die Gespräche verliefen auf hohem Niveau. Plötzlich stand Uli Sahm im Kreise von einigen anderen mit wütendem Gesicht vor mir: »Wie kommen Sie dazu, diesen Nazi Carl Schmitt einzuladen?« Ich versuchte, ihn zu beruhigen. »Gehen Sie doch hin«, fauchte mich Sahm an, »hören Sie sich das an. Er hält antisemitische Tiraden. Wenn Sie den noch einmal einladen, komme ich nicht mehr.« In der Tat hatte Carl Schmitt dem Mosel kräftig zugesprochen und ungerührt die Ideen vom unterschiedlichen Wert der Rassen vertreten. Es war im Grunde sein erster näherer Kontakt mit der sich neu bildenden Gesellschaft, und um so unbegreiflicher war sein Verhalten. Sein Engagement für das Regime kann eben doch kein reiner Opportunismus gewesen sein, sondern es müssen ihm gewisse emotionale Affinitäten zugrunde gelegen haben.

Mit meinem Wechsel in den kaufmännischen Beruf betrat ich eine ganz neue Szene, in der ich manche Befriedigung gefunden habe. Schaue ich zurück, bleibt als glücklichste Zeit meines Lebens das Jahr 1945/46 bei General Templer. Noch heute habe ich das Gefühl, in einer historischen Epoche mitgestaltend gewirkt und meinem Vaterland, diesen gespaltenen Vaterländern zu beiden Seiten des Kanals, gedient zu haben.

Anmerkungen

1 Nach dem Sieg von Falaise hatte die polnische Exilregierung in London an General Maczek telegraphiert: »Eure Opfer ermöglichen es, die Rechte Polens auf einem unzerstörbaren Fundament zu gründen« – makaber im Lichte der nachfolgenden Entwicklung. Dennoch wußten die Polen im alliierten Lager ihre Prioritäten zu setzen.
2 Ohne Alanbrooke hätte auf sämtlichen Schauplätzen des Zweiten Weltkrieges die Strategie der Alliierten anders, das heißt schlechter ausgesehen. Weniger bekannt ist die politische Weitsicht dieses bedeutenden Strategen. Am 27. Juli 1944, also ein Dreivierteljahr vor der deutschen Kapitulation, während der verzweifelten V-Waffen-Angriffe auf London und im entscheidenden Stadium der Kämpfe in der Normandie, notiert Alanbrooke in seinem Tagebuch:
»Zurück ins Kriegsministerium, um mit dem Minister über die Nachkriegspolitik in Europa zu sprechen. Soll man Deutschland aufteilen oder schrittweise zu einem Verbündeten machen, um der in zwanzig Jahren auf uns zukommenden russischen Gefahr zu begegnen? Ich befürworte letzteres und bin sicher, daß wir von jetzt an Deutschland in einem ganz anderen Licht sehen müssen. Deutschland ist nicht mehr die Vormacht in Europa, Rußland ist es. Unglücklicherweise ist Rußland nicht ganz europäisch. Es hat aber ungeheure Ressourcen und wird unvermeidlich in fünfzehn Jahren zu unserer Hauptbedrohung werden. Fördern wir also Deutschland, bauen wir es nach und nach auf und integrieren wir es in eine westeuropäische Föderation! Unglücklicherweise muß dies alles getan werden unter dem Deckmantel einer ›Heiligen Allianz‹ zwischen England, Rußland und Amerika. Keine leichte Politik und eine, die eines Superaußenministers bedarf (Wohl ein Hieb gegen den Außenminister Anthony Eden).«
Gut zwei Monate später notiert er über die »künftige Bedrohung unserer Sicherheit in Gestalt eines aggressiven Rußlands« resigniert: »Anscheinend kann das Foreign Office nicht zugeben, daß Rußland eines Tages feindselig werden könnte.«
3 Ähnlich lagen die Probleme an der italienischen Front. Am 24. Januar 1945 notierte Alanbrooke in seinem Tagebuch: »Heute nachmittag Anders zurück aus Italien, kam, um mit mir über die Zukunft der polnischen Streitkräfte zu sprechen... Sie wollen nicht von Italien über Wien nach Polen zurück, weil das wahrscheinlich zu einem Zusammenstoß mit den Russen führen würde. Sie möchten sich lieber in Frankreich vereinigen, ihre Verluste mit Polen aus Deutschland ersetzen und schrittweise durch Deutschland zurückkehren; wenn nötig, wollen sie eine Zeitlang als Besatzer in Deutschland bleiben. Ich sehe voraus, daß dies zu politischen Komplikationen führen wird, und muß es mit Anthony Eden besprechen.«
4 Noch ein Jahr zuvor hatte die britische Regierung durch Ernest Bevin an die polnische Regierung in London eine Botschaft gerichtet: »Eine heilige Ehrenschuld verbindet Groß-Britannien mit Polen. Nichts, kein wie auch

immer gearteter Umstand kann jemals das 1939 feierlich abgegebene Versprechen abschwächen, das wir bis zum Ende respektieren werden. Die polnische Armee hat uns geholfen, die Battle of Britain zu gewinnen, dank ihrer Zerstörer haben wir die ›Bismarck‹ versenkt. Die polnischen Soldaten haben sich in Narvik, Tobruk und Italien ausgezeichnet. Im Laufe der Operationen, die bald beginnen sollen, werden wir die polnischen Streitkräfte eine Aufgabe von lebenswichtiger Bedeutung vollbringen sehen. Die polnischen Land-, See- und Luftstreitkräfte flößen uns das größte Vertrauen ein. Die Ereignisse haben bereits bewiesen, daß sie die größte, bestorganisierte und bestbewaffnete aller Exilarmeen sind, und wir werden sie bald den entscheidenden Beweis erbringen sehen. Darüber hinaus grüßen wir in Polen den bestorganisierten Widerstand, den geeintesten des gesamten europäischen Kontinents.«
Mittlerweile hatten die Polen, wenn es dessen überhaupt noch bedurfte, im Frankreichfeldzug den von Bevin vorhergesagten Beweis erbracht. Die Russen aber protestierten gegen die Teilnahme der Polen an der Siegesparade in London, und die West-Alliierten gaben ebenso nach wie seinerzeit bei der Verteidigung der polnischen Ostgrenze und der Aufrechterhaltung der polnischen Unabhängigkeit. Feldmarschall Lord Alexander lud daraufhin den polnischen Oberbefehlshaber General Anders als seinen persönlichen Gast auf die Tribüne. Natürlich lehnte Anders ab. Auch 1984, zur 40-Jahr-Feier der Landung in der Normandie, haben die Engländer erst nach heftigen Protesten in der letzten Minute einen einzigen Polen eingeladen. Präsident Mitterand hatte das Versäumnis allerdings schon vorher wettgemacht: Er lud, obwohl die Polen schließlich Teil der britischen Streitkräfte gewesen waren, fünfzehn Repräsentanten zu den Feierlichkeiten. Einige polnische Offiziere bekamen nach dem Sieg eine geringfügige Abfindung in Geld. Die Generäle Maczek und Rudnicki erhielten tausend Pfund und ein zinsloses Darlehen von zweitausend Pfund, die sie zurückzahlten, aber keine Pension. Maczek wurde Barkeeper in London. Als die Holländer, bei deren Befreiung die Division eine so maßgebliche Rolle gespielt hatte, davon erfuhren, verliehen sie Maczek einen Ehrensold. Heute ist der General a. D. zweiundneunzig Jahre alt und bei guter Gesundheit. Ähnliches gilt für General Rudnicki, der sich als Gemälderestaurator durchschlug; er ist siebenundachtzig und taufrisch. Mit einem dem britischen Foreign Office eigenen Zynismus stellte man den polnischen Offizieren und Mannschaften in England anheim, in ihr eigenes Land zurückzukehren, um dort ihre Pensionsansprüche geltend zu machen. Nicht viele sind auf dieses Angebot eingegangen, und den meisten von ihnen ist es nicht gut bekommen. Die anderen sind über die ganze Welt verstreut.
Die Behandlung, die England ihnen hat zuteil werden lassen, ist kein Ruhmesblatt seiner Geschichte.
5 O: Warum sind Sie hier?
SS: Waffen-SS, Sir.
O: Haben Sie sich freiwillig gemeldet oder hat man Sie reingesteckt?
SS: Freiwillig.
O: Warum?
SS: Die meisten meiner Freunde waren schon dabei, deshalb ging ich auch hin.

O: Haben Sie irgendwelche Verbrechen beobachtet?
SS: Ich selbst nie, aber ich weiß, daß sie vorgekommen sind.
O: Glaubten Sie an den Nationalsozialismus?
SS: Natürlich, haben Sie etwas anderes erwartet?
Mein Vater war Admiral; beide Eltern waren überzeugte Nazis. Auf der Schule wurde mir Nationalsozialismus beigebracht; in der Hitlerjugend wurde mir Nationalsozialismus beigebracht; in der SS wurde mir Nationalsozialismus beigebracht.
O: Unter welchen Umständen wurden Sie verhaftet?
SS: Ich lag verwundet in einem Krankenhaus in der Nähe unseres Hauses. Als SS-Mann stand ich dort unter Arrest. Meine Eltern besuchten mich. Mein Vater sagte, die Leute von der SS würden zwanzig Jahre eingesperrt; er hatte das aus dem Radio. Es gäbe keine Alternative für mich, ich sollte fliehen, sagte er, und meine Mutter stimmte ihm zu. Dann gingen sie fort und verübten Selbstmord. Ich hatte meinen Eltern immer gehorcht, und es war ihr letzter Wunsch, daß ich fliehen sollte; auch wollte ich nicht für zwanzig Jahre eingesperrt werden...
O: Glauben Sie noch immer an den Nationalsozialismus?
SS: Nein, aber ich versuche, mir darüber klarzuwerden. Sehen Sie, zum ersten Mal in meinem Leben höre ich die andere Seite. Ich bin neunzehn. Bisher kannte ich nur eines – Nationalsozialismus; jetzt fange ich an, andere Dinge zu sehen. Zum erstenmal in meinem Leben gehe ich zur Kirche. Meine Eltern hatten das nicht erlaubt. Ich hoffe dort etwas zu finden. Ich weiß noch nicht. Geben Sie mir eine Chance, ich bitte Sie!
O: Kam Ihnen denn niemals der Gedanke, daß am Nationalsozialismus etwas durch und durch Schlechtes war?
SS: Nein. Ich wußte nichts von Konzentrationslagern und Greueln. Ich hörte davon erst ziemlich am Ende.
O: Und wie ist es mit der Ungerechtigkeit der Rassentheorie?
SS: Weshalb Ungerechtigkeit?
O: Nun, warum sollte ein Mensch anders behandelt werden, nur weil er einer anderen Rasse angehört?
SS: Aber wenn es sich um eine minderwertige Rasse handelt?
O: Das ist ein ganz falscher Begriff; wir alle sind Menschen.
SS: Da stimme ich Ihnen nicht zu. Sie können mir doch nicht erzählen, daß Sie einen Neger nicht für minderwertiger halten als uns – Sie und mich!
O: Vielleicht ist er es irgendwie, aber nicht, weil er ein Neger ist. Vielleicht ist er weniger zivilisiert, nicht so intelligent oder von weniger gutem Charakter, aber er ist trotzdem ein Mensch und sollte als solcher behandelt werden.
SS: Dennoch kann man nicht alle Menschen gleich behandeln.
O: Nein, aber das ist keine Frage der Rasse, sondern, wie ich Ihnen zu erklären versucht habe, eine Frage des individuellen Werts. Ich ziehe einen anständigen Neger einem kriminellen Engländer vor, und so behandele ich jeden entsprechend seinem moralischen Wert. Es kann sein, daß es mehr schätzenswerte Menschen unter den Engländern gibt, die durch ihre alte Kultur und durch ihre Erziehung begünstigt sind; dennoch respektiere ich den unzivilisierten Neger ebenfalls als Menschen, und vielleicht mehr als den unzivilisierten Engländer.

SS: Ich verstehe, was Sie meinen. Aber auch wenn man sie als Individuen behandelt, stellt sich letzten Endes doch irgendwie heraus, daß mehr Engländer die Anerkennung ›wertvoll‹ verdienen als Neger. Es bleibt natürlich der Unterschied, daß Sie nicht nach der Rasse, sondern nach der ethischen Anlage eines Individuums urteilen. Ich denke, Sie haben recht.
O: Sie brauchen nur nachzudenken, um die offenkundigen Ungerechtigkeiten und die Immoralität des Nazismus zu erkennen.
SS: Aber wie hätte ich es jemals sehen sollen? Das einzige Mal, daß ich mit den Nazis in Konflikt geriet, war wegen einer Bagatelle.
O: Worum ging es?
SS: Ich spiele leidenschaftlich gerne Tennis. Aber immer wenn ich spielen wollte, mußte ich bei der Hitlerjugend Dienst schieben. Der Dienst war idiotisch, und einmal ging ich einfach nicht hin. Es wurde viel Aufhebens davon gemacht, aber am Ende habe ich gewonnen... Glauben Sie, daß ich jemals hier herauskomme?
O: Wenn Sie kein Verbrechen begangen haben, werden Sie wahrscheinlich freigelassen werden. In der Zwischenzeit haben Sie Gelegenheit nachzudenken; machen Sie weiter in der Richtung, wie Sie es mir erzählt haben. Die Hauptsache ist, daß Sie nicht die Courage verlieren. Sie wurden in die Irre geführt, finden Sie jetzt ihren eigenen Weg heraus; versuchen Sie es und helfen Sie, aus den Trümmern wieder etwas aufzubauen.
SS: Ich habe die besten Absichten. Aber Sie müssen verstehen, die meisten von uns hier, besonders die Jüngeren, befinden sich in der gleichen Lage wie ich. Wir können uns gegenseitig nicht viel beibringen, wir haben keine Bücher und auch sonst nichts zu lesen und bekommen keine Belehrung von draußen. Ich wünschte, Sie könnten da etwas machen. Bis jetzt haben sich andere für mich Gedanken gemacht; jetzt möchte ich mir meine eigenen machen.

6 Der Auszug hat folgenden Wortlaut: »Severing, Karl... nach 1933: Severing erhielt bis zum 31. 3. 1938 ein Jahresgehalt von RM 15 454 als Minister a. D. Vom 1. 4. 1938 erhielt er ein monatliches Ruhegehalt von RM 500 und zusätzlich vom 1. 7. 1938 einen Zuschuß von RM 250 pro Monat aufgrund einer Sonderanweisung des Führers. Demnach erhielt er insgesamt RM 750 monatlich, minus Einkommenssteuer. Abgesehen davon besitzt Severing ungefähr RM 92 000 in Aktien und Grundstücken.«

7 Lieber Theo Steudel!
Bad Oeynhausen, 22. Mai 1946
Vor langer Zeit versprach ich Ihnen, auf Ihren Brief vom 4. Dez. eingehend zu antworten. Endlich finde ich die Zeit dazu.
Mehr oder weniger sagten Sie mir, daß meine Gedanken unoriginell seien. Denken Sie nicht, ich habe Ihnen das verübelt, aber abgesehen von der Tatsache, daß Sie mir so sehr nicht auf der Hand zu liegen scheinen, bin ich der Ansicht, daß der Wert einer Überzeugung nicht von ihrer Originalität abhängt. Originalität ist vielleicht anziehend und verführerisch, aber als solche nicht unbedingt Qualität. Im Gegenteil, oft führt sie zu unerträglichen Effekthaschereien und Verstiegenheiten, wie wir sie so bedauerlicherweise bei Menschen beobachten können, die rein auf eine solche Haltung hin den Anspruch erheben, Künstler zu sein. Da lobe ich mir einen jungen Menschen, der in echter Bescheidung, auf welchem Gebiet es auch immer

sei, sich an den alten Meistern schult, ja in jenen Zeiten des erwachenden Hochgefühls der Erkenntnis seine Eigenpersönlichkeit aufgebend, ihnen nachahmt. Wenn er später sein Gleichmaß und seine Form gefunden hat, dann mag er, wenn er bedeutend genug ist, seine eigenen Wege gehen. Aber um aufs Politische zurückzukommen, das ja mit dem Menschlichen so eng zusammenhängt: nicht Uneinigkeit ist das Erbübel der Deutschen, sondern Form- und Maßlosigkeit.

Solange man die politische Form des Gemeinschaftslebens, den Staat, nicht gefunden hat, muß man ihn sich gedanklich zu erobern suchen. Nichts fällt einem zu, und um zu erobern, muß man sich auseinandersetzen, muß man kämpfen. In diesem Kampfe wächst man, wird man geprägt und kommt vielleicht zum Ziel.

Sie spielen auf die Bündnisse zwischen Demokratie und Diktatur an und fragen mich, wie sich solche mit den Zielen der Demokratie vereinbaren lassen. Das Streben nach Vollkommenheit bedeutet gerade, daß sie noch nicht erreicht ist, und im politischen Bereich sind Zweckmäßigkeiten, die im Menschlichen nicht erlaubt wären, noch nicht auszuschalten.

Sie sprechen vom Zusammenbruch der Nazi-Diktatur und führen Gründe auf, warum sie keinen Erfolg haben konnte. Die Frage nach Erfolg oder Mißerfolg ist letztlich belanglos. Worauf es ankommt, ist, was ist gut und richtig und was ist schlecht und falsch. Hier haben Sie recht, wenn Sie vom inneren Wort sprechen, vom Religiösen. Das Bild vom Menschen, vom richtigen, wahren und darum schönen Leben ist das entscheidende. Der Staat, in dem es seine Form und seinen Ausdruck finden kann, ist der richtige. Im Nazi-Staat war dem nicht so, die Demokratie aber ist zum mindesten eine menschliche und politische Verkehrsform, innerhalb derer es möglich ist, ja sie kann sogar aktive Trägerin dieser Ideen sein.

Hier sitzt die Besatzungsmacht und predigt die Aufgabe des Machtgedankens, die Demokratie, das Europäertum, während sie gleichzeitig die Macht ausübt, notwendigerweise undemokratisch ist und nicht immer europäisch. Denken Sie darum nicht, daß man heuchelt oder es nicht ernst meint. Aber der Besitz der materiellen Macht bringt unvermeidlicherweise eine Verunreinigung des Ideellen mit sich. Hier liegt die große Chance für die deutsche Jugend. Deutschland hat keine materielle Macht. Kann man daraus nicht eine Tugend machen? Man ist der Verunreinigung durch das Materielle nicht ausgesetzt.

Verzichte man darauf und mache sich zum reinen Vorkämpfer europäischen Menschentums. Mir schwebt hier nicht ein verwaschenes Weltbürgertum vor (wie man Goethes Haltung fälschlich interpretiert hat), sondern gerade eine bewußt im Nationalen wurzelnde Lebensform. Man erhebe nicht gleich wieder den Anspruch, »am deutschen Wesen soll die Welt genesen«, sondern beschränke sich auf sich. Wenn es gelingt, inmitten des europäischen Machtkampfes, der sich auf deutschem Boden abspielt, im deutschen Raum geistiges, europäisches Menschentum zu gestalten, dann wird von selbst die ideelle Kraft dieses Geschehens weit über die Grenzen Deutschlands hinaus wirken.

Noch ein Wort zur Schuldfrage. Niemand, der bei Sinnen ist, kann junge Menschen, die in den Nationalsozialismus hineingeboren und -gewachsen sind, schuldig erklären am angerichteten Unheil. Aber Sie, der Sie vom

Christlichen herkommen, kennen den Begriff der Erbsünde. Wer ist persönlich schuldig am Sündenfall? Und doch müssen sich alle von der Erbsünde durch die Taufe reinwaschen. Ich glaube, daß man sich in Deutschland von einer verfehlten Geschichte reinwaschen muß. Damit ist auch gesagt, daß man sich nicht reinzuwaschen hat vor den Alliierten, sondern vor Gott und dem eigenen Volk. Das bedeutet nicht ein demütiges Armsünderdasein, sondern ein stolzes und ehrfürchtiges Besinnen auf die eigene geistige Überlieferung, das eigene Menschentum. Ich glaube, daß eine solche Haltung zu einer echten Katharsis führen und jene ungeheure innere Kraft verleihen würde, von der ich oben sprach. Noch viel ließe sich darüber sagen, aber ich will hier kein Buch schreiben.
Ich hoffe, daß Ihnen die Schule weiter Spaß macht und daß Sie gut voran kommen.
Pfingsten bin ich kurz hier, und wenn Sie Lust haben, können Sie herkommen, und ich werde mich sicher für eine Stunde frei machen können, um mich mit Ihnen zu unterhalten...

8   Ich hatte diese Geschichte vollkommen vergessen. 1966 wurde meine Firma wegen angeblicher Zahlung von Bestechungsgeldern in Nigeria von einem rumänischen Hochstapler erpreßt. Mit seinem »Material« war er zum »Stern« gegangen, dessen Reporter sich bei mir ansagte. Wenn an der Sache auch nichts dran war, unangenehm ist eine solche Veröffentlichung immer. Ich rief Nannen an. »Mein lieber Michael Thomas«, sagte er, »Sie haben soviel für mich getan. Wenn nicht gerade das Wohl der Bundesrepublik auf dem Spiele steht, wird diese Geschichte nicht gebracht.« »Fabelhaft«, sagte ich, »aber was habe ich denn für Sie getan?« Dann erinnerte er mich an die Geschichte mit den Schreibmaschinen: fast zwanzig Jahre war das her! Ich hatte es vergessen, er nicht!

9   »Wir alle sind in größter Sorge wegen der drohenden Demontagen. Wenn die Liste so ausfällt, wie es den Anschein hat, fürchte ich sehr ernste und große Komplikationen. Ich weiß nicht, inwieweit die deutschen Parteien dann noch zur Mitarbeit in der Lage sein werden. Bitte, tun Sie alles, was in Ihren Kräften steht, damit keine ernsten Situationen entstehen...«

10 Ähnlich den jungen Attachés des Foreign Office sind viele meiner damaligen Freunde aus der jungen deutschen Garde später in führende Positionen aufgestiegen, wie Uli Sahm, Alex Böker, Rüdiger von Wechmar, Günther Diehl, Lothar Rühl und andere.

Nachwort

Dem Dreizehnjährigen schrieb sein Vorbild, der berühmte Verteidiger Max Alsberg, ins Stammbuch: »Nur die Lumpe sind bescheiden. Warum soll man nicht die Hand nach dem Portefeuille des Außenministers strecken?« War die Neigung des Heranwachsenden so früh zu erkennen gewesen?

Auch mein politischer Standort hatte sich früh abgezeichnet. Es war nicht der des links-intellektuellen Elternhauses. Der leicht bohèmehaften Atmosphäre zu Hause zog ich »Preußisch-Berlin« vor. Meine Welt war von der preußischen Tradition bestimmt; ich war konservativ und patriotisch.

Mein Vater, der meine Einstellung und Neigungen, ohne sie zu kritisieren, stets ernst genommen hat, war 1931 gestorben. Seit Jahren schon hatte sich das Aufkommen des Nationalsozialismus abgezeichnet; über Nacht gleichsam kam jenes Regime an die Macht, das mir die Zugehörigkeit zu meinem Volk absprach und meine Zukunftspläne zerstörte. Dennoch war meine Bindung so stark, daß ich noch Jahre brauchte, bevor ich Deutschland auf einige Zeit verlassen konnte.

Ich haßte die Verfolger meines Vaters, meiner Familie, meiner Freunde und litt unter den Demütigungen, die nun Alltag wurden. Ich wäre jedoch nie auf den Gedanken gekommen, nicht Deutscher zu sein. Deshalb traf es mich am meisten, wenn von der nationalen Aufbruchstimmung berauschte Kommilitonen jede Diskussion mit dem herablassenden Argument abbrachen, ihre Begeisterung für das neue Deutschland könne man eben nur verstehen, wenn man rein deutschen Blutes sei. Daran mußte ich denken, als man aus dem Kreise der neuen Linken Ende der sechziger Jahre dasselbe unter anderen Vorzeichen hörte: Ihr Protest sei eben nur zu verstehen, wenn man sich in der gleichen »Bewußtseinslage« befände.

»Zeitgeist« ist für mich immer ein Reizwort gewesen, sich ihm zu unterwerfen, ein Greuel. So wenig obrigkeitsgläubig ich je gewesen bin, so fremd ist mir die Erhebung der Demontage der Staatsautorität, die Enttabuisierung, das »kritische Hinterfragen« zum Selbstzweck. Auch in England bin ich nie den Psychosen des Tages, etwa dem »unconditional surrender« verfallen, ebensowenig der Euphorie mißverstandenen demokratischen Denkens im besiegten Deutschland. Niemand kann sich den Strömungen seiner Zeit und seiner Umwelt ganz entziehen, aber man soll sich ihnen nicht unterwerfen. Sie haben stets - um es auf eine kurze Formel zu bringen - die Beweislast.

Immer bedarf es des unabhängigen Urteils. Dies aber besitzen konservativ veranlagte Menschen – gleich welcher politischen Couleur – in höherem Maße als die Apostel der Progressivität. Aber ebenso bin ich überzeugt: Ohne den Wechselgesang von »Progressiven« und »Konservativen« gäbe es Erstarrung und keinen Wandel.

Ich bin nie »emigriert« und habe noch heute eine Abneigung gegen dieses Wort. Knapp eine Woche vor Kriegsausbruch kam ich mehr oder weniger zufällig nach England, und dort wurde ich von den Ereignissen überrollt. Bei der Invasion wollte ich nicht abseits stehen, und so meldete ich mich zur Armee, nicht als Engländer, sondern als »Privatverbündeter« im Kampf gegen die Nazis, ähnlich den Franzosen, die sich in den Free French Forces unter de Gaulle sammelten. Die Engländer haben meine Einstellung respektiert und mich sogar Offizier in ihren Kampftruppen werden lassen. Für diese Großzügigkeit schulde ich ihnen noch heute meine Achtung und meinen Dank.

Die Jahre in der Armee, das wachsende Verständnis für britischen Geist, britische Lebensart und britisches Erbe sowie neu geknüpfte Freundschaften haben mein Weltbild und meine Gefühle entscheidend geprägt. Dies mag dazu beigetragen haben, daß ich, als Besatzer nach Deutschland zurückgekehrt, frei von Vergeltungsgefühlen blieb. In der entscheidenden Besatzungszeit war ich in der glücklichen Lage, Deutschen englische Gesinnung und Engländern deutsche zu vermitteln. Wesentliches Motiv war die Förderung der deutsch-englischen Zusammenarbeit, und unter diesem Gesichtspunkt habe ich zahlreiche Initiativen unternommen, die der Tagespolitik der Besatzungsmacht entgegenliefen. Einen Loyalitätskonflikt habe ich dabei nie empfunden.

Trotz aller Unzulänglichkeiten und trotz des unverhältnismäßigen Aufwands, war die Besatzung, würde ich meinen, ein Erfolg. Das deutsche Demokratieverständnis, auch wenn es von dem angelsächsischen divergiert, hat hier seine ersten Anfänge. Die direkte Begegnung mit den Siegermächten war von nachhaltigem Einfluß auf die deutsche Entwicklung. Wohl nie in der deutschen Geschichte hat ein so ziviler Geist im Land geherrscht, sind die Behörden so wenig obrigkeitlich gewesen. Umgekehrt haben die Besatzer im täglichen Verkehr bald gelernt, daß es auch ein anderes Deutschland gab als das der Nazis. Es ist geschichtlich außerordentlich und am ehesten mit der Situation Frankreichs nach dem Sturz Napoleons vergleichbar, wie ein vollkommen geschlagenes Volk seine Niederlage und wie die Bezwinger ihren Sieg bewältigt haben. Feindbilder wurden überwunden, und die Grundauffassungen wurden sich ähnlich.

Die Jahre, in denen ich auf meine Weise einen Beitrag zum Wiederaufbau Deutschlands zu leisten suchte, sind Gegenstand dieses Berichtes. Die Schilderung meiner Herkunft und meines Werdegangs, die Vorgeschichte also, dient der Illustration. Sie mag darüber hinaus typische Züge von Menschen meiner Generation und meiner Lage tragen. Die wenigen Unterlagen, die ich besaß, waren jahrelang in einem Koffer aufbewahrt. Als ich ihn öffnete, war nur noch Papiermehl vorhanden; Mäuse hatten den Inhalt aufgefressen. Erhalten geblieben sind die Briefe an meine Schwester. So war ich in erster Linie auf mein Gedächtnis angewiesen; hilfreich und nützlich waren meine Recherchen im »Public Record Office« und, was den Feldzug mit den Polen betrifft, im »Sikorsky Institute« sowie die »Akten zur Vorgeschichte der Bundesrepublik Deutschland«. Dennoch ist anzunehmen, daß diese Aufzeichnungen hier und da Ungenauigkeiten enthalten.

Es ist mir versagt geblieben, über die Besatzungszeit hinaus meinen Jugendtraum der politischen Gestaltung zu verwirklichen. Meine politische Leidenschaft ist nicht erloschen; meine patriotische gilt der Wiedervereinigung Deutschlands mit meinem noch immer geliebten Berlin als Hauptstadt, im Rahmen einer europäischen Lösung. Der Glaube, daß die Geschichte die Teilung unserer Nation auf Dauer nicht erlauben wird, hat mich nie verlassen.

CIP-Kurztitelaufnahme der Deutschen Bibliothek

Thomas, Michael:
Deutschland, England über alles: Rückkehr als
Besatzungsoffizier / Michael Thomas.
Berlin: Siedler, 1984.
ISBN 3-88680-092-X

© 1984 by Wolf Jobst Siedler Verlag GmbH, Berlin
Alle Rechte vorbehalten,
auch das der fotomechanischen Wiedergabe
Umschlagentwurf: Werner Rebhuhn,
unter Verwendung einer britischen Kokarde
Satz: Typobauer Filmsatz GmbH, Scharnhausen
Lithos: Decker & Wahl, Berlin
Druck und Buchbinder: Mohndruck, Gütersloh
Printed in Germany 1984
ISBN 3-88680-092-X